Darllen y Dychymyg

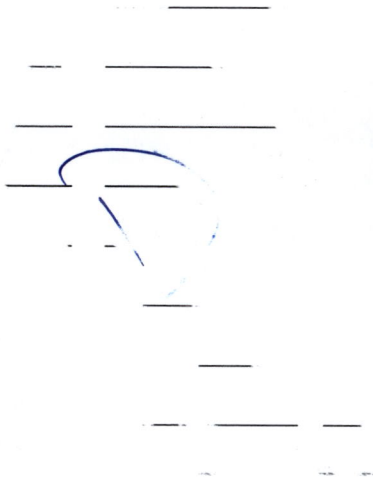

Y MEDDWL A'R DYCHYMYG CYMREIG

Golygydd Cyffredinol: Aled Llion Jones

Dan olygyddiaeth gyffredinol John Rowlands

1. M. Wynn Thomas (gol.), *DiFfinio Dwy Lenyddiaeth Cymru* (1995)
2. Gerwyn Wiliams, *Tir Neb* (1996) (Llyfr y Flwyddyn 1997; Enillydd Gwobr Goffa Ellis Griffith)
3. Paul Birt, *Cerddi Alltudiaeth* (1997)
4. E. G. Millward, *Yr Arwrgerdd Gymraeg* (1998)
5. Jane Aaron, *Pur fel y Dur* (1998) (Enillydd Gwobr Goffa Ellis Griffith)
6. Grahame Davies, *Sefyll yn y Bwlch* (1999)
7. John Rowlands (gol.), *Y Sêr yn eu Graddau* (2000)
8. Jerry Hunter, *Soffestri'r Saeson* (2000) (Rhestr Fer Llyfr y Flwyddyn 2001)
9. M. Wynn Thomas (gol.), *Gweld Sêr* (2001)
10. Angharad Price, *Rhwng Gwyn a Du* (2002)
11. Jason Walford Davies, *Gororau'r Iaith* (2003) (Rhestr Fer Llyfr y Flwyddyn 2004)
12. Roger Owen, *Ar Wasgar* (2003)
13. T. Robin Chapman, *Meibion Afradlon a Chymeriadau Eraill* (2004)
14. Simon Brooks, *O Dan Lygaid y Gestapo* (2004) (Rhestr Hir Llyfr y Flwyddyn 2005)
15. Gerwyn Wiliams, *Tir Newydd* (2005)
16. Ioan Williams, *Y Mudiad Drama yng Nghymru 1880–1940* (2006)
17. Owen Thomas (gol.), *Llenyddiaeth mewn Theori* (2006)
18. Sioned Puw Rowlands, *Hwyaid, Cwningod a Sgwarnogod* (2006)
19. Tudur Hallam, *Canon Ein Llên* (2007) (Enillydd Gwobr Goffa Ellis Griffith)
20. Enid Jones, *FfugLen* (2008) (Enillydd Gwobr Goffa Ellis Griffith)

Dan olygyddiaeth gyffredinol Gerwyn Wiliams

21. Eleri Hedd James, *Casglu Darnau'r Jig-so* (2009)
22. Jerry Hunter, *Llwybrau Cenhedloedd* (2012)
23. Kate Woodward, *Cleddyf ym Mrwydr yr Iaith?* (2013)
24. Rhiannon Marks, *'Pe Gallwn, Mi Luniwn Lythyr'* (2013) (Enillydd Gwobr Goffa Ellis Griffith)
25. Gethin Matthews, *Creithiau* (2016)
26. Elain Price, *Nid Sianel Gyffredin Mohoni!* (2016)
27. Rhianedd Jewell, *Her a Hawl Cyfieithu Dramâu* (2017) (Enillydd Gwobr Goffa Ellis Griffith)
28. M. Wynn Thomas, *Cyfan-dir Cymru* (2017)
29. Lisa Sheppard, *Y Gymru 'Ddu' a'r Ddalen 'Wen'* (2018) (Rhestr Fer Llyfr y Flwyddyn 2019)

Y MEDDWL A'R DYCHYMYG CYMREIG

Darllen y Dychymyg

*Creu Ystyron Newydd i Blant a Phlentyndod yn
Llenyddiaeth y Bedwaredd Ganrif ar Bymtheg*

Siwan M. Rosser

GWASG PRIFYSGOL CYMRU
CAERDYDD
2020

www.gwasgprifysgolcymru.org

Mae cofnod catalog i'r llyfr hwn ar gael gan y Llyfrgell Brydeinig.

ISBN   978-1-78683-650-2
e-ISBN   978-1-78683-651-9

Datganwyd gan Siwan M. Rosser ei hawl foesol i'w chydnabod yn awdur ar y gwaith hwn yn unol ag adrannau 77 a 79 Deddf Hawlfraint, Dyluniadau a Phatentau 1988.

CYMYSGEDD
O ffynonellau
cyfrifol
FSC   FSC® C013604
www.fsc.org

Argraffwyd gan CPI Antony Rowe, Melksham

I Miriam a Dyfnan

Cynnwys

Rhagair

Ar yr olwg gyntaf, cyfrol am yr hyn a ddywedwn wrth ein plant drwy gyfrwng gair a llun, stori a chân yw hon. Ond mae hefyd yn llyfr am yr hyn a ddywedwn wrth famau a thadau, a'r pethau sy'n angenrheidiol, yn ein tyb ni, nid yn unig er mwyn magu plant, ond er mwyn meithrin rhieni da. Yn hynny o beth, yn ystod cyfnod datblygu a drafftio'r gyfrol hon dysgais nad ar chwarae bach mae magu teulu a deuthum i werthfawrogi fwyfwy y gofal a'r cariad a brofais i a'm chwiorydd gan ein rhieni. Ergyd fawr, felly, oedd colli Mam wrth imi gywiro proflen y gyfrol hon. Mae'r diolch pennaf am bopeth iddi hi a Dad, a'r cof yn annwyl iawn amdanynt.

Diolch yn arbennig hefyd i Iwan am ei gefnogaeth ddiwyro ac i'r plant am eu hamynedd a'u hwyl. Cefais bob cymorth a chyfeillgarwch gan gydweithwyr yn Ysgol y Gymraeg, Prifysgol Caerdydd, a diolch i'r Athro Sioned Davies, Dr Dylan Foster Evans a'r Athro Diarmait Mac Giolla Chríost am gynnig sylwadau gwerthfawr ar drywydd yr ymchwil a chynnwys y gyfrol. Bu trafod y maes gyda myfyrwyr yr Ysgol hefyd o fudd mawr wrth roi trefn ar yr ymchwil a'r dadansoddi, ac elwais yn fawr o'r cwestiynau a'r deongliadau gwreiddiol a gonest a gynigwyd ganddynt. Diolch hefyd i olygydd cyfres 'Y Meddwl a'r Dychymyg Cymreig', Dr Aled Llion Jones, am ei sylwadau craff, ac i staff Gwasg Prifysgol Cymru am eu gofal yn ystod y broses gyhoeddi. Dymunaf gydnabod hefyd fy nyled i ysgolheigion a fu'n dadlennu holl amrywiaeth ryfeddol y bedwaredd ganrif ar bymtheg o'm blaen. Byddwch yn sylwi imi bwyso'n drwm ar ddadansoddiadau treiddgar R. Tudur Jones o fywyd diwylliannol a chrefyddol y cyfnod, a hefyd E. G. Millward, y daeth y newyddion trist am ei farwolaeth wrth i'r gyfrol hon fynd i'r wasg. Dyma ysgolhaig a fu'n ysbrydoliaeth imi ers dyddiau coleg. Fe'm symbylodd i archwilio'r cyrion a pheidio â derbyn mai cewri'r gorffennol yn unig sy'n haeddu sylw.

Dyfynnir yn helaeth o ffynonellau cynradd drwy gydol y gyfrol hon er mwyn rhoi blas i'r darllenydd ar ieithwedd a chywair awduron y bedwaredd ganrif ar bymtheg. Cyflwynir yr holl ddyfyniadau yn eu horgraff wreiddiol. O ganlyniad, byddwch yn sylwi ar 'wallau' ac anghysonderau ieithyddol (yn arbennig yn achos dyblu 'n' a deuseiniaid), ond hyderaf na fydd hynny'n amharu ar y darllen. Rwyf hefyd wedi cynnwys delweddau o gylchgronau a chyfrolau'r cyfnod a hoffwn gydnabod yn ddiolchgar y cymorth a gefais gan Lisa Tallis a gweddill staff Casgliadau Arbennig ac Archifau, Prifysgol Caerdydd a staff Llyfrgell Genedlaethol Cymru i gael mynediad i'r deunyddiau. Hoffwn hefyd gydnabod y bu adnodd digidol ardderchog y Llyfrgell Genedlaethol, 'Cychgronau Cymru', o ddefnydd anhepgor i'r gwaith ymchwil ar gyfer y gyfrol hon. Mae'r gallu i chwilota myrdd o ffynonellau ar-lein wedi trawsnewid dulliau ymchwil i'r cyfnod ac yn agor y maes i bob math o bosibiliadau newydd.

Wrth ichi ddarllen y dyfyniadau sy'n dilyn, efallai na fyddwch yn cytuno â phopeth a oedd gan awduron y bedwaredd ganrif ar bymtheg i'w ddweud am blant a'u rhieni. Ond hyderaf y byddwch yn gwerthfawrogi iddynt fuddsoddi egni emosiynol, creadigol ac ariannol na welwyd o'r blaen yn meithrin 'y genedl sy'n codi'. Roedd eu golygon tua'r dyfodol, a breuddwydient am amodau a chyfleoedd gwell i'w plant. Mae eu llenyddiaeth i blant yn ymgorffori'r bydolwg gobeithiol hwnnw. Gobaith, mewn gwirionedd, yw carreg sylfaen llenyddiaeth i blant o bob math, ym mhob oes. Rwy'n ysgrifennu hyn o lith, a ninnau ynghanol pandemig rhyngwladol. Yn y cyfnod trawsnewidiol, heriol ac ansicr hwn, rhaid parhau i ddychmygu ein presennol a'n dyfodol mewn modd sy'n cynnig gobaith i'r genhedlaeth nesaf. Ac er mwyn bwydo'r gobaith hwnnw, mae straeon a chreadigrwydd cyn bwysiced ag erioed yn ein bywydau ni a'n plant. Mae cael rhannu llyfrau gyda'm plant fy hunan dros y blynyddoedd diwethaf wedi cadarnhau hynny. I Miriam a Dyfnan, felly, mae'r gair olaf, ac iddyn nhw y cyflwynir y gyfrol hon.

Rhestr o ddarluniau

ADRAN 1
Cyflwyniad i'r Maes

1

Llenyddiaeth Gymraeg i Blant

Amcanwn beidio rhoddi dim yn y 'Drysorfa' a fyddo tu hwnt
i'ch tyner amgyffredion, na dim ond a fyddo yn tueddu i'ch
gwella yn mhob rhyw fodd, i wneud y rhai a ddichon fod yn
ddrwg o honoch yn dda, a'r rhai da yn well.

Hugh Jones, 'Anerchiad i Blant yr Ysgol Sul', *Trysorfa'r Plant*
(1852), 1

Mae gennym oll ein syniadau ein hunain am 'dyner amgyffredion' plant
a'r hyn sy'n addas ar eu cyfer. Mae gan bawb ei farn am yr hyn y dylai'r
ifainc fod yn ei wneud a'i ddweud, a'r hyn sy'n gwneud plant da yn dda,
a'r rhai drwg yn ddrwg. Un o nodweddion neilltuol y llyfrau a roddwn
i'n plant wrth iddynt ddysgu darllen a lledu gorwelion eu dychymyg yw
eu bod wedi'u llwytho â'r syniadau hyn. Felly, er bod cywair sylwadau
Hugh Jones yn y dyfyniad uchod yn ddieithr i'n clustiau ni, mae amcan
ei eiriau'n parhau. Rhannwn straeon a cherddi â'n plant er mwyn eu
difyrru, wrth gwrs, ond hefyd er mwyn cyfleu rhywbeth sy'n bwysig
inni. Efallai ein bod am iddynt fwynhau sŵn a rhythmau iaith, teimlo'r
wefr o weld yr anghyfarwydd neu'r ing o gydymdeimlo ag eraill. Yn
sicr, mae mwy ar waith mewn llenyddiaeth plant nag y mae symlrwydd
ymddangosiadol y llyfrau yn ei awgrymu. Mae'n wead creadigol,
athronyddol a gwleidyddol o ddyheadau a phryderon y gymuned sy'n
ei chreu. Gan hynny, mae pob cenhedlaeth yn ymateb yn ei ffordd ei
hun i'r her o lenydda ar gyfer darllenwyr ifainc, gan ddyfeisio ac ail-
ddyfeisio ffurfiau creadigol sy'n gweddu i'w hoes.

Heddiw, mae 'llenyddiaeth plant' yn faes rhyngwladol enfawr.
Mae awduron plant ymhlith gwerthwyr gorau'r byd a llenyddiaeth
plant yn faes academaidd cydnabyddedig. Yng Nghymru, mae'n
ddiwydiant bywiog ac yn gonglfaen i addysg Gymraeg. Eto, ni allwn
lawn werthfawrogi rôl a phwysigrwydd cyfoes ein llenyddiaeth plant
heb ddeall yn well yr hyn a roes fod iddi yn y lle cyntaf. Bydd y gyfrol

hon, felly, yn archwilio dechreuadau llenyddiaeth plant yng Nghymru'r bedwaredd ganrif ar bymtheg gan gynnig golwg newydd ar arwyddocâd llenyddol, cymdeithasol a syniadol y testunau Cymraeg a luniwyd ar gyfer darllenwyr ifainc. Hon yw'r ymdriniaeth estynedig gyntaf ar lenyddiaeth plant yn y Gymraeg: bydd yn archwilio'n feirniadol y tawelwch a fu ynghylch un o feysydd mwyaf amrywiol ac arwyddocaol ein llenyddiaeth ac yn cynnig fframwaith cysyniadol er mwyn agor y maes i eraill.

Bydd y modd y cafodd llenyddiaeth plant gynnar ei siapio gan gysyniadau diwylliannol ynghylch plant a phlentyndod yn ganolog i'r ymdriniaeth hon. Gan mai deunydd efengylol ac addysgiadol yw'r testunau cynnar hyn, bu tuedd i'w diystyru'n destunau sy'n anghydnaws ag anghenion plant, diniweidrwydd yr ifainc a'u direidi cynhenid. Ond mae'r gyfrol hon yn dadlau yn erbyn y syniad bod ystyr 'plentyndod' yn unffurf a digyfnewid, gan amlygu mai cysyniad a grëir gan amgylchiadau cymdeithasol a hanesyddol yw'r 'plentyn'. O wneud hynny, mae modd ymdrin â'r testunau hyn fel arteffactau diwylliannol sy'n hanfodol i'n dealltwriaeth o'r modd y mae cymdeithasau hanesyddol a chyfoes yn eu dychmygu eu hunain a'u dyfodol.

Testunau printiedig a luniwyd yn benodol ar gyfer darllenwyr ifainc yw deunydd crai'r gyfrol, yn farddoniaeth, rhyddiaith, pregethau a darluniau a gynhyrchid ar ffurf cyfrolau, pamffledi ac yn bennaf, cylchgronau plant, o'r 1820au ymlaen. Drwy gyfeirio at dystiolaeth o wahanol ffurfiau llenyddol gellir amgyffred sut yr ymffurfiai syniadau ynghylch plant yn niwylliant y cyfnod ac amlygu'r modd y daeth y wasg brintiedig yn gyfrwng i greu ystyron newydd i blentyndod.

Mae ymddangosiad llenyddiaeth brintiedig i blant mewn unrhyw iaith yn annatod glwm wrth amodau economaidd a chymdeithasol yr oes. Rhaid wrth wasg argraffu ddatblygedig i gynhyrchu testunau, darpariaeth addysgol i greu darllenwyr (a fydd yn creu'r galw am lenyddiaeth ar eu cyfer), a chymhelliad cryf i dargedu'r genhedlaeth iau yn benodol. Dyma nodweddion crai maes cynhyrchu sydd o'i hanfod yn ceisio dylanwadu mewn rhyw ffordd neu'i gilydd ar y gynulleidfa darged. Fel y dadleuodd y beirniad llenyddol John Stephens, mae cysyniadau ideolegol yn treiddio'n ddwfn i destunau plant, a hwythau â'u golwg ar siapio'r dyfodol:

> Since a culture's future is, to put it crudely, invested in its children, children's writers often take upon themselves the task of trying to mould audience attitudes into 'desirable' forms, which can mean

either an attempt to perpetuate certain values or to resist socially dominant values which particular writers oppose.[1]

Drwy archwilio'r ymdrechion cyntaf yn y Gymraeg i ddefnyddio'r wasg argraffu i fowldio darllenwyr ifainc, bydd y gyfrol hon yn dadlennu'r syniadau am blant a phlentyndod sydd ymhlyg ynddynt. Mae gennym oll, wedi'r cyfan, ragdybiaethau am blant a'r hyn sy'n addas ar eu cyfer. Wrth ddehongli ystyron y term 'plentyndod', medd Karin Calvert:

> Members of any society carry within themselves a working definition of childhood, its nature, limitations and duration. They may not explicitly discuss this definition, write about it, or even consciously conceive of it as an issue, but they act upon their assumptions in all of their dealings with, fears for, and expectations of their children.[2]

Yn y gyfrol hon, awn i'r afael â'r tybiaethau hynny a'r modd y cawsant eu lleisio yn y testunau Cymraeg a luniwyd ar gyfer plant yn ystod y bedwaredd ganrif ar bymtheg. Sylwir ar y modd y cyfiawnheid ffyrdd arbennig o feddwl am blentyndod ac o drin plant, a'r delweddau a oedd yn cynnal y syniadau hynny o genhedlaeth i genhedlaeth. Wrth etifeddu agweddau'r gorffennol at blant, fe'u cymhwyswyd at amgylchiadau'r presennol. Ond mewn cyfnod o newid, rhaid oedd tafoli'r agweddau hynny o'r newydd, ac o ganlyniad gwelwn ddisgwrs newydd am blant, eu natur a'u hanghenion tybiedig yn esblygu.

Mae'r awydd hwn i archwilio ffyrdd o feddwl am blant o fewn cyd-destun hanesyddol wedi arwain at ddull dehongli sy'n pontio rhwng beirniadaeth lenyddol a chymdeithaseg. Ar y naill law, bydd yr ymdriniaeth sy'n dilyn yn ymwneud ag ysgolheictod rhyngwladol ym maes llenyddiaeth plant a thrafodaethau Cymraeg ar hanes a llenyddiaeth y bedwaredd ganrif ar bymtheg. Ac ar y llaw arall, bydd yn tynnu'n bennaf ar syniadaeth yr athronydd a'r cymdeithasegydd Ffrengig Pierre Bourdieu (1930–2002), ac i raddau llai ar waith Michel de Certeau (1925–86), ynghylch y modd y caiff arferion unigolion (sy'n cynnwys creu a darllen testunau) eu cyflyru gan amodau a disgwyliadau cymdeithasol. Ystyria Bourdieu ein bod yn ymateb i'r byd o'n cwmpas drwy gyfrwng set o dueddfrydau (*dispositions*) gwydn ond hyblyg a thrawsgyfeiriol sy'n ffurfio ein *habitus* personol. Dyma derm Bourdieu am yr hyn sy'n llywio ein ffordd neilltuol o feddwl ac ymateb i'n hamgylchiadau. Yng ngeiriau Bourdieu (yn ôl y cyfieithiad cyhoeddedig): 'The habitus is a system of durable, transposable dispositions which functions as the generative basis of structured, objectively unified practices.'[3] Fel yr eglura Nodelman a Reimer wrth gymhwyso'r syniadaeth at fyd llên plant: 'A habitus consists not merely of a knowledge of explicitly stated rules and conventions but also of an understanding, conscious and unconscious, of how best to operate within those rules and conventions.'[4] Mae'r ffordd mae'r *habitus* yn ei fynegi ei hun yn dibynnu ar ein safle o fewn gwahanol feysydd (megis y maes gwleidyddol neu economaidd, a gyffelybir i feysydd chwarae), ac mae gan bob maes (*champ* yw term Bourdieu) ei gonfensiynau a'i strwythurau grym ei hun, neu 'reolau'r gêm' fel y'i delweddir yn aml. Yn wir, mae'r agweddau ymhlyg yn yr *habitus* yn cael eu hamlygu mewn modd mor anymwthiol yn ein bywydau beunyddiol nes y'u derbynnir ymron fel synnwyr cyffredin neu reddf gynhenid (neu fel 'a feel for the game' yn ôl delweddaeth Bourdieu). Rydym wedi ein cyfyngu ar un wedd gan ein *habitus* a'r meysydd yr ydym yn perthyn iddynt, ond gan fod yr *habitus* yn gallu cynhyrchu yn ogystal ag atgynhyrchu agweddau a'n bod yn gallu cymryd mwy nag un safle mewn amryfal feysydd, cred Bourdieu fod inni'r gallu hefyd i ystwytho'r llyffetheiriau hynny ac ennill y gweithredoledd (*agency*) i ymateb yn ôl ein hewyllys ein hunain.[5]

Defnyddir fframwaith deongliadol Bourdieu yn y gyfrol hon er mwyn cynnig dealltwriaeth newydd o'r grymoedd sy'n llywio agweddau at blant a phlentyndod. Mae'r agweddau hynny wedi eu plannu'n ddwfn yn ein hanes personol a'n magwraeth, ac yn ein cysylltu â hanes ehangach ein cymuned a'n diwylliant. Dywed Bourdieu:

> The habitus, which is the generative principle of responses more or less well adapted to the demands of a certain field, is the product of an individual history, but also, through the formative experiences of earliest infancy, of the whole collective history of family and class.[6]

Ond yn ein bywydau bob dydd, nid arddangos yr agweddau hyn a wnawn, yn ôl Bourdieu, ond eu rhoi ar waith mewn modd sy'n eu hamlygu a'u haddasu ar yr un pryd. Drwy archwilio ffyrdd o ymddwyn a chredu yng nghyd-destun perthynas yr *habitus* a'r maes, gall y pwyslais hwn ar ymarfer (*theory of practice*) egluro eu cysondeb a'u hamrywiaeth.[7] Mae'r dull cymdeithasegol hwn yn arbennig o addas er mwyn mynd i'r afael â hanes syniadau athronyddol a chonfensiynau llenyddol yn ymwneud â phlentyndod. Fe'n gorfoda i gydnabod a herio ein rhagdybiaethau modern ynghylch plant ac archwilio'r hyn a oedd yn cymell cymunedau'r gorffennol i feddwl amdanynt mewn ffordd wahanol. Cawn ein harwain felly i ganolbwyntio ar yr amodau cymdeithasol sydd wrth wraidd creu testunau llenyddol a'r agweddau sy'n llywio'r ymateb iddynt wedyn.[8]

Bydd yr adran gyntaf hon yn gosod y seiliau hanesyddol a beirniadol angenrheidiol ar gyfer astudiaeth o'r fath. Gwneir hynny drwy fapio llenyddiaeth gynnar i blant a hanes addysg yng Nghymru er mwyn amlygu'r newid a fu ar ddechrau'r bedwaredd ganrif ar bymtheg yn yr agweddau at blant a'r modd y dylid eu trin. Eir i'r afael ag agweddau beirniadol at lenyddiaeth plant yn yr ail bennod gan ofyn pam yr ydym wedi bod mor hwyrfrydig i archwilio ein llenyddiaeth plant o safbwynt llenyddol, diwylliannol a hanesyddol. Sefydlir pa mor bwysig yw hi inni ystyried yr ymateb diwylliannol i blant a phlentyndod mewn gwahanol gyfnodau er mwyn amlygu'r dylanwadau cymdeithasol sydd ar waith yn siapio hunaniaethau'r genhedlaeth nesaf.

Llenyddiaeth hanner cyntaf y bedwaredd ganrif ar bymtheg fydd canolbwynt yr ail adran: archwilir y modd y mae delweddau o blant arwrol, darllengar yn ymffurfio o dan ddylanwad cysyniadau diwinyddol ac addysgol ynghylch lles plant a'u dyfodol. Yna, yn y drydedd adran, amlygir y modd yr esblygodd y cysyniadau a'r delweddau hynny yn wyneb trawsnewidiadau cymdeithasol ac economaidd pellgyrhaeddol o ganol y ganrif ymlaen.

Mapio llenyddiaeth Gymraeg i blant

Cafwyd llenyddiaeth i blant ar sawl ffurf a chyfrwng dros y canrifoedd, ond nid yw'n cynrychioli un corff bwriadol, hunanymwybodol o ysgrifennu cyn troad y bedwaredd ganrif ar bymtheg. Eto, mae i'r dystiolaeth destunol gynnar am blant sydd wedi goroesi yn y Gymraeg arwyddocâd neilltuol i'n dealltwriaeth o hanes plentyndod mewn cyd-destun rhyngwladol. Sbardunwyd y diddordeb academaidd yn y maes hwn gan yr hanesydd Philippe Ariès a'i *L'Enfant et la Vie Familiale sous l'Ancien Régime* (1960; cyf. *Centuries of Childhood*, 1962). Yn wyneb prinder tystiolaeth am blant yn yr Oesoedd Canol, honiad sylfaenol ei ymdriniaeth oedd nad oedd 'plentyndod' yn cael ei ystyried yn gyfnod neilltuol, ac nad oedd pobl cyn y cyfnod modern cynnar yn closio gormod at blant bychain gan mor debygol oedd i hynny at arwain at golled.[9] Er i Ariès ysgogi ymchwil bellach yn y maes hwn, wfftiwyd ei gasgliadau gan leng o haneswyr gan gynnwys Lloyd deMause a Shulamith Shahar wrth iddynt ddadorchuddio rhychwant ehangach o dystiolaeth ledled Ewrop ynghylch plant a'u perthynas ag oedolion.[10] Fel y dadleuodd Eiry Miles, mae'r dystiolaeth Gymraeg yn cyfrannu mewn modd unigryw at y drafodaeth hon.[11] Dyna ichi'r posibilrwydd mai hwiangerdd gynnar yn llais y fam a luniwyd i ddifyrru plentyn yw 'Pais Dinogad', cân fer hynod ac anghyffredin sy'n llechu rhwng cloriau Llyfr Aneirin.[12] Ond mwy sylweddol a sicr yw tystiolaeth y corff 'dirdynnol, a syfrdanol ar brydiau' o farwnadau beirdd yr Oesoedd Canol i blant sy'n enghraifft brin yn hanes Ewrop o ymateb llenyddol aruchel i fywydau plant a'r profiad o'u magu.[13] Eithr nid gwybodaeth am blant yn unig a gynigir gan y testunau hyn. Drwy gynnig golwg ar agweddau oedolion at blant mewn cyfnodau cynharach, mae llenyddiaeth Gymraeg hefyd yn ein galluogi i fapio'r berthynas rhwng amodau byw a dulliau o feddwl am blant a phlentyndod.

Cawn gan feirdd o'r bymthegfed ganrif ymlaen ddarluniau teimladwy o golledion personol, megis ym marwnad drawiadol a chofiadwy Lewys Glyn Cothi (fl. 1447–96) i'w fab, Siôn.[14] Mae ei ddisgrifiad tyner o Siôn yn chwarae'n ddi-hid â dis a cherrig mân, yn pwdu â'i dad ac yn dychryn o glywed straeon am y bwci-bo, yn deillio o berthynas bersonol y bardd â'r plentyn a fu'n rhan o'i fywyd beunyddiol. Ond ymhlyg yng ngalar Lewys mae adlewyrchiad o'r newidiadau cymdeithasol a gwleidyddol a oedd yn effeithio ar natur a diben canu beirdd yr uchelwyr. Erbyn ail hanner y bymthegfed ganrif, nid campau noddwyr ar faes y gad oedd canolbwynt y farddoniaeth. Fel y dywed Dafydd Johnston, 'yr oedd y fantol wedi troi'n bendant iawn o blaid gwarineb y llys', ac roedd yr ymdriniaeth â phlant a'r bywyd teuluol yn arwydd o'r 'pwyslais newydd a welir yng nghanu'r bymthegfed ganrif ar berthnasau dynol ac anwyldeb'.[15] Roedd strwythurau teuluol yn newid, a chafodd ymlediad y pla drwy Ewrop a Chymru yn ystod y bedwaredd ganrif ar ddeg a dechrau'r bymthegfed effaith ysgytwol ar ffyrdd o feddwl am blant. Difawyd hyd at chwarter poblogaeth Cymru yn 1349–50,[16] ac achosodd y braw o golli cynifer o berthnasau mewn cyfnod mor fyr newidiadau sylfaenol yn y ffordd y synnid am blant.[17] Ym marddoniaeth y Gymraeg rhoddwyd mwyfwy o sylw i blant: eu pryd a'u gwedd, ond hefyd y modd y gallent gyfoethogi a llawenhau bywydau oedolion.[18] Canai'r beirdd am eu plant eu hunain a phlant eu noddwyr, ac wrth i lythrennedd ehangu a chofnodion ysgrifenedig amlhau o ddiwedd yr Oesoedd Canol ymlaen, cynyddu a wna nifer y cyfeiriadau personol ynghylch bywyd teuluol a phlant mewn testunau llenyddol, yn gerddi caeth a rhydd.[19]

Ond ochr yn ochr â'r cyffyrddiadau personol hyn, yn ystod y cyfnod modern cynnar datblygodd trafodaeth ddiwylliannol ehangach ynghylch plant a phlentyndod a oedd yn mynd y tu hwnt i'r berthynas feunyddiol rhwng plant go iawn, eu teuluoedd a'u cymunedau lleol. Dyma ddisgwrs a geisiai fynd i'r afael â'r hyn ydoedd 'plentyn' a 'phlentyndod', a sut y dylid eu trin mewn byd a oedd yn prysur newid. Roedd nifer o ffactorau'n arwain at y diddordeb newydd hwn mewn plant. Roedd ymlediad y Diwygiad Protestannaidd wedi sefydlu uchelgais sylfaenol y dylai pawb o bob oed feddu ar ddealltwriaeth bersonol a thrwyadl o'r Beibl. Hwyluswyd eu cenadwri gan ddatblygiad y wasg argraffu a allai ledaenu gwybodaeth a syniadau y tu hwnt i haenau uwch y gymdeithas, ac roedd twf cyfalafiaeth yn rhoi pwyslais newydd ymhlith masnachwyr a gwŷr proffesiynol ar yr angen i sicrhau, cynnal a chynyddu grym o'r naill genhedlaeth i'r llall. O ganlyniad, rhaid bellach oedd cymryd cyflwr ysbrydol a materol plant o ddifrif a buddsoddi egni yn y broses o'u haddysgu a'u goleuo. Daeth plentyndod yn destun i athronyddu yn ei gylch, a phlant yn wrthrychau i'w haddysgu a'u harwain ar raddfa ehangach nag a welwyd o'r blaen. Erbyn diwedd yr ail ganrif ar bymtheg ceid yn y Gymraeg, megis ledled Ewrop, egin corff arbenigol o wybodaeth a llenyddiaeth i hyfforddi a thrwytho plant a phobl ifainc yn hanfodion ffydd a moesau'r gymdeithas y perthynant iddi. Mewn gwerslyfrau Abiéc, catecismau (neu holwyddoregau, sef testunau cwestiwn ac ateb yn seiliedig ar ddysgeidiaeth y Beibl) a chynghorion rhieni i'w plant (megis penillion y Ficer Prichard i'w fab Samuel), gwelwn Gymru'n ymateb i'r drafodaeth newydd hon ynghylch plentyndod, a dechreuadau llenyddiaeth i blant yn y Gymraeg.[20]

I Brotestaniaid y cyfnod, llythrennedd oedd yr allwedd i wireddu potensial yr unigolyn a sicrhau ei achubiaeth. O ganlyniad, cafwyd yr ymdrechion cyntaf i sefydlu ysgolion elusennol i addysgu'r bobl gyffredin yng Nghymru ar droad y ddeunawfed ganrif o dan ofal y Welsh Trust a'r Gymdeithas er Taenu Gwybodaeth Gristnogol.[21] Ar ddarllen y rhoddwyd y pwys mwyaf yn yr ysgolion hyn, a hynny er mwyn i'r disgyblion gael mynediad at air Duw drwy'r Beibl. Felly'r oedd hi yn ysgolion cylchynol arloesol Griffith Jones, y clerigwr a sefydlodd system addysg dymhorol a oedd yn gweddu i'r boblogaeth amaethyddol Gymraeg ei hiaith.[22] Ond wrth agor cil y drws i addysg, teimlwyd rhwystredigaeth gynyddol na feddai'r Eglwys Wladol yr adnoddau na'r ewyllys ddigonol i ofalu am anghenion ei phraidd, a bu'r diwygwyr Methodistaidd cynnar ymhlith eraill yn gweithio'r tir a baratowyd gan Griffith Jones i gyfathrebu'n uniongyrchol â'r bobl yn eu hiaith eu hunain drwy wers a phregeth, seiat ac emyn.

O ganlyniad, cafwyd trawsnewidiad deallusol yng Nghymru'r ddeunawfed ganrif wrth i rym diwygiadau crefyddol esgor ar gymunedau ffydd newydd ac ymdrechion brwdfrydig i oleuo meddyliau'r Cymry cyffredin. Lluniodd Griffith Jones, er enghraifft, *Hyfforddiad gynnwys i wybodaeth jachusol o egwyddorjon a dyledswyddau crefydd*, er mwyn i '[b]ennau Teuluoedd, neu ryw un o'r Tŷ, ddarllain yn niwe'dydd y Sabbathau, a nosweithiau eraill, pan fyddo yn gyfleus'.[23] Cysylltid llythrennedd felly â dyletswydd, defosiwn a rhwymedigaeth y Cristion i'w ffydd, ac i awdur anhysbys yr *Anrheg i'r Cymro* yn 1749 roedd 'Anwybodaeth wirfodd o Air ac Ewyllys Duw yn bechod *marwol* damnedig' ac 'os na bydd *neb* o fewn y Ty yn *medru* darllen, bai erchyll yw hynny' gan na fyddai modd rhannu gweddïau na Gair yr Arglwydd yno.[24] Dyletswydd pob un, meddai, yw gwneud *'deunydd* addas o bob *moddion* Gras a Goleuni', a rheidrwydd ar y penteulu yw dysgu darllen Cymraeg 'naill ai iddo ei *hun* neu i'w wraig neu i'w blentyn' er mwyn 'cael Adeiladaeth a chysur' o'r Gair a llyfrau llesol eraill yn seiliedig ar ddysg Gristnogol. Mae 'DYSG yn beth llesol a dymunol i *Enaid Dyn*', meddai, ac mae 'budd a phleser *mawr* i Ddyn i'w cael wrth ddarllen Llyfrau *da*, a bod yn gweled ei Ddyledswydd ai Lygaid ei *Hun*'.[25]

Arwyddair yr awduron hyn oedd geiriau'r Apostol Paul, 'Glŷn wrth ddarllen, wrth gynghori, wrth athrawiaethu' (1 Tim. 4:13). Iddynt hwy, darllen oedd yr allwedd a fyddai'n ymestyn gofalaeth yr eglwys o'r addoldy i'r cartref ac o'r allanol i'r mewnol. Drwy ddarllen yn uchel, cydadrodd o'r Beibl, gweddïo a chanu emynau, gellid creu cymunedau ffydd o fewn cymdeithasau lleol ac unedau teuluol, a daeth y 'ddyledswydd deuluaidd' yn batrwm addoli beunyddiol ar aelwydydd ledled Cymru. Yn y man, arweiniodd y diwygio ysbrydol hwn at ymdrechion brwdfrydig i argraffu Beiblau a deunyddiau hyfforddiadol ar gyfer y Cymry cyffredin.[26] Crëwyd naratif ymhlith y Methodistiaid a anwybyddai waith blaenorol yr Eglwys er mwyn pwysleisio'r goleuni newydd a ddaeth yn sgil y diwygiad. Er enghraifft, o gymharu â 'dygyn anwybodaeth' oes eu teidiau 'heb Lusern Gair Duw i'w goleuo, na llyfrau iachusol eraill i'w hyfforddi', i'r Methodist amlwg Robert Jones, Rhos-lan (1745–1829) (a addysgwyd ei hun yn un o ysgolion cylchynol Griffith Jones) roedd y goleuni hwnnw bellach ar gael ac fe'i teimlai hi'n ddyletswydd i'w ledaenu, nid drwy emyn a phregeth lafar yn unig, ond drwy rym y gair printiedig.[27] Roedd ei werslyfr dylanwadol, *Drych i'r Anllythyrennog* (1788), yn cynnig llawer mwy na 'hyfforddiadau buddiol a phleserus, er cyfarwyddo Plant i iawn 'spelio, darllain, a deall yr ataliadau' fel yr honna'r wyneb-ddalen. Roedd yn mynegi awydd i sefydlu awdurdod newydd dros fywyd plant mewn oes o newid pellgyrhaeddol.

Nid addysg grefyddol oedd yr unig fath o addysg a geid ar y pryd, wrth gwrs. Byddai plant o deuluoedd cefnog yn derbyn addysg glasurol o dan ofal offeiriaid lleol ac mewn ysgolion gramadeg. Dyma fantais a estynnwyd i ambell athrylith o gefndir di-nod hefyd, megis y bardd Goronwy Owen (1723–69).[28] Ar lawr gwlad, byddai beirdd yn meithrin bechgyn lleol a ymddiddorai mewn prydyddu yn hanfodion y grefft, megis Twm o'r Nant a addysgwyd gan y bardd anllythrennog o Gerrigydrudion, Twm Tai'n Rhos.[29] Gwelid ffrwyth y gweithgareddau hyn yn y wasg argraffu hefyd, wrth i gyfrolau barddol ac ysgolheigaidd ddechrau ymddangos yn rheolaidd o ganol y ganrif ymlaen, megis blodeugerdd Rhys Jones o'r Blaenau, *Gorchestion Beirdd Cymru* (1773), a'r casgliad o waith Jonathan Hughes o Langollen, *Bardd a Byrddau* (1778). Ond nid oedd gan y beirdd a'r ysgolheigion gymhelliad penodol i argraffu deunyddiau llenyddol ac addysgol ar gyfer plant yn neilltuol. Nid oedd ychwaith ddosbarth canol cryf yng Nghymru i fasnacheiddio llenyddiaeth a'i harwain i gyfeiriadau newydd fel y gwelid yn Lloegr. Ni chafwyd yn y Gymraeg, felly, ddim i gymharu â'r cyfrolau darluniadol *Tommy Thumb's Pretty Song Book* (1744) gan Mary Cooper, casgliad o rigymau plant (sy'n cynnwys 'Bah, bah, a black sheep') a *The History of Little Goody Two-shoes* (1765), y nofel gyntaf i blant o bosibl, o wasg yr arloeswr cyhoeddi i blant, John Newbery.[30] Cymhelliad masnachol, nid diwygiadol, oedd wrth wraidd menter Newbery ac apeliai at gwsmeriaid a allai fforddio plesio chwaeth eu plant. Fel yr eglura Nodelman a Reimer:

> For a merchant like Newbery to be financially successful, there had to be customers willing to buy his products – people who, unlike the Puritans, believed they were entitled to please themselves, and entitled therefore to buy the things that might give them pleasure.[31]

Yng Nghymru roedd y sefyllfa'n bur wahanol. Erbyn troad y bedwaredd ganrif ar bymtheg, roedd cyhoeddi ar gyfer plant yn y Gymraeg yn weithred a ddeilliai o efengyliaeth ac a feddiannwyd yn llwyr ganddi. Gyda sefydlu cyfundrefn newydd o ysgolion Sul Cymraeg eu hiaith, dan ysgogiad Thomas Charles yn bennaf ac ar batrwm ysgolion Robert Raikes yn Lloegr, dechreuwyd cyhoeddi ar gyfer plant ar raddfa na welwyd o'r blaen.[32] Yn 1789 cyhoeddodd Charles y *Crynodeb o Egwyddorion Crefydd neu Gatecism Byrr i Blant ac Eraill i'w Ddysgu* i gyd-fynd â'r hyfforddi a geid ar lafar yn ei ysgolion. Troes at y gwaith, meddai, oherwydd yr 'esgeulusdra mawr a welaf o egwyddori plant, yn mhlith pawb o bob enw' a chredai'n ddiffuant fod peryglon enbyd o esgeuluso'r ddyletswydd hon. 'Os na thrysorwn ni eu meddyliau â gwerthfawr drysorau Duw, fe lanwa'r byd a'r diafol hwy â'r trysorau melldigedig a gloddir o uffern.'[33] Wrth sefydlu cateceisio (neu holwyddori) yn brif gyfrwng dysgu, disgwylid i blant gofio rhibyn o atebion i gwestiynau ysgrythurol a diwinyddol. Credid y byddai hynny yn ei dro yn arwain at hunanholi ac adfyfyrio ar gyflwr eu henaid.[34] Dyma sylfaen ffydd Thomas Charles yn system newydd yr ysgolion Sul: drwy addysg grefyddol ac adnabyddiaeth fanwl o'r Ysgrythurau, gellid adnabod yr hunan ac ymgyrraedd at achubiaeth. Yn wir, roedd 'holl weithgarwch addysgol Charles wedi [ei] sylfaenu ar y gred fod addysg grefyddol, nid yn unig yn hanfodol ym mywyd plentyn ond ei bod yn llywio'i holl bersonoliaeth a'i baratoi ar gyfer byd arall'.[35] Yn y gweithgarwch hwn gwelwn agweddau sylfaenol ynghylch meithrin plant yn cael eu hailgyfeirio, a *habitus* y Cymry yn newid. Wrth bwysleisio pa mor anghenus yw'r pechadur am oleuni ysbrydol, roedd neges y Methodistiaid ac efengylwyr eraill yn creu sylfaen ar gyfer eu hawl eu hunain i reoli dros fywydau plant. O ganlyniad, roedd y sawl a addolai gyda'r Anghydffurfwyr yn barod i dderbyn hefyd mai nhw, yn hytrach na'r Eglwys wladol neu'r llywodraeth, a ddylai fod â'r awdurdod pennaf dros yr ifainc.

Yn awydd angerddol y diwygwyr Cymraeg i achub plant rhag colledigaeth, roedd dyhead i lunio math newydd o gymdeithas wâr yn seiliedig ar egwyddorion ysgrythurol. Er yr ystyrid mai'r teulu oedd yr uned ffurfiannol bwysicaf yn natblygiad plentyn, ni ellid disgwyl i'r uned honno ysgwyddo'r cyfrifoldeb sylweddol o ddysgu plentyn i ddarllen a deall hanfodion ei ffydd heb gefnogaeth allanol. Wrth i'r Anghydffurfwyr droi ymhellach oddi wrth rym traddodiadol yr Eglwys, ac i'r Methodistiaid wahanu a ffurfio enwadau Wesleaidd a Chalfinaidd ar droad y ganrif, rhaid oedd ennyn cariad ac ymroddiad y genhedlaeth iau i ddychmygu y gallai eu byd a'u cyflwr ysbrydol fod yn wahanol. O ganlyniad daeth addysg plant yn bwnc canolog, a chyhoeddi ar eu cyfer yn fater o bwys angenrheidiol.

Llên plant a'r ymrafael dros addysg

O'r 1820au ymlaen sefydlodd pob enwad Anghydffurfiol ei gylchgrawn plant penodol ei hun i gyd-fynd â'u cyfundrefnau gwahanol ynghyd â llyfrau emynau a chatecismau ar gyfer plant yr ysgolion Sul. O safbwynt cymdeithasegol, yn y gweithgarwch cyhoeddi ac addysgol hwn gwelwn yr enwadau yn ceisio ymrafael am le, megis chwaraewyr ar faes chwarae Bourdieu, er mwyn cywain mwy o rym ac awdurdod iddynt eu hunain. I Bourdieu, mae i bob maes cymdeithasol ei reolau, ei arferion a'i chwaraewyr sy'n dilyn y rheolau neu yn eu torri er mwyn ennill troedle a mantais iddynt eu hunain. Gan fod y maes addysg ar ffurf elfennol yn unig ar y pryd, roedd cyfle i'r enwadau gwahanol hawlio lle a dylanwad. Er bod awydd ymysg nifer helaeth o ddiwygwyr crefyddol a chymdeithasol y cyfnod i weld addysg plant yn lledaenu, nid oedd cytundeb ynghylch sut i wneud hynny na phwy a ddylai fod yn gyfrifol amdani.[36] Ddechrau'r ganrif, mater elusennol oedd addysg, ac roedd cryn wrthwynebiad ymysg gwleidyddion yn ogystal ag arweinwyr crefyddol i'r awgrym y dylai'r wladwriaeth ymyrryd yn y trefniant hwnnw:

> Not only was the state unprepared to view the provision of education as anything other than a philanthropic activity, but also there was a deep suspicion among all the religious denominations of any hint of state provision and the trend towards a secular education which that denoted. This was coupled with a belief among the majority in government, which reflected the views of the upper and middle classes, that a religiously based education would be most likely to inculcate respectability, deference and acceptability of the social order, and avoid the danger that the working classes would be educated above their station by being provided with the means to try to better themselves at the expense of their social superiors.[37]

Roedd y rhan fwyaf o Anghydffurfwyr Cymreig y cyfnod yn gwrthwynebu caniatáu i'r wladwriaeth, boed drwy gyfrwng y llywodraeth neu'r Eglwys wladol, hawlio'r cyfrifoldeb dros les ac addysg plant. Llywiwyd eu meddylfryd gan syniadaeth Galfinaidd a barai iddynt wahaniaethu'n eglur rhwng y maes gwleidyddol a'r maes crefyddol gan dderbyn hawl y wladwriaeth dros y naill, ond nid y llall. Fel yr eglura R. Tudur Jones: 'I Galfin y mae i'r eglwys a'r wladwriaeth bob un ei maes priod ei hun. Ac nid yw'r naill i dresbasu ar diriogaeth y llall.'[38]

Gan eu bod yn argyhoeddedig mai i'r maes crefyddol y perthynai addysg, drwgdybid mentrau addysgu cyfundrefnol, cenedlaethol. Ond roedd syniadau ynghylch buddioldeb addysg ddyddiol i blant ar gerdded, a chan nad oedd yng Nghymru'r cyfalaf economaidd na'r isadeiledd i sefydlu darpariaeth benodol i Gymru, cymdeithasau elusennol Saesneg a gamodd i'r bwlch. O ganlyniad, gwelwyd ysgolion Brytanaidd anenwadol ac ysgolion Cenedlaethol Anglicanaidd yn cael eu sefydlu'n raddol yng Nghymru o'r 1810au ymlaen.[39] Ond ni chafwyd croeso cyffredinol iddynt o du'r enwadau. Roedd cysylltiadau eglwysig yr ysgolion Cenedlaethol yn wrthun i nifer ac nid oedd trefniadaeth leol ar gael i hwyluso twf yr ysgolion Brytanaidd. Yn hytrach, cyfeiriodd yr enwadau eu hegnïon pennaf tuag at yr ysgolion Sul. Am resymau ymarferol, cefnogid yr ysgolion hyn gan nad oeddynt yn tarfu ar yr wythnos waith na chyfraniad plant at economi'r teulu, a chredid mai trwyddynt hwy yn unig y gellid sicrhau addysg drwyadl Gristnogol, Gymraeg.[40]

O ganlyniad, rhoddwyd i'r ysgol Sul statws aruchel fel yr unig gyfrwng gwybodaeth ac achubiaeth a allai ddiwallu anghenion plant, a phwysleisir hynny yn y cyhoeddiadau a gynhyrchwyd i'w gwasanaethu. Yn wir, gwelwn yr enwadau'n diffinio a meddiannu'r disgwrs Cymraeg ynghylch addysg a lles plant drwy gyfrwng y wasg argraffu. Diwygwyr crefyddol a ymroes i addysgu plant, a hwythau hefyd a fwriodd ati i ddarparu deunyddiau buddiol ac addas iddynt eu darllen.[41] Gwelir felly eu cymhellion efengylol yn cyfuno â chynnydd yn y boblogaeth, twf llythrennedd, twf enwadaeth a datblygiadau arwyddocaol o safbwynt argraffu i gynhyrchu, am y tro cyntaf, gorff bwriadol, hunanymwybodol o 'lenyddiaeth plant'.

Sefydlodd y llenyddiaeth hon drafodaeth ynghylch plentyndod a oedd yn lleoli'r enwad yn ganolog i fywydau plant mewn cyfnod pan nad oedd diben na strwythur addysg wedi datblygu'n bedagogeg sicr. Roedd dysgu'r boblogaeth i ddarllen bellach wedi ei sefydlu'n egwyddor ganolog, ond roedd ansicrwydd o hyd ynghylch beth fyddai ffurf ac amcan ehangu'r addysg honno ymhellach. Eto, fel y cawn weld yn y penodau sy'n dilyn, mae hyder cyhoeddiadau plant yr enwadau'n drawiadol ac yn arwyddocaol. Cynigiant neges eglur mai nhw oedd â'r awdurdod dros les ysbrydol ac anghenion addysgiadol y plentyn, gan feithrin ideoleg a wrthodai hegemoni cyfundrefnol systemau'r ysgolion Brytanaidd a Chenedlaethol. Ond roedd tensiwn sylfaenol yn perthyn i'r safiad hwn gan eu bod am sefydlu arwahanrwydd ar faterion ysbrydol, ond am osgoi tanseilio eu teyrngarwch i'r gyfundrefn wleidyddol.[42] Bu'r Methodistiaid yn arbennig o ochelgar rhag codi grwychyn yr awdurdodau. Wedi'r cyfan, cafodd nifer o'r diwygwyr cynnar eu herlyn gan awdurdodau lleol teyrngar i'r Goron a'r Eglwys a ddrwgdybiai fod natur gaeedig eu cyfarfodydd yn hafan ar gyfer anlladrwydd a theyrnfradwriaeth.[43] Yn wyneb y cyhuddiadau hynny, mynnai arweinwyr y Methodistiaid ddatgan eu hymlyniad wrth y wladwriaeth, fel y gwnaeth Thomas Jones, Dinbych, yn *Gair yn ei Amser*, pamffled gwleidyddol a gyhoeddwyd yn 1798 i wrthwynebu syniadaeth Thomas Paine a'i ladmerydd Cymraeg Jac Glan-y-gors.[44]

Roedd troad y bedwaredd ganrif ar bymtheg, rhaid cofio, yn gyfnod peryglus i unrhyw un a wyrai oddi ar y llwybr arferol. Fel y dywed E. D. Evans: 'any departure from what was accepted as the established norm was regarded as schism and treason'.[45] Roedd y Gymraeg wedi cael llonydd i ffynnu o dan ofal addysgwyr y ddeunawfed ganrif gan na chysylltid hi â Jacobiniaeth a Chatholigiaeth i'r un graddau ag ieithoedd brodorol Iwerddon a'r Alban. Yno, sefydlid ysgolion elusennol Saesneg eu hiaith er mwyn rhwystro twf yr ieithoedd brodorol ac ymlediad syniadau bradwrus.[46] Ond yng Nghymru, roedd cysylltu'r iaith yn benodol ag addysg grefyddol yn galluogi'r enwadau i hawlio maes addysg heb dramgwyddo'r awdurdodau. Nid oedd yr awdurdodau, fel y nodwyd eisoes, eto wedi pennu hwn yn briod faes ar eu cyfer (ond fel y gwelwn maes o law, byddai hynny'n newid).

Yr hyn a ddengys y penodau sy'n dilyn yw'r modd y dychmygid rôl y plentyn yn y byd newydd hwn a oedd yn ymagor. Wrth sylwi ar yr hyn a rennir â phlant am eu lles a'u dyfodol, mae modd archwilio sut yr oedd pwysau gwleidyddol ac economaidd o'r tu allan yn cael ei ddehongli ar lefel fewnol a lleol. Roedd y cyhoeddiadau i blant sydd o dan sylw yn y gyfrol hon yn rhan o'r frwydr ideolegol dros y plentyn a thros rôl y Gymraeg ym mywydau plant. Cawn ar eu tudalennau ddelfrydau, ofnau a gobeithion sydd wedi eu gwreiddio yn y tensiynau cymdeithasol, crefyddol a diwylliannol a wynebai cenedl a oedd wrthi'n profi chwyldro economaidd. 'Society and individual experience were alike being transformed', meddai Raymond Williams am y bedwaredd ganrif ar bymtheg, 'and this driving agency, which there were no adequate traditional procedures to understand and interpret, had, in depth, to be taken into consciousness.'[47] O'r ymwybod hwn y datblygodd cyfryngau newydd o gyfathrebu, gan gynnwys llenyddiaeth plant, er mwyn diffinio syniadau newydd am yr unigolyn ac imprintio ar y darllenwyr batrwm o'r hyn y dymunid iddynt ei gyflawni yn eu bywydau.

2

Ailafael yn yr Anrheg

Yn 1816, argraffwyd *Anrheg i Blentyn*, cyfrol fechan gan y diwinydd a'r llenor Thomas Jones, Dinbych, ac un o'r casgliadau cyntaf o straeon a luniwyd er lles a diddanwch cynulleidfa o blant yn benodol. Dyma'r gyfrol sy'n cynrychioli man cychwyn llenyddiaeth plant fodern yn y Gymraeg: fe'i lluniwyd yn unswydd ar gyfer darllenwyr ifainc gan awdur a oedd yn gweithio oddi mewn i system newydd o addysgu plant. Ond mae hefyd yn destun heriol sy'n ei gwneud hi'n anodd i ddarllenwyr modern amgyffred sut y gellid bod wedi ei ystyried yn addas i blant. Gan hynny, fe'i defnyddir yn y bennod hon i agor trafodaeth ar sut y gallwn ddehongli llenyddiaeth plant y gorffennol mewn modd a fydd yn ein gorfodi i herio canfyddiadau negyddol traddodiadol am y testunau ac i ofyn cwestiynau newydd ynghylch eu harwyddocâd.

I ddarllenydd o'r unfed ganrif ar hugain sy'n troi at lenyddiaeth plant y bedwaredd ganrif ar bymtheg am y tro cyntaf, mae'r teitl *Anrheg i Blentyn* yn un deniadol. Mae fel pe bai'n cynnig rhodd arbennig ac yn ein cymell i ddwyn atgofion am swyngyfaredd diwrnod pen-blwydd a phrofiadau darllen plentyndod. Am ennyd, cawn ein hudo i feddwl bod rhywbeth sefydlog, arhosol am brofiadau plentyndod ac y bydd i'r anrheg hon yr un gwerth heddiw ag ydoedd iddi ddoe. Ond nid oes rhaid craffu'n hir ar wyneb-ddalen y cyhoeddiad bychan hwn a'i deitl llawn cyn sylweddoli na ellir cymryd dim yn ganiataol wrth ymdrin â phlentyndod cenedlaethau a fu.

Prin y byddai'r un darllenydd yn yr unfed ganrif ar hugain yn cytuno â Thomas Jones bod *Hanes Cywir am Ddychweliad Grasol, Bucheddau Duwiol, a Marwolaethau Dedwyddol, Amryw Blant Ieuaingc* yn rhodd addas i blentyn. Ymddengys yr eirfa ddyrchafol yn ffuantus ac annidwyll: anodd yw amgyffred sut y gellid cymhwyso ieithwedd a gysylltir â thröedigaethau crefyddol a bucheddau duwiol at achos plant bychain. Ymhellach, mae cywair gorfoleddus y 'marwolaethau

ANRHEG

I

BLENTYN,

sef

HANES CYWIR AM DDYCHWELIAD GRASOL,

Bucheddau duwiol,

A MARWOLAETHAU DEDWYDDOL,

amryw

BLANT IEUAINGC.

WEDI EI GASGLU GAN THOMAS JONES.

" Gadewch i blant bychain ddyfod ataf fi, ac
na waherddwch iddynt: canys eiddo y cyf-
ryw rai yw teyrnas Dduw." *Marc* 10. 14.

DINBYCH,

ARGRAFFEDIG AC AR WERTH GAN T. GEE.

1816.

Llun 1: Thomas Jones, *Anrheg i Blentyn* (Dinbych: T. Gee, 1816).

dedwyddol' yn peri cryn anesmwythyd. Erbyn hyn, peth cymharol anghyffredin yw gweld cymeriadau ifainc yn marw mewn llyfrau plant.[1] Mewn llyfrau i blant iau, y duedd yw cyflwyno marwolaeth drwy gyfrwng straeon trosiadol am anifeiliaid neu berthnasau teuluol mewn oed. Yn *Y Goeden Gofio* gan Britta Teckentrup (addas. Ceri Wyn Jones, 2013), er enghraifft, disgrifir y modd y mae anifeiliaid y goedwig yn plannu coeden i gofio am eu cyfaill y llwynog, ac yn *Het Gynnes Tad-cu* Malachy Doyle (addas. Siân Lewis, 2014) mae gwisgo'r het wlân yn gymorth i Wil ddygymod â marwolaeth ei daid. Er bod llyfrau i blant hŷn a phobl ifainc, megis cyfresi byd-enwog *Harry Potter* neu'r *Hunger Games*, yn fwy parod i ymdrin â marwolaethau cymeriadau ifainc, maent yn parhau'n brin iawn yn y Gymraeg. O'r herwydd, mae cyfrolau fel *Al* Manon Steffan Ros (2014), sy'n ymdrin â llofruddiaeth merch 16 oed, ac *Adref Heb Elin* Gareth F. Williams (2006), am ddiflaniad merch ifanc, yn ysgytwol.[2] Prin, felly, y gallwn ddeall sut y gellid croesawu marwolaeth 'ddedwyddol' plentyn, a'i glodfori mewn testun a fwriadwyd ar gyfer darllenwyr ifainc. Er bod y teitl yn apelio ar yr olwg gyntaf, mae'r cynnwys bellter byd oddi wrth yr hyn a dybiwn sy'n addas ar gyfer darllenwyr heddiw. Mae hynny, yn ogystal â moelni'r diwyg, y print cywasgedig a maint bychan y gyfrol (a fwriadwyd i ffitio poced neu gledr llaw plentyn) yn golygu nad yw hon yn fawr o anrheg yn ôl ein safonau ni.

Yn ei gynnwys a'i wneuthuriad, ei ieithwedd a'i ddiwyg, mae *Anrheg i Blentyn* Thomas Jones yn cynrychioli'r trawsnewid syfrdanol a fu yn y modd yr ymdrinnir â phlant a phlentyndod dros y ddwy ganrif ddiwethaf. Ni welir newid mor elfennol yn yr un genre llenyddol arall yn y Gymraeg. Erys ffurf y nofel (os nad y cynnwys) yn ddigon tebyg ers canol y bedwaredd ganrif ar bymtheg ac mae barddoniaeth – boed gywydd, pennill neu emyn – ar y cyfan yn parhau i edrych yr un fath ar bapur. O ganlyniad, mae cynefindra genre ac edrychiad nofelau Daniel Owen neu gerddi Ceiriog o gysur i ni ddarllenwyr ac yn ein hudo i gredu y gall llenyddiaeth y gorffennol, er gwaethaf dieithrwch cyfnod y creu, fod rywsut yn gyfarwydd ac yn berthnasol i ni flynyddoedd lawer yn ddiweddarach. Dyma'r rhith a roddodd rym i feirniadaeth lenyddol ddyneiddiol a ffynnai ar droad yr ugeinfed ganrif (ac yn wir ymhell wedi hynny) a'i phwyslais ar 'natur gyflawn, unedig a chrwn llenyddiaeth'.[3] Ystyrid testun yn endid annibynnol a chanddo ei reolau a'i ansawdd arbennig ei hun.[4] O ganlyniad, credid mai gwaith beirniad llenyddol oedd dadlennu nodweddion mewnol a gwirioneddau oesol testunau unigol: dull o ddarllen sy'n parhau i ddal ei dir er gwaethaf heriau cysyniadau ôl-strwythurol diweddarach. Ond er y gall darllenydd goelio, am ennyd, y clyw'r un nant â Cheiriog, a bod gwerth esthetaidd oesol i'w delyneg, ni all gredu bod Thomas Jones yn adnabod plant, nac yn gallu dadlennu unrhyw wirioneddau amdanynt. Mae cynnwys, golwg, ffurf a naws yr *Anrheg* a phob un o'r cyhoeddiadau cynnar i blant mor wahanol i'r deunydd sydd ar gael heddiw, nes ei bod bron yn amhosibl gweld dim sy'n gyfarwydd nac yn ddeniadol rhwng y cloriau.

O ganlyniad, mae *Anrheg i Blentyn* yn destun dieithr, heriol ac anodd nad ydym, mewn gwirionedd, wedi bod ag unrhyw awydd mynd i'r afael ag ef ar lefel lenyddol, hanesyddol na diwylliannol yn y cyfnod diweddar. Ond nid y modd y mae'r gyfrol yn dyrchafu marwolaethau annhymig plant bychain yw'r unig faen tramgwydd. Eithr, fel y dengys y drafodaeth sy'n dilyn, mae safle amwys llenyddiaeth plant o fewn ein diwylliant, a natur y disgwrs beirniadol ynghylch y testunau, yn llesteirio twf astudiaethau yn y maes. Drwy fynd i'r afael â dieithrwch llenyddiaeth plant a'i habsenoldeb o brif ffrwd ein trafodaethau diwylliannol yma, yr amcan yw amlygu'r rhagdybiaethau sydd ymhlyg yn ein dulliau o feddwl am blant, a'r angen i wynebu a chydnabod dulliau dieithr ac amgen o ystyried plentyndod.

Nid chwilio am awduron a thestunau sy'n deall natur plant yn dda neu'n well na'i gilydd yw gwaith yr hanesydd na'r beirniad llên. Yn hytrach, eu gorchwyl yw archwilio'r modd y cyflyrwyd ac y mynegwyd syniadau amrywiol ynghylch plant a phlentyndod mewn cyd-destunau hanesyddol gwahanol. Ar y naill law, wrth gwrs, mae i lenyddiaeth plant swyddogaeth amlwg ac arwyddocaol: fe'i hystyrir yn llawforwyn anhepgor i ddatblygiad ieithyddol, addysgol a phersonol y plentyn. Ond yn y maes diwylliannol ehangach – maes, yn ôl dadansoddiad Pierre Bourdieu, lle y pennir gwerth symbolaidd llenyddiaeth yn sgil ei pherthynas â strwythur grym cymdeithasol – mae llenyddiaeth plant wedi ei neilltuo i'r cyrion. Yn wir, er gwaethaf datganiad R. Tudur Jones yn ei ysgrif arloesol ar lenyddiaeth plant yn 1974 mai 'cwestiwn diddorol a sylfaenol' i bawb sy'n ymddiddori mewn diwylliant 'yw sut y mae diwylliant neilltuol yn ymdrosglwyddo o genhedlaeth i genhedlaeth', ni chafwyd ar ei ôl ymdrech fwriadol i archwilio a dehongli dulliau creadigol a didactig yr 'ymdrosglwyddo' hwnnw yng Nghymru dros y ddwy ganrif ddiwethaf.[5]

Darllen y gorffennol: y disgwrs ynghylch llenyddiaeth plant
y bedwaredd ganrif ar bymtheg

Ni roddwyd i'r deunyddiau ffurfiannol a gynhyrchwyd yn y Gymraeg ar gyfer plant fawr o le yn ein hanesyddiaeth lenyddol na diwylliannol. Ni chyhoeddwyd yr un ymdriniaeth academaidd estynedig cyn y gyfrol hon yn ymwneud â llenyddiaeth Gymraeg i blant, er bod cyfrol gyflwyniadol bwysig, ysgrifau dadlennol a thraethodau ymchwil i'w cael gan Mairwen a Gwynn Jones, R. Tudur Jones, Menna Phillips ac eraill.[6] Ychydig o sylw a roddwyd i destunau cynnar, yn enwedig, ac er y ceir manylion hanesyddol pwysig gan yr awduron a fentrodd i'r maes, anghredinedd a siom sy'n nodweddu'r drafodaeth ynghylch llenyddiaeth plant y bedwaredd ganrif ar bymtheg. Ymddengys nad oes modd amgyffred sut y gallai darllenwyr ifanc y cyfnod gael unrhyw bleser o ddarllen cylchgronau a chyfrolau moeswersol. Mae cywair y sylwadau a geir ar lenyddiaeth gynnar yn *Dewiniaid Difyr*, cyfrol ddarluniadol a gyhoeddwyd yn 1983 i ddathlu llenorion plant hyd 1950, yn gwbl nodweddiadol o'r rhagfarn gyffredinol yn erbyn y cyhoeddiadau cynnar. Yn ei harolwg o ddechreuadau llenyddiaeth i blant yn y Gymraeg, clywn yr addysgydd Norah Isaac yn cydymdeimlo â phlant y gorffennol am na chawsant fynediad at ddim nad oedd yn foeswersol a thrwm, a daw *Anrheg i Blentyn* Thomas Jones o dan y lach yn arbennig:

> O ddarllen y rhagymadrodd iasol, fe welir mor gwbl gyfeiliornus oedd safbwynt Thomas Jones ynglŷn â phwrpas llyfr i blentyn. Ni ellir credu mai gwaith difyr oedd llunio'r llyfr, ac anhygoel fyddai credu y gellid 'swyno'r bychan' â'r hanes syrffedus pruddglwyfus a gynhwysid ynddo.[7]

Mewn ysgrif arall ar gylchgronau plant yn yr un gyfrol, meddai Gwilym Hughes am yr *Addysgydd*, y cylchgrawn Cymraeg cyntaf i blant a sefydlwyd yn 1823 gan Hugh Hughes yr artist (1790–1863) a'r emynydd David Charles (1803–80, nai Thomas Charles):

> O ran ei ddiwyg, ei gynnwys, a'i ieithwedd mae'n hawdd gweld nad oedd gwahaniaeth sylfaenol rhwng *Yr Addysgydd* a'r ychydig gyfnodolion eraill o'r un cyfnod a oedd wedi eu hanelu at oedolion, ac nid gormodiaith fyddai dweud ei bod yn amhosibl dychmygu unrhyw un dan bedair-ar-ddeg mlwydd oed yn rhoi popeth o'r neilltu er mwyn encilio i ryw gornel dawel i bori yn ei dudalennau [...] rhaid cytuno'n llwyr â sylwadau T. M. Jones

(Gwenallt) yn *Llenyddiaeth fy Ngwlad* [1893] mai 'prin y gellir edrych arno fel yn gwbl addas i blant'.[8]

Cwynodd Norah Isaac hithau am yr un cylchgrawn: 'Dyma'r gwerth ceiniog gorau o fraw ac arswyd y gellid ei brynu gan nad yw'r cyfan yn ddim ond rhybudd i'r ifanc rhag colledigaeth enaid.' Credai hefyd mai 'trysor go drymaidd' oedd cylchgrawn y Wesleaid, *Trysor i Blentyn* (1825–42), 'a chydymaith a fyddai'n siŵr o roi'r felan i unrhyw blentyn'.[9] '[C]logyrnaidd a diwefr' oedd cynnwys y cylchgronau cynnar hyn i R. Tudur Jones yntau. 'Yn wir,' meddai, 'mae'n anodd gwybod sut y gallai pobl ifainc, heb sôn am blant, eu darllen gydag unrhyw hyfrydwch.'[10]

O'r sylwadau hyn, ymddengys mai cwbl wrthun yw cynnyrch hanner cyntaf y bedwaredd ganrif ar bymtheg, er bod llygedyn o olau i'w weld erbyn ail hanner y ganrif. Wrth drafod *Y Robinson Crusoe Cymreig*, addasiad creadigol Hugh Williams o hanes Robinson Crusoe yn 1857, er enghraifft, diolcha Norah Isaac am gyfrol a oedd yn 'rhoi siawns i blentyn o Gymro ddilyn ôl troed anturiaethwr mentrus'.[11] Cafwyd cyfieithiadau mwy ffyddlon o'r testun hwnnw i'r Gymraeg er 1795, ond yr amrywiad hwn (am anturiaethau morwr ifanc o Gymro ym môr y de), yw'r cyntaf i geisio apelio at ddarllenwyr ifainc yn benodol, fel yr awgryma tysteb Gwilym Hiraethog (William Rees, 1802–83) yn y rhagymadrodd i'r llyfr:

Syr, –
Bwriais olwg dros y prawf-leni o'r 'Robinson Crusoe Cymreig' a anfonasoch i mi, a gallaf ddyweyd i mi gael llawer o hyfrydwch wrth eu darllen, a diau gennyf y rhydd darlleniad hanes tra dyddorol y 'Robinson Crusoe Cymreig' hyfrydwch ac addysg fuddiol i laweroedd o'm cydgenedl; ac yn enwedig yr ieuainc. Y mae drych bywyd yr aur-ymgeiswyr yn Australia a geir ynddo yn hynod o ddyddorol; a da fyddai i bob gwr ieuanc a deimla ar ei galon ymfudo i'r wlad bell honno, ddarllen ac ystyried yr hyn a ddywed ein Robinson Crusoe am dani [...]
W. Rees, Liverpool, Medi 26, 1857[12]

Wrth bori drwy gylchgronau plant canol y ganrif, gwêl R. Tudur Jones yntau newid cywair pwysig a phellgyrhaeddol ei arwyddocâd yn eu cynnwys a'u harddull. Mae'r ieithwedd yn gynyddol ystwythach, a nifer helaethach o eitemau ysgafn a direidus yn ymddangos, er mai diben moeswersol a didactig oedd i'r rhan fwyaf o'r cynnwys o hyd. Seilia Jones ei ganfyddiadau yn bennaf ar brif gyhoeddiad y

Methodistiaid Calfinaidd i blant, *Trysorfa y Plant* a sefydlwyd yn 1862. Bu'r 'Drysorfa Fach', fel y'i gelwid, dan olygyddiaeth egnïol y Parch. Thomas Levi am yn agos at hanner canrif. Oherwydd ei ddull tadol, annwyl o gyfarch ei ddarllenwyr a'r amrywiaeth gynyddol a geid o fewn y cloriau, honnodd R. Tudur Jones y '[d]arganfuwyd y plentyn gan bobl fel Thomas Levi' a rhoes 'Darganfod Plant Bach' yn deitl i'w ysgrif.[13] Ond mae hwn yn ymadrodd problematig. Mewn gwirionedd, wrth i R. Tudur Jones sylwi'n fanwl ar y berthynas rhwng testunau llenyddol, amodau cymdeithasol a syniadaeth grefyddol yr oes, fe gyflwyna ddarlleniad craff o'r modd y cafodd y plentyn ei *greu*, nid ei ddarganfod. Er gwaethaf y teitl 'Darganfod Plant Bach', mae'r ysgrif yn amlygu'r modd yr ymgorfforai 'plant' y cylchgronau agweddau a dyheadau'r cyfnod:

> Mewn llawer modd, y ffordd orau i sawru awyrgylch y cyfnod hwnnw yw trwy ddarllen y cylchgronau plant. Neu, a bod yn gywirach, ynddynt hwy y ceir y syniad cliriaf am yr hyn y dymunai'r oes honno fod. Oherwydd rhaglen i'w chyflawni, polisi i'w fabwysiadu, nod i ymgyrraedd ato, yw cynnwys *Trysorfa y Plant*. Mae pob rhifyn wedi'i bacio'n llwythog o ddelfrydau i'w sylweddoli. Yr oedd Thomas Levi, a phawb tebyg iddo, yn gwbl ymwybodol yn adeiladu'r dyfodol trwy hyfforddi'r plant.[14]

Deallai R. Tudur Jones fod ffyrdd gwahanol o greu a chynnal cysyniadau ynghylch plant a phlentyndod, ond dewisodd labelu'r trawsnewid dramatig a welodd yn nhestunau plant ail hanner y bedwaredd ganrif ar bymtheg yn 'ddarganfyddiad'. Yr hyn a welwn yn y term hwn ac ym meirniadaeth Norah Isaac a Gwilym Hughes yw arwyddion o afael meddylfryd sy'n rhagdybio bod y fath beth â phlentyn hanfodaidd yn bod, ac y darganfu Thomas Levi ac eraill sut orau i gyfathrebu ag ef. Mae'r dull hwn o gloriannu'r gorffennol yn mesur gwerth testun i blant yn ôl ei allu i ymateb i anghenion 'cynhenid' y plentyn a ystyrir yn gyffredin i bob oes a phob cymdeithas. O ganlyniad, ymddengys mai prif orchwyl ein trafodaethau ar lên plant yw dosbarthu testunau'n ôl eu haddasrwydd neu anaddasrwydd tybiedig ar gyfer cynulleidfa darged y credwn ein bod yn ei hadnabod yn dda. Yn wir, mae dylanwad y meddylfryd hwn i'w weld hyd heddiw mewn adolygiadau llyfrau sy'n canmol gallu llyfr i apelio at 'blant' heb gydnabod y gwahaniaethau lu o ran oed, rhywedd a chwaeth a fodola oddi mewn i'r categori eang hwnnw.

Er mwyn gwireddu amcan y gyfrol hon a chynnig ffordd newydd o ymdrin â llenyddiaeth plant yn y Gymraeg, rhaid cydnabod bod 'plant' a'r 'plentyn' yn labeli diffygiol fel y pwysleisia astudiaethau llên plant diweddar. Fel y dywed Emer O'Sullivan: '"The child" can't be spoken about as a singular entity; class, ethnic origin, gender, geopolitical location and economic circumstances are all elements which create differences between real children in real places.'[15] Mae lliaws o ddylanwadau amrywiol yn siapio profiadau a datblygiad plant o gig a gwaed mewn lleoliadau daearyddol, diwylliannol ac amseryddol gwahanol, ac felly hefyd ein cysyniadau ynghylch plentyndod. Medd David Rudd:

> to try to generalize about such a variegated range of people under the label 'child' has always been doomed [...] childhood needs to be recognised as having been constructed differently at different times and for different groups within any particular period.[16]

Canlyniad grymoedd cymdeithasol, economaidd a diwylliannol pob oes a phob cymdeithas ar wahân yw plentyndod, nid profiad oesol y gellir cyffredinoli yn ei gylch. Dyna ganfyddiad cymdeithasegwyr a haneswyr ers ail hanner yr ugeinfed ganrif a ymroes i archwilio strwythurau grym y berthynas rhwng oedolion a'u plant o dan amgylchiadau diwylliannol a chymdeithasol gwahanol.[17] I raddau helaeth, astudiaeth arloesol Philippe Ariès y cyfeirwyd ati'n gynharach, *Centuries of Childhood*, a ysgogodd lawer o'r theoreiddio diweddarach ynghylch plentyndod. Ef oedd y cyntaf i archwilio tystiolaeth hanesyddol yr Oesoedd Canol a'r cyfnod modern cynnar ynghylch plant a mynd i'r afael â phlentyndod fel cysyniad cyfnewidiol, sydd ynghlwm wrth amodau cymdeithasol ac economaidd ei oes:

> In medieval society the idea of childhood did not exist; this is not to suggest that children were neglected, forsaken or despised. The idea of childhood is not to be confused with affection for children: it corresponds to an awareness of the particular nature of childhood, that particular nature which distinguishes the child from the adult, even the young adult.[18]

Er inni weld eisoes i nifer o haneswyr anghytuno ynghylch honiadau Ariès am berthynas oedolion a phlant yn yr Oesoedd Canol, erys ei ddylanwad yn arhosol ar y shifft meddyliol a symbylodd haneswyr a chymdeithasegwyr i archwilio lluosogrwydd profiadau plentyndod, a chwalu'r syniad mai categorïau unffurf eu natur a'u profiad yw 'plentyn', 'plant' a 'phlentyndod'.

Bellach, rhaid cytuno â'r hanesydd Colin Heywood yn ei gyfrol ar hanes plentyndod: 'The assumption here is that there is no essential child for historians to discover.'[19] Ofer yw chwilio am brofiadau plentynnaidd cyffredin drwy'r oesoedd, na phlant 'go iawn' o fewn unrhyw destun. Yn hytrach, rhaid rhoi sylw i'r ffactorau cymdeithasol, economaidd a diwylliannol sy'n siapio'r hyn yw 'plentyn' a'r modd y mae oedolion yn ymateb iddo. Drwy ddadlau yn erbyn syniadau hanfodaidd am 'y plentyn' sy'n rhagdybio bod y fath beth â natur neu anian gyffredin i bob un, a dadfreinio cysyniadau am blant a ymddengys yn naturiol a chyffredin, dadlennir natur gyfnewidiol 'plant' a 'phlentyndod'. Fel yr eglura Anja Müller: 'The great narrative of childhood, with its implications of universal concepts, is gradually being replaced by a localized view that stresses the variety of childhood concepts depending on particular historical, social, cultural or economic contexts.'[20] Ond yn achos y traddodiad llenyddol Cymraeg i blant a'i wreiddiau didactig amlwg, bu amharodrwydd i roi'r gorau i hanesyddiaeth y 'great narrative of childhood'. O ganlyniad, y duedd fu olrhain hanes llenyddiaeth plant megis esblygiad diwylliannol o ddyfnderoedd tywyll y testunau didactig i oleuni ffantasi a dychymyg testunau mwy diweddar.

Nid oedd Norah Isaac, er enghraifft, yn credu y cynhyrchid dim o werth i blant yn ystod y bedwaredd ganrif ar bymtheg nes dyfodiad O. M. Edwards, yr awdur a'r golygydd Cymraeg cyntaf i lunio cyhoeddiadau i blant na fwriedid i gefnogi addysg yr ysgol Sul yn benodol. Yn ei barn hi, dylai awdur llyfrau plant feddu ar allu Gwydion i 'synnu'r bychan â hanes y cwch wrth Gaer Arianrhod'.[21] Iddi hi, O.M. oedd y dewin hwnnw a achubodd plant bach Cymru rhag colledigaeth y testunau moeswersol. Mae rhyddhad Norah Isaac o gyrraedd deunydd difyrrach, llai didactig ddiwedd Oes Victoria yn gwbl eglur ac yn rhan o'r duedd gyffredinol a welodd Mitzi Myers ymhlith haneswyr yr ugeinfed ganrif. 'Certainly,' meddai, 'historians of juvenilia typically sound relieved when they've trudged past the supposedly arid Enlightenment and arrived in the supposedly non-didactic Golden Age, that nineteenth-century Arcadia of enjoyment and escapism unalloyed.'[22] Daw'r rhyddhad hwn i'r amlwg hefyd yn y cymariaethau deuaidd a geir yn nheitlau cynifer o ymdriniaethau ar lên plant, megis 'O'r Addysgydd i Hwyl', *From Primer to Pleasure in Reading* (1972), *Children's Literature Comes of Age* (1996) a *From Instruction to Delight* (2009).[23]

Wrth gyferbynnu'r didactig a'r dychmygus, mae'r astudiaethau hyn yn cymryd yn ganiataol nad oedd modd i ddarllenwyr y gorffennol gael unrhyw foddhad o ddarllen deunydd moeswersol. Maent yn diystyru'r posibilrwydd 'that writers, and even children, of earlier times may well have had different ideas about children and childhood and, therefore, found genuine pleasure in stories about children who learn to be less imaginative and more rational'.[24] I'r sylwebwyr hyn, ymateb i anghenion oedolion a wna didactigiaeth (*didacticism*) ond ymateb i anghenion plant eu hunain a wna deunydd llenyddol, fel yr amlyga'r farn hon am lyfrau plant Sweden:

> Well into the nineteenth century, children's books sought primarily to impress upon their young readers good morals, proper manners, and a sense of religion. In Sweden it was not until the turn of the twentieth century that children's literature began to respond to the needs of children rather than adults.[25]

Yn yr un modd, mynnir mai yng ngwaith Marijane Minaberri (1926–2017) y gwelir dechrau llenyddiaeth plant yng Ngwlad y Basg (er y bu cyhoeddi i blant ers y bedwaredd ganrif ar bymtheg) drwy bwysleisio iddi flaenoriaethu llenyddoldeb ar draul y didactig: 'in her work, although the moralizing intention is present, the careful language, descriptions, and the narrative itself reveal the author's main concern to be aesthetic'.[26]

Yr hyn a wna'r hanesyddiaeth hon yw blaenoriaethu testunau a rydd fwy o amlygrwydd i greadigrwydd a llenyddoldeb. Tybir mai testunau megis limrigau nonsens Edward Lear (1846), anturiaethau *Alice* Lewis Carroll (1865) neu hanesion difyr *Llyfr Del* O. M. Edwards (1906), gyda'u darluniau tlws, a rydd y pleser a'r lles mwyaf i blentyn. Eithr nid dadlennu anghenion plant go iawn nac ymateb iddynt a wna'r testunau dychmygus hyn yn fwy na'u cymheiriaid didactig a phiwritanaidd, mewn gwirionedd. Yn hytrach, adlewyrcha *Alice*, *Del* ac eraill ffordd wahanol o ddychmygu'r plentyn, un Ramantaidd ei naws sy'n llawer nes at ein hamgyffred ni o blentyndod heddiw na'r hanesion am blant bach duwiol a geid yn y testunau enwadol. Y Rhamantiaeth hon a roes fod i ffantasi a swyngyfaredd testunau eiconig Oes Aur llenyddiaeth plant Saesneg megis *Peter Pan* (1904) a *The Secret Garden* (1911) a chyhoeddiadau Cymraeg diweddarach fel *Tir y Dyneddon* (1921) a *Rhys Llwyd y Lleuad* (1925) gan Tegla Davies (1880–1967), sydd ymhlith yr enghreifftiau Cymraeg cynharaf o lenyddiaeth ffantasi. Dyma destunau sy'n deillio o ddylanwad syniadau Jean-Jacques Rousseau, William Blake ac eraill ynghylch sensitifrwydd creadigol plant a'u perthynas agos â natur. Wrth i ddiwydiant a threfoli drawsnewid cymdeithasau, daethpwyd i gysylltu plentyndod â diniweidrwydd, byd natur a hiraeth am orffennol gwynfydig gan ymwrthod ag athrawiaeth Galfinaidd a didactigiaeth y testunau cynnar. Coleddwyd y gred yng ngallu greddfol y plentyn dibrofiad (nas halogwyd gan fydolrwydd) i gyfryngu â'r ysbrydol a'r chwedlonol mewn dull mwy ystyrlon nag oedolion,[27] a chredid mai prif orchwyl oedolion oedd gwarchod, cynnal ac yn wir ymestyn y cyfnod hwnnw i barhau cyhyd â phosibl.

Adlewyrchu amgylchiadau a dyheadau oedolion a wna delwedd 'y plentyn Rhamantaidd', wrth gwrs, ac ar droad yr ugeinfed ganrif daeth plentyndod a llenyddiaeth plant yn gynfasau i oedolion fynegi arnynt eu hiraeth am ddiniweidrwydd coll.[28] Bu trawsnewid cymdeithasol pellgyrhaeddol dros y ganrif ddiwethaf, eto rydym yn parhau o dan gysgod y meddylfryd hwnnw i raddau helaeth heddiw. Mewnolwyd a normaleiddiwyd delfrydau'r 'plentyn Rhamantaidd' i'r fath raddau nes ein bod yn dal i synio am 'natur' plant heb gwestiynu'r ffactorau cymdeithasol a gwleidyddol cyfnewidiol sydd wrth wraidd ein canfyddiad ynghylch y 'natur' honno. 'In short,' meddai Henry Jenkins, 'the innocent child is a myth, in Roland Barthes's sense of the word, a figure that transforms culture into nature.'[29] Y duedd felly yw ystyried bod llenyddiaeth o ddiwedd y bedwaredd ganrif ar bymtheg ymlaen a rydd flaenoriaeth i'r dychymyg, diniweidrwydd a ffantasi yn gynhenid werthfawr a llesol. Mawrygir testunau sy'n trin plentyndod fel cyflwr sy'n bodoli uwchlaw materoldeb a chreulondeb byd oedolion gan dybio bod unrhyw ddull cynharach neu wahanol o gyfathrebu â'r plentyn yn rhwym o fod yn ddiffygiol os nad yn niweidiol. O ganlyniad, gwelwyd hepgor deunydd didactig o ddiffiniad F. J. Harvey Darton o lenyddiaeth plant yn *Children's Books in England*, yr astudiaeth estynedig gyntaf ar lenyddiaeth plant yn 1932.[30] Deunyddiau dychmygus a roddai'r argraff eu bod yn rhydd o afael athrawiaethau Cristnogol ac addysgol yn unig a gafodd groeso gan Darton, megis *Alice*, 'the first unapologetic appearance in print, for readers who sorely needed it, of liberty of thought in children's books'.[31]

Hanner canrif yn ddiweddarach, ceid yr un dirmyg at destunau didactig yn y gyfrol *Fantasy and Reason: Children's Literature in the Eighteenth Century* (1984) gan Geoffrey Summerfield. Ystyriai, er enghraifft, *Original Stories from Real Life; with Conversations Calculated to Regulate the Affections, and Form the Mind to Truth and Goodness* Mary Wollstonecraft (1788), yn gwbl wrthun. 'Original Stories has a strong claim to be the most sinister, ugly, overbearing book for children ever published.'[32] Ymddengys felly fod cywair ysgrif Norah Isaac a gyhoeddwyd ddwy flynedd ynghynt (a fynnodd, er enghraifft, mai llyfryn 'â'i effaith yn cyflymu'r troed tua'r dragwyddol drigfan'[33] oedd *Gwagedd Mebyd a Ieuenctyd* (1749)) yn gwbl gydnaws â'r drafodaeth boblogaidd ynghylch llenyddiaeth plant ar y pryd. Ond tra bo beirniadaeth lenyddol dros y 30 mlynedd diwethaf wedi herio a disodli'r rhagdybiaethau hyn ynghylch llenyddiaeth ddidactig Saesneg mewn cyfrolau fel *The Making of the Modern Child* (2003) Andrew O'Malley a *Didactics and the Modern Robinsonade* (2019) dan olygyddiaeth Ian Kinane, aros yn ei hunfan a wnaeth y drafodaeth yn y Gymraeg.[34] O ganlyniad, mae'r ychydig gyhoeddiadau a gafwyd ar lenyddiaeth Gymraeg gynnar i blant yn darllen y gorffennol heb gydnabod trwch y lens, wrth iddynt fesur y testunau yn ôl syniadaeth gyfoes yr awduron ynghylch plant a phlentyndod. Am awduron o'r fath, meddai Myers:

> They tend to feel [...] that children's literature should be the 'stuff of dreams,' and they tend to impose their own utopian visions of what child readers are and should be upon those unknown child readers of the past, even the little girls whose names are inscribed on the inside covers of moral tales worn with rereading.[35]

Er na all unrhyw ymchwilydd gynnal safbwynt cwbl wrthrychol, rhaid iddo o leiaf gydnabod ei oddrycholdeb a dylanwad hynny ar ei ddehongliad. Mynnodd Bourdieu fod angen i'r ymchwilydd fod yn 'reflexively aware' o'i ragfarnau – hynny yw, yn gallu adnabod eu hachos a'u heffaith – er mwyn eu goresgyn.[36] Yn achos y gyfrol hon, er mor ddieithr ac anghysurus yw cywair pregethwrol y testunau cynnar, ceisir osgoi presenoliaeth (*presentism*) 'that orders the past to validate today's needs', a mynd i'r afael ag arwyddocâd cymdeithasol a llenyddol y deunydd didactig.[37] I wneud hynny yng nghyd-destun fframwaith deongliadol Bourdieu, eglura Anne Boschetti: 'We have to analyse and historicize our concepts; not only the concepts of the individuals observed, but also the concepts we researchers use in our own studies. So we have to retrace the genesis, uses and social stakes of concepts.'[38] Bydd hynny'n dyfnhau ein dealltwriaeth am lên plant y gorffennol, ond gall hefyd ein galluogi i werthfawrogi nad yw hanes llenyddiaeth mor syml ag yr awgryma'r disgrifiadau deuaidd poblogaidd megis *From Instruction to Delight*.

Nid graddol ymryddhau o afael moesoli, ideoleg neu athrawiaeth a wna llenyddiaeth i blant dros y ddwy ganrif ddiwethaf. Fel y dadleua Perry Nodelman, yr hyn a wna llenyddiaeth fwy diweddar yw celu ei natur ddidactig, yn hytrach na'i diddymu: 'It manipulates its readers into being educated by not being obviously educational, by giving children what they need by appearing to give them what they like.'[39] Mae modd dadlau bod pob testun i blentyn yn destun didactig yn ei hanfod. Wedi'r cyfan, mae i bob testun llenyddol ei reswm sylfaenol dros fodoli, ac amcan dull cymdeithasegol Bourdieu o ddadansoddi llên yw archwilio 'what makes a work of art *necessary*, that is to say, its informing formula, its generative principle, its *raison d'être*'.[40] Mae'r rheswm hwnnw'n fwy amlwg yn achos testunau i ddarllenwyr ifainc, ac wedi ei glymu'n dynnach wrth foesau cymdeithasol. Amlygant ymwybyddiaeth o swyddogaeth, yn wir o ddyletswydd yn achos rhai awduron, i ddilysu a sefydlu gwerthoedd ac egwyddorion cymdeithasol. Mae'r testunau wedi eu trwytho â rhagdybiaethau ideolegol.[41] Nid oes modd gwahanu llenyddiaeth plant oddi wrth ysfa'r awdur (boed yn ysfa ymwybodol ai peidio) i ddwyn y darllenydd at ryw ddealltwriaeth o natur y byd o'i gwmpas, a lle'r plentyn o fewn y byd hwnnw.

Fodd bynnag, nid perthynas gydradd sydd rhwng yr awdur a'i gynulleidfa: mae'r grym gan yr awdur ac y mae'r modd y delwedda blant a phlentyndod ynghlwm wrth ganfyddiadau cymdeithasol ynghylch sut y dylid eu trin a'u trafod. Rhennir y canfyddiadau hynny ymysg pobl a thros genedlaethau ar lefel haniaethol yr *habitus*. Yn yr isymwybod hwn y perthyn ein canfyddiadau ynghylch plentyndod. Ar lefel yr *habitus* cânt eu siapio, eu mynegi, eu hamlhau a'u normaleiddio. Mae hynny yn ei dro yn cynhyrchu 'a set of practices, preferences and (self-)representations which not only identify the respective subject as a child to others, but which also, being internalized, can contribute to the child's self-fashioning according to an image that is supposedly natural for children'.[42] Nid trosglwyddo gwerthoedd o'r naill genhedlaeth i'r llall yn unig a wna llenyddiaeth plant, ond mynegi, cynnal neu drawsffurfio norm sy'n galw ar y darllenydd i amgyffred ei oddrychedd ei hun.

Hawdd fyddai ystyried bod llenyddiaeth plant yn gyfrwng i'r oedolyn o awdur orfodi ei syniadau ar ei ddarllenwyr hydrin gan eu mowldio a'u siapio, yn ôl syniadaeth ddylanwadol John Locke (1632–1704). Yn wahanol i Descartes o'i flaen, ni chredai Locke fod gan unigolion feddyliau a syniadau cynhenid a ddatguddir yn ystod eu magwraeth gynnar; yn hytrach, *tabula rasa* (dalen lân) yw meddwl plentyn i Locke, ac fe ddatblyga'r meddwl (ac o ganlyniad, yr hunan) yn sgil dylanwad uniongyrchol profiadau synwyriaethol (*sensory*). Mynnodd Locke mai cyfrifoldeb cymdeithas oedd hyfforddi ac arwain meddyliau ifanc, a'u harbed rhag niwed a dylanwadau drwg.

Ond byddai'n gamsyniad rhoi i'r awdur y fath safle aruchel, diymwad. Yn y lle cyntaf, nid yw safle'r awdur na'i amcan yn sefydlog. Mae ei *habitus*, fel yn achos pob un ohonom, yn blethwaith cymhleth o ffactorau cymdeithasol a diwylliannol, a gall yr awdur amrywio ei safle o fewn y maes diwylliannol yn ôl ei statws a thaflwybr ei yrfa. Nid yw pob awdur yn ei osod ei hun yn draethydd awdurdodol ac mae pob un yn amgyffred yn wahanol ei ymwybyddiaeth o'i amcan neu ei genhadaeth (yr hyn a alwai Bourdieu yn 'projet créateur'[43]). Ymhellach, y mae'n gam â phlant y bedwaredd ganrif ar bymtheg i dybio eu bod yn gynfasau gweigion, glân y gallai oedolion eu llenwi â'u darluniau, eu geiriau a'u syniadau eu hunain. Byddai hynny'n gwadu cyfraniad rhagweithiol plant i'r maes diwylliannol y perthynant iddo. Er bod Bourdieu yn dehongli ein bod yn derbyn ac yn etifeddu tueddfrydiau a berthyn i'n diwylliant a'n cymdeithas (drwy'r *habitus*), nid yw hynny gyfystyr â dweud bod y plentyn o reidrwydd yn derbyn ac yn atgynhyrchu disgwyliadau'r genhedlaeth hŷn bob tro. Un o ffactorau neilltuol theori meysydd Bourdieu, rhaid cofio, yw bod pawb, megis chwaraewyr ar y cae, yn cystadlu â'i gilydd ac yn ymateb i bob sefyllfa yn ôl eu tueddiadau, a'u profiadau arbennig eu hunain. Er bod pobl o'r un cefndir diwylliannol a chymdeithasol yn rhannu nifer o elfennau tebyg, ni fydd gwneuthuriad na natur eu *habitus* yn union yr un fath. O ganlyniad, mae i bob unigolyn, gan gynnwys plant, ei weithredoledd (neu *agency*), cysyniad sy'n symud y pwyslais oddi ar benderfynoliaeth theorïau cymdeithasol cynharach ac yn pennu rôl mwy rhagweithiol i'r plentyn.[44]

Mae astudiaethau diweddarach, megis gwaith arloesol y seicolegydd Jean Piaget, wedi dyfnhau ein dealltwriaeth o ddatblygiad gwybyddol gweithredol, nid goddefol, plant a'r modd y maent yn dehongli'r byd drwy drefnu gwybodaeth ac ymateb i'w hamgylchfyd eu hunain. O ganlyniad, ystyrir nad stryd unffordd mo'r broses o ddwyn plentyn yn rhan o'r gymdeithas ehangach. Wrth olrhain theorïau cymdeithasegol am blant, dywed William Corsaro: 'socialization is not only a matter of adaptation and internalization but also a process of appropriation, reinvention, and reproduction'.[45] Nid rôl oddefol sydd gan blant yn y broses o greu plentyndod, felly, ond rôl weithredol yn y broses o ddehongli, negodi, atgynhyrchu ac ystumio'r dylanwadau cymdeithasol sy'n eu hamgylchynu. Ys dywed David Rudd, 'if the child is socially constructed then it, too, must also be a constructive being', a

Corsaro, 'children and adults alike are active participants in the social construction of childhood and in the interpretive reproduction of their shared culture'.[46]

Wrth ymdrin â'r gweithredoledd hwn yng nghyd-destun llenyddiaeth plant y bedwaredd ganrif ar bymtheg, mae archwilio'r modd yr oedd y darllenwyr eu hunain yn creu ystyr ac yn ymateb i'r testunau yn heriol. Ychydig o ffynonellau cynradd sydd i amlygu barn a phrofiadau plant yn eu geiriau eu hunain. Ond mae digon o awgrymiadau yma a thraw i'n hatgoffa nad trosglwyddo gwybodaeth mewn dull hierarchaidd a wneir gan destun llenyddol, ond cyfathrebu ac annog cyfranogiad gan y darllenydd, sy'n dehongli'r testun ac yn ymateb iddo yn ôl natur ei *habitus* ei hun.

Plant a'u llenyddiaeth

Yn lle cymryd yn ganiataol mai gweithgaredd syrffedus a beichus oedd darllen i blant y bedwaredd ganrif ar bymtheg, rhaid derbyn bod darllen mawr wedi bod ar y deunydd hwn a cheisio dehongli arwyddocâd a dylanwad y profiad hwnnw. Gall atgofion a chofiannau fod yn ffynhonnell werthfawr yn hynny o dasg, megis y cipolwg a rydd W. J. Gruffydd ar arferion darllen y Sul a'u dylanwad arno'n blentyn yn y 1880au, ac yna'n oedolyn hefyd:

> Yr oedd llyfrgell helaeth yn y tŷ o bob math o lyfrau, ond ni chaniatéid imi edrych ar yr un ohonynt os nad oedd wedi ei basio fel llyfr ffit i'w ddarllen ar y Sul. Yr oedd *Ceinion Llenyddiaeth Gymreig* a *Chymru* Owen Jones, y ddau lyfr y down yn ôl atynt pan fyddai pob llyfr arall wedi myned yn flinderus, ar yr indecs, ac nid oedd dim i droi ato ond y cyfrolau o *Drysorfa'r Plant* o 1864 hyd 1886. Nid gormod yw dywedyd imi ddarllen y rheini ugeiniau o weithiau drosodd, a gallwn heddiw basio'n gysurus arholiad manwl ar eu cynnwys. Wrth gwrs, y straeon ynddynt oedd fy hoff borfa, *John Halifax, Gwr Bonheddig; Rose a Blanche neu Ystrywiau'r Jesuitiaid* [...] bu'n help i wneuthur y dydd Sul yn oddefadwy i gannoedd o blant Cymru. Pan ddeuthum i ysgrifennu *Beddau'r Proffwydi*, ni allwn ymgynnal rhag benthyca un o'r pethau bychain sentimental sydd ynddi o frawddeg ddisgrifiadol yn *Josi'r Ffoadur* a gynyrfasai fy meddwl pan yn blentyn.[47]

Deunydd cenhadol *Trysorfa y Plant* a gydiodd yn nychymyg y Sara Maria Saunders (1864–1939) ifanc, a ddaeth yn y man yn awdur a chenhades adnabyddus. Ymhlith y deunydd darllen a geid yn llyfrgell y cartref yn Llangeitho roedd:

> amrywiaeth o lyfrau diwinyddol, llyfrau teithio a chyhoeddiadau [...] fel *The Boys' Own Paper, The Girls' Own Paper, The Wide Wide World, A Peep Behind the Scenes, The Arabian Nights, Uncle Tom's Cabin, Robinson Crusoe,* ac yn eu plith un cylchgrawn Cymraeg i blant, sef *Trysorfa'r Plant.* O'r rhain i gyd, yr olaf a daniodd ddychymyg Sara. Fe'i swynwyd yn arbennig gan hanesion cyffrous am genhadon yn gweithio ymysg bechgyn a merched mewn gwledydd tramor.[48]

Rhydd Kate Roberts hithau gip inni ar ei phrofiadau darllen cynnar yn *Y Lôn Wen* (1960):

> Cofiaf y byddai J. R. Williams yn dyfod â'r cylchgronau i'r capel i bawb, pob cylchgrawn, y rhai enwadol a'r rhai cenedlaethol, gydag enw'r tŷ arnynt. Cofiaf fel y byddem yn rhuthro o'n seti ar y Sul cyntaf yn y mis, a stwffio at y ffenestr yn y lobi lle byddai'r cylchgronau, er mwyn cael rhedeg adref efo hwy, a chael eu darllen yn gyntaf. I blant heb chwarter digon i'w ddarllen, byddai blas neilltuol ar *Drysorfa'r Plant, Cymru'r Plant, Y Cymru Coch, Yr Ymwelydd Misol,* etc. Ar ddiwedd y flwyddyn y talem y bil, a byddai mam yn bygwth rhoi gorau i'r cylchgronau i gyd y flwyddyn wedyn, am y byddai yn gymaint i'w dalu ar ddiwedd blwyddyn. Ond ni roes ei bygwth erioed mewn grym. Câi ormod blas arnynt, a buasai'n darllen llawer mwy ohonynt petaent i'w cael.[49]

Mewn ysgrif ar 'Y Nofel Gymraeg' yn *Y Llenor,* 1928, cawn weld effaith y profiadau cynnar hyn ar estheteg lenyddol ddiweddarach Kate Roberts:

> Clywn yn fynych mewn cynadleddau ar gwestiwn yr iaith Gymraeg orfoleddu fel petai'r mil blynyddoedd wedi gwawrio ar storïau Cymraeg i blant, am y rheswm nad oes dysgu moeswersi na hanes plant duwiol ynddynt. O'm rhan fy hun, yr oedd yn llawn cystal gennyf y storïau hynny â'r rhan fwyaf o'r rhai a gynhyrchir heddiw. Gallech chwerthin am ben y rhai hynny rhag eu gwrthuned, ond am wyth o bob deg o lyfrau a sgrifennir i blant heddiw, gallwn ddywedyd yn ddibetrus na newidia mynegiant wyneb neb o'r dechrau i'r diwedd wrth eu darllen. Maent mor ferfaidd â jam afalau.[50]

Magwyd yr awdures ar ysgrifennu cyhyrog llenyddiaeth ddidactig ddiwedd y bedwaredd ganrif ar bymtheg a bu'r arddull honno'n

---

sail i'w syniadau am lenyddiaeth. Sylwer iddi fynegi mewn llythyr at Saunders Lewis yn 1964: 'Mae rhyw swyn yn y bedwaredd ganrif ar bymtheg i mi; mae aroglau ei cheginau yn fy ffroenau bob amser, er mai ar ei diwedd y ganed fi.'[51] Dangosodd Manon Mathias fod 'ymwybyddiaeth a dealltwriaeth o bwysigrwydd y gorffennol yn rhan allweddol o syniadaeth Kate' a'i chyd-ohebydd Saunders Lewis.[52] Gwelwn mai llenyddiaeth y bedwaredd ganrif ar bymtheg yw'r ffon fesur a ddewisa ar gyfer ei beirniadaeth ar lenyddiaeth plant gyfoes. Mewn llythyr at Saunders yn 1928, arfera ddelwedd y jam afalau unwaith eto er mwyn collfarnu tair stori ddiweddar a gyhoeddwyd i blant:

> Maent mor ddiflas â jam afalau. Credaf y dylid rhoi pawb sy'n sgrifennu fel hyn yn jêl rhag iddynt ysgrifennu rhagor, oblegid fe wnâi filwaith fwy o les i blant Cymru ddarllen Daniel Owen, a'i ddarllen drachefn a thrachefn, yn hytrach na darllen dwsinau o lyfrau na edy unrhyw argraff arnynt wedi eu darllen.[53]

Ond yn ogystal ag amlygu dylanwad llenyddiaeth y bedwaredd ganrif ar bymtheg ar syniadaeth lenyddol Kate Roberts, mae'r sylwadau a gyhoeddodd yn *Y Llenor* yr un flwyddyn yn cynnig tystiolaeth o'r potensial sydd i'r darllenydd ddarllen yn groes i'r drefn a llunio ystyr mewn ffordd dra gwahanol i'r hyn a fwriadwyd gan yr awdur. Mae'n sicr na fwriadai'r awduron gwreiddiol i neb 'chwerthin am ben' eu straeon 'rhag eu gwrthuned'. Yn yr un modd, nid amcanai argraffwyr fersiwn darluniadol *Taith y Pererin* (a ystyrid yn un o'r unig destunau addas i blant ar y Sul) y byddai merched ifanc fel Sioned, yn nofel Winnie Parry, yn synfyfyrio wrth edrych ar y lluniau ac yn 'meddwl ffrogia mor grand oedd gin Christiana a'i phlant a Trugaredd, ac yn meddwl mor neis y baswn i'n edrach yn un ohonyn nhw, yn lle y ffrog frown neu lwyd fydda Mam yn brynu i mi'.[54]

Dylid gochel, felly, rhag cymryd yn ganiataol y byddai pob plentyn yn darllen yr un testun yn yr un ffordd ac am yr un rhesymau. Rhaid chwilio, gan hynny, am olion bysedd y darllenwyr go iawn ar y tudalennau. Clywir eu lleisiau ambell waith mewn sylwadau hunangofiannol a diddorol fyddai olrhain ymhellach ddylanwad llyfrau plentyndod ein llenorion ar eu gwaith. Dyna a wnaed mewn astudiaethau fel *Alice to the Lighthouse* gan Juliet Dusinberre (1999) am y berthynas rhwng ffantasi Lewis Carroll a moderniaeth Virginia Woolf. Dro arall mae olion darllenwyr i'w canfod yn y ffigyrau gwerthiant a'r gohebiaethau â golygyddion cylchgronau. Tenau, fodd bynnag, yw'r dystiolaeth honno yn achos llenyddiaeth plant Gymraeg y bedwaredd ganrif ar bymtheg. Ond wrth inni archwilio arwyddocâd darllen llenyddiaeth plant yn fanylach yn y penodau sy'n dilyn, mae hi'n egwyddor bwysig inni gofio nad unffurf fyddai'r ymateb i'r testunau, ac na ellir tybio na chawsai'r darllenwyr foddhad a phleser o ddarllen y deunydd.

Nôl at yr Anrheg

Yng ngoleuni'r cyd-destun hanesyddol a chrefyddol a amlinellwyd yn y bennod gyntaf a'r drafodaeth uchod ar ailgyfeirio'r disgwrs Cymraeg ynghylch llenyddiaeth i blant, dychwelwn at fan cychwyn y bennod hon er mwyn amlygu arwyddocâd *Anrheg i Blentyn* Thomas Jones, Dinbych i'r ymdriniaeth hon. Dyma destun a luniwyd yn benodol ar gyfer plant, a hynny gan un o arweinwyr a meddylwyr praffaf enwad newydd-sefydledig y Methodistiaid Calfinaidd, wedi iddynt ymwahanu oddi wrth yr Eglwys Wladol yn 1811. Mae i'r testun arwyddocâd, felly, i'r newid pwyslais a welid yn niwinyddiaeth degawdau agoriadol y ganrif. Yn sgil y dadleuon rhwng Arminiaeth dilynwyr John Wesley (1703–91) a diwinyddiaeth Galfinaidd (yn deillio o athrawiaeth Jean Calvin, 1509–64) codwyd amheuon ynghylch etholedigaeth, sef y ddamcaniaeth bod Duw eisoes wedi ethol neu ddewis y sawl sydd i'w achub. Daethpwyd i goleddu'r syniad fod achubiaeth, yn hytrach, yn agored i bawb sy'n credu (ac nid i'r etholedigion yn unig). Rhoes y gogwydd mwy cymedrol hwn ar Galfiniaeth (a hyrwyddid gan Thomas Jones) bwyslais ar gyfrifoldeb personol a dyngarol: roedd ei effaith, medd R. Tudur Jones, 'fel ysbrydiaeth i weithgarwch' a gwelwyd 'rhyddhau ynni pobol a'i sianelu' tuag at weithredoedd a chenhadaeth.[55] Achubiaeth bersonol y pechadur oedd pwnc creiddiol y Galfiniaeth hon o hyd, ond ymdeimlid fwyfwy â chyfrifoldeb, cydwybod gymdeithasol a photensial y gair printiedig i gyrraedd eneidiau. O ganlyniad, fel yr eglura R. Tudur Jones: 'Prin y gwelodd Ymneilltuaeth gyfnod mor greadigol â hanner cyntaf y ganrif ddiwethaf. Yr oedd y mudiad yn ddyfeisgar, yn fentrus, yn ystwyth ac yn greadigol. A'r prawf o hynny yw'r llu cyfryngau a fabwysiadwyd i fagu Cristnogion "Efengylaidd".'[56]

Testun llawn gobaith a brwdfrydedd efengylol yw'r *Anrheg* sy'n hawlio i blant eu llenyddiaeth eu hunain ac sy'n paratoi'r ffordd i eraill, megis David Charles a Hugh Hughes, ymestyn y maes gyda sefydlu'r *Addysgydd,* y cylchgrawn cyntaf i blant yn 1823. O ganlyniad, dylid meddwl am *Anrheg i Blentyn* Thomas Jones, nid fel testun brawychus o amhriodol ond fel testun radical, yn cynrychioli newid sylfaenol yn y ffordd roedd pobl yn synied am blant, ac yn ymdrechu i ddylanwadu ar eu dyfodol. Ar ddechrau'r bedwaredd ganrif ar bymtheg, dyma weld y plentyn yn symud o'r cyrion i ganol y llwyfan.

Mae'n arwyddocaol, fodd bynnag, mai o'r tu allan i'r traddodiad Cymraeg y cafodd Thomas Jones ei gynsail ar gyfer y gyfrol newydd hon. Nid oedd yr eirfa na'r disgwrs am blentyndod ac addysg efengylaidd wedi eu datblygu yn y Gymraeg, a throdd felly at y brif ffynhonnell a fu'n trafod y maes hwn ers canrif a mwy, sef y traddodiad Piwritanaidd Saesneg. Bu efengylwyr Cymraeg ers y ddeunawfed ganrif yn dibynnu'n drwm ar gyfieithu gweithiau'r Piwritaniaid wrth iddynt geisio ffyrdd newydd o fynegi profiadau ysbrydol, ac yn hynny o beth mae gweithgarwch Thomas Jones yn gydnaws â'r arfer hwnnw.[57]

Dewisodd Thomas Jones un o'r testunau mwyaf poblogaidd a hirhoedlog ar gyfer plant a gynhyrchwyd yn sail i'w *Anrheg,* sef *A Token for Children, Being an exact account of the conversion, holy and exemplary lives, and joyful deaths of several young children* gan y pregethwr Anghydffurfiol James Janeway a argraffwyd gyntaf yn 1671–2. Mae'r testun gwreiddiol yn cynnwys dau ragymadrodd (y naill i rieni ac athrawon, a'r llall i blant) a 13 o hanesion unigol am blant duwiol a fu farw'n ifanc, a bodlon.[58] Dros y ddwy ganrif nesaf, tyfodd yn un o destunau creiddiol llenyddiaeth Saesneg i blant, ac fe'i hystyrid, ynghyd â *Taith y Pererin* John Bunyan a'r Beibl, yn gydymaith anhepgor i fagwraeth plentyn. Ymddangosodd mewn print droeon yn ystod y ddeunawfed ganrif a'r bedwaredd ar bymtheg, a diweddarwyd ac ychwanegwyd at yr hanesion unigol yn gyson. Nid atgyfodi testun anghofiedig a wnaeth Thomas Jones, ond addasu un o werthwyr gorau'r wasg Saesneg ym Mhrydain a Gogledd America.

Cadwodd yr *Anrheg* strwythur rhagymadroddion y gwreiddiol, ond amrywiwyd y cywair a'r gyfeiriadaeth leol. Nid yw'r pregethu mor danbaid yn nhestun Thomas Jones ac mae'r dôn yn fwy tyner na'i ragflaenydd Piwritanaidd.[59] Ymhellach, mae'r cyfeirio a geir at Thomas Charles a'i 'ddawn fywiog' a'i 'ymdrech ffyddlawn yn eich achos' yn gosod yr *Anrheg* yn sicr o fewn cyd-destun diwygiad efengylaidd Cymru troad y bedwaredd ganrif ar bymtheg.[60] Ategir y cartrefoli hwn (a defnyddio term astudiaethau cyfieithu am gyd-destunoli cyfieithiad o fewn diwylliant yr iaith darged) gan y ffaith i Thomas Jones gynnwys cyfuniad o hanesion gwahanol iawn i'r *Token* gwreiddiol wrth iddo siapio'r gyfrol yn ôl ei chwaeth a'i ddyheadau ei hun. Un hanesyn yn unig a gododd o'r *Token*, sef hanes plentyn amddifad tlawd a fabwysiadwyd gan ddyn duwiol yn Newington Butts, Llundain. Daw gweddill yr hanesion o ffynonellau amrywiol y byddai gan Thomas Jones fynediad atynt, megis yr *Evangelical Magazine* a sefydlwyd yn 1793. Mae un o'r dioddefwyr ifanc, Margaret Greme o Glasgow, yn cael ei chanmol, er enghraifft, am ddarllen y cylchgrawn hwnnw'n ddiwyd cyn iddi farw'n 13 oed yn 1797: 'a rhyfedd oedd ei hawydd dyfal, a'i difrifwch henaidd a dwys, wrth ddarllen yr hanesion sydd yn y cylchdraethawd hwnw, o fis i fis, am ryw-rai, yn enwedig rhai nodedig am dduwioldeb, yn myned trwy farwolaeth i dragwyddoldeb'.[61] Yn y rhagymadrodd, dywed Jones iddo eisoes gynnwys rhai enghreifftiau yn y *Drysorfa Ysbrydol* ar sail tystiolaeth 'gan bobl eirwir, o lawer parth o Ogledd Cymru'.[62]

Eto yn ddiddorol, dewisodd Thomas Jones beidio â chydnabod mai cyfieithiad oedd y testun cyflawn, a hynny'n groes i'r arfer wrth addasu deunydd Piwritanaidd. Efallai bod a wnelo sefyllfa gyfoes y Methodistiaid Calfinaidd â'i benderfyniad. Roedd Thomas Jones, wedi'r cyfan, drwy ddarparu deunydd ar gyfer plant yr ysgol Sul, yn ceisio sefydlu eu hymlyniad wrth enwad newydd. Mae'n bosibl nad oedd am dramgwyddo'r awdurdodau ymhellach drwy ei gysylltu ei hun â phregethwr Anghydffurfiol Piwritanaidd o'r ail ganrif ar bymtheg a gafodd ei erlid am ei ddaliadau. Efallai hefyd nad oedd am roi'r argraff mai hen hanesion a geid yn yr *Anrheg* gan ei fod eisiau i'r darllenydd adnabod y profiadau a ddisgrifir fel rhai a allai ddigwydd iddi hi neu iddo ef heddiw. Ategir hynny gan ddatganiad Jones ynghylch ei bryder na allodd gynnwys rhagor na dwy esiampl o Gymru yn y gyfrol, sef hanes marwolaeth Dafydd Foulkes o'r Wyddgrug yn bum mlwydd a thri mis oed, 29 Mawrth 1816, a Charles Ellis a fu farw yn naw oed, 22 Mawrth 1815:

> A chofiwch, er mai o Loegr, a thu hwnt i derfynau Cymru, y mae'r rhan fwyaf o'r hanesion yn gasgledig, etto nid yw hynny ddim yn dystiolaeth nad ydyw Duw yn mawrhau ei drugaredd, mewn modd cyffelyb, ar lawer o blant, yn gystal a phobl mewn oed, yn Nghymru hefyd.[63]

Ei eglurhad pam nad oes rhagor o hanesion o Gymru yn yr *Anrheg* yw am '[ein bod] ni, y Cymry, yn rhy esgeulus, neu anffyddlawn, i wneuthur coffa am y cyfryw arwyddion o ddaioni a gras Duw'.[64]

Ond effaith cyfuno straeon am blant bychain o Glasgow, Islington a Hackney ochr yn ochr â phlant o'r Wyddgrug a'r Bala yw gwahodd y darllenydd i weld y cyswllt ysbrydol sy'n trosgynnu ffiniau cenedl ac iaith. Mae'r weithred o lunio'r *Anrheg* yn un sy'n hawlio'r *Token* gwreiddiol a'i drawsffurfio'n destun a geisiai ddwyn y gynulleidfa Gymraeg ei hiaith i adnabod arwyddion o ofal Duw drostynt ac i deimlo'n rhan o'r gymuned Anghydffurfiol ehangach.[65]

Gosododd yr *Anrheg* gynsail ar gyfer llenyddiaeth Gymraeg i blant yn ystod y bedwaredd ganrif ar bymtheg. Benthyca, cyfieithu, addasu ac efelychu a fyddai hi am weddill y ganrif. Nid yw honno'n sefyllfa unigryw i'r Gymraeg, wrth gwrs. Felly hefyd yr oedd hi yn achos nifer fawr o ieithoedd a geisiai sefydlu troedle ym myd y gair printiedig. Yn achos yr iaith Saesneg, roedd awduron a golygyddion yn ailgyhoeddi testunau ac efelychu themâu poblogaidd yn gyson. Ers diwedd yr ail ganrif ar bymtheg, ailgyhoeddwyd a chyfieithwyd testunau arloesol a ystyrid o bwys i blant ledled Ewrop, megis *Token* James Janeway, straeon tylwyth teg Perrault a *Robinson Crusoe* Daniel Defoe.[66] Daeth emynau Isaac Watts i blant yn llawforynion anhepgor i efengyliaeth, a bu cyfieithu ei *Divine Songs: Attempted in Easy Language for the Use of Children* (a elwir hefyd *Divine and Moral Songs for Children,* 1715) i'r Gymraeg yn fodd i ddatblygu ieithwedd llenyddiaeth plant yng Nghymru. Watts oedd un o'r cyntaf i gydnabod bod angen cyfeirio deunydd llenyddol, hyfforddiadol yn uniongyrchol at blant a datblygu dull neilltuol o gyfathrebu a oedd yn cyd-fynd â'u dealltwriaeth, a chyfieithwyd ei waith yn rheolaidd i'r Gymraeg o'r 1770au ymlaen.[67]

Cymreigiwyd y *Divine Songs* eto gan Robert Owen (Eryron Gwyllt Walia, 1803–70) a'u cyhoeddi yn *Canau Duwiol mewn iaith rwydd i blant* yn 1826, ac yn y rhagymadrodd ymffrostia James Hughes, Llundain (Iago Trichrug, 1779–1844):

Wele o'r diwedd delynau bach Cymrëig i blant yr ysgolion Sul yn Nghymru:– er Cymmaint ac er amled eu breintiau drwy y blynyddoedd, ni chawsant ganiadau moesol a chrefyddol addas i'w hoedran mebinaidd hyd yn bresenol. Gwyr pawb fod Caniadau y Dr. Isaac Watts, yn enwedig ei ganiadau i blant, yn rhagori ar bob peth a gyfansoddwyd i'r perwyl hwnw yn yr iaith Saesoneg erioed. A phwy bynnag a gymharo y Cyfieithiad hwn â'r gwaith Cyssefin, a wêl fod y Cyfieithydd (Bardd ieüanc crefyddol, a ddygwyd i fynu yn yr ysgol Sul o'i febyd) wedi cystadlu, os nid rhagori ar yr Awdwr Clodfawr a chlodwiw drwyddo oll.[68]

Fel y dengys ysgolheictod diweddar, mae i gyfieithu oblygiadau diwylliannol a gwleidyddol, yn arbennig yn achos ieithoedd diwladwriaeth.[69] Yn ogystal â chyfoethogi ac ehangu'r canon llenyddol brodorol, gall cyfieithu gyfrannu at y broses o drosglwyddo a mewnoli syniadau ac ideolegau a berthyn i'r diwylliant mwyafrifol. Mae'r cyswllt agos rhwng llenyddiaeth plant y Gymraeg a thestunau ffynhonnell o'r Saesneg yn ystod y bedwaredd ganrif ar bymtheg yn arwydd o ddiwylliant adweithiol a oedd am ymochri ag amcanion diwygiadol efengyliaeth Saesneg a grym y wladwriaeth Brydeinig. Drwy fenthyg yn helaeth o'r wasg efengylol Saesneg (yn aml heb gydnabod tarddiad y testunau), atgynhyrchwyd symbolaeth a chyfeiriadaeth a oedd yn cynnal goruchafiaeth y Goron a'r wladwriaeth, angenrheidrwydd yr iaith Saesneg fel *lingua franca* y byd gorllewinol, gwaraidd a Phrotestannaidd, ac yn neilltuo Catholigiaeth a chrefyddau eraill y byd yn heresi a phaganiaeth yr oedd rhaid eu goresgyn.

Yn *Trysor i Blentyn* 1825, er enghraifft, ymddangosodd ysgrif fer am gi ffyddlon a achubodd ei feistr yn afon Seine ym Mharis, er bod y meistr hwnnw wrthi'n ceisio boddi'r ci ar y pryd.[70] Er na ddatgenir dim yn benodol am y meistr hwnnw, ensynnir bod ei greulondeb yn nodwedd o'r ffaith ei fod yn Ffrancwr, o'r ffydd Gatholig. Roedd yr hanesyn eisoes wedi ymddangos mewn cylchgronau nad oeddynt yn benodol ar gyfer plant, sef yr *Eurgrawn Wesleyaidd* (1822) a *Seren Gomer* (1823).[71] Bum mlynedd yn ddiweddarach cafwyd fersiwn o'r un hanesyn yng nghylchgrawn plant Y *Wawr-ddydd* 1830 (cylchgrawn misol dan olygyddiaeth y cyhoeddwr a'r gweinidog Annibynnol Josiah Thomas Jones (1799–1873) ac Edward Parry), ac eto yn *Trysor i Blentyn* 1841.[72] Er na chyfeirir o gwbl at destun ffynhonnell, dyma stori a oedd yn adnabyddus yn y wasg Saesneg ar y pryd gan ymddangos, er enghraifft, yng nghyhoeddiad Cymdeithas y Traethodau Crefyddol, *Anecdotes: Admonitions* (1835) a *The Messmate*, cydymaith cenhadol i forwyr gan John Spencer (1836).[73] Er bod y testun Cymraeg yn rhagddyddio'r enghreifftiau Saesneg a ddaeth i'r fei, mae'n fwy tebygol o lawer iddo darddu o ffynhonnell Saesneg gynharach. Yn ddiweddarach yn y ganrif, wrth i reolau ac ymwybyddiaeth newydd ynghylch hawlfraint ddatblygu, gwelwn rai o'r cylchgronau'n barotach i gydnabod y ffynonellau hyn. Er enghraifft, yn Y *Winllan* yn 1858, cydnabyddir y troswyd straeon o'r *British Workman, The Juvenile Missionary Herald, The Band of Hope Review* a'r *Methodist*.[74]

Mae'r ddibyniaeth hon ar destunau Saesneg yn mynegi'r paradocs a oedd wrth wraidd Anghydffurfiaeth ddechrau'r bedwaredd ganrif ar bymtheg. Er bod Anghydffurfiaeth o'i hanfod yn ymwrthod â chrefydd gyfundrefnol y wlad ac ymdrechion i wladoli addysg, roedd syniadaeth lywodraethol Galfinaidd mwyafrif yr Anghydffurfwyr Cymraeg, ynghyd â hinsawdd chwyldroadol Ewrop ers llosgi'r Bastille, wedi cyflyru'r mwyafrif i fynegi'n agored eu teyrngarwch i'r Goron a'r wladwriaeth. Mae'r tyndra sylfaenol hwn ymhlyg yn y testunau plant. Yn y benthyg a'r efelychu mae yma gymhathu a derbyn mai oddi allan i'r diwylliant Cymraeg y daw arweiniad ac ysbrydoliaeth. Ond mae bodolaeth *Anrheg i Blentyn* Thomas Jones yn 1816 hefyd yn arwydd o ymgais i sefydlu arwahanrwydd y diwylliant Cymraeg ac awdurdod yr enwadau dros fywyd mewnol, ysbrydol yr unigolyn. Yr hyn a wnawn yn yr adran nesaf yw archwilio'r modd y dychmygid arwyddocâd plentyndod i ddatblygiad y bywyd hwnnw gan ganolbwyntio'n bennaf ar draddodiad y cylchgronau enwadol i blant a ddatblygodd o 1823 ymlaen gydag ymddangosiad yr *Addysgydd* misol a'i ddisgyblion diweddarach. Drwy amlygu'r pwyslais a roddid ar feidroldeb plant, eu presenoldeb corfforol a'u hanghenion moesol a deallusol, archwiliwn sut y dychmygid plant a'r modd y dymunid iddynt fyw, ymddwyn a meddwl.

ADRAN 2
1820au–1840au

3

Y Plentyn Arwrol

Wrth fynd ati i archwilio llenyddiaeth plant y bedwaredd ganrif ar bymtheg, nid oes modd osgoi hollbresenoldeb marwolaeth. Fel y gwelwyd yn y bennod flaenorol, testun am farwolaethau plant yw'r gyfrol gyntaf o straeon a gyhoeddwyd yn Gymraeg yn benodol ar gyfer plant, a dyma bwnc sylfaenol y llyfrau nesaf a ymddangosodd ar gyfer darllenwyr iau hefyd. Cyfrolau Cymdeithas y Traethodau Crefyddol gan y clerigwr eglwysig a'r awdur Legh Richmond oedd y rhain, a dywedid eu bod yn seiliedig ar brofiadau ei blwyfolion pan oedd yn gurad ar Ynys Wyth ar droad y ganrif. Fe'u cyfieithiwyd i'r Gymraeg gan Richard Richards, offeiriad ac aelod o deulu diwylliedig Jane a Thomas Richards, Darowen.[1] Yn eu plith roedd *Crefydd Mewn Bwthyn* (1819, *Jane the Young Cottager*) am hanes marwolaeth merch dduwiol 14 oed, a *Hanes Merch y Llaethwr* (1821, *The Dairyman's Daughter*) am dröedigaeth a marwolaeth merch ifanc 30 oed. Pan ledaenodd yr enwadau eu hadenydd llenyddol a dechrau cyhoeddi cylchgronau misol i blant yn y 1820au, parhaodd y pwyslais ar farwolaethau plant ar ffurf straeon, ysgrifau coffa a phenillion. Yn rhifyn cyntaf *Addysgydd* 1823, er enghraifft, ceir ysgrif ar farwolaeth 'fuddugoliaethus' Alice Jones, merch o'r Bala a fu farw yn 1820 yn 17 oed: 'Ar y 17eg o Fai, 1820, bu farw merch ieuanc o'r enw uchod, yn nhre'r Bala. Hi fuasai lawer o flynyddoedd yn ddiwyd gyda'r Ysgol Sabbothol, a moddion gras yn gyffredinol, a'i hymddygiad oedd addas i'r efengyl.'[2] Yn yr ysgrif hon cawn adroddiad manwl ar ddyddiau olaf ei chystudd: y modd y galwodd am ei Beibl a chanu llinellau o emynau adnabyddus megis 'Yn ymchwydd yr Iorddonen' (Morgan Rhys), a'r modd aeddfed y gallai gynnig cysur a sicrwydd i'w theulu a'i chyfeillion nad oedd ofn marw arni. Wrth synhwyro bod y diwedd yn agos, meddai:

> 'Nid oes yma ddim niwed; fy mhechodau sydd wedi eu maddeu.' Tywyllodd ei llygaid ar hyn, a hi a ddywedodd, 'Ni wela' i neb o

honoch; 'rwyf fi yn myn'd – *ffarwel;*' ac o fewn ychydig o funudau hi a hunodd.[3]

Yn y cylchgronau plant a ddilynodd ôl troed yr *Addysgydd* o'r 1820au ymlaen, rhoddir yr un pwyslais ar goffáu plant a phobl ifainc. Yn rhifyn mis Mawrth 1824 o'r *Trysor i Blentyn*, cylchgrawn plant y Wesleaid, ceir penillion o goffadwriaeth am Mary Ann Jones a fu farw 'o'r dirdyniadau (convulsions)', 7 Hydref 1824, yn flwydd oed.[4] Yna, yng nghylchgrawn cyntaf y Bedyddwyr i blant, *Athraw i Blentyn*, mae'r rhifyn cyntaf yn Ionawr 1827 yn agor ag ysgrif am farwolaeth 'E.J.', merch dduwiol chwe blwydd oed o Nantglyn, ger Amlwch.[5] Ond nid yn yr adroddiadau am farwolaethau penodol yn unig yr amlygir dylanwad hollbresenoldeb marwolaeth yn y deunyddiau hyn. Mae'r holl drafodaeth ynghylch plant a phlentyndod wedi ei fframio gan gysgod angau. Roedd realiti marwolaethau plant wedi treiddio'n ddwfn i'r ymwybod ac yn rhan o'r *habitus* a lywiai'r modd yr ymatebai pobl i blentyndod drwy eu llenyddiaeth. Yn y rhagymadroddion i'r cylchgronau, er enghraifft, amlygir mai pryder tadol y golygyddion am les a dyfodol eneidiau bythol plant yn wyneb marwolaeth sy'n cymell eu hymdrechion drostynt. 'Yr achos i mi gymeryd mewn llaw i gyhoeddi ac argraffu y Llyfryn bychan hwn, yw, am ein bod yn eich caru, ac yn dymuno gwneuthur daioni i chwi,' meddai golygydd cyntaf y *Trysor i Blentyn*, John Williams, yn 1825 gan fynd yn ei flaen i egluro:

> Yr ydych chwi, er mor ieuanc, wedi dechreu ar daith beryglus, lle mae y gelyn mawr (er ei fod yn anweledig) am eich twyllo a'ch drygu, drwy eich hudo i lwybrau a phethau a arweinient ac a gymhwysent bawb a'u dilynont i'r tân am byth bythoedd. Yr ydym ni wedi teithio llawer mwy yn ngyrfa bywyd nag a deithiasoch chwi, ac wedi profi llawer o bethau nad ydych chwi yn eu gwybod; am hyny, yr ydym yn dymuno lleihau eich llafur, drwy eich dysgu a'ch cyfarwyddo yn y ffordd oreu er eich lles.[6]

Roedd i'r bedd le canolog yn yr addysg a'r cyfarwyddyd a gynigiai'r Wesleaid yn y cylchgrawn hwn, fel pob enwad arall: roedd marwolaeth yn allwedd i'r bywyd tragwyddol ac yn atgof parhaus o beryglon drygioni. Fel y dywed Elizabeth Jay am y cylchgrawn Saesneg cyfoes *The Children's Friend* (1824–60) dan olygyddiaeth yr Eglwyswr William Carus Wilson: 'it is clear that death is the magazine's major weapon in the educative campaign'.[7] Nid syndod felly i John Williams ddewis 'Ar Farwoldeb Dyn' yn destun ar gyfer ysgrif agoriadol rhifyn cyntaf y

Trysor i Blentyn yn Ionawr 1825. Yno, ceir myfyrdod ar boblogaeth y byd a'r niferoedd sydd yn marw'n flynyddol, a daw'r awdur i'r canlyniad bod un farwolaeth yn digwydd bob eiliad. Rhaid i'r plentyn felly fod mor barod ag unrhyw un i wynebu'r bedd:

> Yn awr, os yw marwoldeb mor fawr bob blwyddyn, ac hyd yn nod bob dydd; onid ydyw yn debygol iawn fod rhyw un o'n cyd-greaduriaid yn ymadael â'r byd y munudyn yma? A chyn pen yr awr, bydd eto dros dair mil o drigolion amser wedi myned i dragwyddoldeb!
>
> Onid yw hyn yn galw arnom yn uchel i feddwl yn fynych ac yn sobr am ein marwolaeth, ac i fyw bob amser mewn cyflwr paratöawl erbyn ein cyfnewidiad tra phwysig![8]

Yn amlwg, nid ofnid ymhél â'r pwnc hwn gyda darllenwyr ifainc iawn. Yn wir, fe'i hystyrid yn ddyletswydd ar oedolion i addysgu plant ynghylch materion yr enaid, ac yn rheidrwydd ar blant i ystyried eu marwoldeb. Yn 1807, cyfieithwyd *Pregeth i Blant* George Burder (1752–1832), golygydd yr *Evangelical Magazine* ac un o sylfaenwyr y Feibl Gymdeithas (ynghyd â Thomas Charles), ac mae'r pwyslais ar farwoldeb plant yn amlwg:

> Na foed i neb o honoch ddywedyd, 'Nid wyf yn ddigon hên, neu yn ddigon mawr i fod yn grefyddol, y mae digon o amser etto.' Anwyl blant, nid ydych yn rhŷ ieuaingc i farw. Y mae eich ieuengach chwi yn y bedd. Heblaw hynny ni's gallwch fod yn rhŷ ieuaingc i wasanaethu Duw.[9]

Ni chredid y dylid arbed plant rhag pynciau athrawiaethol cymhleth a negeseuon diedifar ynghylch cosbau uffern. Roedd hyn yn greiddiol i addysg yr ysgol Sul, fel yr amlyga'r disgrifiad hwn o ddulliau hyfforddi plant yn Eglwys y Cymry yn Lerpwl yn 1800:

> Yn ein haddysgiadau iddynt, yr ydym yn dra gofalus am arferyd y geiriau mwyaf addas i'w babandod, a'u dyalltwriaethau gweiniaid; ac yn sylwi yn fwyaf neillduol ar bynciau sylfaenol crefydd: megis cwymp dyn, a'i hollol lygriad trwy'r cwymp; y mawr ddrwg sydd mewn pechod, a'r angenrheidrwydd o waredigaeth oddi wrtho; gogoniant Person Crist; dyben ei ddyfodiad i'r byd; ei ddarostyngiad a'i ddyoddefaint, ei adgyfoddiad a'i oruchafiaeth; y'nghŷd â phob peth perthynol i waith y prynedigaeth: hefyd, a'm waith yr Yspryd Glân, a'r angenrheidrwydd o hono; rheolau buchedd sanctaidd; a phob peth arall fydd iddynt hwy o bwys, er eu hiechydwriaeth, i'w hystyried, eu gwybod, eu profi, a'u bucheddu.[10]

Wrth gwrs, mae'n anodd iawn inni amgyffred sut y derbynnid ac y dehonglid yr addysg hon gan blant ifainc ar y pryd. Mae ein tystiolaeth, wedi'r cyfan, oll yn deillio o'r hyn a gynhyrchwyd gan oedolion ar gyfer plant. Ond mae ambell anecdot yn y cylchgronau'n awgrymu sut yr oedd rhai plant yn cymhwyso'r hyn a glywsant am y bedd at eu profiad a'u hamgylchiadau eu hunain. Yn yr *Addysgydd* yn 1823, er enghraifft, clywn am fachgen bach a aeth â pholyn hir i'r fynwent er mwyn mesur beddi gan ei fod wedi dechrau meddwl am angau a'r bedd yn sgil yr hyn a ddysgodd yn yr ysgol Sul. Ond caiff fraw wrth ganfod ei fod yn dalach na nifer o'r beddi sydd yno: 'Rhedodd gartref gyda brys, ac a ddywedodd, "Rhaid i mi feddwl am farw; y mae beddau yn y fynwent yna yn fyrrach nâ'r un y bydd eisiau arnaf *fi* gael."' Er difrifoldeb y pwnc, dyma gyffyrddiad sy'n amlygu hoffter y golygyddion o straeon sy'n cyfleu arabedd a ffraethder plant. Byddai'r sawl sy'n gyfarwydd â phlant yn gwybod o'r gorau na fyddai'r un plentyn yn goddef cael ei drin yn llai neu'n iau nag ydyw. Ond y mae'r ffraethineb naturiol yn cael ei gyfeirio at bwrpas efengylol, wrth gwrs. Yn ddiweddglo i'r hanesyn ceir yr anerchiad rhybuddiol hwn:

> Ddarllenwyr, mae yn amser bellach i tithau feddwl yn sobr. Pwy a ŵyr na cheir dithau, er mor ieuanc ydwyt, ac er mor iach heddyw, yn nghanol y meirwon, – dan yr Ywen ddudew fawr, – yn y fynwent ddystaw, cyn pen blwyddyn, – cyn pen mis, – cyn pen wythnos. Fe allai y gafaela y dwymyn, neu ryw glefyd marwol, ynot tithau yn ddisymwth. Mae amryw yn ieuengach na thi yn cael eu dwyn ymaith yn feunyddiol. Paid myned yn mlaen yn anystyriol ac yn rhyfygus, rhag i'r angau dy gael heb Grist, ac os felly, nis gellir traethu pa faint fydd dy drueni.[11]

Dengys y dystiolaeth uchod fod marwolaeth yn elfen anhepgor yng nghyhoeddiadau plant y bedwaredd ganrif ar bymtheg. Nid oes yr un pwnc arall y ceir cymaint o sôn amdano yn y testunau, ac nid oes yr un pwnc arall yn ennyn ymateb mor negyddol gan ddarllenwyr heddiw. '[Y] mae un agwedd ar arwriaeth plant yng nghylchgronau Oes Victoria sydd wedi colli'i boblogrwydd yn llwyr,' ys dywed R. Tudur Jones, 'sef dewrder plant wrth farw'.[12] Â chymaint y chwyldro ym myd meddyginiaeth a'r newid aruthrol mewn safonau byw, '[p]eth eithriadol i ni yw gweld plant yn marw', ond nid felly yr oedd hi yn y gorffennol.[13] 'Once parents and communities lived knowing that many of their infants and children would fail to thrive and survive,' meddai Avery a Reynolds yn eu cyflwyniad i *Representations of Childhood Death*. 'It is only since the beginning of the twentieth century – and then only in relatively affluent and developed parts of the world – through improvements in hygiene, diet and medicine, that death in childhood has become exceptional.'[14]

Roedd teuluoedd y bedwaredd ganrif ar bymtheg, ar y llaw arall, 'yn nes at erchwyn bywyd [... ac nid] oedd ddiben i neb ei dwyllo'i hun nad oedd marw o bwys'.[15] Roedd cyfraddau marwolaethau plant yn uchel, a chytunir yn gyffredinol bod cyfraddau marwolaeth babanod (hyd at 12 mis oed) oddeutu 150 ym mhob 1,000 o enedigaethau byw ar gyfartaledd yng Nghymru a Lloegr am y rhan helaethaf o'r bedwaredd ganrif ar bymtheg, gyda gostyngiad graddol ond cyson yn ystod ail hanner y ganrif.[16] Dengys y data a gasglwyd gan y Swyddfa Gofrestru Gyffredinol o 1837 ymlaen dystiolaeth ystadegol ynghylch y cyswllt anorfod rhwng diwydiannu a threfoli a chyflwr iechyd y boblogaeth. Roedd safle cymdeithasol ac economaidd gwahanol deuluoedd yn cael effaith amlwg ar iechyd mamau a glanweithdra cartrefi, sef y prif ffactorau a ddylanwadai ar y tebygolrwydd o eni babanod byw a magu plant iach. Wynebai teuluoedd ardaloedd gwledig gystuddiau blin, megis Margaret a Thomas Nicholas o'r Ceinewydd a gollodd chwe phlentyn rhwng 1854 a 1865, ond roedd cyflwr y trefi diwydiannol yn fwy argyfyngus byth.[17] Roedd cyfradd marwolaeth babanod tua 190 ym mhob 1,000 ym Merthyr yn ystod y 1820au a'r 1830au, er enghraifft, ac adroddwyd bod mwy na hanner yr angladdau a gynhelid yn y dref ar gyfer plant o dan bum mlwydd oed.[18] Sigwyd sawl cymuned ledled y wlad gan heintiau maleisus megis clefyd y geri (sef colera) a ymledodd yn epidemigau yn 1832, 1836, 1849 ac 1866.[19] Lladdai'r afiechyd hwn y tlawd a'r cyfoethog o'r wlad ac o'r dref yn ddiwahân, a phlant a'r methedig yn amlach na heb.[20]

Roedd geni a magu plant yn rhwym o arwain at golled, felly, ac nid anghyffredin fyddai i rieni gladdu dau, tri neu ragor o'u plant. Nid oes rhaid ond ymweld ag un o fynwentydd Cymru er mwyn gweld ôl y colledion hyn. Ar gerrig beddi ledled y wlad naddwyd enwau'r plant a'u hoedrannau ifainc. Rhoddwyd arnynt hefyd rai llinellau o'r Ysgrythur neu ddyfyniadau o farddoniaeth er mwyn cynnig cysur neu fynegi arswyd y golled. Pan fu farw John a Hugh, meibion 18 ac 11 oed Hugh a Mary Dafydd, Llandegfan, Môn o'r frech wen yn 1826, dyma'r beddargraff iasol a luniwyd ar eu cyfer:

> Dyma'r bedd llygredd is llen – ac oeraidd
> Y gyrrwyd dau fachgen
> Mwynion gwâr o'r ddaearen
> Un o froch waith y frech wen.[21]

Mae'r braw a achosid pan fyddai afiechyd yn taro'n sydyn ac annisgwyl yn amlwg yn yr englyn hwn ac i'w deimlo hefyd yn y modd y cofnodwyd marwolaethau yn y cylchgronau plant. Er eu bod ar y cyfan yn darlunio'r cleifion ifainc yn paratoi ar gyfer marwolaeth ac yn ei wynebu'n ddewr megis Alice Jones uchod, weithiau mae sydynrwydd y farwolaeth yn ysgytwol. Mae moelni'r disgrifiad o farwolaeth Robert Griffiths, 11 oed, yn *Addysgydd* 1823, er enghraifft, yn amlygu'r dychryn o'i golli mor ddisymwth. Mae'n bosibl mai un o blant capel David Charles yn Heol-y-dŵr, Caerfyrddin oedd y bachgen ac mai Charles ei hun a luniodd y cofnod brawychus am y modd y clafychodd Robert fin nos Sadwrn. Erbyn 4 o'r gloch y prynhawn drannoeth, 'roedd yn gorwedd yn gelain'.[22] Adleisia eiriau Job 14:2, 'Fel blodeuyn y daeth allan, ac y torwyd ef ymaith' er mwyn cydnabod y galar o golli plentyn, ac yn y penillion sy'n dilyn (y gellid tybio eto mai Charles a'u lluniodd), mae effaith emosiynol y farwolaeth yn eglur. Tasg anodd oedd gosod y corff yn y bedd, meddai, a synhwyrir ei fod yma'n disgrifio ei deimladau ef ei hun (gall mai David Charles a oedd yn gyfrifol am weinyddu'r gladdedigaeth), yn ogystal â theimladau'r rhieni:

> O! awel groes oedd hòno
> A gym'rodd gydâ hi,
> Fab hoyw, hoff a hawddgar,
> O gôl rhïeni cu:
> Ei dymher oedd yn dawel,
> A gwiwlan oedd ei wedd,
> Ac anhawdd iawn ei osod
> I orwedd yn y bedd.[23]

Dengys yr enghreifftiau uchod o Landegfan a Chaerfyrddin y byddai'n gam â chenedlaethau'r gorffennol i feddwl bod amlder y colledion yn golygu na theimlid ergyd marwolaeth plentyn gan rieni, teuluoedd a chymunedau. Mae lluosogrwydd y dystiolaeth yn y corff o lenyddiaeth plant dan sylw yn y gyfrol hon, ac yn ehangach yn ein traddodiad llenyddol a'n cofnodion hanesyddol, yn tystio i effaith emosiynol marwolaethau plant ar deuluoedd a'r modd yr oedd eu galar yn ansefydlogi eu sicrwydd at y dyfodol.[24] Mae'r dystiolaeth farddol i'w weld ym marwnadau plant yr Oesoedd Canol a'r cyfnod modern cynnar ac yng ngherddi beirdd y bedwaredd ganrif ar bymtheg i'w plant hefyd. Ystyrier yn arbennig farwnad deimladwy Robert ap Gwilym Ddu i'w unig ferch, Jane Elizabeth, a fu farw yn 1834 yn 17 oed, a'r emyn cofiadwy gan Eben Fardd a ysgogwyd gan ei golledion, 'O! Fy Iesu Bendigedig'. Bu farw dwy o ferched Eben yn 1855 ac 1858, a'i wraig a'i unig fab yn 1860 ac 1861.[25]

Yn wir, diau i farwolaethau plant effeithio yn bersonol ar bob un o'r unigolion a fu'n ymwneud â bywyd cyhoeddus yng Nghymru am y rhan helaethaf o'r ganrif. Er enghraifft, bu farw Sarah, merch Thomas a Sally Charles, yn flwydd oed yn 1787.[26] Gwelir ôl marwolaeth yn eglur ar fywydau eu disgynyddion hefyd. Bu farw tri o blant eu nith Sarah a'i gŵr Hugh Hughes yr artist (a fu'n cyd-olygu'r *Addysgydd* gyda'i brawd, David Charles), a bu 1854 yn flwyddyn echrydus i Jane (wyres Thomas a Sally Charles) a'i phriod Lewis Edwards, un o brif arweinwyr a meddylwyr Cymru'r bedwaredd ganrif ar bymtheg. Ym mis Ionawr, bu farw eu merch hynaf, Sarah Maria, yn 17 oed ac ym mis Awst, collwyd ei chwaer fach Margaret Jane yn 13 oed. Bron na allai Lewis Edwards ddal pwysau'r galar. Torrodd i lawr yn y capel ar y Sul yn dilyn claddu Margaret, ac mewn llythyr at John Matthews, 2 Hydref 1854, ysgrifennodd: 'I sometimes feel as if I could wish to die, but I do not yield to my feelings'. Ni allod barhau â golygyddiaeth Y *Traethodydd*, ac mewn llythyr at Owen Thomas datgelodd:

I never like to make a display of my feelings [...] But I cannot tell you how much the death of my dear girls has preyed on my mind in secret. Forgive me this much. It was necessary to allude to it to explain why I gave up the *Traethodydd*.[27]

Ni allai'r un teulu osgoi cysgod marwolaeth plant, ond er y boen a'r galar a achosid gan y colledion, nid gollyngdod emosiynol yn unig oedd diben yr holl gyfeiriadau at blant yn marw a geir yn llenyddiaeth plant Cymru'r bedwaredd ganrif ar bymtheg. Rhaid cofio na fyddai'r awduron yn ystyried mai pwnc dychrynllyd oedd marwolaeth i'w darllenwyr ifainc.[28] Roeddynt yn cydnabod, wrth gwrs, y boen a'r dioddefaint a achosid gan afiechydon. Ond yn bwysicach na hynny oedd y gobaith a'r sicrwydd o wybod y byddai angau yn rhoi terfyn ar boen i bob un a oedd wedi derbyn Crist i'w calonnau. Wrth ffarwelio â'r byd hwn croesewid y bywyd tragwyddol y mae pob Cristion yn ymgyrraedd tuag ato. O ganlyniad, fel y pwysleisia Gillian Avery, roedd marwolaeth yn rhan hanfodol o addysg efengylaidd, 'perhaps the most important part until well into the nineteenth century, for "the greatest event of life is death" as Jonas Hanway reminded Sunday scholars in 1786'.[29] Prif gyfranogwyr y maes cyhoeddi i blant (neu *agents* Bourdieu), rhaid cofio, oedd gweinidogion a threfnwyr yr amryfal enwadau yng Nghymru. Sêl efengylol oedd yn gyrru eu gwaith. O ganlyniad, eu swyddogaeth bennaf oedd hwyluso'r ffordd i blant gael mynediad at fywyd tragwyddol gyda Christ a hwythau, fel pob creadur byw, eisoes ar eu ffordd tua'r bedd. Yr hyn a roes rym ac arddeliad i'r testunau am farwolaethau plant rhagor oedolion, wrth gwrs, oedd bod y ffordd honno'n ddychrynllyd o fyr yn achos cynifer o blant y cyfnod.

Rhaid oedd wrth straeon, cerddi ac emynau er mwyn arfogi'r hen ac ifanc i wynebu a derbyn marwolaeth. Yr hyn a welir yn y bennod hon yw'r modd y mae presenoldeb cyson marwolaeth yn ffurfio arwriaeth neilltuol i'r plentyn sydd fel pe bai yn ei ddyrchafu uwchlaw ei amgylchiadau bydol a'i statws isradd. Ond wrth ffurfio'r arwriaeth hon, crëir hefyd ffiniau o'i hamgylch a oedd yn caethiwo delfryd y plentyn o fewn cyfyngiadau penodol, fel y gwelwn yn y drafodaeth sy'n dilyn.

Creu arwyr

Er y cyflwynir rhai manylion lleol a phersonol i wahaniaethu rhwng hanesion unigol am farwolaethau diweddar a straeon alegorïaidd am blant dienw generig, mae cysondeb strwythur naratif yr adroddiadau, yr ysgrifau a'r straeon ynghylch marwolaethau plant duwiol yn drawiadol. Disgrifir cymeriadau da, dilychwin y plant a'r modd y maent yn ymdeimlo i'r byw â'u ffydd, yn deyrngar i'r ysgol Sul ac yn darllen eu Beiblau'n ddiwyd. Yn wyneb angau fe'u gwelwn yn adrodd adnodau, canu emynau a chysuro'r oedolion sydd yn eu dagrau wrth erchwyn eu gwelyau. Yn aml, gwelwn y plentyn yn dysgu ei fam i dderbyn ei farwolaeth yn llawen, er na fyn hithau ollwng ei gafael ar ei hanwylyd. Ond yn y pen draw, mae sicrwydd y plant bychain hyn o'u llwybr nefol yn trechu pob ofn a galar. O ganlyniad, straeon buddugoliaethus yw'r rhain, yn dyrchafu'r plant yn arwyr dros Grist ac yn esiamplau i eraill eu hefelychu, yn blant ac yn rhieni.

Roedd y naratif hwn eisoes yn gyfarwydd yn y wasg Gymraeg. Roedd yr *Anrheg i Blentyn* wedi clodfori marwolaethau dedwyddol plant ifainc yn 1816, a bu *Llwybr Hyffordd y Plentyn i Fywyd Tragwyddol*, cyfieithiad y clerigwr a'r llenor Theophilus Evans (awdur *Drych y Prif Oesoedd* (1716 a 1740)) o *The Heavenly Messenger; or, The Child's Plain Pathway to Eternal Life* yn boblogaidd yn y ganrif flaenorol hefyd. Mae'r *Llwybr* yn adrodd hanes Benjamin, bachgen ifanc sy'n profi tröedigaeth gynnar ac yna'n ymweld yn gyson â thlodion a phlant amddifaid y plwyf er mwyn lledaenu'r efengyl ymhlith yr hen a'r ifainc. Fe'i hargraffwyd o leiaf bedair gwaith yn Gymraeg yn ystod y ddeunawfed ganrif,[30] a chafwyd straeon tebyg ar ffurf adroddiadau newyddion, baledi, pamffledi rhad (*chapbooks*) a phregethau.[31]

Ond roedd gwahaniaeth arwyddocaol rhwng cynnyrch awduron eglwysig a gwasg boblogaidd y ddeunawfed ganrif ar y naill law, ac awduron plant y bedwaredd ganrif ar bymtheg ar y llall, a hynny'n ymwneud ag uchafbwynt ysbrydol y naratifau. Uchafbwynt y *Llwybr* yw'r modd 'yr ymddangosodd [Benjamin] i'w dad ac i offeiriad y plwyf mewn dull gogoneddus ar ôl ei farwolaeth' er mwyn cyhoeddi ei genadwri ynghylch mawredd Duw.[32] Mae dylanwad llenyddiaeth boblogaidd y cyfnod yn eglur yma. Roedd ymddangosiad y meirw yn fotiff cyffredin mewn baledi a thestunau rhyddiaith y cyfnod modern cynnar er mwyn datguddio gweledigaeth neu unioni cam. Byddai camweddau mamau treisgar, er enghraifft, yn cael eu datgelu gan ymddangosiad ysbrydion plant a lofruddiwyd ganddynt, a byddai'r meirw yn codi o'r bedd er mwyn rhannu rhyfeddodau'r nef a dychryniadau uffern.[33] Ymyrraeth uniongyrchol Duw ar wyneb y ddaear yw pinacl y straeon hyn: nid y cymeriadau a fu farw yw testun y rhyfeddod, ond yr hyn a allodd Duw ei wneud i'w codi o farw'n fyw. Ond o ddiwedd y ddeunawfed ganrif ymlaen, mae'r elfen oruwchnaturiol hon mewn straeon am farwolaethau plant yn graddol ddiflannu. Dan ddylanwad testunau Piwritanaidd megis *Token for Children* James Janeway, sefydlid mai marwolaeth yr ifainc fyddai'r weithred arwrol bennaf ac uchafbwynt pob naratif o hynny ymlaen.

Wrth i efengylwyr droi at gyhoeddi ar gyfer darllenwyr o blant ar ddechrau'r bedwaredd ganrif ar bymtheg, dangoswyd ar ddechrau'r bennod hon i straeon am farwolaethau plant gael eu hymgorffori'n rhan greiddiol o'r ddarpariaeth newydd. Gwelir yr un pwyslais gan y wasg efengylol Saesneg y benthyciai'r golygyddion Cymraeg yn helaeth ganddi,[34] a daeth hefyd yn nodwedd ganolog o'r traddodiad cofiannol a oedd yn prysur ddatblygu yng Nghymru'r bedwaredd ganrif ar bymtheg.[35] Nid plant yn unig a ddarlunnid yn wynebu angau'n ddewr ac yn troi at ganu emynau a darllen y Beibl i'w cynnal, wrth gwrs. Ond mae mwy o deimladrwydd i'r adroddiadau am blant yn sgil yr edmygedd y mae'r ysgrifau'n ei ennyn tuag at aeddfedrwydd ac arwriaeth y plant, a'r gydnabyddiaeth o'r boen a achosa'r farwolaeth i rieni, teuluoedd a chyfeillion.

Mae cysondeb strwythur y disgrifiadau o farwolaethau plant duwiol yn amlygu'r modd yr ymffurfiai'r hanesion yn naratif cyffredin wrth i'r profiad ysgytwol a thrawmatig o dystio i farwolaeth plentyn gael ei ddehongli mewn termau a delweddau cyfarwydd a chysurlon. Roedd rhannu a chynnal delweddau cyffredin o brofiadau plant yn wyneb marwolaeth hefyd yn ffordd i ymddiwyllio'r darllenwyr i ddeall yr arwyddocâd ysbrydol a moesol a roddid ar farwolaeth plentyn rhinweddol. Byddai'r salwch, y gweddïo, y darllen, y cynghori ac ati oll yn elfennau adnabyddadwy y gallai'r darllenydd eu cysylltu'n rhwydd â'i gilydd, gan mor gyffredin oedd elfennau'r côd y byddai'r darllenydd, drwy ei wybodaeth ryngdestunol o naratifau tebyg eraill, yn eu cysylltu â'i gilydd a'u deall. Gan ddilyn cysyniadau Julia Kristeva ynghylch y prosesau deinamig, perthynol sy'n rhyngweithio er mwyn creu ystyr i destun,[36] dengys John Stephens fod ystyron o fewn testunau i blant hwythau'n dibynnu ar yr un prosesau, neu ddeialogau, rhyngdestunol. '[All texts] inhabit an intertextual space', meddai, ac o ganlyniad mae creu ystyr i destun llenyddol yn broses o ddehongli a dadansoddi arwyddion:

> Such a process of decoding depends upon the audience's semiotic and literary competency, especially in terms of a knowledge of conventions and genres and often of a memory of other books similar or related in genre, theme, or story. The production of meaning from the interrelationships between audience, text, other texts and the socio-cultural determinations of significance, is a process which may be conveniently summed up in the term *intertextuality*.[37]

Byddai'r darllenydd yn rhoi ystyr i symbolaeth marwolaeth 'dda' y plant rhinweddol yng nghyd-destun yr addysg feiblaidd a moesol a gâi yn yr ysgol Sul. Diau y bwriadai'r awduron i'r testunau hyn hefyd effeithio ar ei arferion pe byddai'n rhaid iddo wynebu golygfa gwely angau ei hun. Bron nad yw'r darllenwyr ifainc yn cael eu hanwytho neu eu hyffordd gan y testunau hyn i ddeall pa gyfryngau a allai roi cysur a sicrwydd iddynt pe caent afiechyd neu ddamwain angheuol. Byddai rhieni hwythau'n cael eu paratoi ar gyfer y tebygolrwydd o golli plentyn, a hynny o fewn strwythur ffydd a roddai bwyslais ar y sicrwydd y cânt eu huno drachefn yn y nefoedd. Nid codi ofn ar ddarllenwyr oedd amcan y straeon hyn. Yn hytrach, y bwriad oedd eu cynorthwyo i gydnabod a deall marwolaeth plant, 'something they were sure to encounter in the course of growing up' fel y dywed Reynolds a Yates, ac i sefydlu arferion ac ymddygiad cymeradwy a fyddai'n gyfrwng achubiaeth iddynt.[38]

Drwy osod strwythur cyffredin i'r adroddiadau am farwolaethau plant yn y cylchgronau, gwelwn y gymuned Gristnogol a'u lluniodd yn troi at naratif fel dull o ymateb, trefnu a gwneud synnwyr o ddigwyddiad trawmatig. Fel yr eglura David Herman: 'Narrative [...] is a basic human strategy for coming to terms with time, process, and change.'[39] Wrth rannu straeon tebyg yn rheolaidd, mae modd i gymuned sefydlu a chadarnhau dull neilltuol o ddehongli'r tair elfen hyn, fel y dywed Neal Norrick: 'Stories help define and ratify group goals and values; co-narrration of familiar stories demonstrates membership and contributes to group cohesion.'[40] Yn achos y straeon am farwolaethau plant, mae ailadrodd straeon tebyg yn fodd i ddangos ymrwymiad y gymuned sy'n eu rhannu i'r ddysgeidiaeth Gristnogol sy'n sylfaen iddynt. Mae'r ailadrodd hefyd yn ffordd o sefydlu ac arddangos i blant yr ysgol Sul hunaniaeth ddiwylliannol ac ymwybyddiaeth foesol sy'n eu gosod ar wahân i blant eraill. Gellir gweld yn y straeon hyn y swyddogaeth a dadogodd Stephens a McCallum i 'retold stories' mewn llenyddiaeth plant:

> they serve to initiate children into aspects of a social heritage, transmitting many of a culture's central values and assumptions and a body of shared allusions and experiences. The existential concerns of a society find concrete images and symbolic forms in traditional stories of many kinds, offering a cultural inheritance subject to social conditioning and modification through the interaction of various retellings.[41]

Er nad deunydd 'traddodiadol' fel y cyfryw yw deunydd crai'r straeon am farwolaethau plant, maent yn gweithredu mewn modd tebyg. Maent yn tynnu ar storfa gyffredin o ddisgrifiadau a symbolaeth, ac maent yn gweithio oddi mewn i fetanaratif ehangach sy'n llywio'r modd y mae'r darllenydd yn eu deall a'u dehongli:

> they come with predetermined horizons of expectation and with their values and ideas about the world already legitimized. In other words, they are always already shaped by some kind of metanarrative, and their status makes them a good site on which to impose metanarratives expressing social values and attitudes prevailing in the time and place of the retelling.[42]

Y Beibl yw ffynhonnell y metanaratif hwnnw yn achos y straeon am farwolaethau plant, wrth gwrs. Dyfynnir yn uniongyrchol o'r Ysgrythur yn gyson a dehonglir marwolaethau plant duwiol yn dystiolaeth o addewid Crist y gwobrwyir y cyfiawn â bywyd tragwyddol. Mae'r straeon hyn yn ymgorfforiad o'i eiriau yn yr efengyl mai'r sawl 'a'i gostyngo ei hunan' fel plentyn yw'r mwyaf yn nheyrnas nefoedd (Mathew 18:1–6). Dyma gyfleu'r ffydd Gristnogol ym mhotensial ysbrydol y plentyn a all, o'i 'hyfforddi ar ben y ffordd', ragori ar eiddo'r oedolyn. Na waherddwch i blant bychain ddyfod ataf i, meddai Crist yn efengyl Marc, 'canys eiddo'r cyfryw rai yw teyrnas Dduw' (Marc 10:13–16); ac ymhellach yn efengyl Mathew, 'Oddieithr eich troi chwi, a'ch gwneuthur fel plant bychain, nid ewch chwi ddim i mewn i deyrnas nefoedd' (Mathew 18:1–4). A dyma ddod at y ddeuoliaeth sydd wrth wraidd y cysyniad Cristnogol o 'blentyn' ac a yrrai'r ymdrechion efengylaidd i'w addysgu a'i achub:

> Children are not only subordinate but sharers with adults in the life of faith; they are not only to be formed but to be imitated; they are not only ignorant but capable of receiving spiritual insight; they are not 'just' children but representatives of Christ.[43]

Er y gred i'r pechod gwreiddiol lygru pob plentyn, credai Calvin a John Wesley y gallai'r plentyn ieuengaf, hyd yn oed, drwy gyfryngau achubol bedydd ac addysg, adnabod Duw a hawlio'u lle anrhydeddus wrth ochr Crist.[44] Roedd i ddelwedd y plentyn, felly, ddylanwad pellgyrhaeddol i amlygu'r gostyngeiddrwydd y dylai pob Cristion ei efelychu.

O ganlyniad, mae'r plentyn marw yn ddelwedd bwerus o ffydd y Cristion y gall hyd yn oed y plentyn ieuengaf goncro'r bedd. Yng ngeiriau Elizabeth Jay, 'dying children must therefore represent the supreme example and test of the Christian profession of faith'.[45] Gwnaethpwyd marw yn weithred arwrol a roddai statws aruchel i'r plentyn. Hawdd dychmygu y gallai hynny apelio at ddarllenwyr ifainc a chanddynt nemor ddim dylanwad dros eu bywydau beunyddiol. Dyna a wna Matthew Grenby wrth alw *Token for Children* James Janeway a'i debyg yn 'empowering literature, allowing boys and girls to read about people their own age, showing children in full control of their lives, and even lecturing their elders'.[46] Felly hefyd Kirsten Drotner:

> stories in which the dying child acted as a strong spiritual guide to skeptical adults would likely be favorites because they made a last, almost diabolical, turning of the tables of power. The activity of reading offered children a mental space where they could negotiate their daily defeats.[47]

Yn sicr, byddai darllen y fath straeon yn brofiad dwys i nifer o blant, fel y dadlenna tystiolaeth darllenwyr megis William Godwin (1756–1836). Wrth gofio'r hyn a ddarllenai pan oedd yn blentyn, meddai 'I felt as if

I were willing to die with them, if I could with equal success, engage the admiration of my friends and mankind.[48] Er bod barn uniongyrchol darllenwyr o Gymru'n brin, mae presenoldeb cyson straeon o'r fath yng ngylchgronau'r bedwaredd ganrif ar bymtheg yn awgrymu'n gryf na fu pall ar apêl y straeon. Wedi'r cyfan, yn y testunau hyn roedd modd i ddarllenwyr ifainc weld plant diymadferth fel nhw yn cyrraedd eu llawn dwf ysbrydol ac yn siarad ag awdurdod dros bawb o'u cwmpas, yn gyfeillion ifainc a phobl mewn oed.

'[H]yfforddi plant yng nghelfyddyd byw'

Yn y straeon am farwolaethau plant duwiol, cyflwynir delfryd a oedd yn ysbrydoliaeth i'r darllenwyr ifainc o'r hyn y gallai plentyn ei gyflawni ac yn batrwm iddynt ei efelychu. Ond nid patrwm o'r hyn y dylid ei wneud a'i ddweud wrth farw oedd hwn yn unig, eithr patrwm o'r modd y dylid byw. Er mai'r bedd yw canolbwynt y straeon hyn, fel y sylwodd R. Tudur Jones, 'eu hamcan yw hyfforddi plant yng nghelfyddyd byw'.[49] Drwy eu hymdrwytho yn athrawiaeth y Beibl, addysgir plant nid yn unig ynghylch y bywyd tragwyddol ond ynghylch 'celfyddyd byw' yn dda, yn ddiwair ac yn ddiwyd dros Grist yn y byd hwn. Bwriad yr adran hon yw archwilio ystyr y gelfyddyd hon yng nghyd-destun y canfyddiadau a berthynai i *habitus* efengylwyr Cymraeg y cyfnod a'u hagweddau ynghylch plant a phlentyndod.

Man cychwyn 'hyfforddi plant yng nghelfyddyd *byw*' yn nherminoleg Calfiniaid y bedwaredd ganrif ar bymtheg oedd eu cymell i gydnabod eu cyflwr pechadurus cynhenid a derbyn gras Duw. Fel yr eglura Llion Pryderi Roberts:

> I'r Calfinydd, yr oedd dyn mewn cyflwr o bechod tragwyddol oherwydd i'r cyfamod gwreiddiol rhyngddo a Duw, sef y cyfamod gweithredoedd, gael ei dorri yng nghwymp Adda. Ond prynwyd pechod dyn gan waed Crist, sef ail gyfamod Duw â dyn, y cyfamod gras. Ymateb dyn i ras Duw, a'i gred yn aberth a chariad Crist tuag ato, ydoedd tröedigaeth ysbrydol, sef dechrau'r daith o dywyllwch i oleuni, o ddamnedigaeth i iachawdwriaeth.[50]

Roedd straeon ynghylch marwolaethau plant yn cynnig enghraifft ddiriaethol o'r daith ysbrydol hon ac yn gyfrwng grymus i gymell y darllenydd i werthfawrogi peryglon pechod a mawredd gras Duw. Yn ôl Jacqueline Labbe:

children's literature that carries a strong didactic and Evangelical message uses death to literalise the need to accept and deal with original sin [...] When Evangelical writers, then, make death a major part of their plotlines for children, it is so that the child reader can learn, through example, a lesson about the littleness of the Self and the magnitude of sinfulness, and the overwhelming need to subjugate the Self to God.[51]

O ganlyniad, gwelwn y testunau plant yn canolbwyntio ar fathau arbennig o ymddygiad er mwyn arwyddo i ba raddau y mae'r plentyn yn llwyddo i gydnabod ac adfer ei gyflwr pechadurus. Ymddygiad a nodweddid gan ufudd-dod, gwyleidd-dra a gostyngeiddrwydd yn unig a gymeradwyid, a chyferbynnid y plant duwiol a ddilynai'r drefn â delwedd y plentyn drwg a wrthodai gydymffurfio. Yn y cyferbynnu hwn, gwelwn enghraifft o'r modd y mae'r testunau plant yn sefydlu eu hawdurdod dros blant drwy bennu'r hyn sy'n dderbyniol ac annerbyniol ar eu rhan. Fel yr eglura Stephens a McCallum:

Authority is constituted by establishing boundaries, so that rules, prohibitions, and so on, presuming that those boundaries are natural and universal, teach that moral and social normality is defined by refusal to transgress them. The existence of the boundaries themselves is placed beyond question, with the consequence that processes of judgement are already foreclosed.[52]

Diau y ceir y mynegiant croywaf o'r modd y crëwyd ffin awdurdodol, ddiymwad gan addysg grefyddol y cyfnod er mwyn gwahaniaethu rhwng gwahanol fathau o blant yn holwyddoreg boblogaidd John Parry, *Rhodd Mam*. Dyma eiriau a fyddai wedi eu serio ar gof cenedlaethau o blant y bedwaredd ganrif ar bymtheg:

G. Pa sawl math o blant sydd?
A. Dau fath, Mat. 12:30.
G. Pa rai ydyw'r ddau fath?
A. Plant da a phlant drwg, 1 Ioan 3:10, Mat. 13:39.[53]

Dengys y testunau storïol a rhybuddiol mai 'plant drwg' oedd y rhai nad oeddynt yn barod i ddiwygio eu cyflwr pechadurus cynhenid ac ymwrthod â'r beiau cyffredin a gysylltid â phlentyndod. Llywiwyd agweddau awduron y testunau hyn at blant gan syniadau Piwritanaidd a etifeddwyd drwy gyfrwng testunau megis *Gwagedd Mebyd ac Ieuenctyd*, pregeth am lygredigaeth gynhenid yr ifainc gan y Piwritan Daniel Williams (?1643–1716). Er i dymer pregethau diweddarach oleddfu, tybid yn gyffredinol fod plant wrth eu natur yn ffôl a phenchwiban. 'Ffolineb sydd yn rhwym yng nghalon plentyn' meddid yn Llyfr y Diarhebion, er enghraifft (Diar. 22:15), a bu efengylwyr diwygiadol yn barod eu pwyslais ar duedd yr ifainc at oferedd. Ym mhregeth George Lewis *Galwad ar Ieuengctyd* a argraffwyd yn 1808, er enghraifft, meddai:

> Y mae'n hawdd i bawb weled fod cyffredinolrwydd yr ieuengctyd yn dueddol iawn i ymhyfrydu mewn rhyw wag ddifyrwch, ysgafnder, cellwair, maswedd a choeg-ddigrifwch. Pa feddyginiaeth well yn erbyn hyn na chofio fod Duw a'i lygad arnom, ac y bydd iddo ef ein galw ni i'r farn am hyn oll?[54]

Ategwyd y gred hon gan yr hanesion mynych a geir yn y cylchgronau plant sy'n cynnal yr argraff bod plant wrth reddf yn afreolus ac anystywallt. Gan amlaf, byrdwn yr hanesion hyn yw pwysleisio mai drwy addysg yr ysgol Sul yn unig y gellid ymatal rhag y reddf honno, gan felly atgoffa'r plentyn o'r ffin warchodol rhwng y da a'r drwg. Bron na ellir gweld y ffin hon fel *rite de passage* y mae'n rhaid i'r Cristion ifanc ei chyflawni: rhaid iddo roi'r gorau i bethau plentynnaidd a phechadurus a derbyn strwythur a threfn gymdeithasol ei gymuned ffydd. I Bourdieu, mae mynd drwy ddefod o'r fath yn sefydlu ac yn cysegru gwahaniaeth sylfaenol rhwng y rhai oddi mewn a'r rhai oddi allan i'r gymuned: 'it *signifies* to someone what his identity is, but in a way that both expresses it to him and imposes it on him by expressing it in front of everyone'.[55] Gellid ystyried bedydd neu gyffesion ffydd yn ddefodau ffurfiol sy'n arddangos hunaniaeth ac argyhoeddiad mewnol ar goedd i eraill, ond ychydig o sôn uniongyrchol sydd yn y testunau plant am ddefodau ffurfiol y gwahanol enwadau. Yn hytrach, statws y plentyn fel aelod o'r ysgol Sul neu beidio sy'n dyfarnu a yw'n barod i adnabod yr hunaniaeth y mae disgwyl iddo ei meddiannu a'i harddangos. Cadarnheir yr hunaniaeth honno yn gyson yn y testunau plant, megis yng ngeiriau Eliza, un o 'ysgolheigion bychain' yr ysgol Sul mewn ymddiddan â'i ffrind Jane yn *Trysor i Blentyn* (y Wesleaid), Chwefror 1825:

> 'Meddyliais inau, lawer gwaith, pe na buasid yn fy anfon i'r Ysgol Sabbathol, y buaswn yn gyffelyb i'r genethod drygionus hyny sydd yn chwarae ar hyd yr heolydd, y rhai nad ydynt yn caru eu Beiblau, na'u rhieni, na'r DUW mawr hwnw a'u gwnaeth, ac a anfonodd ei fendigedig FAB i'r byd i farw drostynt. Ni's gwyddoch chwi, JANE, pa mor ddrwg oeddwn cyn i mi fyned i'r Ysgol Sabbathol; yr wyf yn meddwl yn fynych am fy muchedd gynt, ac yn wylo o lawenydd am i DDUW fy ngwneyd yn well a chyfrwysach [h.y. mwy medrus].'[56]

Oddi mewn i ofalaeth yr ysgol Sul mae cysur a diogelwch i'r rhai sy'n derbyn ei rheolau. I'r rhai na allant ddilyn y drefn mae canlyniadau dybryd, megis yn achos y plant a fynnai chwarae ar y Sul, gan felly dorri'r pedwerydd gorchymyn a roddwyd i Moses (Exodus 20:8–11). Yn yr *Addysgydd*, Tachwedd 1823, er enghraifft, ceir hanes Robert B., bachgen 'anystyriol' a gafodd ei ddiarddel o'r ysgol Sul wedi pedair blynedd am iddo gael ei weld yn 'chwareu ei gylch' un Sul.[57] Yn fuan wedyn, ddydd Mercher, 18 Medi, fe'i hanfonwyd ar neges gan ei dad 'ac ar drothwy y drws, syrthiodd i lawr a bu farw yn y fan!' Er nad oes rheswm meddygol pam y bu farw, mae ystyr ei farwolaeth yn cael ei mynegi'n gwbl eglur gan y testun ac mae'r cywair rhybuddiol yn ddychrynllyd:

> Gocheled ein cyfeillion ieuainc halogi dydd santaidd yr Arglwydd, a dirmygu cynghorion y rhai sydd yn ewyllysio eu dedwyddwch. – 'Llygaid yr Arglwydd sydd ar ffyrdd dyn' a'i 'wyneb ef sydd yn erbyn y rhai a wnant ddrwg i dòri eu coffa oddiar y ddaear.' Ac ystyriwn hefyd fod bywyd yn ansicr; angeu yn ddilys; a'r funud bresennol yr unig un sydd yn ein meddiant.[58]

Yr un yw ergyd ysgrif fer yn rhifyn cyntaf *Athraw i Blentyn*, Ionawr 1827, 'Barn Duw ar Halogwyr y Sabbath', sef hanes boddi 14 o fechgyn wrth iddynt chwarae pêl-droed ar yr afon Trent a hynny ar ddydd Sul yn ystod rhew mawr 1634. Torrodd yr ia yn ddisymwth oddi tanynt:

> a boddasant oll. Cyflog pechod yw marwolaeth.
> Fy narllenwyr ieuainc, gochelwch rhag chwareu ar y rhew, nac mewn un man arall, ar ddydd yr Arglwydd, rhag i chwi gyfarfod â'r un diwedd arswydus a'r dynion ieuainc uchod; canys y mae Duw yn ddigllon wrth y plant a halogo ei ddydd Sanctaidd Ef.[59]

Sylwer nad chwarae, fel y cyfryw, ond chwarae ar y Sul yw drygioni pennaf y plant hyn. Roedd i gadw'r Saboth werth symbolaidd hollbwysig gan ei fod yn arwydd mesuradwy o ymroddiad Cristion i'w ffydd. Roedd yn un o'r ffiniau eglur a wahaniaethai rhwng y plant da a'r plant drwg. Fel y dywed Gillian Avery: 'To keep the Sabbath became a talisman against evil, to break it was the first step on the downward path, to be followed by drinking and gambling, and then the gallows.'[60] Ategir hynny gan bregethwyr a ddisgrifiai'r tensiwn rhwng arferion plentynnaidd a disgwyliadau disgyblaeth Gristnogol drwy gyfrwng anecdotau hunangofiannol am chwarae ar y Sul. Disgrifiodd Thomas Jones, Dinbych, er enghraifft, sut yr oedd yn arfer chwarae'n ddi-hid ar y Sul. '[M]ynnwn ddilyn chwareyddiaethau ar y Sabbath', meddai, ond dechreuodd boeni am ganlyniadau enbyd y chwarae hwn:

> Un tro, yr wyf yn cofio, wedi ymddiosg i chwarau, daeth y fath ddychryn arnaf, fel y bu raid im' wisgo am danaf, ac ymlithro ymaith yn dra phoenus fy meddwl; etto dan gymmeryd arnaf fy mod yn sâl o gorph, er mwyn cael fy esgusodi gan fy nghyfeillion.[61]

Ofn 'ceryddon mynych yn fy nghydwybod' a '[d]wrdiad a gwialen fy nhad hefyd' oedd ar Thomas, ac yntau wedi dechrau meddwl am bechod a'r bywyd tragwyddol y clywodd amdanynt gan bregethwyr Methodistaidd. Ac yntau'n henwr yn llunio'i hunangofiant, diddorol sylwi iddo roi blaenoriaeth i hanesion o'r fath am ei fywyd cynnar. Gwnaeth hynny gan y gallai, drwy drafod chwarae plant, fanylu ar y cyfyng-gyngor a wyneba'r Cristion sy'n gorfod rhoi heibio arferion plentyndod er mwyn ymgymryd â'i ffydd o ddifrif.

Yn 'Atgofion Plentyndod' y Parch. John Prichard, Llangollen (1796–1875, golygydd yr *Athraw i Blentyn* am 48 o flynyddoedd), canolbwyntia yntau ar y maes chwarae megis maes brwydr fewnol rhyngddo ef a'i gydwybod. Pan oedd rhwng chwe a naw blwydd oed ac yn yr ysgol yn Nhreffynnon, dywed y bu 'yn euog o halogi pob dydd cynta'f o'r wythnos [...] gyda chymdeithion annuwiol fel fy hun'. Ond pan symudodd i Landudno, dechreuodd ymddifrifoli.[62] Yr arwydd cyntaf o hynny oedd y newid yn ei agwedd at chwarae ar y Sul. Disgrifia sut y trawyd ef gan euogrwydd ac yntau yn chwarae '"'mig ymguddiad" yn ydlan Pwll-y-gwychiaid' nes i'r chwarae a fu 'mor felysed a'r mel' droi 'yn chwerwach na'r wermod. Bu raid i mi adael y cyfeillion, a myned tua'r tŷ, ond ofnwn bob munud i Dduw fy nharo â melldith.' Cafodd noson anghyfforddus iawn y noson honno, ac yntau ag ofn cysgu rhag iddo farw a mynd i uffern cyn y bore.[63]

Yn y cofiannau a'r cylchgronau plant, cawn fod y drafferth hon i gadw'r Saboth yn arwydd o'r gred yn nhuedd naturiol plant at bechod ac oferedd a mawrygir y Cristnogion ifainc sy'n gallu ymwrthod â'u greddfau a phlygu i ofynion eu ffydd. Fel yr eglura un o Fethodistiaid Cymraeg Lerpwl ar droad y ganrif, mae lle i oddef 'pethau plentynnaidd, y'nglŷn wrthynt o ran eu babandod' yn ymddygiad y plant yn yr eglwys, 'ond nid ydym yn goddef yn ddigerydd y pechodau canlynol, – chwareu a'r y Sabbath, tyngu, dywedyd celwydd, lladrad, anufudd-dod i'w rhieni, ar cyfryw'.[64] Yr hyn sydd o dan y lach yn ei hanfod yw ymddygiad sy'n tynnu'n groes i awdurdod, a'r drygioni pennaf – gwraidd pob anghydfod rhwng plant ac oedolion yn y cyhoeddiadau hyn – yw anufudd-dod.

Er na all yr un rhiant, ni waeth pa ddull a ddefnyddir, reoli ei blentyn yn llwyr,[65] mae llenyddiaeth plant y bedwaredd ganrif ar bymtheg yn mynnu ufudd-dod diamod i rieni, a hynny ar sail gorchymyn y Beibl. Dyma egwyddor lywodraethol y disgwrs ynghylch ymddygiad plant ers yr Oesoedd Canol, fel y dangosodd Eiry Miles yn ei thrafodaeth ar Gynghorau Catwn c.1200 (cyfieithiad o destun Lladin clasurol).[66] Wrth i'r awdur Cymraeg canoloesol gyflwyno gorchmynion megis 'Car dy rieni' a 'Darostwng ac ufudhaa yr neb [a] uo uch a mwy y urdas no thi' ('Câr dy rieni' a 'Darostwng ac ufuddha i'r sawl a fo uwch a mwy ei urddas na thi'), adlewyrcha'r gorchymyn beiblaidd i anrhydeddu rhieni, a oedd ei hun yn sail i drefn hierarchaidd y gymdeithas ac yn gyfiawnhad drosti.[67] Deddfa'r pumed gorchymyn y dylai pob unigolyn (o bob oed) anrhydeddu ei dad a'i fam (Exodus 20:12, Deut. 5:16) ac yn y Testament Newydd rhybuddiodd Iesu'r Phariseaid i Dduw orchymyn 'yr hwn a felltithio dad neu fam, lladder ef yn farw' (Mathew 15:4, gweler hefyd Col. 3:20–1; Eff. 6:1–4). Mae'n ddiddorol nodi bod y rhan fwyaf o gofnod Thomas Charles ynghylch 'plant/ plentyn' yn ei *Eiriadur Ysgrythyrol* yn ymdrin â dyletswydd plant i anrhydeddu eu rhieni. Amlygir mai felly y cânt eu diffinio'n bennaf, yn ôl eu hymrwymiad i gyflawni'r pumed gorchymyn.[68]

Yn y cylchgronau plant, mae'r pwyslais hwn ar ufudd-dod i rieni yn gwbl ganolog i'r disgwyliadau ynghylch ymddygiad ac ymarweddiad plant. Yn ail rifyn yr *Athraw i Blentyn*, er enghraifft, fis Chwefror 1827, argraffwyd penillion gan 'I. ab Ioan', o bosibl y bardd Ioan ap Ioan (John Williams, 1800–71), a oedd ar y pryd yn pregethu gyda'r Bedyddwyr ac yn cadw ysgol yng Nghefnbychan.[69] Geiriau Paul yw'r testun, 'Y plant ufuddhewch i'ch rhieni' (Eff. 6:1), a nod y bardd yw cynnig cyngor cyfeillgar 'Fel un f'ai yn eich hoffi; / I fod yn fwynaidd yn eich dydd, / Ac ufudd i'ch rhieni.'[70] Mynna mai 'Peth hollol groes i natur, / A rheol yr ysgrythyr' yw amharchu tad a mam a hwythau'n 'fawr eu gofal am eich lles':

Eich Tad sydd yn eich magu,
A'ch Mam sydd yn eich maethu;
Na roddwch iddynt amharch hyll; –
Tro erchyll ydyw hyny.

Athraw i Blentyn.

Rhif. 24.—RHAGFYR, 1828.—Pris 1c.

Ufudd-dod i Rïeni.

BLANT hoff, galwn arnoch unwaith eto at y
ddyledswydd bwysig hon. Rhwymir chwi
gan reswm ac ysgrythyr i fod yn ufudd i'ch
rhieni. Y mae oedran a phrofiad eich tad a'ch
mam yn eu gosod mewn cyflwr i wybod, yn *well
na chwi*, beth sydd oreu er eich lles: ac y mae
eu serch atoch mor gryf, fel na cheisiant genych
wneud dim ag a fyddo o niwed i chwi. Os buant
hwy yn gofalu am danoch mor ofalus a chanwyll
eu llygaid, pan na allech ofaln am danoch eich
hunain; rhesymol yw i chwithau ofalu rhag i'ch
anufudd-dod dòri eu calon, a'u dwyn mewn gofid
i'r bedd. Gelwir arnoch hefyd, gan gyfraith
Duw, i ufudd-dod i'ch rhieni, "Anrhydedda dy

Llun 2: 'Ufudd-dod i Rïeni', *Athraw i Blentyn* (Rhagfyr 1828), 133.

Yna manylir ar y 'tro erchyll' hwnnw:

Mae'r cyndyn blant anufudd
Yn dirfawr ddigio'r Arglwydd:
Arswydwch oll rhag digio Duw,
Gan garu byw yn benrhydd.[71]

Heddiw, syniwn am 'ryddid' plant i ddysgu, archwilio a phrofi
drostynt eu hunain. Wrth drafod anghenion plant, cyfeirir yn aml at
amddiffyn eu rhyddid. 'Mae plant angen y rhyddid i freuddwydio ac
i ddychmygu', meddai'r awdur llyfrau plant cyfoes Lauren Child, er
enghraifft.[72] Ac ym myd addysg, er 2008 mae darpariaeth y Cyfnod
Sylfaen (3–7 oed) wedi ei seilio ar yr egwyddor o ddysgu trwy brofiad:

Bydd plant yn dysgu drwy weithgareddau sy'n cynnig profiadau
uniongyrchol gyda'r busnes difrifol o 'chwarae' yn darparu'r
cyfrwng. Drwy eu chwarae, bydd plant yn ymarfer a chadarnhau
eu dysgu, yn chwarae gyda syniadau, arbrofi, cymryd risgiau,
datrys problemau, ac yn gwneud penderfyniadau'n unigol ac mewn
grwpiau bach a mawr. Mae profiadau uniongyrchol yn galluogi
plant i ddatblygu dealltwriaeth o'u hunain a'r byd y maent yn byw
ynddo.[73]

Ond i fardd y penillion hyn, rhywbeth i'w osgoi ar bob cyfrif yw 'byw
yn benrhydd'. Byddai caniatáu rhyddid i blant gyfystyr â rhoi cennad
iddynt wrthryfela ac afradu'r amser prin sydd ganddynt yn y byd hwn.
Dyma amlygu bod yr agweddau a ffurfiai *habitus* y bardd hwn a'r
awduron a gyfrannai at gylchgronau'r cyfnod wedi eu strwythuro gan
agweddau at blant a etifeddwyd gan y traddodiad Cristnogol. Ond fe'u
hadnewyddwyd hefyd yn sgil y pwyslais a roddai efengylwyr troad y
bedwaredd ganrif ar bymtheg ar ddychwelyd bob tro at air Duw fel yr
unig ganllaw a ffon fesur ar gyfer byw'n dda. Byddai'r awduron hyn
wedi eu trwytho mewn addysg grefyddol i feddwl am blentyndod fel
cyfnod yr oedd angen ei ddofi a'i reoli, a'r agweddau neu dueddfrydau
hyn a fyddai'n llywio eu hymatebion i fywydau plant o'u cwmpas.
'The habitus also provides individuals with a sense of how to act and
respond in the course of their daily lives. It "orients" their actions
and inclinations without strictly determining them', meddai John
Thompson wrth egluro syniadaeth Bourdieu.[74] Gan hynny, dehonglid
achosion marwolaethau neu ddamweiniau plant yn ôl gallu'r plant
hynny i ddilyn deddfau Duw neu beidio. A thrwy ailadrodd y straeon

hyn mewn print ac ar lafar mewn pregethau ac emynau, cynhaliwyd gwydnwch yr agweddau hyn dros sawl cenhedlaeth.

Ond nid bod yn ufudd i air Duw oedd yr unig gymhelliad i ddarostwng plant i awdurdod Duw a'u rhieni yn llenyddiaeth y cyfnod. Siapiwyd *habitus* a meddylfryd yr awduron hefyd gan amodau cymdeithasol ac economaidd yr oes, er nad yw cyswllt y testunau plant â'r cyd-destun bydol yn amlwg ar yr olwg gyntaf. Mae'r pwyslais ar awdurdod dwyfol eu negeseuon moesol yn peri nad yw hi'n hawdd gweld eu bod hefyd yn mynegi pryderon neu obeithion cyfoes. Gan fod yr alwad i fynnu math arbennig o ymddygiad gan blant yn cael ei hawdurdodi yn uniongyrchol gan Dduw a'r gorchymyn a roddodd i Moses, mae'r credoau cymdeithasol a diwylliannol sydd ymhlyg yn yr alwad honno'n cael eu celu. Fel y dywed McCallum a Stephens am straeon ac iddynt gynsail beiblaidd o'r fath: 'this representation of authority conceals that its basis and the tenets which uphold it and which it upholds are socially conditioned and culturally inherited'.[75]

Gall fod yn ddefnyddiol inni, felly, gydnabod y ffactorau cymdeithasol a oedd yn cynnal yr angen i ailadrodd straeon am farwolaethau plant a'u hymddygiad da neu ddrwg, ac ystyried bod y testunau hyn yn cyfrannu at drwytho plant mewn normau cymdeithasol yn ogystal ag athrawiaethau crefyddol. Nid sicrhau mynediad i'r nefoedd oedd unig nod y testunau didactig hyn, ond sicrhau y gellid mowldio plant i gyd-fynd ag anghenion diwylliannol ac economaidd yr oes. Yn wyneb cynnydd yn y boblogaeth a dulliau diwydiannol a threfol newydd o weithio a byw, gyrrid y diddordeb mewn plant a'u haddysg gan ymdeimlad bod angen rheoli plentyndod er mwyn llywio'r dyfodol. Roedd cyfalafiaeth ddiwydiannol yn galw am reoleidd-dra, cysondeb a disgyblaeth: nodweddion a fewnolwyd gan y boblogaeth drwy gyfrwng addysg a moeseg Biwritanaidd. Fel y dadleuodd yr hanesydd E. P. Thompson, Piwritaniaeth a'i disgynyddion efengylol diweddarach (yn arbennig Methodistiaeth), 'in its marriage of convenience with industrial capitalism, was the agent which converted men to new valuations of time'.[76] Roedd ysgolion yn trwytho plant yn egwyddor yr hyn a eilw Thompson yn 'time-thrift', a chanmolid ysgolion elusennol gan ddiwygwyr y ddeunawfed ganrif am ddysgu 'Industry, Frugality, Order and Regularity [... and] Punctuality' i'r tlawd.[77] Wrth olrhain delwedd y plentyn yn ystod yr un cyfnod, dangosodd O'Malley yntau sut yr oedd llenyddiaeth plant yn rhan o'r diwygio cymdeithasol-economaidd hwn:

Children's literature became one of the crucial mechanisms for disseminating and consolidating middle-class ideology. For children to participate successfully in the new ideological project of the period, they had to be rendered into subjects whose energies could be controlled and effectively harnessed.[78]

Mae'r sôn yma am harneisio a rheoli plant yn adlewyrchu cyfnod pan oedd plentyndod yn ddarostyngedig i awdurdod oedolion. Nid oes yma wrando ar lais y plentyn, yn hytrach dywedir wrtho beth i'w wneud a sut i ymddwyn. Dyma ddidactigiaeth lem ac iddi ddisgwyliadau unplyg ac a oedd, fel y gwelwn yn yr adran nesaf, yn ddibynnol ar ddulliau disgyblu corfforol i'w gweithredu.

Disgyblaeth

Roedd dosbarth cymdeithasol newydd o Gymry â'u bryd ar ymddiwyllio a chenhadu'r efengyl yn ymffurfio o ganlyniad i dwf addysg a diwygiadau crefyddol. Rhaid felly oedd cymdeithasoli'r darllenwyr ifainc i ddeall a derbyn eu hegwyddorion a'u delfrydau. Golygai hynny gynnig esiamplau da i blant eu hefelychu a dangos hefyd eu bod o ddifrif am gosbi a disgyblu'r sawl nad oedd yn fodlon dilyn y drefn. Roedd yr agwedd gyffredinol tuag at blant fel bodau anghyflawn neu afreolus yn cyfiawnhau disgyblu a cheryddu fel modd i fewnblannu ffyrdd cymeradwy o ymddwyn a meddwl. Yn hynny o beth, roedd efengylwyr Cymraeg y bedwaredd ganrif ar bymtheg yn adlewyrchu dyheadau a phedagogeg dosbarth canol a welodd O'Malley yn llên plant Saesneg y ganrif flaenorol:

> What is clear from the late eighteenth-century literature for and about children is the belief that they, by their deficient or unformed nature, required discipline if ordered subjects were to be formed out of the disordered state of childhood. Instilling discipline, and ideally the mechanisms for self-discipline, was as essential to the discourse of middle-class pedagogy as it was to the discourse of medical management. Discipline was necessary to promote the regularity of thought and habit in the young that would allow the morality, economic practices, and, in short, the ideology, of the middle classes to take root successfully in the rising generation.[79]

Yn y cyfnod trawsnewidiol hwn, nid pryderon am dynged dragwyddol yr ifainc yn unig oedd yn y fantol. Gan y credid eu bod o'u natur yn anghyfrifol a drygionus, cysylltid ymddygiad plant a phobl ifainc â phryderon cyfoes ynghylch sefydlogrwydd cymdeithasol. Po fwyaf y pryderon am anghydfodau gwleidyddol a chymdeithasol, medd Müller, po fwyaf y sylw a roddid i blant:

> a special interest in certain social groups, for instance an age group, apparently arises with a concomitant concern for social stability. Eighteenth-century mass media, for instance, fuelled the fear that children growing up outside the legitimate framework mapped out by these media would disrupt social stability.[80]

Yn wyneb chwyldroadau gwleidyddol, cyni economaidd, anghydfodau cymdeithasol, diwydiannu a thwf y boblogaeth daeth ymddygiad plant yn fater o bwys materol, nid ysbrydol yn unig. Wedi'r cyfan, gallai'r plant afreolus na chawsant eu disgyblu a'u ceryddu'n ifanc fygwth sefydlogrwydd y gymuned yn y presennol ac, wrth gwrs, yn y dyfodol hefyd. Y pryder amlwg oedd mai nhw fyddai troseddwyr, diotwyr a thwyllwyr yfory. Yn llenyddiaeth Gymraeg y cyfnod, daw'r ofn hwnnw i'r amlwg yn yr hanesion cofiannol a ffuglennol lu sy'n dramateiddio manteision llywodraeth gadarn a pheryglon diffyg disgyblaeth. Sefydlir mai dyletswydd oedolion yw gosod y ddeddf a gweinyddu'r drefn ac na ellir llwyr hyfforddi'r plentyn 'ym mhen y ffordd' heb ymyrraeth gadarn oedolion. Golyga hynny geryddu plant am gamymddwyn: hynny yw, hawlio awdurdod dros gorff y plentyn. I Ariès, deilliai'r teimlad hwn o berchnogaeth dros gorff y plentyn o destunau hyfforddiadol Piwritanaidd yr ail ganrif ar bymtheg: 'This literature, this propaganda, taught parents that they were spiritual guardians, that they were responsible before God for the souls, and indeed the bodies too, of their children.'[81] Yn wir, wrth i'r trafodaethau ynghylch addysgu plant a magu teuluoedd amlhau, daeth corff y plentyn yn wrthrych a tharged grym: drwy'r corff a'r cyfyngiadau a roddid ar y corff y gellid ymsefydlu'r ddisgyblaeth angenrheidiol i alluogi ffyrdd newydd o feddwl ddatblygu. Fel y dadleua Foucault wrth fyfyrio ar systemau cosbi'r oes fodern, pa droseddau bynnag a gyflawnwyd, y corff yw canolbwynt pob gweithred o ddisgyblu:

> in our societies, the systems of punishment are to be situated in a certain 'political economy' of the body; even if they do not make use of violent or bloody punishment, even when they use 'lenient' methods involving confinement or correction, it is always the

body that is at issue – the body and its forces, their utility and their docility, their distribution and their submission.[82]

Yr hyn a welwn yn llenyddiaeth plant y bedwaredd ganrif ar bymtheg yw sefydlu arferion disgyblu o fewn fframwaith magwraeth Gristnogol gydwybodol. Hawlir corff y plentyn er mwyn ei achub rhag ei ffaeleddau ei hun, a phwysleisir mai cyfrifoldeb oedolion yw gweithredu ar yr awdurdod a roddodd Duw iddynt. Fel y dengys yr enghreifftiau canlynol, nid ar lefel symbolaidd y derbynnid yr awdurdod hwn: disgwylid i rieni weithredu ar eu hawl ddwyfol i ddefnyddio trais corfforol er mwyn cywiro camweddau eu plant.

Cerydd a chosb

Mae'r cylchgronau plant yn llawn hanesion sy'n rhybuddio ynghylch y peryglon o beidio â chosbi beiau plant a gadael iddynt ddilyn eu mympwyon greddfol. Yn 1837, er enghraifft, ymddangosodd ysgrif goffa gan Elizabeth Mason, Glyn Ceiriog, i'w mab John yn yr *Athraw i Blentyn*.[83] Marwolaeth ddedwydd a gafodd John, ac yntau wedi derbyn Crist i'w galon. Ond ceir adroddiad hwy na'r arfer ynghylch ei fywyd cynharach gan fod yr awdur am bwysleisio y bu ei dynged dragwyddol mewn perygl am rai blynyddoedd. Roedd hynny oherwydd i 'ormod o dynerwch beius ynof' ei hatal rhag cosbi ei mab yn ddigon llym pan ddenwyd ef i ddrwg. Ond daeth gwaredigaeth ar ffurf morwyn newydd yr oedd John 'led ei hofn', a rhoddodd Elizabeth ganiatâd iddi ei gosbi pe clywai ef yn tyngu neu regi. Rhegodd John ddwywaith yn ei chlyw, 'a hi a'i chwipiodd yn chwerw' fel na fentrodd wneud eto. 'Bu y cerydd hwn dan fendith iddo fel na thyngodd byth mwy', yw casgliad ei fam ddiolchgar, ac ymfalchïa i'w mab farw'n ddedwydd.[84]

Ymddengys mai testun cofiannol dilys yw'r ysgrif hon. Cyfeiria at enwau llawn yr unigolion dan sylw ac roedd cartref teulu John Mason nid nepell o gadarnle'r Bedyddwyr (yr enwad a oedd yn gyfrifol am yr *Athraw i Blentyn*) yn Llangollen. Ond mwy damhegol yw 'Hanesyn' a ymddangosodd yn yr un cylchgrawn rai blynyddoedd cyn hynny. Y tro hwn, anallu'r tad i ddisgyblu sy'n cael sylw. Adroddir am ffarmwr yn Lloegr a chanddo un mab 'yr hwn a garai yn fawr, ac nis gallai un amser feddwl am ei geryddu am ei feiau'. Pan oedd yn 12 oed, dihangodd y mab 'gyda mintai o grwydriaid (*gipsies*)', cwmni drwg yn ôl rhagfarn yr oes, ac ugain mlynedd yn ddiweddarach mae'n ceisio lladrata oddi ar deithiwr:

> Y lleidr a sylwodd yn graff ar yr hen ŵr, ac a ddywedodd wrtho, 'A ydych yn fy adnabod i?' 'Nac ydwyf,' ebe yr hen ŵr. 'A ydych ddim yn fy adnabod i?' meddai efe drachefn. 'Nid wyf yn eich adnabod,' oedd yr ateb. 'Wel,' ebe y lleidr, 'eich mab chwi wyf fi!' Ac wedi iddo ddychwelyd yr arian iddo, ychwanegodd, 'Pe ceryddasech fi pan oeddwn yn ieuangc, gallaswn fod yn gysur i chwi; ond yn awr yr wyf yn warth i chwi, ac yn bla i gymdeithas.'[85]

Mewn hanesyn damhegol arall yn yr *Athraw i Blentyn* a gyhoeddwyd yn 1844, dulliau anghyson gŵr a gwraig o drin eu plant yw gwraidd y drwg. Y tro hwn, beirniedir y fam am ddadwneud y daioni a wnaeth ceryddon y tad i'w mab anystywallt:

> Bu John bach, efallai, mewn tymher ddigllawn, am beth amser – tarawdd ei chwaer – rhwygodd ei ddillad – taflodd ei theganau i'r tân – a gwrthododd yn gildynus ufuddhau i orchymynion ei rieni. Chwenycha ei dad ei geryddu am ei ymddygiad, ond penderfyna ei fam ei rwystro, gweinyddir y gosb yn gyferbyniol i'r trosedd; ond y fam ffol, yn lle myned law yn llaw gyda ei gwr, i gyraedd awdurdod deuluaidd, gwaeddai yn erbyn gerwinder y cerydd; ac yna cymer ef yn ei breichiau – rhoddi anwes iddo – a chydymdeimla ag ef ar gyfrif y boen y mae yn ei ddyoddef; gan ddangos yn amlwg i'r plentyn fod ei dad wedi ymddwyn tuag ato, yn greulawn ac annghyfiawn. Pa le bynag y mae y cyfryw ymddygiadau yn dygwydd, y mae llywodraeth deuluaidd yn cael ei dymchwelyd – ei hegwyddorion a lygrir – twyll a rhagrith a feithrinir – fe ddiwreiddir teimladau mabaidd – a gosodir sylfaen sicr i orthrymderau a gofidiau dyfodol.[86]

Creulondeb at chwaer ac anufudd-dod i rieni oedd camweddau John, a chreulondeb at adar oedd trosedd Robert yn *Trysorfa'r Plant* 1852 (cwyn gyffredin yn erbyn plant drygionus oedd hyn, fel yr amlyga penillion a dywediadau traddodiadol am dorri nythod a dwyn wyau). Ni chafodd ei ddisgyblu gan ei rieni am daflu cerrig at adar ac o hynny ymlaen cynyddodd ei ddrygioni a bu farw ei fam a'i dad o dor-calon. Meddai adroddwr yr hanesyn:

> Nis gwn i a ydyw Robert yn fyw eto ai peidio. Y mae llawer o flynyddoedd er pan welais ef, ac yr oedd efe y pryd hynny yn cerdded wrth faglau – yr oedd CAREG wedi syrthio ar ei goes, ac er holl ymdrech y meddygon, dywedent y byddai efe yn gripyl hyd angau. Wrth edrych arno nis gallaswn yn fy myw beidio meddwl

am ei febyd, ac am y garreg a dorrodd goes yr aderyn to, ac hefyd am eiriau ein Hiachawdwr, 'Ac â pha fesur y mesuroch, yr adfesurir i chwithau.' Matthew 7.2.[87]

Adlewyrcha'r straeon hyn y modd y normaleiddiwyd 'ceryddu' a 'churo' yn rhan o ieithwedd y disgwrs ynghylch plentyndod, ieithwedd a atgynhyrchir hefyd mewn testunau hyfforddiadol ar gyfer rhieni'r cyfnod. Yn hytrach na ffuglenoli drwgeffeithiau diffyg disgyblaeth, mae'r llawlyfrau rhianta cynnar yn gosod amcanion a blaenoriaethau magu plant yn eglur a diamwys. Meddai Samuel Davies, er enghraifft, yn *Yr Hyfforddydd Teuluaidd; neu Gyfarwyddiadau i Rieni Lywodraethu eu Plant tra yn Ieuainc, a'u Hyfforddi ym Mhen y Ffordd* (1835), mai pennaf dyletswydd rhieni yw cyflwyno eu plant i'r Arglwydd, ac yn ail:

Cadw llywodraeth reolaidd, fanol, gyson, a pharhaus, dros eich plant [...] Y mae plant yn analluog i'w llywodraethu eu hunain, am nad oes ganddynt wybodaeth na rheswm digonol i wneuthur hyny. Y mae eu natur yn llygredig, a'u rheswm yn wan mewn mebyd.[88]

Â ymlaen i egluro:

Llywodraethu a disgyblu yw y peth cyntaf i hyfforddi plant [...] Y mae hyfforddi y deall yn waith amser, yr hwn a raid gael ei wneuthur yn raddol: ond y mae yn rhaid darostwng eu hewyllys a gorchfygu eu cyndynrwydd ar unwaith, a goreu po gyntaf; canys wrth gael ei adael, y mae yn casglu y fath nerth, ac yn myned mor gryf, fel na fydd yn hawdd ei orchfygu [...] Ar bob cyfrif, gwnewch iddynt wneud yr hyn yr ydych yn ei orchymyn iddynt, pe gorfyddai i chwi eu curo ddengwaith i hyny. Os na wnewch eu gorchfygu, yr ydych yn eu dinystrio. Llywodraethwch hwynt, a byddant ddiolchgar i chwi am eu hoes, ac, fe ddichon, am dragwyddoldeb.[89]

Ymddengys y sylwadau hyn yn eithafol bellach, ond roedd yr ieithwedd hon yn rhan elfennol o'r drafodaeth ynghylch plentyndod ar y pryd. Rhoddid i'r wialen fedw awdurdod beiblaidd i deyrnasu a phwysid yn drwm ar ddiarhebion megis 'Ffolineb sydd yn rhwym yng nghalon plentyn; ond gwialen cerydd a'i gyr ymhell oddi wrtho' (22:15) a 'Na thyn gerydd oddi wrth dy blentyn: os curi ef â gwialen, a thi a achubi ei enaid rhag uffern' (23:13–14).[90] Diau i'r cyfreithloni hwnnw ar drais corfforol arwain at ormes a dioddefaint diangen i liaws o blant y cyfnod. Er enghraifft, er nad oedd athrawon ar y cyfan yn cosbi'n greulon, roedd eithriadau. 'In only a few of the National schools were the masters cruel', medd Tudor Powell Jones, 'at Llangefni corporal punishment was a daily occurance, and the children lived in fear of having to wear the "Fool's cap" or being placed in the *"Twll Du"* (Black Hole) for even a trivial misdemeanour.'[91]

Eto, rhaid peidio â rhoi'r argraff mai annog ceryddu llym ac annynol a wnâ'r testunau hyn. Pwysleisir nad rhywbeth a rôi unrhyw bleser i riant oedd ceryddu, eithr rhywbeth a oedd yn gwbl angenrheidiol. Mewn ysgrif goffa i Samuel Prichard o Langollen, er enghraifft, dywedir i'w dad ymbil arno i ddweud y gwir gan egluro: 'Wel, fy mhlentyn, ti a wyddost yn dda nad yw dy dad yn hoffi dy chwipio, ond y mae yn rhaid cael y drwg o ddywedyd celwydd o honot.'[92]

Credid bod rhaid disgyblu plentyn am fod yn anonest neu ddigywilydd, er enghraifft, ond pwysleisid ei bod hi'n gyfrifoldeb ar oedolion i weinyddu'r gosb yn bwyllog, yn gymedrol ac yn unol â difrifoldeb y trosedd. Fel y dywed y *Cyfaill i'r Ystafell Briodas*, cyfieithiad Evan Lewis o waith Basil Woodd (1820), dylai rhieni 'fod yn gadarn, nid yn greulon, dylai'r plentyn fod yn ostyngedig ac ufudd, ond nid ufudd-dod caethwas, ond ufudd-dod plentyn'.[93] Roedd *Hyfforddydd Teuluaidd* Samuel Davies yn annog rhieni i '[g]eryddu eich plant yn ddoeth, ac mewn amser prydlon', i beidio â cheryddu pob bai ('Rhaid edrych dros lawer o ynfydrwydd plentynaidd'), i osgoi ceryddu yn fynych 'wrth hyny cynefinant â cherydd ac nid ofnant y wialen' ac i beidio â cheryddu mewn tymer ddrwg. 'Na cheryddwch hwynt un amser mewn digofaint.'[94] Tebyg yw cynghorion *Cydymaith y Rhieni neu gyfarwyddiadau at ddwyn plant i fynu* (1849) John Angell James hefyd. 'Ni ddylid ychwaith un amser arfer ceryddon gerwin, ac edliwiadau trahaus a blinion, am y diffyg o grefydd a welir ynddynt.'[95] O ddilyn y cynghorion hyn, bydd modd cyrraedd y delfryd: teulu a lywodraethir heb godi'r wialen na'r llais: 'Tad dedwydd yw hwnw, yr hwn a gyrhaeddodd y fath fedrusrwydd mewn llywodraethu, fel y gallo gyfarwyddo âg edrychiad; gwobrwyo a gwên; a chosbi â gŵg.'[96]

Nid oes tystiolaeth i'r ffydd yn y wialen fedw wanhau yn ystod hanner cyntaf y bedwaredd ganrif ar bymtheg. Yn wir, effaith ailadrodd testunau am angenrheidrwydd disgyblu a chosbi plant oedd mewnoli agweddu cadarnhaol ynghylch ei defnydd. Derbynnid awdurdod y wialen oherwydd yr awdurdod beiblaidd a oedd wrth ei gwraidd, a hawl ddwyfol rhieni ac athrawon i'w defnyddio. Yn y 1850au, er enghraifft, dywedir am y wialen:

> mor bendant ydyw llyfr Duw ar y mater, fel mai oferedd mawr ydyw i neb geisio trethu eu hymenyddau a ffurfio rhesymau yn erbyn gosodaeth mor eglur. Lle y mae plant eisieu eu magu, bydd raid i awdurdod rhieni gael ei chynal i fyny; rhaid i ufudd-dod gael ei ofyn a'i hawlio, ac anufudd-dod ei geryddu a'i gospi.[97]

Cadarnheid gair Duw 'ar y mater' gan y pwyslais ar geryddu o fewn fframwaith tadol, cariadus magwraeth ac addysg Gristnogol. Nid cosb ddialgar ydoedd, ond cosb ddiwygiadol a'i fryd ar adfer y troseddwr. Yn hynny o beth, mae dulliau trin plant y cyfnod yn adleisio datblygiad systemau cosbi o'r ddeunawfed ganrif ymlaen. 'We punish, but this is a way of saying that we wish to obtain a cure', meddai Foucault am feddylfryd yr oes fodern ynghylch ymdrin â throseddwyr.[98] Ond llawforwyn awdurdod a grym yw cosb a cherydd, ac er y cariad a'r gofal a deimlai nifer o'r awduron hyn tuag at blant, roeddynt yn rhwym wrth feddylfryd a bwysleisiai eu darostyngeiddrwydd a'u hisraddoldeb. Meddai oedolion rym dros blant a mynegwyd y grym hwnnw yn y weithred o gosbi ac yn y modd y câi ei gyfiawnhau. Yn ogystal â'r cyfiawnhad ysgrythurol sefydlog dros gosbi plant, priodolid ymddygiad da i bresenoldeb y wialen ym mywydau plant. O ganlyniad, anwythwyd y darllenwyr ifainc i gredu bod cerydd yn beth i ddiolch amdano. Dyma a roes fod i destunau megis cân boblogaidd Edwin Foulkes Britwn, 'Gwialen Fedw fy Mam', sy'n mewnoli'r syniad y dylai oedolion fod yn ddiolchgar am y ddisgyblaeth lem a'u cadwodd 'ar lwybrau dyledswydd' pan oeddynt yn blant.[99]

Drwy atgynhyrchu'r un agwedd at gerydd genhedlaeth ar ôl cenhedlaeth caiff ei normaleiddio a'i derbyn ar lefel yr *habitus*. Mae'n ffrwyth arferion y gorffennol a gymerir bellach yn ganiataol, yn ail-natur bron, ac sy'n enghreifftio 'the habitus, history turned into nature' sy'n llywio arferion ac agweddau yn ôl syniadaeth Bourdieu.[100] Nid ydym, gan amlaf, yn ymwybodol o ddylanwad hanes ar ein harferion, yn hytrach derbyniwn eu bod felly am eu bod yn teimlo'n naturiol a greddfol inni. Dyfynna Bourdieu gymdeithasegydd Ffrengig arall, Émile Durkheim, i ddatblygu'r ddadl ymhellach:

> in each of us, in varying proportions, there is part of yesterday's man; it is yesterday's man who inevitably predominates in us, since the present amounts to little compared with the long past in the course

of which we were formed and from which we result. Yet we do not sense this man of the past, because he is inveterate in us; he makes up the unconscious part of ourselves.[101]

Dyma neges sy'n ei dilysu ei hun drosodd a thro gan ddangos y grym symbolaidd sydd gan y disgwrs hwn dros fywydau plant y cyfnod. Grym anweledig yw grym symbolaidd sy'n dibynnu ar gydsyniad mud ac anymwybodol bron y sawl sy'n cael ei ddarostwng. 'For symbolic power', medd Bourdieu, 'is that invisible power which can be exercised only with the complicity of those who do not want to know that they are subject to it or even that they themselves exercise it.'[102] Felly, fel yr eglura Thompson ymhellach: 'symbolic power requires, as a condition of its success, that those subjected to it believe in the legitimacy of power and the legitimacy of those who wield it'.[103] Drwy dderbyn awdurdod dwyfol oedolion i geryddu'n gorfforol ac arfer y wialen eu hunain pan ddônt hwythau'n oedolion, gwelwn yma dderbyn israddoldeb plant a chyfreithloni disgwrs sy'n caniatáu rheolaeth dros gorff y plentyn.

*　　*　　*

Yn y bennod hon, gwelwyd sut yr ymffurfiodd arwriaeth neilltuol ar gyfer plant Cymru ar ddechrau'r bedwaredd ganrif ar bymtheg a ganolbwyntiai ar eu gallu i ymwrthod â'u greddfau cynhenid a chydymffurfio â'r drefn. Drwy ailadrodd straeon am farwolaethau plant duwiol a thynged flin yr annuwiol gellid cadarnhau perthnasedd a chyfoesedd y gorchmynion beiblaidd. Yn ogystal â choffáu'r meirw, dyma naratifau a oedd yn defnyddio ffigwr y plentyn rhinweddol neu annuwiol yn gyfryngau grymus i gymell unigolion i droi at Grist a chadw'n ffyddlon iddo ym mhob agwedd ar eu bywydau. Yn achos y plant duwiol, gwnaethpwyd marw yn weithred arwrol, drawsnewidiol a roddai lais ac awdurdod i'r gwan. Wrth farw, cyrhaeddai'r plant diymadferth hyn eu llawn dwf ysbrydol a'u geiriau ar eu gwely angau wedi eu cysegru a'u hawdurdodi yn uniongyrchol gan Dduw.[104]

Gwelwyd bod rhai ysgolheigion ym maes llenyddiaeth plant yn ystyried mai llenyddiaeth ymrymusol yw hon – 'empowering literature' ydyw yn ôl Grenby, '[which] offered children a mental space where they could negotiate their daily defeats' yng ngeiriau Drotner a ddyfynnwyd uchod. Yn wir, mae'n bosibl i'r straeon hyn gynnig profiad darllen dwys i ddarllenwyr a allai uniaethu â'r cymeriadau ifainc a'u brwydr yn erbyn amgylchiadau y tu hwnt i'w rheolaeth. Ar un lefel, felly, gellir cytuno bod hon yn llenyddiaeth a roes rym i blant weld yr hyn a oedd yn bosibl iddynt ei gyflawni, yn annibynnol ar eu rhieni. Ond rhaid sylweddoli nad arwydd o'u hawtonomi neu annibyniaeth mo allu'r plant rhinweddol hyn i gynghori eu rhieni a phregethu yng ngŵydd oedolion. I'r gwrthwyneb, arwydd ydyw o'u cyflwr darostyngedig. Dyma blant sydd eisoes wedi cydymffurfio â'r drefn, wedi ufuddhau i orchmynion beiblaidd a disgwyliadau'r ysgol Sul. Eu gwobr yw'r awdurdod a gânt yn ystod eu dyddiau olaf i reoli eu sefyllfa eu hunain a'r oedolion o'u cwmpas. Y cyfyngiadau a roddir ar blentyndod a'r modd y caiff corff y plentyn ei oruchwylio a'i reoli yw'r elfennau sy'n ei ddiffinio yn y pen draw. Cadarnheir hynny gan y straeon rhybuddiol ynghylch plant anufudd a'r pwyslais ar ddisgyblaeth a cherydd yn y cynghorion i rieni. O gyfosod testunau o'r fath a'r hanesion am farwolaethau plant o fewn y bennod hon, gwelwyd nad oes yr un argoel yn llenyddiaeth plant hanner cyntaf y ganrif y dylai plant feithrin unrhyw fath o annibyniaeth nac awdurdod dros eu bywydau eu hunain.

Yn nhestunau degawdau cyntaf y bedwaredd ganrif ar bymtheg, ni all plant wireddu eu potensial ysbrydol na moesol oddi allan i strwythur hierarchaidd, patriarchaidd y teulu a'u cymuned ffydd. Ni welwn blant unig yn fforio ar eu pennau eu hunain mewn coedwigoedd nac yn anturio ar y moroedd mawr yn y cyfnod hwn fel y gwelir mewn llenyddiaeth ddiweddarach i blant. Nid oedd y cysyniad o arwriaeth gorfforol ac anturus wrywaidd eto'n bodoli, ac o ganlyniad ychydig o wahaniaeth a welid rhwng bechgyn a merched. Ni ddatblygwyd y syniad fod ganddynt ddiddordebau a oedd yn neilltuol i'w rhyw gan na fynnid darlunio bechgyn na merched yn afradu eu hamser. Ni chanmolid bechgyn am grwydro'r bryniau na merched am hel blodau yn hytrach nag ymroi i'w haddysg neu eu gorchwylion gartref. Math ar wrthryfel na ellid ei oddef a fyddai hynny. Wedi'r cyfan, roedd meddylfryd Calfinaidd awduron plant ddechrau'r bedwaredd ganrif ar bymtheg wedi ei siapio gan syniadaeth Biwritanaidd a phresenoldeb parhaus angau dros eu bywydau. Rhaid felly oedd i blant ymroi eu calonnau i Grist ac ildio'n gorfforol i awdurdod oedolion er mwyn iddynt ffynnu. Fel y dywed Gillian Avery: 'Death was an essential part of the evangelical education [...] Time was short, eternity yawned beyond the grave; the evangelicals could not bear to see their children wasting those precious moments letting life drift by, and continually searched their minds for methods to shock them into seriousness.'[105]

O ganlyniad, arwriaeth wedi ei siapio a'i chyfyngu gan angen y gymdeithas am ddisgyblaeth a threfn yw arwriaeth y plant hyn. Ei bwriad yw galluogi'r darllenwyr i adnabod a deall yr ymddygiad a'r agweddau y disgwylid iddynt eu mabwysiadu a'u mewnoli. Drwy gyplysu ymddygiad a marwolaethau plant â symbolau cyfarwydd ynghylch pechod a duwioldeb a fu'n cylchredeg ers canrifoedd, cynhelid syniadau canolog ynghylch natur plant a'r dull y dylid eu trin, syniadau a dderbyniwyd yn ddi-gwestiwn o'r naill genhedlaeth i'r llall ar lefel yr *habitus*.[106] Credid yn awdurdod y wialen i weinyddu'r drefn ac yng nghyfrifoldeb rhieni ac athrawon i reoli cyrff eu plant er mwyn cywiro camweddau. Felly yn unig y gellid cynorthwyo'r plentyn i gyrraedd ei gyflawnder, hynny yw, i ddod i fodolaeth fel unigolyn a fyddai'n ennyn edmygedd ei gyfoedion, yn cyfrannu'n ystyrlon at ei gymdeithas, ac yn troedio'r ffordd i'r bywyd tragwyddol. Dichon nad oes mynegiant mwy croyw o'r modd y synnid am y cyflawnder hwnnw na'r disgrifiad hwn o fachgen dienw 12 oed a ymddangosodd yn yr *Athraw i Blentyn* yn 1837. Mae'r bachgen hwn, meddai'r awdur 'R. F.', 'yn mhob peth fel y dymunai rhieni i blentyn fod. Ofna yn fawr bechu; – nid yw un amser yn digio, ac y mae ar bob achlysur yn ufudd.'[107]

4

Y Plentyn Darllengar

Bellach, mae darllen straeon a'r buddion a ddaw yn ei sgil yn bethau yr ydym yn eu cymryd yn ganiataol. Fe'n cyflyrir gan ein profiadau cynharaf i ystyried deall a dehongli geiriau ar bapur yn sylfaenol i'n datblygiad gwybyddol ac emosiynol. Mae'n rhan o'n *habitus*, yn dueddfryd sydd wedi ei blannu ynom gan arferion bore oes. Mae hefyd yn agwedd a atgyfnerthir gan y cyfalaf diwylliannol sydd i lyfrau ac i ddarllen o fewn ein diwylliant: hynny yw, y gwerth a roddir ar awduron, llyfrau a llyfrgelloedd ac a gydnabyddir gan wobrau llenyddol a llwyddiant masnachol y diwydiant cyhoeddi.[1] Mae gwahaniaethau mawr yn y gwerth personol a roddir ar lyfrau, a hynny'n amlach na heb yn adlewyrchu anghyfartaledd cymdeithasol a'r diffyg mynediad at lyfrau. Mae amodau economaidd a blaenoriaethau gwleidyddol hefyd yn gallu cyfyngu ar wasanaethau llyfrgell. Ond mae'r ymdrechion i hyrwyddo darllen ymysg plant, a'r bri cenedlaethol a roddir ar awduron hanesyddol a chyfoes, yn arwyddion ein bod yn byw mewn cymdeithas sy'n buddsoddi'n helaeth, ar lefel ddiwylliannol, symbolaidd ac economaidd, mewn llyfrau, awduron a gwerth darllen.[2]

Ddechrau'r bedwaredd ganrif ar bymtheg, roedd darllen yn dal yn beth anghyfarwydd i drwch y boblogaeth. Eithriadau oedd y teuluoedd lle'r oedd darllen wedi ei sefydlu ers sawl cenhedlaeth. O ganlyniad, newyddbeth oedd darllen i drwch cynulleidfa darged y cylchgronau plant nad oeddynt, at ei gilydd, o gefndir breintiedig. I efengylwyr y cyfnod, felly, roedd llythrennedd yn arf cenhadol pwysig nid yn unig i gymell neu gadarnhau tröedigaethau ymysg y boblogaeth, ond i sefydlu awdurdod eu henwadau unigol. Mewn cyfnod pan nad oedd system addysg unffurf yn bodoli, na chytundeb ychwaith ynghylch pa gyfundrefn a weddai orau i addysgu'r ifainc (ai addysg wladol neu leol), camodd yr enwadau i'r adwy gan ddefnyddio'r wasg argraffu i hawlio meddyliau a theyrngarwch y genhedlaeth iau. Gan adeiladu ar y cysyniadau creiddiol ynghylch disgyblaeth gorfforol, trefn a gostyngeiddrwydd a archwiliwyd yn y bennod ddiwethaf, gwelwn yr enwadau'n ymroi hefyd i feithrin ac ymestyn meddyliau'r plant gan ddefnyddio'r wasg argraffu am y tro cyntaf i lunio llenyddiaeth neilltuol ar eu cyfer.

Roedd y cyhoeddiadau hyn yn rhan hanfodol o ymdrech yr ysgolion Sul i fewnblannu arferion a ffordd o feddwl er mwyn 'creu cymdeithas wâr, pobl a oedd yn ymwybod â'u gorffennol, pobl awchus am wybodaeth, pobl grefyddol sy'n parchu dysg a diwylliant', fel y dywed G. J. Williams.[3] Gwelodd Calfiniaid ddechrau'r ganrif werth y wasg argraffu yn y prosiect ymddiwyllio hwn yn gynnar. Gyda'u pwyslais ar ledaenu'r efengyl ac amlygu tra-arglwyddiaeth Duw dros bob agwedd ar y greadigaeth, aethant ati'n frwdfrydig i gyhoeddi. Yng ngeiriau R. Tudur Jones: 'Prin y gwnaeth unrhyw gorff o Gristnogion fwy o ddefnydd o'r wasg argraffu na'r Calfiniaid. A hawdd gweld pam y cofir brawddeg John Hughes, "Mae diystyru gwybodaeth yn ddiystyrwch ar Dduw oblegyd efe ydyw ei awdur".'[4] Y peth pwysig iddynt oedd bod yr hyn a gynhyrchid yn fuddiol, ymarferol a defnyddiol,[5] gan y credid y gallai llenyddiaeth lesol 'ddyfnhau ac atgyfnerthu ffydd a moesau'r werin Gymraeg'.[6] Er y pwyslais a welwyd yn y bennod ddiwethaf ar farwolaethau plant a sicrhau bod y darllenwyr wedi eu paratoi ar gyfer y bedd, dangoswyd hefyd fod eu bryd ar 'hyfforddi plant yng nghelfyddyd *byw*'. Fel yr eglurodd y gweinidog a'r golygydd Ieuan Gwynedd: 'Prif ddyben addysg ydyw gwneyd dyn yn aelod defnyddiol o gymdeithas, yr hyn a sicrhëir drwy ddysgu iddo yr hyn a'i gwna yn ddefnyddiol, parchus, a dedwydd.'[7]

Yr hyn a wna addysg yr ysgolion Sul a'r cyhoeddiadau plant a ddeilliai ohoni yw ffurfio disgwrs newydd am blentyndod yn y Gymraeg a amcanai drosglwyddo a sefydlu egwyddorion Cristnogol a dylanwadu ar fywydau plant. Dyma amlygu natur ymyrgar llenyddiaeth plant. Nid o safbwynt niwtral y'i cynhyrchir fyth: dangoswyd mai ei hamcan bob amser yw ymdrwytho'r darllenydd yn y syniadau a'r safbwyntiau ideolegol sy'n angenrheidiol er mwyn deall y byd o'i gwmpas.

Ond nid drwy anturio na chwarae yr anogir plant dechrau'r bedwaredd ganrif ar bymtheg i ddeall eu lle yn y byd. Wedi'r cyfan, gwelwyd mai cyfyngu ar ryddid corfforol y plentyn a wna meddylfryd y cyfnod ynghylch plant. Yn hytrach, drwy ddarllen y disgwylid i'r plentyn ddatblygu ei ymwybyddiaeth gymdeithasol, ddiwylliannol a deallusol.

TRYSOR I BLENTYN,

AM GORPHENHAF, 1825.

HYFFORDDIADAU I DDARLLEN YN DREFNUS.

---

1. CYMERWCH boen i ddysgu swn pob llythyren yn berffaith, ac i roddi eu swn priodol a chyflawn i bob sill.

2. Os cyfarfyddwch â gair na's gellwch ei ddeall, peidiwch a'i ddweud ar amcan, ac na themtiwch ei ddweud ar yr olwg gyntaf, ond rhanwch ef yn eich meddwl i'w nifer priodol o sillau, rhag i chwi syrthio i arferiad o gamddarllen.

3. Peidiwch a rhoddi *Y! Ah!* nac *Oh!* hir-llaes rhwng eich geiriau.

4. Swniwch bob gair yn eglur ac ar wahân. Ymdrechwch i ddeall y peth fyddwch yn ei ddarllen; cedwch at y pwngc, a thraethwch ef yn yr un modd a phe byddech yn siarad yn ei gylch ef. Hon yw y rheol benaf o'r cwbl; yr

G

Llun 3: 'Hyfforddiadau i Ddarllen yn Drefnus', *Trysor i Blentyn* (Gorffennaf, 1825), 97.

Delweddau o ddarllenwyr

Mae cyhoeddiadau plant y bedwaredd ganrif ar bymtheg yn gyforiog o ysgrifau, straeon a delweddau yn pwysleisio buddioldeb darllen, ond diau mai yn *Addysgydd* 1823 David Charles, Caerfyrddin a Hugh Hughes y cawn yr enghraifft fwyaf trawiadol. Mae'r holl rifynnau wedi eu cynllunio i gadarnhau mai darllen yw pennaf gorchwyl pob plentyn da, a chadarnheir hynny gan y clawr darluniadol a roddwyd i rwymo'r gyfrol gyntaf (a'r unig gyfrol i ymddangos, gan mai am flwyddyn yn unig y parhaodd y cylchgrawn). Yn wir, y clawr hwn, a'r defnydd cyson o ddarluniau ym mhob rhifyn sy'n sefydlu arwahanrwydd gweledol i'r cylchgrawn plant cyntaf yn y Gymraeg. Ychydig o ddarluniau a geid mewn cyhoeddiadau Cymraeg ar y pryd. Torlun pren bychan, braidd yn aneglur o gwilsen, inc a phapur a gafwyd ar glawr yr *Anrheg i Blentyn* 1816 ac ym mlwyddyn ymddangosiad yr *Addysgydd* ni chynhyrchodd yr *Eurgrawn Wesleaidd, Dysgedydd Crefyddol* yr Annibynwyr na *Goleuad Gwynedd* y Methodistiaid Calfinaidd unrhyw ddarluniau yn eu rhifynnau misol. Ym mhrif gyfnodolyn yr enwad hwnnw, sef *Y Drysorfa*, a gyhoeddid ddwywaith y flwyddyn, dau ddarlun yn unig a gafwyd yn 1823 (i gyd-fynd â chyfres ar y grefydd Hindŵaidd). Ond oherwydd cysylltiad Hugh Hughes yr artist â'r fenter gyhoeddi yng Nghaerfyrddin, roedd yr *Addysgydd* i blant yn wahanol iawn ei bryd a'i wedd i'r cylchgronau hynny i oedolion.[8]

Golygfeydd beiblaidd a ddarlunnir ym mwyafrif y torluniau (neu ysgythriadau) ar bren a argraffwyd o fis i fis yn yr *Addysgydd*, megis llongddrylliad Jona ym mis Mai 1823. Yn eu plith hefyd mae darlun o bregethwr yn y pulpud o flaen cynulleidfa fawr, a thybir mai tad David Charles (sef David Charles y cyntaf, 1762–1843) yn pregethu yng nghapel Heol-y-dŵr, Caerfyrddin ydyw.[9] Darluniau bychain, chwarter tudalen yw'r rhain, a dychmygir y gallent gael eu hailddefnyddio'n rhwydd mewn cyhoeddiadau eraill. Ond ar gyfer y wyneb-ddalen anghyffredin o addurnedig, lluniodd Hugh Hughes ddelwedd yn unswydd i'r *Addysgydd* sy'n mynegi amcanion a delfrydau'r cylchgrawn. Yno, darlunnir dau ffigwr ifanc gyferbyn â'i gilydd: merch ar y dde yn eistedd ger rhiniog drws bwthyn a bachgen ar y chwith yn eistedd wrth fôn coeden. Mae ganddynt lyfr yr un ac maent wrthi'n darllen yn ddiwyd. Er bod eu hamgylchiadau a'u rhyw yn wahanol, mae eu darllen dyfal yn arwydd o'u daioni cyffredin. Cadarnheir y cysylltiad hwnnw rhyngddynt gan gangen coeden fawr sy'n ymestyn o'r naill ochr i'r tudalen i'r llall ac yn bwrw ei chysgod gwarchodol dros y ddau ifanc. Ymysg y dail y mae sgrôl ac arni gyngor Paul yn ei epistol cyntaf at Timotheus, 'Glŷn wrth ddarllen [...] fel y byddo dy gynnydd yn eglur i bawb' (1 Tim. 4:13–15).

Mae cysylltu'r cartref a'r byd naturiol yn y modd hwn yn diriaethu'n eglur fydolwg Calfinaidd Hugh Hughes. Credai fod gan athrawiaeth Crist awdurdod dros bob agwedd ar fywyd dyn a'i ymwneud â'i gartref, ei amgylchfyd a'i gyflwr ysbrydol, a chawn ganddo yma esiampl weledol ddeniadol y byddai'r darllenydd yn dymuno ymgyrraedd ati. Nid plant mewn gwewyr a phoen yw'r rhain yn wynebu marwolaethau'n ddewr, ond rhai sy'n mwynhau ennyd o lonydd i ddarllen. Yn y rhagymadrodd sy'n dilyn, mynegir mai'r gobaith yw darparu '[c]yhoeddiad bychan, addas' fel hwn i ieuenctid yr ysgolion Sul sy'n 'cysylltu gwybodaeth â difyrrwch', a galluogi plant ledled y wlad i fwynhau'r llonyddwch a 'dyfod i ystyried y pethau a berthynant i'w hiachawdwriaeth'.[10]

Yn narlun ac anerchiadau'r *Addysgydd*, deellir darllen fel gweithred gorfforol a gwybodol gwbl angenrheidiol er mwyn meithrin y ddisgyblaeth a'r moesgarwch i orchfygu natur anystywallt corff y plentyn. Drwy dawelu'r corff ac agor y meddwl yn unig y gellir ymgyrraedd at wybodaeth, dealltwriaeth a bodlondeb. Ond mae'r *Addysgydd* yn cydnabod bod angen cryn ymdrech i gyrraedd y cyflwr hwn. Mewn llythyr dienw 'at y rhai a addysgir yn yr Ysgolion Sabbothol' yn rhifyn mis Tachwedd, cwynir bod nifer o athrawon 'yn dyoddef poen oddiwrth anystyriaeth, anmharch, a dwlni llawer o honoch.'[11] Cynigia air o gyngor i'r darllenwyr ifainc:

Ceisiwch hefyd ochelyd pob ymddygiad sy'n tueddu i ddangos eich bod yn fwy difater, yn fwy anniolchgar, ac yn fwy disynwyr nag ydych. Siarad yn gegog ac yn ffol, – chwerthin heb wybod paham, – edrych o'ch hamgylch yn syn ynfyd, a dangos eich dannedd fel pe bai eich menyddiau wedi troi yn eich penau, – poeri yn ffiaidd, – chwythu eich trwynau yn eich dyrnau, – bytheirio a *chicio*'r llawr a'r meinciau i wneyd cynnwrf, – y pethau hyn oll sydd anweddaidd yng ngwydd dynion a fo o wir ewyllys da yn ceisio eich gwasanaethu.[12]

Ac i'r rhai sydd 'eisoes wedi dysgu darllen', mae'r rhybudd hwn:

darllenwch yn ddyfal, yn ddiwyd, yn feddylgar, ac yn gofus, yn ddibaid hyd byddo bosibl gan oruchwylion llwyr angenrheidiol. Os na wnewch hyn, ni buasai gwaeth i chwi fod etto heb wybod llythyren ar lyfr. A'r hwn 'a ddysgo lawer ac nis gwypo ddim,' sydd ddyn cas a dirmygedig.[13]

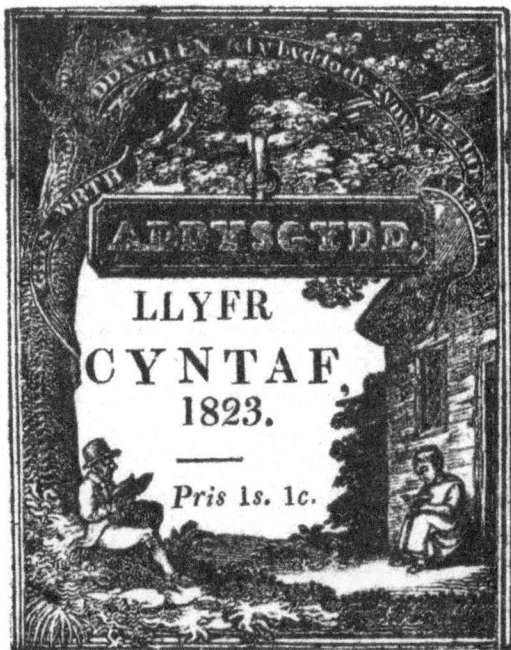

ADDYSGYDD.

LLYFR
CYNTAF,
1823.

———

Pris 1s. 1c.

ARGRAFFWYD

YN
NGHAERFYRDDIN
GAN J. EVANS.

Llun 4: *Addysgydd*, cyfrol 1 (1823).

Mae'r sylwadau hyn yn adleisio'r pwyslais a roddai Thomas Charles, ewythr David Charles, ar foesgarwch fel dull i oleuo'r meddwl.[14] Trafododd Thomas Charles bwysigrwydd 'dysgu ymddygiadau' fel ymsythu wrth gerdded a bwyta'n daclus wrth y bwrdd bwyd yn y *Rheolau i Ffurfiaw a Threfnu yr Ysgolion Sabbothawl* a luniodd yn 1813.[15] I Thomas Charles, 'roedd ymddygiad da "yn hardd a hyfryd" ynddo'i hunan yn ogystal â bod o fudd i gymdeithas' ac yn y *Rheolau* mae'n trafod 'buddioldeb gwobrwyo a hynny am "ymddygiad dyfal a rheolaidd a moesau da" ac nid "rhagoroldeb ar eraill yn dysgu"'.[16] Gyda hynny, fel y dangosodd R. Tudur Jones, roedd holl strwythur yr ysgol Sul 'yn meithrin parch at hunanddisgyblaeth. Yr un pryd trwythid plant a phobl ifainc yn rheolau ymddygiad cymdeithasol. Yn y modd hwn yr oedd yn meithrin unffurfiaeth mewn gwisg ac arferion personol a oedd yn dderbyniol yn yr oes honno.'[17]

Bwriad y pwyslais hwn ar ymddygiad moesgar oedd cael plant i 'ddysgu ufudd-dod, gwerth moesau ac arferion da'.[18] Byddai eu boneddigeiddrwydd yn gweithio fel gwrthglawdd yn erbyn pechod ac yn galluogi plant i wireddu'r delfryd a gyflwynir ar wyneb-ddalen yr *Addysgydd*: plentyn tawel, hunanddisgybledig sy'n troi at ddarllen yn annibynnol ac o'i wirfodd er mwyn myfyrio ar y pethau o bwys i'w fywyd ysbrydol. Dyma ddelfryd a ategir yng nghofiannau'r cyfnod hefyd wrth i ddyfnder ffydd ac argyhoeddiad gweinidogion gael ei gysylltu â'u hymlyniad at ddarllen pan oeddynt yn blant. Mae'r disgrifiad cryno hwn o'r Parch. William Williams, Llandeilo (1811–46) yn nodweddiadol o'r darlun o weinidogion ifainc: 'Yr oedd yn hoff iawn o lyfrau er yn ieuanc. Pan ar goll yn y teulu, caent ef yn gyffredin â'i ben mewn rhyw hen lyfr neu gilydd.'[19] Ond nid pob gweinidog ifanc a oedd yn dawel a meddylgar wrth reddf. Cawn ambell ddarlun o fam ofalus yn annog ei mab i roi'r gorau i ofera a chydio mewn llyfr. Yng nghofiant John Hughes, Caernarfon (1827–93), er enghraifft, cawn yr hanesyn hwn amdano yn blentyn yn y 1830au:

> Byddai ei fam yn ei rwystro i fyned i chwareu i fanau neillduol a chyda phob math o gwmni; gofynai yntau yn sydyn, 'Beth wna i ynte?' 'Darllen dy Feibl,' meddai ei fam. 'Yr ydwyf wedi darllen pob hanes sydd ynddo,' meddai yntau. Yna mae'r fam yn myned at y llyfrgell fechan ac yn estyn iddo *Daith y Pererin*. Dechreuodd yntau ei ddarllen, cadd y fath flâs arno fel y gorphenodd ei ddarllen bob gair nos dranoeth.[20]

Roedd *Taith y Pererin* yn un o'r llyfrau prin hynny a oedd yn ddychmygus a byrlymus ei ddisgrifiadau, ond eto'n gwbl gymeradwy gan grefyddwyr y cyfnod.[21] Fe'i ceid felly yn fynych ymhlith llyfrau a chyhoeddiadau Cymraeg aelwydydd teuluoedd darllengar ac aethpwyd ati yng nghanol y bedwaredd ganrif ar bymtheg i argraffu fersiynau addurnedig, a rhai gyda darluniau lliw.[22] Fodd bynnag, mwy uchelgeisiol oedd dewis Lewis Edwards pan oedd yn ifanc yn ôl ei dystiolaeth ei hun. Eglurodd prifathro Coleg y Bala mai *Cofiant Thomas Charles* oedd ei hoff lyfr pan oedd yn fachgen yng ngogledd sir Aberteifi:

> Hwn, ynghyd â'r *Geiriadur*, a'r *Merthyrdraith*, a *Taith y Pererin*, a'r *Rhyfel Ysbrydol* oedd y llyfrau a ddarllenid gennyf gyda mwyaf o flas. Yr oedd gan fy nhad rai llyfrau eraill, megis Gwrnal, yr *Ysgerbwd Arminaidd*, ac Eliseus Cole, ond yr oedd y rhai hynny uwchlaw fy nghyrraedd. Ond am y lleill yr oeddynt i mi yn ymborth beunyddiol, ac ohonynt oll ni wnaeth yr un gymaint o les ysbrydol i mi â hanes Charles o'r Bala.[23]

Mae'n debyg nad oedd Lewis Edwards yn gwbl nodweddiadol o drwch y boblogaeth ac yntau'n un o feddylwyr praffaf y bedwaredd ganrif ar bymtheg. Dilynodd yrfa academaidd ddisglair yng Nghaeredin, bu'n brifathro Coleg y Bala am hanner canrif a chyfrannodd yn helaeth at dwf cyhoeddi a meddwl beirniadol yng Nghymru'r bedwaredd ganrif ar bymtheg. Ar ei farwolaeth yn 1887, mynnodd John Pryce Davies, gweinidog Caer, mai Dr Edwards oedd 'un o'r meddylwyr mwyaf galluog ac athrylithgar a welodd Cymru erioed', barn a ategwyd mewn teyrngedau lu iddo.[24] Ond mae ei sylwadau ynghylch ei arferion darllen cynnar yn nodweddiadol o'r pwyslais a roddid ar arwyddocâd llyfrau a darllen ym mywydau arweinwyr crefyddol. Yn wir, fel y nododd Llion Pryderi Roberts, ystyrid awydd y bechgyn myfyrgar hyn i ddarllen yn nodwedd a oedd yn eu gosod ar wahân i'r rhelyw, megis rhagargoel o'r yrfa ysbrydol a oedd o'u blaenau.[25] Yn yr un modd ag y gwelwyd cyw-bregethwyr yn ymwrthod ag ofera a chwarae yn y bennod ddiwethaf, cawn hefyd ddisgrifiadau o hoffter neilltuol y bechgyn hyn o ddarllen,[26] a'r ymdrech fawr a wnaethpwyd gan rai, megis Henry Rees (1798–1869), i gael gafael ar lyfrau i'w perchnogi a'u trysori.[27]

Yn y darlun o ddiddordebau darllen bechgyn ifainc a ddaeth, maes o law, yn arweinwyr cenedl, cawn enghraifft o'r '[c]yd-asio' a wêl Brynley Roberts rhwng '[d]elfrydau cyfnod Fictoria ynghylch hunan-addysgu a meithrin diwylliant personol' a 'phwyslais ymneilltuaeth ar gyfrifoldeb credinwyr i ddysgu'r hyn a oedd yn angenrheidiol at achubiaeth'.[28] Yr hyn a wnâi'r cylchgronau plant oedd rhoi'r delfryd darllengar hwn o fewn cyrraedd yr ifainc yn neilltuol. Bwriedid iddynt fod yn destunau hylaw a hygyrch ar gyfer darllenwyr nad oeddynt eto'n barod am Gwrnal a'r *Merthyrdraith*.

'Coethi meddyliau' a hawlio grym

Yn y pwyslais cyson ar bwysigrwydd darllen gwelwn enwadau'r bedwaredd ganrif ar bymtheg yn rhoi eu ffydd yn llwyr yn y gair printiedig, nid o reidrwydd i ysbrydoli profiadau crefyddol dwfn fel y gwnâi'r bregeth neu'r weddi, ond i oleuo meddwl y darllenydd a'i arwain at adnabyddiaeth newydd ohono'i hun a'i le yn y byd. Wrth sefydlu rheolaeth dros y corff, fel y dangoswyd yn y bennod flaenorol, a sicrhau eu hymrwymiad i arferion addoli a gweddïo cyson, gellid canolbwyntio ar 'goethi' meddyliau plant drwy ddarllen. Meddai J. Prichard ac E. Roberts, golygyddion *Yr Athraw* (olynydd y Bedyddwyr i *Athraw i Blentyn*), yn 1856: 'Ein hamcan, yn benaf, yw arwain yr ieuainc at Oen Duw; wedi hyny, dwyn i'w sylw bethau a dueddant i goethi eu meddyliau, tynu allan ei galluoedd, a'u meithrin â phob gwybodaeth fuddiol.'[29] Er mai cymharol ifanc oedd y wasg yng Nghymru o hyd, credai'r efengylwyr ym mhotensial trawsnewidiol y print du ar bapur gwyn, fel diwygwyr ledled Ewrop:

> During the four centuries when printed paper was the only means by which complex texts could be carried in quantity across time and distance, almost everyone believed that reading had vital consequences. Reading, all were sure, shaped the knowledge, the beliefs, the understanding, the opinions, the sense of identity, the loyalties, the moral values, the sensibility, the memories, the dreams, and therefore, ultimately, the actions, of men, women, and children. Reading helped to shape mentalities and to determine the fate of the nation.[30]

Credid y gallai darllen ddylanwadu ar bawb, wrth gwrs, ac roedd yr ysgolion Sul ar gyfer oedolion yn ogystal â phlant. Ond dengys bodolaeth y cyhoeddiadau plant, a'r cylchgronau'n arbennig, yr ystyrid bod plant, a hwythau ar eu prifiant corfforol a meddyliol, yn arbennig o agored i ddylanwad y gair printiedig. Yn anerchiadau'r cyhoeddiadau hyn ynghylch buddioldeb darllen i'r ifainc, mae'r syniad o 'siapio' meddyliau plant yn ganolog ac yn cysylltu â phwyslais John Locke ar y plentyn megis *tabula rasa* (dalen lân) neu glai i'w drin a'i blygu er gwell. Yn ei gasgliad o ysgrifau, *Some Thoughts Concerning Education* a gyhoeddwyd gyntaf yn 1683, cynigiai Locke *rationale* eglur a rhesymegol dros addysgu'r ifainc, cyn i arferion ac agweddau ymgaregu yn eu meddyliau. I'r perwyl hwnnw, cyflwynodd ddelwedd haniaethol gofiadwy y *tabula rasa* i gydfynd â'i theori.[31] Er nad ef oedd y cyntaf i fynegi'r canfyddiad, roedd delwedd y ddalen lân yn ganolog i'w athrawiaeth ynghylch dylanwad profiadau bore oes ar natur yr unigolyn.[32] Meddai:

> That the difference to be found in the manners and abilities of men is owing more to their education than to any thing else, we have reason to conclude, that great care is to be had of the forming children's minds, and giving them that seasoning early, which shall influence their lives always after.[33]

Roedd syniadaeth Locke yn gyfarwydd yng Nghymru ac fe argraffwyd cyfieithiad o'i sylwadau ynghylch addysg plant yn *Hyfforddwr yr Efrydydd: neu Arweinydd i Hunan-welliant* gan John Mills, Llanidloes yn 1839.[34] Yn sicr, mae ôl ei syniadau a'i ddelweddau ar gyhoeddiadau plant y cyfnod hefyd. Yn anerchiad John Williams, golygydd *Trysor i Blentyn* (cylchgrawn y Methodistiaid Wesleaidd), i'r drydedd gyfrol yn 1827, er enghraifft, y mae'n annog hyfforddi plant 'canys y mae meddwl yr ieuanc yn agored i ysgrifennu arno, ryw esiamplau a dysgeidiaeth, yr hyn a ewyllysir, da neu ddrwg'. Rhaid felly ofalu 'pa ddysgeidiaeth a roddir iddynt; canys bydd i'r tybiadau, y meddyliau a'r credoau a feithrinir ynddynt pan yn blant, gael llywodraeth arnynt, i raddau mwy neu lai, pan wedi cyrhaeddyd i oedran gwŷr'. Mae i addysg gynnar ddylanwad ffurfiannol hollbwysig, felly, a chawn gan y golygydd wedyn ddelwedd boblogaidd y gangen ir, ystwyth i ddisgrifio'r meddwl ifanc:

> Megis y gellir ystwytho a throi y wialen, tra yn werdd ac yn îr, fel y mynir; ac megis y gosodir hi, felly y tyf; yr un modd meddwl yr ieuanc, y mae yn ystwyth ac yn hawdd ei blygu at neu i y peth y mynir: am hynny, gofaled y neb yr ymddiriedodd Duw iddynt y gyfryw ddyledswydd, am ei chyflawni yn y modd y mynnai efe iddynt wneuthur.[35]

Dyma ddelwedd ganolog mewn barddoniaeth a chanu gwerin Cymraeg yn gysylltiedig â ffrwythlondeb ac ieuenctid, ac un y gellid ei chymhwyso'n rhwydd at y drafodaeth newydd ynghylch addysg plant. Yn Rhagfyr 1848, er enghraifft, cawn yr un ddelwedd gan John Thomas, golygydd *Y Winllan*, wrth iddo annerch rhieni ac athrawon:

Mor gynted ag y gwelwch eu meddyliau yn dechreu amgyffred, a holi am bethau, gwybyddwch ei bod yn llawn bryd dechreu eu hyfforddi. Pan fo y gangen yn ieuanc a thyner, bydd yn hawdd ei gogwyddo y ffordd a fynnoch. Tra y mae eich plant yn ieuainc, y maent wrth law trwy y dydd i gael addysg, cyngor, a siampl dda; ac fel y cynydda eu blynyddoedd, hwy a leihânt eich dyledswydd chwi i'w dysgu fel hyn.[36]

I olygyddion y cylchgronau plant Cymraeg, math ar dadofalaeth gyfrifol yw'r 'gogwyddo' hwn, ond i'r athronydd Michel de Certeau, ffurf ar ganoli a throsglwyddo grym ydyw. Yn *The Practice of Everyday Life* (a ymddangosodd gyntaf yn Ffrangeg yn 1980, *L'invention du quotidien*) myfyria ar y modd y mae sefydliadau yn hawlio ac yn ymestyn eu hawdurdod dros bobl gyffredin (er enghraifft, drwy gyfrwng addysg, cyhoeddi a hysbysebu), a'r modd y mae unigolion yn ymateb i'r awdurdod hwnnw yn eu bywydau beunyddiol. Yn ei bennod ar ddarllen, mae'n gwahaniaethu rhwng ymdrech cynhyrchwyr testunau i ddiffinio a rheoli eu cynulleidfa ac adwaith darllenwyr sy'n 'tawel gynhyrchu' y testunau eu hunain.[37]

Eithr wrth edrych ar y testunau dan sylw yma, nid oes arlliw o allu'r darllenydd i wneud dim ond cynhyrchu'r ystyr y mae'r testun eisoes wedi ei phennu. Maent yn gyhoeddiadau didactig wedi eu bwriadu i hyfforddi ac arwain y darllenwyr ifainc. Gan hynny, gellir eu hystyried yn gyhoeddiadau sydd wedi eu cynhyrchu gan ideoleg a ddisgrifir gan de Certeau fel 'the ideology of "informing" through books'. Hynny yw, maent wedi eu cynhyrchu gan ddiwylliant sy'n credu yng ngallu llyfr 'to *inform* the population, that is, to "give form" to social practices'.[38] Nid trosglwyddo gwybodaeth (*inform*) a wna cyhoeddiadau plant y bedwaredd ganrif ar bymtheg, ond rhoi ffurf (*give form*) ar arferion cymdeithasol drwy fynnu i'r darllenwyr ifainc fabwysiadu ffyrdd arbennig o ymddwyn a meddwl. Maent yn mynegi cred (sy'n deillio o ideoleg yr Oleuedigaeth yn ôl de Certeau) y gallai llyfr ddiwygio'r gymdeithas, 'that educational popularization could transform manners and customs, that an elite's products could, if they were sufficiently widespread, remodel a whole nation'.[39] Ac wrth wraidd y gred hon mae'r syniad bod modd mowldio'r darllenydd i efelychu'r testun a ddarllena:

> the idea of producing a society by a 'scriptural' system has continued to have as its corollary the conviction that although the public is more or less resistant, it is moulded by (verbal or iconic) writing, that it becomes similar to what it receives, and that it is *imprinted* by and like the text which is imposed on it.[40]

Gwêl de Certeau yr ideoleg hon ar waith ym mhob agwedd ar fywyd ddiwedd yr ugeinfed ganrif. 'This text was formerly found at school. Today, the text is society itself. It takes urbanistic, industrial, commercial, or televised forms' meddai,[41] a diau y byddai'n gweld ymdrechion sefydliadau gwleidyddol a masnachol i reoli'r cyfryngau digidol heddiw yn rhan o'r un 'ideology of "informing"'.[42] Yng Nghymru dechrau'r bedwaredd ganrif ar bymtheg, roedd gafael y wladwriaeth, masnach a diwydiant ar fywydau dyddiol unigolion megis dechrau tynhau. Roedd bwlch a chyfle felly i'r enwadau fynnu sylfaen grym penodol iddynt eu hunain, un a oedd yn ddarostyngedig i rym gwleidyddol y wladwriaeth, ond a oedd yn honni goruchafiaeth ym maes lles plant.

Nid oedd yr oruchafiaeth hon yn deillio o gyfoeth na statws cymdeithasol breintiedig ar ran yr awduron, ond yn hytrach o'u lle sicr o fewn eu henwadau (boent yn weinidogion neu'n aelodau selog) ac o'u hadnabyddiaeth fanwl o'r Ysgrythur. Fel yn achos eu hagweddau at ddisgyblu a cheryddu plant, gwreiddir ffydd yr awduron hyn yn y gair printiedig ar ddysgeidiaeth feiblaidd ynghylch angenrheidrwydd addysg a darllen. Dyfynnwyd o'r adnodau hyn yn fynych ar dudalennau blaen y cyhoeddiadau ac mewn naratifau am bwysigrwydd addysg: 'Hyfforddia blentyn ym mhen ei ffordd; a phan heneiddio nid ymedy â hi' (Diar. 22:6), 'Glŷn wrth ddarllen [...] fel y byddo dy gynnydd yn eglur i bawb' (1 Tim. 4:13–15), 'Gosod dy galon ar addysg, a'th glustiau ar eiriau gwybodaeth' (Diar. 23:12).

Drwy adeiladu ar y seiliau beiblaidd hyn, cyfeiriwyd egnïon efengylol yr enwadau at gyhoeddi i blant fel dull i fynegi a chadarnhau eu hymdrechion diwygiadol. Enwadaeth a greodd faes llenyddol penodol i blant Cymru. Hi ddiffiniodd yr hyn y dylai'r maes hwnnw fod, a hi aeth ati i'w blismona'n ofalus. Fel y dywed Ieuan Gwynedd Jones, gwnaethpwyd y gair printiedig yn rhan hanfodol o strwythur grym crefydd gyfundrefnol:

> The popularity of the religious press in the nineteenth century was thus not a mere reflection of the strength of organized religion but rather an essential, organic, constituent element within it, part of the indispensable structure of a dominating culture.[43]

Drwy hawlio'r maes cyhoeddi i blant, meddiannwyd yr unig ofod cyhoeddus i drafod plentyndod. Rhoddai eu cymhellion moesol a chrefyddol awdurdod diamheuol i'r cyhoeddiadau hyn ddeddfu ar yr hyn a oedd yn briodol wrth fagu ac addysgu plant, a gellir ystyried eu gweithgaredd yn enghraifft o'r hyn a alwa de Certeau yn 'strategaeth' sefydliadau mewn grym i ddylanwadu ar y rhelyw: 'I call a *strategy* the calculation (or manipulation) of power relationships that becomes possible as soon as a subject with will and power (a business, an army, a city, a scientific institution) can be isolated.'[44] Bydd sefydliad o'r fath (sef yr enwadau yn ein hachos ni) yn arddel strategaeth arbennig er mwyn ceisio rheoli ei berthynas â thargedau neu fygythiadau allanol iddo ac yn ceisio ei leoli ei hun mewn modd sy'n gwahaniaethu rhyngddo a'i amgylchedd allanol: 'As in management, every "strategic" rationalization seeks first of all to distinguish its "own" place, that is, the place of its own power and will, from an "environment".'[45]

Wrth fynd ati i sefydlu eu hunaniaeth a'u grym dros eraill, gwelwn yr enwadau (a'r cylchgronau plant a fu'n gyfrwng hanfodol iddynt) yn arddangos y tair elfen y mae de Certeau yn eu cysylltu â strategaeth rym. Yn gyntaf ceir 'a triumph of place over time [...] It is a mastery of time through the foundation of an autonomous place', yn ail 'a mastery of places through sight', ac yn drydydd 'power of knowledge [... defined] by this ability to transform the uncertainties of history into readable spaces'.[46] O safbwynt y ddwy elfen gyntaf, gellid ystyried prosiectau diwyd yr enwadau i godi capeli ledled Cymru yn ystod hanner cyntaf y bedwaredd ganrif ar bymtheg yn enghreifftiau o greu gofodau annibynnol, gweladwy ac arhosol o'r safle hwnnw yr oeddynt am ei hawlio ym mywyd ysbrydol y gymdeithas a'i thirwedd. Amcangyfrifai R. Tudur Jones iddynt godi un capel bob wyth niwrnod ar gyfartaledd yn ystod y cyfnod hwn.[47] A thrwy'r wasg argraffu crëwyd y 'readable spaces' angenrheidiol hynny i ledaenu dysg a dylanwad a rhoi i'r darllenwyr unigol argraff sicr o'u lle yn hanes diwygiad ysbrydol, ymneilltuol y Cymry a thaith y Cristion o dywyllwch pechod i oleuni gras.

I de Certeau, cyfrwng i roi strategaeth ar waith yw ysgrifennu ac mae ei syniadaeth ynghylch cynhyrchu a darllen testunau yn cynnig dull dadlennol inni drin cyhoeddiadau plant y bedwaredd ganrif ar bymtheg. Wedi'r cyfan, fe'u crëwyd gan sefydliadau crefyddol ifainc a oedd am sefydlu a dilysu eu safle, ac mae prif nodweddion eu diwyg a'u cynnwys yn arddangos eu hymgais i ledaenu eu dylanwad dros eraill. Drwy fanylu ar arferion enwi'r cyhoeddiadau hyn a'u maint, eu harddull ac yna'r modd y gwahaniaethid rhyngddynt a chynnyrch y wasg seciwlar, bydd yr adrannau nesaf yn cymhwyso syniadau de Certeau er mwyn gwerthuso'r strategaeth honno.

Strategaeth ar waith

Erbyn dechrau'r bedwaredd ganrif ar bymtheg, roedd i gyfrolau printiedig werth materol a symbolaidd i'r crefyddwyr hynny a welai ynddynt ffynhonnell gwir wybodaeth a goleuni.[48] Arwydd o'r gwerth symbolaidd hwn a roddid ar lyfrau oedd teitlau'r cyhoeddiadau ar gyfer plant: 'Anrheg', 'Trysor', 'Gwobr', 'Gwinllan'. Roedd cyhoeddiadau Cymraeg ar y pryd yn brin, a'r deunydd i blant yn brinnach fyth, a rhoddai'r enwau hyn yr argraff bod darllenwyr ifainc yn derbyn rhywbeth arbennig ac anghyffredin i'w dwylo. Ond ymhlyg yn yr enwau hyn mae ymgais hefyd i ddarbwyllo'r darllenwyr bod ystyr lythrennol, ddyrchafol i'r testun – hynny yw, y bydd eu bywydau'n gyfoethocach o ddarllen y gweithiau hyn. Ond i de Certeau, mae'r syniad bod testun yn meddu ar storfa o gyfoeth yn broblematig gan ei fod yn deillio o'r cam-ganfyddiad y gall y sawl a gynhyrchodd y testun reoli ei ystyr:

> The fiction of the 'treasury' hidden in the work, a sort of strong-box full of meaning, is obviously not based on the productivity of the reader, but on the *social institution* that overdetermines his relation with the text. Reading is as it were overprinted by a relationship of forces (between teachers and pupils, or between producers and consumers) whose instrument it becomes. The use made of the book by privileged readers constitutes it as a secret of which they are the 'true' interpreters [...] From this point of view, 'literal' meaning is the index and the result of a social power, that of an elite.[49]

Yn yr un modd, mae teitlau megis 'Addysgydd' ac 'Athraw' yn amlygu'r gred y gallai'r cyhoeddiadau hynny gynnig addysg ac arweiniad wedi eu gwreiddio yng ngwirionedd y Beibl: cymerir yn ganiataol mai athrawon ysbrydol, nid seciwlar, ydynt am y'i cynhyrchwyd gan ddiwylliant argraffu a oedd yn drwyadl grefyddol ei natur. Dyma deitlau sydd hefyd yn amlygu'r berthynas hierarchaidd a ddychmygid rhwng y gair printiedig a'r plentyn. Y testun sydd yn datguddio gwybodaeth er mwyn i'r darllenydd ei dderbyn yn oddefol. Cadarnheir hynny gan lais tadol golygyddion y cylchgronau a'u dull nodweddiadol o gyfarch eu darllenwyr fel plant annwyl iddynt. Cyfyngir ar allu'r darllenwyr i feddwl a chymhwyso gwybodaeth yn ôl eu deall a'u profiad eu hunain. Yn hytrach, dywedir wrthynt sut yn union i ymateb.

Ond er y teitlau dyrchafol mae maint y cyhoeddiadau cynharaf yn amlygu awydd i drosglwyddo'r awdurdod hwnnw i law'r plentyn. Nid testunau mawreddog i'w hedmygu o bell oedd y cyhoeddiadau hyn, ond cyfrolau fforddiadwy, bychain y bwriedid iddynt fod yn gyfeillion mynwesol ac yn faeth ysbrydol i'w darllenwyr. Roedd cyffyrddadwyedd llyfrau yn bwysig i gymuned a oedd am feithrin plant i gymryd eu hunain a'u cyflwr moesol o ddifrif. O ganlyniad, tybid y byddai cyhoeddiadau llai o faint yn gweddu'n well i ddarllenwyr bychain. Ystyrid y byddai eu maint yn eu gwneud yn fwy hygyrch i blant ac y gellid annog y darllenwyr i'w hawlio a'u perchnogi drostynt eu hunain. Lled llaw oedd maint y cyfrolau a chylchgronau plant, yn amrywio rhwng tua pedair a phum modfedd o hyd (11–14cm), a hynny er mwyn ei gwneud yn amlwg bod y rhain yn destunau yr oedd plant eu hunain i fod i afael ynddynt.[50]

Y norm tan tua chanol y ganrif, felly, oedd i gyhoeddiadau plant fod yn llai eu maint na chyhoeddiadau oedolion ac i olygyddion annog rhieni ac athrawon yn daer i sicrhau y rhoddid y llyfrau pwrpasol hyn yn nwylo plant eu hunain. Er enghraifft, cyflwynodd John Williams gylchgrawn y Methodistiaid Wesleaidd, *Trysor i Blentyn* yn 1826 'i sylw Penau-teuluoedd, i fod iddyn yn foddion hawdd ei gyrraedd a'i gael, fel y gallant ei roddi yn nwylaw eu plant, &c tuag at agoryd eu deall, a chreu awydd ynddynt am ymestyn at wybodaeth fuddiol ac iachusol'.[51] Flwyddyn yn ddiweddarach, atega bwysigrwydd cyflwyno llyfrau llesol i blant: 'ni's gwn am un llwybr gwell er cyflawniad teilwng o'r cyfryw ymddygiad, na thrwy osod ger eu bronnau esiamplau da a Christionogol, a rhoddi yn eu dwylaw y Llyfrau bychain hynny ag sydd yn cynnwys addysgiad ysgrythyrol ac efangylaidd'.[52]

Yn ogystal â bod yn gylchgrawn bychan ei faint y gallai plentyn gydio ynddo a chael budd o'i ddarllen, roedd un ffactor arall yn hanfodol os oedd y *Trysor i Blentyn*, neu unrhyw gyhoeddiad arall, am lwyddo. Roedd rhaid i gylchgrawn misol fod yn fforddiadwy i'r teulu ac wrth gloi ei anerchiad golygyddol ar gyfer 1827, pwysleisia John Williams y gwerth am arian a gynigiai'r cylchgrawn: 'Y mae ynddo o chwech i bedwar ar ddeg o wahanol bethau, a'r cyfan am Geiniog [...] Prynwch ef, darllenwch ef, a gras mawr Duw a fo arni er eich lles chwi a'ch plant.'[53]

Yn yr enwau a'r maint gwelir nad presenoldeb gormesol oedd y cyhoeddiadau hyn ym mywydau plant a theuluoedd. Er y rhybuddion dychrynllyd i'r sawl nad oedd am gydymffurfio â'r pwyslais di-ildio ar farwolaeth, roedd ynddynt neges o obaith a chariad a amlygwyd gan anwyldeb twt y cyhoeddiadau bychain a llais tadol, cariadus y golygyddion. Yn wir, nid gormes sy'n nodweddu strategaethau sefydliadau, fel y dadleuodd de Certeau. Yn hytrach, ceisiant sefydlu safle iddynt eu hunain sy'n gallu honni awdurdod dros eu deiliaid ac sy'n gwrthgyferbynnu â safleoedd eraill, llai cymeradwy.[54] Gan hynny, mae'r golygyddion a'r awduron hyn yn anwytho'r darllenwyr i gredu eu bod yn gweithio ar eu cyfer yn erbyn dylanwadau niweidiol y byd seciwlar, ac yn sgil hynny'n creu dull cyfathrebu newydd ar gyfer plant.

Yn arddull y cyhoeddiadau gwelwn ymdrech fwriadol ac ofalus i deilwra neges arbennig ar gyfer yr ifainc. Sylweddolid o'r dechrau na ellid gorfodi plant i ddarllen, rhaid oedd ennyn eu diddordeb a'u mwynhad. Meddai golygyddion *Addysgydd* 1823, er enghraifft: 'I ddysgu darllen yn dda, y mae *hoffi ymarferyd â darllen* yn wasanaethgar; ond i wneud y ddawn yn llesol, mae hoffi yr ymarferiad yn *hanfodol.*'[55] Drwy gynnwys darluniau o waith Hugh Hughes, anecdotau i oleuo gwersi moesol, a chyfuniad o ryddiaith a barddoniaeth, ceisiodd yr *Addysgydd* feithrin hoffter plant at ddarllen. Diau y croesewid yr amrywiaeth a'r pwyslais ar stori a chân, gan mor wahanol oeddynt i'r dull addysgu a arferid gan yr ysgolion Sul ar y cyfan. Dibynnai dosbarthiadau darllen ar fethodoleg ailadroddus yn seiliedig ar adnabod llythrennau a geiriau, copïo ymadroddion a dysgu patrymau gramadegol ar y cof.[56] Ymddengys y gallai'r math hwn o addysg fod mor fecanyddol fel nad oedd rhaid i'r athro ei hun fod yn llythrennog er mwyn arwain y gwersi, os derbynnir y dystiolaeth am yr athro anllythrennog Lewis Williams.[57] Dibynnai addysg feiblaidd yn arbennig ar ddysgu ac ailadrodd cyfresi o gwestiynau ac atebion ar bynciau ysgrythurol a diwinyddol a chododd haneswyr diweddarach amheuon ynghylch addasrwydd yr addysg hon. Meddai T. M. Bassett, awdur *Bedyddwyr Cymru*: 'Cafwyd toreth o holwyddoregau ar bynciau diwinyddol ymhell y tu hwnt i grebwyll plant.'[58] Wrth iddo sylwi ar yr arfer o gofnodi'n fanwl nifer yr adnodau a ddysgai plant ar eu cof yn adroddiadau'r ysgolion Sul, mentrodd y 'gellir tybio fod mwy o bwys ar ddysgu ar y cof [...] nag ar y deall'.[59] Rhybuddiodd R. Tudur Jones yntau fod perygl na fyddai disgyblion yn '[ll]awn sylweddoli arwyddocâd yr hyn oeddynt yn ei adrodd' pe dibynnid ar holwyddori'n bennaf.[60]

Ar y cyfan, tybir i'r pwyslais ar ddysgu ar y cof gynorthwyo aelodau'r ysgolion Sul i feistroli'r eirfa, yr ieithwedd a'r ddelweddaeth angenrheidiol i drafod profiadau ysbrydol.[61] Ond mae'r ffaith i grefyddwyr amlwg fel David Charles, Caerfyrddin droi at lunio cylchgronau i blant yn arwydd eu bod yn sylweddoli bod cyfyngiadau i'r dull. Pobl fel Charles oedd â'r statws a'r dylanwad priodol o fewn y maes cyhoeddi i sylwi ar arferion plant ac ymateb iddynt. Fel yr eglura Anne Boschetti: 'The positions occupied by agents in the field are, according to Bourdieu, the most important explanatory factors, since writers are

Llun 5: Isaac Watts, *Yr Ail Ran o Gatecismau a Gweddiau: neu beth cynhorthwy i Grefydd Plant, a'u Gwybodaeth yn y 'Scrythur, o Saith Mlwydd Oed hyd Ddeuddeg*, cyf. J. Evans (Llundain: Joan Wilson, 1741). Sylwer ar yr ôl darllen ac ysgrifennu (gan blentyn ifanc, o bosibl) ar y flaen-ddalen.

guided in their work and even their lifestyles by the opportunities the field offers them, given the properties of their positions.'[62] Rhydd eu safle o fewn y maes iddynt hefyd y gallu i gyniwair grym symbolaidd dros eu darllenwyr: maent yn ffigurau awdurdodol yn siarad â grym eu ffydd i'w cefnogi. Dywed Bourdieu: 'What creates the power of words and slogans, a power capable of maintaining or subverting the social order, is the belief in the legitimacy of words and of those who utter them.'[63]

Mae'n ddiddorol sylwi, felly, ar bwyslais rhai o'r cyhoeddiadau cynharaf ar sicrhau y defnyddid Cymraeg naturiol, eglur mewn cyhoeddiadau ar gyfer yr ifainc. Cymerir yn ganiataol, dylid sylwi, mai'r Gymraeg yw'r unig iaith briodol ar gyfer goleuo meddyliau'r Cymry ifainc. Methai William Roberts, awdur *Cynlyfr, neu Gyfarwyddyd i'r Anllytherenog* (1836), â deall pam oedd '*y Cymry* yn dysgu eu plant mewn iaith estronawl yn gyntaf, yn lle yr iaith ag y maent yn siarad, gan ei bod mor hawdd ei dysgu', ac er mwyn atal yr arfer hwnnw ymroes nifer i lunio gwerslyfrau ar bynciau amrywiol.[64] Ymfalchïai John Thomas, er enghraifft, yn ei gyflwyniad i rifyddiaeth, seryddiaeth a 'naturiol athronddysg', *Annerch i Ieuengctyd Cymru*, ei fod yn cyflwyno gwybodaeth na fu 'mewn llyfr erioed o'r blaen yn yr Iaeth Omeraeg, oddieithr yn y cynoesoedd'.[65]

Ond sylweddolai'r awduron mwyaf hirben bod angen i'r Gymraeg a ddefnyddid ar gyfer plant a phobl ifainc fod yn ystwyth ac addas i'w dibenion. Meddai John Thomas wrth gyflwyno ei werslyfr:

Yr ydwyf yn addef hefyd na chedwais iaith gywir yn mhob man drwy'r llyfr, yn enwedig y cyfryw leoedd sy'n cyfeirio at addysg plant, mi a arferais eiriau mŵy sathredig, i geisio tymeru'r addysgiadau yn y modd effeithiolaf at eu harchwaeth, modd y greddfai fwyaf ar eu serch a'u dealltwriaeth.[66]

Cyflwynodd John Parry, Caer (awdur *Rhodd Mam*) yntau ei lyfr gramadeg 'mewn iaith rwydd' er budd darllenwyr ifainc.[67] Nid bychanu'r iaith oedd hyn yng ngolwg Parry. Yn wir, dyfynnodd bennill gan 'Y Bardd Coch' (Hugh Hughes, 'Y Bardd Coch o Fôn', 1693–1776) ar y flaenddalen er mwyn sefydlu balchder yng nghyfoeth a hynafiaeth yr iaith:

Y Frythoneg ddi freg fraint,
Hoenus ni wasgodd henaint;
Er bod Gomer mewn gweryd,
Mae'r iaith yn berffaith i'r byd.[68]

ANNERCH
I IEUENGCTYD CYMRU.
YN IV RHAN.
I.

GRAMMADEG,

Sef Addysg i *DDARLLEN, YMADRODDI,* ac *YSGRIFENU,*
yn Gywir a Rheolaidd, Gymraeg a Saes'uaeg; Gyda

Barddoniaeth, Duwinyddiaeth a Chyfraith, &c.

II.

RHIFYDDEG,

Gyda *THORIADAU CYFFREDIN* a *DEGRANNAU,* a
MESURIAETH yn dra helaeth, drwy Ddarluniadau amrywiol ffyrdd, ac hefyd *ALGEBRA* a *LOGARITHMS.*

III.
NATURIOL

ATHRONDDYSG,

Yn cynnwys CYNEDDFAU, PRIODOLIAETHAU ac EFFEITHIAU Gwrtbrychau 'r Greadigaeth &c. Gyda
DAEARYDDIAETH, Sef hanes pedwar chwarter y Byd, &c.

IV.

SERYDDIAETH,

A DEIOLI, Paentio. Lliwo a Goreuro, Coed, Meini, Gwydr &c.

CYD A'R GELFYDDYD O

ARDDU,

Yn ei hamrywiol Ganghennau; ac i Blanu, Impio a magu
Coedydd &c. Yn Holiadau ac Attebion.

Yr ail *Argraphiad* gyda llawer o *Ychwanegiadau.*
Gan *JOHN THOMAS,*

Calon y Synhwyrol a ymgais a gwybodaeth, *ond* Tylodi a gwradwydd fydd i'r hwn a wrthodo addysc. *Seluf,*

GWRECSAM, ARGRAPHWYD GAN A. TYE.

Llun 6: John Thomas, *Annerch i Ieuengctyd Cymru yn IV Rhan*
(Gwrecsam: Anna Tye, ail arg., 1815).

Eto, nid yw'r balchder hwnnw'n rhwystro'r awdur rhag ystwytho'r iaith fel y gwêl orau. Mae'n cydnabod, er enghraifft, yn y rhagymadrodd bod cyfrolau lu ar ramadeg y Gymraeg, ond eu bod oll yn rhy 'gywrain' i fod at ddefnydd plant. Meddai nad oes yr un ohonynt:

> yn hylaw i'w ddodi ger bron ysgol-blant ieuaingc, neu newyddian mewn Cymreig-ddysg: mae naill ai heneidd-dra eu dull, ysgoleigdod eu cyfansoddiad, ai uchder eu pris yn eu gwneuthur yn annerbyniol neu yn anghyrhaeddadwy gan werinos y dalaeth.[69]

Cyfosodir ieithwedd ysgolheigaidd, henaidd oedolion ag iaith rwydd, syml a sathredig yr ifainc yma. Bellach, cysylltwn iaith 'sathredig' â bratiaith, ond ar y pryd fe olygai'r iaith lafar neu'r ffurfiau a arferid yn gyffredin ar lawr gwlad.[70] Ni ddefnyddir yr ansoddair i ddirmygu iaith y cyhoeddiadau plant, felly, ond i gadarnhau bod yr awduron a'r golygyddion yn effro i'r angen i amrywio ac addasu cywair y mynegiant wrth gyfathrebu â darllenwyr iau. Yn ddiweddarach yn y ganrif, eglurodd 'Pedagogue', awdur *Ysgol i'w Dringo* (1851), er enghraifft, ei fod yn cyflwyno hanesion o'r Ysgrythur i'r 'dosbarth darllenyddol ieuengaf yn yr Ysgol Sabbothol [...] mewn iaith sathredig a phlentynnaidd' er mwyn 'magu awydd a chwaeth ynddynt am 'chwaneg, pan eu symuder i'r dosbeirth Beiblaidd'.[71] Ar y cyfan, ni pherthyn nodweddion tafodieithol i'r ieithwedd hon, eithr mae ymdrech amlwg i sicrhau eglurder, osgoi termau cymhleth ac i greu naws sgyrsiol, fel y dengys llinell gyntaf y gyfrol *Chwedlau Plant mewn Iaith Blentynaidd*: 'Mi a ddywedaf i chwi hanes am fachgen bychan a achubwyd trwy ei dosturi tyner ef.'[72]

Her llenyddiaeth plant yn gyffredinol yw ei bod yn ceisio apelio at ddwy gynulleidfa, yr hen a'r ifanc, ar yr un pryd. Roedd disgwyl i oedolion oruchwylio a chynorthwyo gyda'r darllen a'r astudio a wneid yn yr ysgol Sul a'r cartref, a theimlai David Charles a Hugh Hughes yn 1823 fod rhaid cynnal arddull sy'n eglur ond heb fod yn rhy blentynnaidd er mwyn cydnabod y gynulleidfa ddeuol hon. Meddent wrth gyflwyno'r *Addysgydd*:

> Ymdrechir yn mhob rhifyn gymhwyso yr ymadroddion at ddeallwriaethau y rhai ieuainc, a'r rhai gwael; ac ar yr un pryd ochelyd rhoddi lle i ddim a fo, o ran mater neu ddull dywediad, yn isel ac yn annheilwng o sylw rhai mewn oedran, a'r rhai synwyrol; gan olygu y bydd iaith uchel a chwyddedig, ar un llaw, yn tueddu i wneyd y peth yn ddifudd, ac iaith blentynaidd a thlawd, ar y llaw arall, i sicrhau dirmyg a gwrthodiad.[73]

Nid tasg hawdd mo hynny, rhaid cydnabod, a chyflwyna'r golygyddion y cylchgrawn i'r darllenwyr '[h]eb ddisgwyl boddhau pawb'. Yn wir, honnodd Gwilym Hughes, yn ei ysgrif ar gylchgronau plant yn *Dewiniaid Difyr* (1983), na lwyddodd yr *Addysgydd* i blesio neb ac mai hyn sydd i gyfrif pam y daeth y cylchgrawn i ben wedi blwyddyn yn unig: 'y prif reswm dros ei fethiant oedd y ffaith nad oedd y golygydd, fwy na'r rhelyw o Gymry diwylliedig y cyfnod, wedi amgyffred fod tymor plentyndod yn wahanol, ac o'r herwydd fod anghenion darllen plant hefyd yn wahanol'.[74] Ond fel y dadleuwyd eisoes, nid oedd cysyniad sylwebydd ddiwedd yr ugeinfed ganrif o 'dymor plentyndod' yn cyd-fynd â syniadau ddechrau'r bedwaredd ganrif ar bymtheg, ac amhriodol yw gosod disgwyliadau'r naill ar y llall. Yn hytrach, dylid ystyried *Addysgydd* Hugh Hughes a David Charles yn gyhoeddiad arloesol. Hon oedd yr ymdrech fwriadol gyntaf i lunio a chynnal cyfrwng diwylliannol newydd ar gyfer darllenwyr ifanc. Nid addysgu na diddori plant a phobl ifainc oedd unig amcanion y golygyddion, ond creu a meithrin ymlyniad a theyrngarwch drwy ddwyn eu darllenwyr yn rhan o gymuned ehangach a âi y tu hwnt i ffiniau eu cylch cydnabod. Gosododd yr *Addysgydd* batrwm ar gyfer y cylchgronau eraill a'i dilynodd o ran cynnwys a chywair, ond yn ei ddefnydd o ddarluniau gosododd uchelgais na wireddwyd yn llawn am hanner canrif arall.

Nid pob golygydd a rannai gweledigaeth Hughes a Charles ynghylch pwysigrwydd delweddau i ysgogi'r meddwl a'r deall. Yn ogystal, roedd costau argraffu deunydd darluniadol yn ormod i'r mwyafrif fentro cynnwys mwy nag ambell brif lythyren addurniadol neu floc pren darluniadol o stoc yr argraffydd. Yn wir, diau i gost tudalennau darluniadol niferus yr *Addysgydd* gyfrannu at yr anawsterau ariannol difrifol a wynebodd Hugh Hughes a David Charles gan achosi iddynt roi'r gorau i'r fenter ar ôl blwyddyn. Problemau ymarferol, nid diffyg 'amgyffred' y golygyddion ynghylch 'tymor plentyndod' a oedd yn gyfrifol am 'fethiant' y cylchgrawn. Yn ôl eu hanerchiad olaf ddiwedd 1823, eglura'r golygyddion mai 'diffyg llwybr effeithiol i wneyd cyhoeddiad y gwaith yn hysbys yn fwy cyffredinol, ac i ddanfon y llyfrau yn fwy cyson i'r ardaloedd lle y mae syched am eu cael' a oedd yn gyfrifol am dranc yr *Addysgydd*.[75] Heb rwydwaith effeithiol i gasglu tanysgrifwyr a dosbarthu copïau roedd hi'n anodd iawn i'r cylchgronau cynnar, i blant ac oedolion fel ei gilydd, wneud elw digonol i dalu'r costau. O ganlyniad, byrhoedlog oedd hanes llawer iawn o gynnyrch y wasg gyfnodol Gymraeg i blant.[76] Daw'r *Addysgydd* i ben â phenillion gan David Charles ei hun, o bosibl, sy'n ategu mai bwriad y golygyddion oedd gwasanaethu'r '[c]aredig ddarllenydd, hyd eithaf ein grym' a 'dwyn ein cyfeillion / I garu gwybodaeth rinweddol, dda wiw, / A gwrthod arferion llygredig, annhirion.'[77]

O strategaeth i dactegau

Yn yr *Addysgydd* a chyhoeddiadau plant hanner cyntaf y ganrif gwelwn strategaeth enwadol ar waith i ddarbwyllo'r ifainc mai darllen oedd yr unig weithgaredd hamddenol y dylent ei arfer o ddydd i ddydd. Cawsant eu hannog i drysori llyfrau, i afael ynddynt a'u perchnogi, a derbyn awdurdod llwyr y cyhoeddiadau dros eu lles moesol. Tanlinellwyd hynny gan gywair tadol, cynghorol y deunyddiau a ysgrifennwyd gan awduron a oedd yn poeni'n wironeddol am dynged bydol ac ysbrydol eu darllenwyr. Dyma safbwynt nad oedd modd dadlau yn ei erbyn: seilir pob stori ar orchmynion beiblaidd ac awdurdodir pob cyhoeddiad â stamp enwadol. O ganlyniad strwythurir pob eitem, boed emyn neu ysgrif goffa, gan awydd i hyfforddi'r darllenydd i ddarllen y testun yn y ffordd 'iawn': hynny yw, i adnabod yr ystyr benodol a fwriadodd yr awdur ar gyfer pob testun.

Llunnir y llenyddiaeth hon o safbwynt sy'n rhagdybio bod modd rheoli ymateb y darllenydd. Cais sefydlu math o hierarchaeth ddiwylliannol a ddisgrifiwyd gan de Certeau fel un a oedd yn canoli grym yn y weithred o ysgrifennu, nid darllen: 'To write is to produce the text; to read is to receive it from someone else without putting one's own mark on it, without remaking it.'[78] Llenyddiaeth hanfodol ddidactig ydyw, ac yn sgil y pwyslais ar addysgu a rhybuddio a geir yn y testunau, hawdd yw gweld nad oes fawr o le i gamddeall cymhellion yr awduron.

Ond ni ddylid cymryd yn ganiataol fod llenyddiaeth ddidactig yn nacáu creadigrwydd ar ran y darllenydd. Mae de Certeau yn ein hatgoffa nad gweithred oddefol yw unrhyw fath o ddarllen. Er iddo ddadlau bod ysgrifennu yn rhan o strategaeth sefydliadau grym i ddylanwadu ar eraill, mae gan bob darllenydd y gallu i ddarllen drosto ei hun. 'In fact, to read is to wander through an imposed system', meddai, gan arfer un o'i hoff ddelweddau am awtonomi'r unigolyn, sef delwedd y cerddwr. Dyma deithiwr sydd â'r hawl i ddewis ei lwybr igam-ogam ei hun gan nad oes rhaid iddo ddilyn arwyddion ffyrdd swyddogol yn ddeddfol.[79] Dywed y gall y darllenydd hefyd bennu'r hyn mae am ei dderbyn neu ei wrthod yn ystod y broses ddarllen. Yn hytrach nag ystyried darllenydd fel un a reolir gan y testun, gwell gan de Certeau ei ystyried yn un sy'n cynhyrchu ei brofiad darllen ei hun:

> In reality, the activity of reading has on the contrary all the characteristics of a silent production: the drift across the page, the metamorphosis of the text effected by the wandering eyes of the reader, the improvisation and expectation of meanings inferred from a few words, leaps over written spaces in an ephemeral dance [... The reader] insinuates into another person's text the ruses of pleasure and appropriation: he poaches on it, is transported into it, pluralizes himself in it like the internal rumblings of one's body [...] A different world (the reader's) slips into the author's place.
>
> This mutation makes the text habitable, like a rented apartment. It transforms another person's property into a space borrowed for a moment by a transient.[80]

Mae de Certeau yn disgrifio, yn ei ddull trosiadol ei hun, syniadau sydd hefyd yn perthyn i feysydd theori ymateb y darllenydd a beirniadaeth ôl-strwythurol. Yn 1938, wrth ymateb i bwyslais y Beirniaid Newydd ar y testun fel canolbwynt dadansoddi beirniadol,[81] datganodd Louise Rosenblatt mai'r darllenydd a rydd ystyr i destun llenyddol:

> A novel or poem or play remains merely inkspots on paper until a reader transforms them into a set of meaningful symbols. The literary work exists in the live circuit set up between reader and text: the reader infuses intellectual and emotional meanings into the pattern of verbal symbols, and those symbols channel his thoughts and feelings.[82]

Yn y 1970au datblygodd Wolfgang Iser ei syniadaeth ynghylch yr un broses gan roi pwyslais tebyg ar arwyddocâd y darllenydd. '[T]he reader's own disposition will never disappear totally' wrth ddarllen, meddai: 'If it were to disappear totally, we should simply foget all the experience that we are constantly bringing into play as we read – experiences which are responsible for the many different ways in which people fulfill the reader's role set out by the text.'[83] Yr hyn sy'n gyffredin iddynt oll yw'r dybiaeth y caiff ystyr testun ei chreu wrth i ddarllenydd ddehongli geiriau ar bapur mewn perthynas â'i adnabyddiaeth o godau ieithyddol a diwylliannol a bod y rheini wedi eu siapio gan brofiadau blaenorol. Ond mae cymhelliad de Certeau i theoreiddio rôl weithredol y darllenydd yn cael ei yrru gan ei awydd i ddeall y berthynas rym rhwng testun a darllenydd. O ganlyniad, mae'n synied am brosesau darllen fel cyfres o dactegau ar ran y darllenydd sy'n dwyn grym oddi ar y testun a'i awdur. Drwy ddewis darllen neu beidio, drwy gipddarllen yn frysiog neu ddarllen yn ddwys, drwy gymhwyso'r hyn a ddarllena at ei fywyd ei hun mewn ffyrdd annisgwyl, mae'r darllenydd yn arfer tactegau sy'n herio ymgais y testun i'w reoli.

Benthyciodd de Certeau ei derminoleg o'r byd milwrol: o gymharu â'r 'strategaeth' a gynlluniwyd ymlaen llaw, 'tactegau' yw'r hyn a wna milwyr ar dir y gelyn pan mae gofyn bachu ar gyfleon ac ymateb i sefyllfaoedd yn ôl y galw. Wrth ddatblygu'r cysyniad hwn yn ei thesis ar ddarllen, crea de Certeau gymhariaeth rhwng darllen a herwhela, neu 'botsio'. 'Everyday life invents itself by *poaching* in countless ways on the property of others', meddai, a rhoddodd y teitl 'Reading as Poaching' i'w bennod ar ddarllen yn *The Practice of Everyday Life*.[84] Dyma ddelweddu'r darllenydd fel rhywun sy'n dwyn gan destunau yr hyn sydd ei angen arno, neu'r hyn a fydd yn rhoi'r mwyaf o bleser iddo. '[R]eaders are travellers', meddai, 'they move across lands belonging to someone else, like nomads poaching their way across fields they did not write, despoiling the wealth of Egypt to enjoy it themselves.'[85] Gellir dwyn cymhariaeth yma â'r modd y syniodd Barthes am ddarllenydd fel rhywun yn crwydro'n ddiamcan:

> The reader of the Text may be compared to someone at a loose end [...]; this passably empty subject strolls [...] on the side of a valley [...]; what he perceives is multiple, irreducible, coming from a disconnected, heterogeneous variety of substances and perspectives.[86]

Fel y dadlennodd Rhiannon Marks, amcan y gymhariaeth hon yw cyfleu 'bod rhywun wrth ddarllen un testun yn benodol yn gorfod cyplysu dieithredd y testun hwn gyda phrofiadau neu gysyniadau sy'n gyfarwydd iddo eisoes'.[87] Ond yn hytrach na dilyn Barthes at ganolbwyntio ar y plethwaith o arwyddion a chodau llenyddol a diwylliannol sy'n ffurfio'r broses ddarllen, defnyddir yma ddull de Certeau o ddadansoddi'r weithred o gynhyrchu testunau a'u darllen megis strategaethau a thactegau. Gwneir hynny gan ei fod yn cynnig fframwaith inni adnabod yr ymrafael am rym sy'n perthyn i ddatblygiad maes cyhoeddi plant yn y bedwaredd ganrif ar bymtheg ac yn ein hannog i beidio â derbyn tybiaeth gyffredin y cyfnod bod modd i destunau printiedig siapio unigolion mewn unrhyw ffordd uniongyrchol. Fel yr eglura Samuel Pickering:

Although writers in the eighteenth century were certain childhood reading influenced development, I suspect claims about the effects of reading. If literature does influence behavior and shape the future adult, it does so in mysterious ways. Despite authors' intentions, most books have the potential for bundles of messages, and what an individual child took away from even the simplest tale, if anything lasting, is probably unknowable.[88]

Mae ceisio archwilio ymateb plant i'r hyn yr oeddynt yn ei ddarllen yn y bedwaredd ganrif ar bymtheg yn dasg anodd. Fel yr awgrymwyd eisoes, mae'r dystiolaeth yn brin: nid oes dyddiaduron na llythyrau sy'n hysbys i amlygu barn ac adwaith plant a phobl ifainc i gynnyrch y wasg Gymraeg. Ond mae syniadau de Certeau ynghylch darllenwyr yn dwyn, benthyca a thrawsffurfio'r testunau y maent yn eu darllen yn gofyn inni ystyried i ba raddau yr oedd modd i strategaeth yr enwadau lwyddo. Mynnai honno y gallai darllen imprintio ar feddyliau plant arferion duwiol neu ddrygionus. Eto, cais de Certeau ein hatgoffa bod modd i'r darllenydd ei ryddhau ei hun o gyfundrefn haearnaidd y testun drwy gipddarllen, hepgor a gwrthwynebu. Gall darllenydd anghytuno neu gytuno â'r cynnwys ar wahanol raddfeydd. Gall gytuno, er enghraifft, fod chwarae ar y Sul yn ei hanfod yn beth drwg, ond nid yw hynny'n golygu ei fod yn credu'n llythrennol y bydd Duw yn ei daro'n farw pe gwnâi hynny. Yn y modd hwn, gallwn ystyried darllen yn weithred anghydffurfiol: hyd yn oed pan fydd y darllenydd yn derbyn yr ideoleg sylfaenol a gyflwynir iddo, ni ellir rhagweld yn union sut y bydd yn dehongli'r manylion.

Nid yw Bourdieu yn manylu i'r un graddau ar y weithred o ddarllen: y llenor, a'r modd y caiff ei lenyddiaeth ei siapio gan syniadaeth (neu 'reolau') ynghylch celfyddyd a gaiff y sylw pennaf yn *Règles de l'art* (1992; cyf. *Rules of Art*, 1996), dadansoddiad Bourdieu o'r maes llenyddol. Ond mae peth tebygrwydd yn null de Certeau a Bourdieu o ddehongli diwylliant a grym sy'n eu gwneud yn gymheiriaid addas ar gyfer y gyfrol hon. Gellir dadlau fod dull de Certeau o feddwl am y darllenydd yn torri ei gŵys ei hun o fewn maes sydd eisoes wedi ei bennu ar ei gyfer yn cydweddu â diddordeb Bourdieu yntau yn 'the relationship between structures of constraint and forms of autonomy, agency, resistance within and against those structures'.[89] Mae'r ddau yn rhoi'r un math o bwyslais ar ymarfer (*practice*), hynny yw'r weithred o ymateb, atgynhyrchu a chreu sy'n digwydd wrth i bobl ryngweithio o ddydd i ddydd â strwythurau grym mewn gwahanol feysydd, megis addysg a gwleidyddiaeth. Sylwer, er enghraifft, ar deitlau rhai o'u gweithiau pwysicaf, *L'invention du quotidien* de Certeau (1980; cyf. *The Practice of Everyday Life*, 1984) ac *Esquisse d'une Théorie de la Pratique* Bourdieu (1972; cyf. *Outline of a Theory of Practice*, 1977).

I Bourdieu, *habitus* unigolion sy'n llywio'r ymarfer hwn, ffordd o feddwl ac ymateb sy'n cael ei chyflyru gan ein safle cymdeithasol a'r ideoleg y cawn ei thrwytho ynddi ers dyddiau plentyndod. Ond nid yw'r *habitus* yn sefydlog a digyfnewid: mae'r *habitus* hefyd yn gynhyrchiol ac yn ein galluogi i ymateb i'n hamgylchiadau, neu i 'chwarae'r gêm' yn ôl trosiad Bourdieu, mewn modd creadigol (er bod cyfyngiadau i'r creadigrwydd hwnnw). Mae'r syniad o fod wedi ein cyfyngu o fewn system, ond eto â'r potensial i weithredu'n annibynnol oddi mewn i'r system honno, yn un creiddiol i de Certeau yntau. Wrth gymharu'r ddau ysgolhaig Ffrangeg, meddai Conal McCarthy hyn: 'Michael de Certeau, although very different in orientation, sees the practice of everyday life in similar terms, as tactical "ways of operating", thus demonstrating that people do not simply consume products in a passive way.'[90]

Ymhlith y tactegau darllen y mae de Certeau yn synied amdanynt mae'r weithred o gymhwyso'r hyn a ddarllenir at brofiad y darllenydd ei hun. Dyma sydd ganddo dan sylw yn y disgrifiad a ddyfynnwyd eisoes o fyd newydd y darllenydd yn llithro i fyd yr awdur gan wneud y testun yn lle y gall fyw ynddo 'like a rented apartment'. Yn wir, roedd y cylchgronau plant yn hoff o annog a dathlu'r math hwn o fewnoli, gan ei ddefnyddio'n dystiolaeth o rym y cyhoeddiadau enwadol i effeithio ar feddwl ac arferion plant. Daw hynny'n amlwg yn eu tuedd i gynnwys hanesion a straeon yn darlunio ymateb plant i'r hyn yr oeddynt wedi ei ddarllen. Soniwyd eisoes am y bachgen a aeth ati i fesur beddi ar ôl darllen am farwolaethau plant, ac yn yr *Addysgydd* yn Ionawr 1823 cafwyd hanesyn annwyl am fachgen o'r enw John, a 'oedd o'i febyd yn hynod am addfwynder tymer'. Pan oedd yn darllen adnod Mathew, 'Y mae ffauau gan y llwynogod, a chan ehediaid y nefoedd nythod; ond gan Fab y dyn nid oes le i roddi ei ben i lawr' (Mathew 8:20), dywedir iddo ddechrau crio:

> llanwodd ei lygaid o ddagrau, a gorlenwodd ei fynwes dyner, fel nas gallasai ymatal rhag llefain allan. Gofynnodd ei fam iddo yr achos, ond ni fedrai ateb am ychydig – pan allodd, gan ei deimladau, dywedodd, 'Yn wir, 'y mam, pe buaswn i yno mi roiswn 'y ngobennydd i iddo.[91]

Yn yr *Athraw i Blentyn*, 1841, cafwyd stori am foneddiges fach bedair neu bum mlwydd oed sy'n penderfynu mynd ar grwydr er mwyn dilyn ôl troed *Taith y Pererin* John Bunyan.[92] Mae hi'n llawenhau pan gyrhaedda blasty cyfagos gan dybio mai'r mynediad urddasol yw'r 'porth cyfyng'. Caiff ymgeledd yno gan 'Mrs Adda' nes i'w rhieni gyrraedd i'w hebrwng adref. Cyfieithiad yw'r testun hwn, ac fe'i defnyddiwyd er mwyn amlygu y dylai hyd yn oed y plentyn lleiaf chwilio am y porth, yn drosiadol os nad yn llythrennol. Nid tystiolaeth uniongyrchol o ymateb y darllenydd sydd yma, wrth gwrs, ond tystiolaeth fod y cyhoeddiadau plant yn cydnabod bod darllen yn broses weithredol. Yn yr achos hwn, mae'r darllenydd ifanc o brif gymeriad yn cymhwyso *Taith y Pererin* yn llythrennol at ei hamgylchiadau bydol ei hun.

Yn ogystal â chymhwyso profiadau darllen, i de Certeau mae pleser hefyd yn arwydd nad gweithred oddefol mo darllen. Daw pleser, meddai, o'r profiad o wledda ar y testun wrth i'r darllenydd ymestyn am yr elfennau mwyaf apelgar neu sy'n golygu fwyaf iddo. Roedd canfod danteithion y wledd hon yn brofiad trawsnewidiol i nifer o blant, yn enwedig os oeddynt ychydig yn hŷn yn dechrau dysgu darllen am y tro cyntaf. Meddai John Prichard, Llangollen, er enghraifft, iddo gael ei hyfforddi am y tro cyntaf 'yn yr ardderchog Omeraeg' pan oedd yn 10 oed. Cafodd y profiad effaith ddramatig arno. Meddai:

> Yr oedd gweled papyr a du yn siarad a dynion, ac yn dyweyd llawer o bethau rhyfedd wrthynt, yn minio fy awydd, fel yr oedd hiraeth yn fy nghalon am ddyfod yn gymaint cyfaill i lyfrau ag y dywedent rywbeth da wrthyf.[93]

Nid 'awydd' deallusol sydd yma yn unig, ond 'hiraeth' synhwyrus, a chawn gip pellach ar y pleser a'r effaith emosiynol y gallai darllen ei gael yn hunangofiant Gweirydd ap Rhys (y llenor a'r hanesydd Robert John Pryse, 1807–89). Dywed iddo ddysgu darllen pan oedd yn was ffarm ifanc ac iddo gael caniatâd arbennig i ddarllen llyfrau ei feistr, sef dros ugain o gyfrolau duwiol, gan gynnwys y *Pantheologia* (sef *Pantheologia, sef Hanes Holl Grefyddau'r Byd* William Williams Pantycelyn, cyfrol enfawr o 654 o dudalennau a gyhoeddwyd fesul adran rhwng 1762 ac 1778), y *Geiriadur Ysgrythyrol* a'r *Bardd Cwsg*. Darllenodd y cyfan yn awchus mewn un haf, meddai, gan gynnwys y Beibl 'ddwywaith neu dair trosodd'.[94]

Cawn argraff yma, nid yn unig o orchest y bachgen ifanc a'i ddifrifoldeb crefyddol, ond o apêl arbennig emosiynol darllen. Dywed (gan gyfeirio ato'i hun yn y trydydd person) y cafodd darllen hanesion Joseff, Samson a'r Iesu yr haf hwnnw 'y fath effaith arno nes y byddai'n wylo'n hidl'.[95]

Nid gweithgarwch tawel, digynnwrf oedd darllen, ond rhywbeth i gyffroi'r meddwl, y teimlad a'r dychymyg, a gwyddai'r golygyddion cylchgronau plant mwyaf craff hynny'n iawn. Er enghraifft, mewn cân i ffarwelio â'r *Trysor i Blentyn* yn 1842 (sylwer y cafwyd cân ffarwél gan yr *Addysgydd* yn 1823 hefyd), daw'n amlwg fod y golygyddion yn cydnabod yr angen i apelio at synhwyrau plant yn ogystal â'u deall. Y 'Trysor' ei hun sy'n canu'n iach ar derfyn rhifyn Rhagfyr 1842. Mae'n dwyn atgofion am ei gyfnod fel ymwelydd misol, gan grynhoi'r hyn a amcanai'r cylchgrawn ei gyflawni, sef saethu:

Perlau doethineb, a cheinion athrylith, –
Er lloni yr ysbryd, diwyllio y deall,
Gwrteithio y meddwl, a dysgu yr annghall.[96]

Wynebodd sawl rhwystr dros y blynyddoedd, 'siglenau, creig-leoedd, clogwynau, / Yr anial dibreswyl, a'r cyttir anhygyrch' er mwyn cyrraedd y darllenydd ffyddlon bob mis a rhannu ei genadwri. Ysgwyd y darllenydd hyd seiliau ei fod oedd amcan eglur y 'Trysor' gan iddo dybio y byddai effeithio ar y darllenydd yn emosiynol yn ei ysgogi i fewnoli'r genadwri honno:

ac wrthych llefarwn
Hoff-eiriau y bywyd, nes llosgi'ch calonau
A thynu i'ch grudd y gloywon heillt ddagrau.[97]

Dyma strategaeth y cylchgrawn enwadol yn cael ei mynegi'n groyw: mae'r testun hwn, fe honnir, yn cynnwys gwirioneddau bywyd a fydd yn cael effaith gorfforol, emosiynol a deallusol arnoch. Ond er bod modd i destun ysgogi ymateb, ni all fyth ragweld yn llwyr ffurf nac effaith yr ymateb hwnnw na chymryd yn ganiataol y bydd darllenydd yn dehongli'r ystyr yn y modd y'i bwriadwyd gan y testun. Mae tactegau darllenwyr, sef 'celfyddyd y gwan',[98] yn rhy niferus, cuddiedig ac anadnabyddadwy i'r cryf eu hadnabod na'u rhagweld.[99]

Gall tactegau hefyd, wrth gwrs, fod yn rhai gwrthnysig, trofaus neu danseiliol. Mae'n bosibl mai'r arfer o brynu llyfrau, a pheidio â'u darllen, yw'r enghraifft fwyaf eithafol o dacteg o'r fath. Mae'r weithred o brynu neu berchnogi llyfr yn dangos fod y darllenydd yn barod i dderbyn y gyfundrefn a greodd y testun. Ond drwy adael y llyfr ar y silff, mae'n tanseilio'r hawl y cais y testun ei sefydlu dros fywyd yr unigolyn hwnnw. Nid oedd yr un o'r gweision nac aelodau teulu'r ffermdy lle y treuliodd Gweirydd ap Rhys ei blentyndod yn ddarllenwyr dyfal, fe ymddengys. Roedd y llyfrgell, fel y gwelsom, yn bur helaeth, ond 'neb yn edrych arnynt ddydd mewn blwyddyn. Yr unig bethau a ddarllenai Siôn Wiliam [y penteulu] oedd papur newydd Saesneg a *Seren Gomer*.'[100]

Mwy trofaus fyth na pheidio â darllen llyfrau duwiol y wasg Gymraeg oedd dewis darllen cynnyrch seciwlar y wasg Saesneg. Nid y papurau newydd a ddarllenai Siôn Wiliam a godai wrychyn yr enwadau, o reidrwydd, ond deunydd ffuglennol a chynhyrfus y wasg boblogaidd Saesneg. Mae ymateb yr enwadau Cymraeg i dwf y cyhoeddiadau hynny'n ffurfio rhan arwyddocaol yn esblygiad y disgwrs Cymraeg ynghylch plant a phlentyndod o ganol y ganrif ymlaen, a chaiff sylw manwl gennym yn y seithfed bennod.

*   *   *

Dengys y testunau plant a drafodwyd yn y bennod hon y modd y sefydlwyd darllen fel y prif gyfrwng ar gyfer ymddiwygio personol a chymdeithasol yn ystod hanner cyntaf y bedwaredd ganrif ar bymtheg. Darllen oedd yr allwedd i waredigaeth a rhoddwyd i lenyddiaeth plant yn neilltuol statws gyfuwch ag athro ysbrydol neu gist trysor gwerthfawr, fel yr amlyga'r enwau a roddid ar y cyhoeddiadau. Gallai'r testunau bychain honni'r fath awdurdod gan eu bod yn gynnyrch maes a luniwyd ac a reolwyd yn llwyr gan fuddiannau ysbrydol ac economaidd y gymdeithas Anghydffurfiol a'i cynhaliai. Roedd pob aelod (neu *agent* yn iaith Bourdieu) a gyfrannai at y maes (yn olygyddion, argraffwyr a darllenwyr), yn perthyn, nid yn unig i ddiwylliant Cristnogol Cymraeg y cyfnod, ond i gymunedau enwadol penodol oddi mewn i'r maes ehangach. Dibynnai eu llwyddiant masnachol ar eu gallu i ateb gofynion ysbrydol a threfniadol yr enwad (drwy gyd-fynd ag amcanion yr ysgolion Sul), rhoi'r rhwydweithiau cyfathrebu a dosbarthu ar waith er mwyn cywain deunydd a dosbarthu copïau ac, fel y cawn weld yn y penodau nesaf wrth i'r ganrif fynd yn ei blaen, ymateb i'r newidiadau yn y modd y meddylid am blant a phlentyndod.

Nid oedd lle i unrhyw un â diddordebau seciwlar gael troedle yn y farchnad gyhoeddi Gymraeg i blant, a gwarchodwyd ffiniau'r maes llenyddol, parchus hwn yn ofalus. Ond nid pregethu'n erbyn peryglon darllen deunydd anweddus yn unig a wneid yn y cyhoeddiadau hyn, ond ceisio cyfathrebu mewn modd uniongyrchol ac apelgar at blant er mwyn denu eu sylw ac ennill eu teyrngarwch. Yn yr *Addysgydd* a'r cyhoeddiadau cynharaf gwelwn strategaeth ar waith i annog plant i drysori llyfrau a chylchgronau, i afael ynddynt a chymryd perchnogaeth drostynt. Ond sylweddolir nad drwy orfodaeth y gellir cyflawni hyn, eithr drwy ddarparu deunydd y byddent am ei ddarllen. Drwy adrodd straeon o safbwynt plant a datblygu ieithwedd neilltuol ar eu cyfer, y gobaith oedd meithrin darllenwyr a allai eu hystyried eu hunain yn rhan o gymuned ddarllen enwadol ehangach sy'n ymddiddori ynddynt ac sy'n barod i weithio o'u plaid. Drwy dderbyn arweiniad y gymuned hon, bwriedid i'r darllenydd ifainc ddatblygu'r gwydnwch mewnol angenrheidiol i wynebu temtasiynau'r byd, a'u gwrthod.

Byddai darllenwyr unigol, wrth gwrs, wedi ymateb i'r testunau hyn mewn amryw o ffyrdd gwahanol na allwn fyth mo'u hadnabod yn llawn. Drwy arfer tactegau amrywiol byddent wedi cymhwyso, amodi neu drawsnewid yr hyn a ddarllenwyd ganddynt wrth negodi'r grym a gais y testunau ei sefydlu dros eu bywydau. Ond mae'n amlwg nad oedd unrhyw symudiad penodol i wrthwynebu'r grym hwn wrth i Gymru ddechrau setlo i'w delwedd ddewisol ohoni ei hun fel cenedl Anghydffurfiol, wâr, tua chanol y ganrif, fel y cawn weld yn yr adran nesaf. Mae rheolaeth lwyr enwadaeth dros faes cyhoeddi llenyddiaeth Gymraeg i blant drwy'r bedwaredd ganrif ar bymtheg yn arwydd na tholciwyd awdurdod yr enwadau gan unrhyw dactegau gwrthryfelgar ar ran y darllenwyr.

ADRAN 3
1840au–1880au

5

Darganfod y Plentyn?

Yn rhifyn olaf ond un *Trysor i Blentyn*, cylchgrawn plant y Methodistiaid Wesleaidd, fis Tachwedd 1842, ceir ysgrif estynedig ar farwolaeth 'Yr Eneth Hoff' gan Henry Parry, un o weithwyr swyddfa'r *Trysor* yn Llanidloes.[1] Fel y gwelsom eisoes, nid oedd hwn yn destun anghyffredin. Yn ôl y disgwyl, cawn gan yr awdur ddarlun o ferch fach ddilychwin, dda a disgrifiad o'i marwolaeth annhymig yn sgil 'rhyw haint enynol a pheryglus a ymaflodd yn ddiollwng yn ei chyfansoddiad gwan a phlentynaidd'.[2] Mae'n bosibl mai ysgrif yn ymateb i drallod teulu yr oedd yr awdur yn ei adnabod oedd hon. Ond mae'r manylion yn ddigon prin i amlygu y dylid ei derbyn hefyd yn stori alegorïol ynghylch pwysigrwydd achubiaeth Gristnogol. Mair oedd enw'r 'eneth hoff', a dywedir mai yng ngorllewin Gwynedd yr oedd hi a'i theulu yn byw.[3] Ond mae rhywbeth anghyffredin yn y modd y disgrifir pwysigrwydd y ferch ifanc hon ym mywyd y teulu a'r gymdogaeth. Mae yma'r un braw o'i cholli ag a gafwyd mewn ysgrifau a marwnadau eraill. Ond yn wahanol i fwyafrif y testunau cynharach am farwolaethau plant, cawn yma ddisgrifiad estynedig o'r modd yr oedd plentyneiddiwch a thlysni'r ferch fach hon yn ennyn serch pawb o'i chwmpas.

Manylir ar y llawenydd a'r bywiogrwydd adnewyddol a ddaeth i'r cartref ar ei genedigaeth, a'r gofal cariadus a dderbyniodd y baban eiddil ac annwyl. Dywedir i'w phryd a'i gwedd a'i harferion plentynnaidd ysgogi syndod a rhyfeddod. 'Nid oedd dim yn lloni y rhieni yn fwy nag olrhain troion a sylwi ar ysgogiadau eu merch.'[4] Sylwent arni'n casglu briallu a meillion, a '[g]welai y tad feithion oriau yn treiglo ymaith fel byrion fynudau tra y byddai hi yn chwareu o amgylch ei draed'.[5] Sonnir am ei diwydrwydd yn yr ysgol, a phan ddychwelai hi oddi yno bob dydd 'ei mam a'i gorchuddiai â chusanau, a melus oedd eu cyfeillachaeth'.[6] Effaith y disgrifio teimladwy hwn yw dyfnhau'r galar o golli'r fath 'blanhigyn tlws' a phwysleisio arfaeth

Duw ar yr un pryd – 'Nid oedd y "byd yn deilwng" o honi', dywedir.[7] Ond mae'r cywair sentimental newydd hwn yn fwy na dyfais lenyddol neu efengylol. Mae'n arwydd o'r ffordd yr oedd agweddau at blant a phlentyndod yn newid am byth. Yn lle bod yn wrthrych i'w ddofi a'i reoli, mae'r 'eneth hoff' hon yn blentyn i'w drysori er ei fwyn ei hun. Mae ysgrif Henry Parry yn cynnig rhagflas o'r dulliau amgen o ddychmygu plant a ymffurfiodd o ganol y bedwaredd ganrif ar bymtheg ymlaen, a diben y bennod hon yw amlygu'r ffactorau hanesyddol a arweiniodd at greu gofod newydd i blant a ffordd newydd o feddwl am blentyndod.

*   *   *

Ar ddechrau'r ganrif, roedd y cyhoeddiadau plant yn rhan o strategaeth i sefydlu awdurdod yr enwadau dros fywydau plant. Yn y cylchgronau'n arbennig, cynhelid diffiniadau unplyg o'r hyn a oedd yn addas i blant ei wneud a'i ddarllen. Gosodwyd disgwyliadau eglur i blant ymgyrraedd atynt, a'r rheini wedi eu seilio'n uniongyrchol ar eiriau'r Beibl. Ond mewn oes ddiwydiannol a oedd yn prysur newid arferion ac agweddau at blant a'u haddysg, nid oedd modd hawlio a throsglwyddo awdurdod drwy ddal ati i ddibynnu ar set gyfyng o ddulliau didactig (a ddibynnai'n bennaf ar straeon rhybuddiol, gwersi beiblaidd a phregethau) yn unig. Rhaid oedd i'r strategaeth gael ei haddasu os oedd yr enwadau am barhau i hawlio mai nhw oedd â'r awdurdod pennaf dros les y plentyn.

Gwelwn felly ymdrech o'r newydd i lunio disgwrs gwahanol a phenodol ar gyfer plant yn ail hanner y bedwaredd ganrif ar bymtheg, un a fyddai'n uniongyrchol ei ddull ac atyniadol ei gyfrwng. Erbyn hynny, roedd cyhoeddi i blant wedi ei sefydlu'n rhan o weithgarwch canolog holl eglwysi Anghydffurfiol Cymru. Efallai na fu fawr o fentergarwch ym maes cyhoeddi llyfrau i blant, ond roedd y maes cyhoeddi cylchgronau'n hynod fywiog. Erbyn y 1850au roedd o ddeutu 30 o gylchgronau wedi eu sefydlu gan bob enwad gydag *Y Winllan* (1842–1965), olynydd *Trysor i Blentyn* (1825–42) y Wesleaid, *Athraw i Blentyn* (1827–1918) y Bedyddwyr, a *Tywysydd yr Ieuainc* (1837–51) yr Annibynwyr a'i olynwyr *Y Tywysydd a'r Gymraes* (1852–70), a *Tywysydd y Plant* (1871–1966) ymhlith y teitlau mwyaf hirhoedlog. Deilliai'r cyhoeddiadau hyn o gadarnleoedd yr enwadau. Y canolbarth oedd cartref *Y Winllan* gan mai yn Llanidloes y lleolwyd swyddfa Llyfrfa'r Methodistiaid

Wesleaidd o 1829 ymlaen.[8] Cysylltir yr *Athraw i Blentyn* yn bennaf â Llangollen, lle'r oedd ei olygydd John Prichard yn weinidog ac athro gyda'r Bedyddwyr. Llanelli oedd cadarnle *Tywysydd yr Ieuainc* a bu un o weinidogion enwocaf Capel Als y dref, David Rees (1801–69), ymhlith y golygyddion. Nid oedd y Methodistiaid Calfinaidd eto wedi taro ar drefniadau addas ar gyfer cynhyrchu cylchgrawn sefydlog, er inni weld eisoes mai nhw a gynhyrchodd y cylchgrawn plant cyntaf, arloesol yn 1823. Ond yn y 1850au dechreuodd yr enwad hwnnw arbrofi o'r newydd ym myd cyhoeddiadau plant, ac erbyn y 1860au, fel y gwelwn maes o law, nhw fyddai'n arwain y farchnad cylchgronau plant yng Nghymru.

Roedd cyhoeddi cylchgronau plant bellach yn faes cynhyrchu deinamig, sef 'a mediating structure between general society and the production of works', yn ôl syniadaeth Bourdieu.[9] Mewn maes o'r fath mae amodau cymdeithasol ac amgylchiadau economaidd yn ffurfio 'competitive struggles which tend to conserve or transform this force-field'.[10] Ac wrth i sefydliadau (megis enwadau) ac unigolion (*agents* megis golygyddion ac awduron) ymateb i'r newidiadau i'r maes fe'u gwelwn yn amodi tueddiadau traddodiadol eu *habitus* ac yn creu dealltwriaeth newydd o'r hyn a ystyrid yn addas i'w gyhoeddi i blant. Mae ymroddiad yr enwadau i gyhoeddi i blant yn arwydd o'u buddsoddiad yn y gweithgarwch hwn a'u ffydd yn y gêm, yn nhermau Bourdieu. 'Each field produces its specific form of the *illusio*', meddai, sef 'a continual reproduction of belief in the game, interest in the game and its stakes.'[11] Mae'r ffaith inni weld ymdrech o'r newydd gan yr enwadau yn ail hanner y ganrif i ddarparu llenyddiaeth ar gyfer plant yn arwydd bod mwy yn y fantol bellach: roedd y gred sylfaenol bod y gêm o bwys ac werth ei chwarae wedi dyfnhau a gwelwn felly weithgaredd ac agweddau newydd yn brigo. Fel y dengys y bennod hon, roedd safle'r plentyn, a'r gwerth symbolaidd a roddwyd i blentyndod, yn newid yn gyflym a rhaid oedd ffurfio dulliau amgen o ymateb iddynt.

Deilliai'r ffydd yn y gweithgarwch hwn o'r amgylchiadau economaidd a diwylliannol a oedd yn ehangu'r maes cyhoeddi ar raddfa na welwyd o'r blaen. Roedd y newidiadau yn nhechnoleg argraffu, ymlediad addysg a chrefydd gyfundrefnol yn cyfrannu at greu poblogaeth ddarllen eang, fel yr eglura Philip Henry Jones:

> Trowyd darllenwyr posibl yn ddarllenwyr go-iawn gan bwysau crefyddol a diwylliannol a roddai fri mawr ar ddarllen, a bu'r cynnydd mewn incwm, er ei fod yn fychan ac yn fregus, yn hwb i

brynu llyfrau. O'r 1840au ymlaen yr oedd y fasnach lyfrau ar ei hennill yn ogystal o ganlyniad i'r gwelliannau sylweddol mewn cyfleusterau cludiant, gwasanaethau post, a throsglwyddo arian.[12]

Roedd y dreth stamp ar gyhoeddi papurau newydd a chylchgronau wedi ei gostwng yn 1836 a'i dileu'n llwyr yn 1855, ac arweiniodd hynny at dwf pellach y byd cyhoeddi.[13] Sefydlwyd teitlau newydd megis *Yr Herald Gymraeg* yn 1855 a *Baner Cymru* yn 1857, menter fwyaf llwyddiannus y cyhoeddwr diflino a'r Methodist selog o Ddinbych, Thomas Gee (1815–98).[14] Roedd y trawsnewidiadau cyfathrebu a thrafnidiaeth a welwyd ar y pryd, yn ogystal â'r cynnydd mewn cyflogau, yn golygu y gallai cyhoeddiadau gyrraedd cynulleidfa eang, yn ddaearyddol ac yn economaidd. Roedd y maes cyhoeddi yn ferw gwyllt, fel y tystia'r gweinidog Wesleaidd Thomas Jones:

> Onid yw yn syndod meddwl am y nifer lluosog o lyfrau sydd yn awr yn y byd! Ac eto y mae llyfrau newyddion yn tarddu i fyny yn barhaus, fel 'llygaid y dydd.' Yn sicr, 'nid oes dyben ar wneuthur llyfrau lawer.' Y maent yn dyfod allan yn chwarterol, yn fisol, yn wythnosol, ac yn ddyddiol: rhai yn un plyg, rhai yn bedwar plyg, rhai yn wyth plyg, ereill yn ddeuddeg, ereill yn un-ar-bymtheg, ac ereill yn ddeuddeg plyg ar hugain. Ond y mae yr amrywiaeth mewn materion, ac mewn ffordd o ysgrifenu, lawer yn fwy lluosog nag yw'r plygiadau a'r dulliau; ac y mae rhywbeth newydd yn cael ei gyhoeddi o hyd.[15]

Daw'r dyfyniad uchod o anerchiad agoriadol Thomas Jones yn *Y Winllan*, cylchgrawn misol newydd y Methodistiaid Wesleaidd i blant a sefydlwyd yn Ionawr 1848. Roedd cylchgrawn cyntaf y Wesleaid i blant, *Trysor i Blentyn*, wedi dod i ben er 1842 ac erbyn hynny roedd nifer fawr 'o Gyhoeddiadau Misol bychain yn cael eu gwasgaru ar hyd y wlad gan wahanol bleidiau'.[16] Ond er bod y maes cyhoeddi hwn eisoes yn gyforiog o ddeunyddiau, teimlai'r enwad fod angen arweiniad clir ar yr ifainc gan eu hathrawon Wesleaidd eu hunain mewn cyfnod prysur, trawsnewidiol yn hanes argraffu, cyhoeddi ac addysg. Mae ymddangosiad *Y Winllan* felly'n rhan o'r cynnydd a'r newid yn y gweithgarwch cyhoeddi ar gyfer plant a welid tua chanol y ganrif yn sgil y newidiadau demograffig a thechnegol a roes i gyhoeddiadau obaith am elw a chylchrediad ehangach. Roedd Cymru'n prysur ymbarchuso, ac roedd angen diwylliant print cydnerth arni i gydweddu â'i delwedd uchelgeisiol ohoni ei hun fel 'gwlad y menig gwynion'.[17]

Ond wrth gwrs, sigwyd seiliau'r ddelwedd hon pan gyhoeddwyd beirniadaeth lem yr *Adroddiadau ar Gyflwr Addysg yng Nghymru* yn 1847. Comisiynodd y llywodraeth yr adroddiadau hyn yn sgil cynnig ar lawr Tŷ'r Cyffredin gan yr Aelod Seneddol dros Coventry, William Williams, brodor o Gymru a oedd am wybod i ba raddau yr oedd ysgolion Cymru'n llwyddo i ddarparu ar gyfer plant y dosbarthiadau gweithiol. Roedd y wladwriaeth, erbyn hynny, yn awyddus i gymryd mwy o berchnogaeth dros addysg er mwyn gwireddu amcanion yr oes fodern, ymerodrol a oedd yn ymagor. Er 1833 bu'r llywodraeth yn dosrannu grantiau i ysgolion ledled Cymru a Lloegr ac yn arolygu'r ddarpariaeth addysg ar lawr gwlad. Gan nad oedd bwriad i greu system wahanol i'r hyn a fodolai eisoes na chodi adeiladau newydd, yr ysgolion Brytanaidd a Chenedlaethol a elwodd ar y grantiau hyn gan fod ganddynt eisoes drefniadaeth ac ysgoldai at y diben.[18] Yn raddol, gwelwyd cynnydd yn nifer yr ysgolion dyddiol hyn yng Nghymru, ond roedd y ddarpariaeth a geid yn anghyson drwy'r wlad a'i safon yn aml yn ddiffygiol. Nid oedd ysgolion i'w cael o gwbl mewn amryw o blwyfi[19] a pherai cyfrwng y dysgu broblemau sylweddol. Dibynnid ar system o ddrilio a dysgu ar y cof a hynny mewn iaith na allai mwyafrif y disgyblion ei deall. Fel y dywed Jones a Roderick: 'Institutionalized rote learning as a method of instruction was particularly ineffective in Wales because the language most used was English.'[20] Ymddengys nad oedd y Gymdeithas Genedlaethol, a gynhaliai'r ysgolion eglwysig yng Nghymru, yn cydnabod y broblem elfennol hon. Ni chafwyd awgrymiadau na chanllawiau ganddynt ynghylch sut i'w goresgyn.[21]

Ni chafwyd ychwaith arweiniad o du'r Anghydffurfwyr. Roedd amryw, megis Ieuan Gwynedd (1820–52), yn parhau i wrthwynebu addysg wladwriaethol gan ffafrio trefniadaeth leol, elusennol ond roedd eraill, megis David Rees, Llanelli wedi newid eu meddyliau a bellach yn cefnogi cyfundrefn addysg wladol.[22] Yn sicr, roedd ysfa gynyddol am ddysg wedi ei thanio gan lwyddiant yr ysgolion Sul.[23] Eto nid oedd trefniadaeth, cyfalaf nac arweiniad digonol yng Nghymru o hyd i alluogi sefydlu system neu systemau addysg ddyddiol neilltuol yno. Yn wahanol i'r Eglwys Sefydledig, nid oedd gan yr enwadau esgobaeth ganolog, byrddau addysg a chlerigwyr plwyf i drefnu a gweinyddu ysgolion ac nid oedd yr ysgolion Brytanaidd anenwadol eto wedi ennill cefnogaeth a throedle yng Nghymru.[24]

Y llywodraeth felly a ddechreuodd drefnu a ffurfioli'r ysgolion yn faes addysg gwladwriaethol yn y 1830au a'r 1840au. Sefydlwyd system arolygu'r ysgolion er mwyn archwilio a wneid defnydd priodol o'u harian, ac roedd yr arolygiadau hyn hefyd yn adlewyrchu diddordeb cynyddol a leisid yn y maes gwleidyddol ynghylch iechyd a lles plant, yn arbennig mewn diwydiant. Roedd adroddiadau ar y diwydiant gwlân, er enghraifft, wedi tystio i'r modd yr elwai cyflogwyr yn giaidd ar lafur plant heb fawr o ofal am eu diogelwch na'u hamodau gweithio. Arweiniodd hynny at basio deddf i ddiwygio ffatrïoedd yn 1833 a oedd yn gwahardd cyflogi plant o dan naw mlwydd oed, yn cwtogi oriau gwaith plant a phobl ifanc hyd at 18 oed ac yn mynnu y dylent dderbyn dwyawr y dydd o addysg.[25]

Yn y maes glo, cyhoeddwyd adroddiad yn 1842 yn datgelu bod cyflogi plant ifainc yn arfer cyffredin drwy ddeheudir Cymru. Arweiniodd at wahardd cyflogi bechgyn dan 10 oed, a merched o bob oed, rhag gweithio dan ddaear (er na weithredwyd y ddeddf yn gyson am rai blynyddoedd).[26] Roedd dioddefaint plant yn bwnc a gythruddodd llenorion megis Charles Dickens ac Elizabeth Barrett Browning ac arweiniodd eu hymateb llenyddol at lywio'r farn gyhoeddus ynghylch llafur plant. Cafodd y ddau eu cythruddo gan adroddiadau'r Comisiwn Cyflogaeth Plant (1842 ac 1843) am amodau gweithio dychrynllyd plant mor ifanc â saith mlwydd oed. Ysgogwyd Barrett Browning i gyfansoddi 'A Cry For Children' a Dickens i lunio *A Christmas Carol*.[27] 'Rhwng popeth', fel y dywed R. Tudur Jones am y 1840au, 'yr oedd dylanwadau cymdeithasol, addysgol a gwleidyddol ar waith yng Nghymru (fel mewn gwledydd eraill) yn cyffroi diddordeb cynnes mewn plant'.[28]

Roedd cymell cydymdeimlad â phlant a gamdriniwyd gan drachwant diwydiannaeth yn fater dyngarol trawsbleidiol, ond roedd y farn ynghylch yr hyn y dylid ei wneud i'w helpu wedi ei llywio gan sectyddiaeth. Daeth y rhaniadau dwfn rhwng pleidwyr addysg elusennol ac addysg wladwriaethol i'r fei ar yr un pryd â chyhoeddi *A Christmas Carol* yn 1843. Mewn ymgais i wella cyflwr byw plant y ffatrïoedd a'r tlotai, rhoddodd Mesur Ffatrïoedd Graham (1843–4) awdurdod i'r Eglwys Sefydledig dros eu haddysg ddyddiol. Ond cynddeiriogwyd carfan sylweddol o Anghydffurfwyr gan y cynllun hwn gan na allent oddef i'r Eglwys arglwyddiaethu dros faes addysg. Yn sgil y protestiadau ar lawr gwlad ac yn y wasg, dilëwyd y cymalau addysg o'r ddeddf yn y pen draw. Yng Nghymru, bu'r gwrthwynebiad yn chwyrn ac arweiniodd at gryfhau'r alwad dros gefnogi ymgais y Gymdeithas Frytanaidd i sefydlu ysgolion anenwadol drwy Gymru. Cyhoeddodd Hugh Owen (1804–81), 'cymwynaswr addysg Cymru', er enghraifft, lythyr agored dylanwadol at bobl Cymru yn Awst 1843 yn eu hannog i gefnogi'r gymdeithas honno.[29] Cymhellwyd Owen ac eraill gan bryderon gwirioneddol ynghylch cyflwr addysg yng Nghymru a chan y rheidrwydd a deimlent i amddiffyn lles plant, gorchwyl yr oedd yr Anghydffurfwyr wedi ei hawlio ers cenhedlaeth fel eu priod faes hwy, nid yr Eglwys Sefydledig. Dyma fater a oedd yn uno'r enwadau Anghydffurfiol ac yn 1845 ysgrifenwyd llythyr agored ar y cyd i'r wasg gan aelodau blaenllaw o'r Methodistiaid Calfinaidd, y Wesleaid, y Bedyddwyr a'r Annibynwyr yn rhybuddio bod rhaid ymorol dros addysg plant rhag i'r llywodraeth ei rhoi yn nwylo'r Anglicaniaid.[30]

Erbyn y 1840au, felly, roedd i'r plentyn le mwy blaenllaw nag erioed o'r blaen yn y disgwrs cyhoeddus. O osod galwad William Williams yng nghyd-destun hanes plentyndod ac addysg fel hyn, deellir nad comisiwn i ormesu'r Cymry a dderbyniodd Ralph Robert Wheeler Lingen, Jelinger Cookson Symons a Henry Vaughan Johnson yn 1846 pan ofynnwyd iddynt archwilio cyflwr addysg yng Nghymru. Roedd yn gomisiwn a ddeilliai o'r safle newydd a oedd i'r plentyn yn y gyfundrefn gyfalafol a oedd ohoni. Plant fyddai'n gwireddu addewid yr oes ddiwydiannol, wedi'r cyfan, ac ni ellid fforddio anwybyddu eu haddysg, eu hiechyd na'u lles os oedd Prydain unedig, ymerodrol am ffynnu.

Ond, wrth gwrs, nid lles plant a flaenoriaethwyd yn yr adroddiadau a gyflwynodd y tri i'r llywodraeth yn Ebrill 1847. Nid y diddordeb newydd yn y plentyn a'i addysg yn unig oedd wrth wraidd comisiynu'r adroddiadau, ond yr anghydfodau cymdeithasol a gwleidyddol a fu'n cyniwair yng Nghymru o Ferthyr drefol i sir Gaerfyrddin wledig. O ganlyniad, arweiniwyd y comisiynwyr gan anwybodaeth, rhagfarn a chanfyddiadau'r adroddiad blaenorol ar Wrthryfel Merched Beca i osod y bai am ddiffygion ymarferol addysg yng Nghymru, tlodi'r bobl a'u hanfoesoldeb honedig ar y ffaith nad oedd disgyblion Cymru'n medru'r Saesneg yn rhugl.[31] Er i nifer gydnabod gwendidau addysg ac anghysondeb y ddarpariaeth yng Nghymru, teimlwyd brath sylwadau'r comisiynwyr gan leng o sylwebwyr cyfoes. Drwy farnu bod cyraeddiadau addysgol plant o Fôn i Fynwy yn gwbl enbydus a'u harferion yn anwaraidd, gwnaethpwyd cyflwr moesol plant Cymru yn bwnc llosg cenedlaethol gan osod eu dyfodol, fe gredid, yn y fantol. Diau mai taerineb yr adwaith i'r adroddiadau ar y pryd a seriodd 'Frad y Llyfrau Gleision' ar y meddwl Cymreig fyth ers hynny. Yn ogystal â'r bardd a'r sosialydd R. J. Derfel, a luniodd y ddrama a roes inni'r term 'Brad y Llyfrau Gleision' yn 1854, lluniodd Lewis Edwards, Jane Williams (Ysgafell), Ieuan Gwynedd ac eraill feirniadaethau craff a miniog ar y Llyfrau Gleision yn y wasg.[32] Erbyn hyn, mae dylanwad casgliadau'r tri chomisiynydd ynghylch y modd y llyffetheiriwyd twf a datblygiad y Cymry gan eu hymlyniad dall wrth y Gymraeg ac Anghydffurfiaeth bellach yn rhan o naratif creu'r Gymry fodern.

Ond er mai addysg plant oedd prif destun yr adroddiadau ac ar blant y byddai eu sgil-effeithiau'n disgyn drymaf, ni chafwyd fawr o ymateb uniongyrchol yn y cyhoeddiadau a gyhoeddwyd yn benodol ar gyfer plant ar y pryd. Yn *Y Winllan*, a sefydlwyd ychydig fisoedd wedi cyhoeddi'r adroddiadau, er enghraifft, ni chyfeirir atynt o gwbl. Efallai bod hynny am na ddaeth cyfundrefn yr ysgolion Sul o dan lach y comisiynwyr. Ni theimlai'r cylchgronau felly yr angen i amddiffyn eu cysylltiad ag addysg grefyddol, Gymraeg. Onid oedd Ralph Lingen, wedi'r cyfan, wedi canmol yr ysgolion Sul? 'These schools', meddai:

> have been almost the sole, they are still the main and most congenial centres of education. Through their agency the younger portion of the adult labouring classes in Wales can generally read, or are in the course of learning to read, the Scriptures in their mother tongue.[33]

Nid yw'n syndod, efallai, mai'r cyfeiriad cyntaf a ganfuwyd at yr adroddiadau yw'r sylw yn rhifyn Ebrill 1851 *Y Winllan* sy'n ymfalchïo yn sylwadau canmoliaethus Lingen am safon yr addysg mewn ysgol Sul Wesleaidd Saesneg ym Mhen-y-bont ar Ogwr.[34]

Eto, nid yw tawelwch y cylchgronau plant ynghylch y mater hwn yn destun syndod. Prin y cafwyd unrhyw sylwadau'n ymwneud â materion gwleidyddol neu ddigwyddiadau cyfoes yn y cylchgronau plant yn ystod hanner cyntaf y ganrif. Byddai cylchgrawn nodweddiadol yn cynnwys hanesion beiblaidd, straeon moesol, eitemau am fyd natur (er diben moesol), gweddïau, emynau ac ysgrifau coffa. Anaml y clywid am faterion llosg y dydd. Yn ystod y dadleuon diwinyddol brwd a gafwyd ynghylch etholedigaeth a bedydd plant yn hanner cyntaf y ganrif, er enghraifft, ni cheid unrhyw arlliw ohonynt ar dudalennau'r cylchgronau. Ymhellach, prin y gall y darllenydd cyfoes amgyffred y cynhyrchwyd y cylchgronau hyn mewn cyfnod o anniddigrwydd ac anghydfod cymdeithasol. Nid oes sôn am Ferthyr na Beca na Siartiaeth. Diau fod hynny gan mai ar oleuo'r meddwl a'r ysbryd yr oedd pwyslais y cyhoeddiadau enwadol. Yn wleidyddol hefyd, rhaid oedd sicrhau nad oedd unrhyw arlliw o wrthryfel yn perthyn i Anghydffurfiaeth, fel y pwysleisiwyd eisoes yn y gyfrol hon. Cydymffurfio ag ideoleg geidwadol Brydeinig a wnâi nifer fawr o arweinwyr y Gymru Anghydffurfiol, wedi'r cyfan.

Ond dylid ystyried hefyd y rhesymau ymarferol pam nad oedd cylchgronau enwadol i blant yn cynnig sylwebaeth ar faterion y dydd. Gyda rhwydweithiau lledaenu newyddion yn ehangu o flwyddyn i flwyddyn yn sgil sefydlu papurau wythnosol a dyddiol, a'r datblygu a fu ar ffyrdd a rheilffyrdd, yn enwedig erbyn canol y ganrif, nid oedd cylchgrawn misol yn gyfrwng effeithiol i rannu gwybodaeth na sylwebaeth ar faterion cyfoes. Fel yr eglura'r Parch. Henry Parry, golygydd *Y Winllan* ar derfyn 1862 (yr un Henry Parry ag awdur 'Yr Eneth Hoff', efallai), 'blwyddyn ryfedd' a welodd yr 'ymrysonfa ofnadwy yn America' yn dwysáu, nid dichon i fisolyn geisio rhannu'r newyddion diweddaraf â darllenwyr: 'Diau fod ein darllenwyr yn derbyn newyddion cynarach a llawnach o'r gorllewin nag a allem ni roddi yn fisol.'[35]

Eto, er y distawrwydd llethol ynghylch cynnwrf cyhuddiadau'r Llyfrau Gleision yn y cylchgronau plant, ysgogodd y ffaith bod lles plant Cymru bellach yn bwnc llosg cenedlaethol newid sylfaenol yn y modd y cyfathrebid â phlant o hynny ymlaen, a'r hyn a ystyrid yn addas ar eu cyfer. Fel yr eglura Huw Walters am ddylanwad cyffredinol yr adroddiadau ar y wasg Gymreig:

> Bu'r Llyfrau Gleision yn drobwynt yn hanes addysgol a llenyddol Cymru, ac y mae'n rhaid ystyried datblygiad y wasg gylchgronol yng ngoleuni cyhuddiadau'r comisiynwyr addysg. Bu cynnydd eithriadol yn y math o lenyddiaeth a ystyrid yn fuddiol ac yn adeiladol, a daethpwyd i goleddu'r syniad mai drwy addysg a gwybodaeth gyffredinol y gallai'r Cymro cyffredin ddringo'n gymdeithasol. Credai golygyddion y cylchgronau mewn addysg fel meddyginiaeth ar gyfer drygau cymdeithasol, ac yr oedd y gred mai anwybodaeth oedd gwreiddyn drygau'r oes yn gyffredin yn ystod y cyfnod.[36]

Enwadaeth a'r plentyn

Ac addysg plant yn fater llosg a'r wasg argraffu'n tyfu, gwelwn enwadau Cymru'n cadarnhau'r safle a gymerwyd ganddynt ers dechrau'r ganrif fel ceidwaid lles ysbrydol a moesol y bobl. Ceir ganddynt weithgarwch cynyddol ar ran plant a rhoddir lle amlycach iddynt hefyd yng ngweithgareddau a diwylliant y capeli. Wrth i afael y wladwriaeth ar addysg dynhau, synhwyrir yr enwadau'n graddol ildio addysg ddyddiol ac yn ymroi eu hegni'n llwyr i ddiwylliant efengylol, Cymraeg ei iaith yr ysgolion Sul. Yn bennaf dan ddylanwad y Methodistiaid Calfinaidd, 'enwad heb draddodiad o elyniaeth reddfol tuag at nawdd y wladwriaeth', rhoddwyd addysg ddyddiol yn nwylo cyfundrefnau addysgol Prydeinig y Gymdeithas Frytanaidd a'r Gymdeithas Genedlaethol a derbyniwyd ymron yn ddigwestiwn, yn ôl tystiolaeth llenyddiaeth plant y Gymraeg, mai Saesneg fyddai cyfrwng yr addysg honno.[37]

Nid oedd unrhyw ddeddf na gorfodaeth i ddefnyddio'r Saesneg yn unig yn ysgolion Cymru, ond dyna'r arfer a gynigid gan yr ysgolion cyfundrefnol a sefydlwyd o ddechrau'r ganrif ymlaen, ac ni leisiwyd gwrthwynebiad na threfnu ymgyrchoedd digon effeithiol a grymus i wyrdroi'r arfer hwnnw. O ganlyniad, normaleiddiwyd y syniad mai Saesneg oedd iaith addysg ddyddiol gan arwain rhai i gwestiynu defnyddioldeb y Gymraeg yn yr oes a oedd ohoni. Roedd yr awdur a'r golygydd Brutus (David Owen, 1795–1866), er enghraifft, yn rhagweld tranc y Gymraeg mor gynnar â'r 1820au gan honni yn ei erthyglau yn *Seren Gomer* fod y Gymraeg 'yn rhwystr i ni gynnyddu mewn gwybodaeth' ac mai ein dyletswydd 'ydyw gwneuthur aberth o honi a'i dilëu, fel trwy hyny y rhoddem le i iaith [h.y. y Saesneg], trwy gyfrwng yr hon y gwnawn gynnyddu'.[38] Yn y 1840au datganodd Michael D. Jones, hyd yn oed, y byddai diddymiad y Gymraeg 'yn fanteisiol i Gymru' gan fod ei hysgolorion ifainc ar ei hôl hi o'i gymharu â'u cyfoedion yn Lloegr.[39] Roedd y Cymry dan anfantais oherwydd yr arfer o addysgu siaradwyr uniaith Gymraeg drwy gyfrwng y Saesneg, meddai.

Er negyddiaeth sylwadau Michael D. Jones ynghylch defnyddioldeb y Gymraeg dangosodd Dafydd Tudur eu bod, mewn gwirionedd, yn rhan o weledigaeth a oedd yn datblygu ym meddwl Jones yn ystod y 1840au ynghylch angenrheidrwydd y Gymraeg i barhad y genedl.[40] Ond roedd ehangder yr arfer beunyddiol o addysgu drwy gyfrwng y Saesneg ynghyd â grym y disgwrs hegemonaidd ynghylch statws canolog y Saesneg yn ymylu'r Gymraeg yn y drafodaeth ynghylch dyfodol Cymru. Erbyn i gomisiynwyr y llywodraeth archwilio cyflwr addysg yng Nghymru yn 1846 '[y]r oedd y gagendor rhwng iaith y werin-bobl ac iaith yr ysgolion dyddiol eisoes yn ffaith', fel y dywed Gareth Elwyn Jones.[41] Er bod 80 y cant o boblogaethau Môn,

Caernarfon, Dinbych, Y Fflint a Threfaldwyn yn siarad Cymraeg, un ysgol yn unig a addysgai drwy gyfrwng y Gymraeg yn y siroedd hynny: defnyddid y ddwy iaith mewn 46 ysgol, a Saesneg yn unig mewn 530 ysgol.[42] Nid pwysau gorfodaeth uniongyrchol a arweiniodd at y fath sefyllfa: magodd y Saesneg rym symbolaidd nad oedd modd i'r cymunedau Cymraeg, heb rym gwleidyddol, ei gwrthsefyll.

Ond roedd ganddynt sefydliad o fath ar ffurf yr ysgolion Sul a thuedd naturiol hanesyddiaeth y Gymraeg yw ymfalchïo yn llwyddiant y sefydliad hwnnw i drwytho cenedlaethau o blant yn iaith a diwylliant y Gymraeg. Eto, mae yma ddeuoliaeth i lwyddiant yr ysgolion Sul a'r ymroddiad iddynt. Yng ngeiriau T. M. Bassett:

> it was the same people who worked so hard with the Sunday School who also promoted the establishment of the English day school. It is all too easy to blame an alien government for the latter. The truth is that, with very few exceptions, Welsh educationalists and church leaders accepted this dichotomy.

Bron nad yw bodolaeth a llwyddiant yr ysgolion Sul, felly, yn arwain at dderbyn addysg ddyddiol Saesneg: 'it is difficult to believe that they would have accepted the English day school so readily without the excuse which the Welsh Sunday School offered'. I Bassett, arweiniodd hyn at bolisïau 'misguided and servile and in the final outcome almost catastrophic for the national language in Wales'.[43]

Yr awgrym cryf gan Bassett (ac un a atgyfnerthwyd gan Simon Brooks yn *Pam na fu Cymru?* (2015)) yw y gallai pethau fod wedi bod yn wahanol iawn. Yn ystod degawdau canol y bedwaredd ganrif ar bymtheg, roedd cyfalaf economaidd a symbolaidd enwadau'r 'Gymru Anghydffurfiol' ar ei anterth. Roedd iddynt drefniadaeth a rhwydweithiau lleol a chenedlaethol a sefydlwyd i warchod lles ysbrydol y genedl. Er mai camsyniad yw tybio bod mwyafrif Cymry'r cyfnod yn mynychu addoldy Anghydffurfiol yn rheolaidd yn ystod y blynyddoedd hynny,[44] roedd y parchusrwydd, hunanddisgyblaeth a darostyngeiddrwydd a gysylltid â chrefydd gyfundrefnol yr oes yn gweddu hunanddelwedd y Cymry ohonynt eu hunain fel dinasyddion ffyddlon a gweithgar i'r enwad, y Goron a'r wladwriaeth. Fel y dywed M. Wynn Thomas:

> Myn yr haneswyr wrth gwrs, a hynny'n berffaith gywir, na fu Cymru erioed yn 'genedl Anghydffurfiol', os golygir bod mwyafrif y Cymry wedi ymaelodi yn yr enwadau neu'n mynychu'r capeli. Ond

nid dyna wir arwyddocâd y disgrifiad. Yr hyn a olygir, yn hytrach, yw mai dyna oedd delwedd ddewisol Cymry'r bedwaredd ganrif ar bymtheg o'u hanfod fel cenedl.[45]

Yn ymateb Lewis Edwards, er enghraifft, i'r adroddiadau ar addysg yn Y Traethodydd 1847, fe'i gwelwn yn egluro sut y dylid plannu prif egwyddorion y ddelwedd ddewisol hon yn y genhedlaeth iau. 'Mae dyn dysgedig, heb rinwedd moesol yn ei lywodraethu,' meddai, 'fel llong yn cario hwyliau llydain, ond heb lywydd cyfarwydd wrth ei llyw, ac heb bwysau digonol yn ei gwaelod.'[46] Â ati i restru ac egluro'r rhinweddau sydd eu hangen er 'amaethiad moesol y meddwl' gan gynnwys ufudd-dod, geirwiredd, llywodraethu blys a chymedroli nwyd, diwydrwydd, gonestrwydd a chyfiawnder, tirionedd a hynawsedd tymer.[47] Dyma egwyddorion a oedd ynghlwm wrth dwf parchusrwydd yn ystod yr oes ddiwydiannol ledled Prydain, wrth gwrs.[48] Nid peth nodweddiadol Gymreig nac enwadol oeddynt o bell ffordd. Fe'u cysylltid â gwahanol hunaniaethau gwleidyddol, ethnig a chrefyddol, fel y dengys astudiaeth Paul O'Leary ar ideoleg 'parchusrwydd' ymysg cymunedau Gwyddelig de Cymru o 1845 ymlaen.[49] Ond oherwydd i'r Gymraeg gael ei neilltuo fwyfwy i'r maes crefyddol, a chan mai o grombil enwadaeth y deuai mwyafrif llethol arweinwyr y maes hwnnw, daeth Anghydffurfiaeth i arwyddo parchusrwydd a fyddai'n amddiffyn buddiannau moesol y Cymry, heb dramgwyddo awdurdod y wladwriaeth.

Ei phrif arf yn yr ymdrech fawr i ddiwyllio'r Cymry a'u hamddiffyn rhag cam y Llyfrau Gleision oedd y wasg argraffu. Tynhaodd yr enwadau eu gafael ar y wasg yn ystod y blynyddoedd canol hyn gan arwain at unffurfiaeth pwnc a chyfrwng. 'Gorddibyniaeth ar grefydd gyfundrefnol oedd un o brif nodweddion gwasg gylchgronol Gymraeg y bedwaredd ganrif ar bymtheg' meddai Huw Walters, awdurdod ar hanes cyhoeddi yng Nghymru, a dyfynna eiriau'r ysgolhaig gloyw o Ferthyr, Thomas Stephens, yn Y Wawr 1851: 'Nid yw yn glod mawr i'r genedl ei bod yn analluog, neu yn anewyllysgar, i gynnal un cyhoeddiad, heb ei fod mewn cyssylltiad ag enwadau crefyddol, ond felly y mae.'[50] Mwy digywilydd a deifiol oedd ymateb Y Punch Cymraeg i deyrnasiad yr enwadau dros y wasg ar y pryd. Yn 1858, er enghraifft, lluniodd Ellis Owen Ellis gartŵn dychanol yn amddiffyn y wasg rhag gormes enwadol.[51] Cynrychiolid y gormes hwnnw yn y dychanlun o Thomas Gee, 'press baron of Methodistia', yng ngeiriau Peter Lord, a'r brif gŵyn oedd bod y Methodistiaid Calfinaidd, yn arbennig, yn deddfu ar yr hyn y dylid ei argraffu neu beidio gan lesteirio rhyddid sylfaenol y wasg.[52]

Ond roedd dylanwad llethol yr enwadau dros y wasg yng Nghymru yn safiad moesol a oedd ynghlwm wrth realiti economaidd nad oedd modd dianc rhagddo. Gan na fuddsoddai'r wasg Gymraeg yn ei hawduron, nid oedd modd datblygu dosbarth proffesiynol sylweddol o ysgrifenwyr a allai ennill mesur o annibyniaeth. I Bourdieu, mae gwerth maes llenyddol yn gysylltiedig ag annibyniaeth neu awtonomi'r maes, a gellir amgyffred yr awtonomi hwnnw yng ngallu awduron unigol i wrthod neu anwybyddu gofynion allanol, boed yn ofynion gwleidyddol, crefyddol neu fasnachol.[53] Ond roedd arferion cyfansoddi a chyhoeddi testunau Cymraeg, yn enwedig ar gyfer plant, yn gwbl ddarostyngedig i anghenion y maes crefyddol gan mai hwnnw a oedd yn noddi a chynnal y maes cyhoeddi. Yng ngeiriau Philip Henry Jones:

> authorship in nineteenth-century Wales remained a part-time activity, largely undertaken by the ever-growing band of Nonconformist ministers, educated men who enjoyed a modicum of leisure, who believed they had a duty to inform and enlighten their compatriots, and whose stipends generally failed to keep pace with the expenditure required by status. It was the values of these preacher-authors, bound by ties of friendship to the surprising number of preacher-publishers, that Welsh-language publications expressed. Contemporary observers rejoiced at the hegemony, but the absence of 'infidel or immoral' works represented a narrowing of the scope of printed Welsh, and the exclusion of some potential authors.[54]

Nid oedd system addysg ddyddiol i yrru'r galw am ddeunyddiau Cymraeg ar gyfer pobl ifainc, na chyhoeddiadau seciwlar i arbrofi â chynnwys a ffurf. O ganlyniad, diwallu anghenion plant yr enwadau oedd blaenoriaeth yr awdur-bregethwyr hyn, a nhw hefyd oedd â'r rhwydweithiau trefniadol i hwyluso gwerthu a dosbarthu'r deunyddiau drwy'r wlad.

Ond roedd dulliau'r enwadau o drin plant yn newid. Nid rheoli plant a'u cyfyngu i'r encilion a wnâi'r capeli wrth i'r ganrif fynd rhagddi, eithr yn sgil y diddordeb cynyddol mewn addysg a phlant, rhoddwyd lle amlycach iddynt ym mywyd yr eglwys. O fewn strwythur yr ysgolion Sul ceid tasgau, arholiadau a gwobrau ar gyfer yr ifainc a chynhelid nifer gynyddol o wasanaethau a chyfarfodydd lle y rhoddid croeso penodol i blant. Yn Sasiwn Dolgellau 1841, er enghraifft, anogwyd eglwysi'r Methodistiaid Calfinaidd i wneud 'rhyw seremoni fychan gyda y plant i ddechreu' a'u cynnwys yn y seiat gan mai 'hawdd gwneyd yr ymddyddan â'r plant yn beth hyfryd i'r hen bobl, ac felly hefyd yr ymddyddan â'r hen bobl yn beth hyfryd i'r plant'.[55] Rhaid cofio mai'r agwedd gyffredinol cyn hynny oedd mai lle amhriodol i blant oedd y seiat, ac i nifer o seiadau neilltuol i blant gael eu sefydlu ar ddechrau'r ganrif.[56] Ond erbyn y 1840au gwelwn yr enwad yn rhoi gofod i bresenoldeb plant yng ngŵydd oedolion.

Yn achos y Bedyddwyr, rhoddid lle amlwg i blant yn eu hoedfaon, yn arbennig oedfaon y 'pwnc', a chafwyd trafodaethau diwinyddol hefyd a oedd yn effeithio ar y sylw a roesant i blant.[57] Yn y 1860au, er enghraifft, bu'r Bedyddwyr yn dadlau a oedd plant heb eu bedyddio yn gadwedig, a'r farn gyffredin oedd eu bod. Yn ôl Bassett: 'Effaith y dadleuon oedd rhoi mwy o le i'r plant yn y gwasanaethau cyffredin; cymhellid hwy i ddod ag adnod i'r gyfeillach, sefydlwyd pregeth i'r plant ar nos Sul unwaith y chwarter.'[58] Ar draws yr enwadau roedd y pwyslais ar bechod plentyn o'i enedigaeth yn dechrau edwino a'r pwyslais ar uffern yn gwanhau. Gwelwyd '[t]uedd gynyddol i wrthod y gred ym modolaeth uffern a chosbedigaeth dragwyddol' erbyn y 1880au'n arbennig.[59] Gan na ellid felly ddibynnu'n unig ar fygwth cosbau uffern, rhaid oedd datblygu ffyrdd amgenach o ennyn teyrngarwch plant. Arweiniodd hynny at greu gweithgareddau a rhwydweithiau cymdeithasol a fwriedid i addysgu a chynnal ffyddlondeb plant i'r enwad yn ifanc. Roedd y rhain yn cynnwys partïon te blynyddol, *penny readings* ac eisteddfodau, nosweithiau *magic lantern* a rhoddion i'r plant adeg y Nadolig.[60]

Yn y gweithgareddau hyn, trowyd plant yn symbolau y gellid eu rhoi ar lwyfan a'u gorymdeithio drwy'r dref er mwyn arddangos cryfder y genadwri. Wrth ddisgrifio arfer y Methodistiaid Calfinaidd o gynnwys gorymdeithiau yn rhan o gyfarfodydd Sasiwn y Plant, medd Eryn White:

[Roedd] y cymanfaoedd yn amcanu at fwy na gwella gwybodaeth grefyddol y disgyblion; yr oeddynt yn ddathliad o rym a dylanwad y Cyfundeb yn ogystal. Mabwysiadwyd dulliau tebyg gan enwadau eraill, a hynny'n arwain yn anochel at elfen gystadleuol. Gellid ystyried y gorymdeithiau yn ffordd o feddiannu mannau cyhoeddus a thrwy hynny wneud datganiad eglur am bresenoldeb a nerth yr enwad.[61]

Diau y byddai gorymdaith 2,105 o blant y Bedyddwyr yn Llanelli yn 1849 yn arwydd sicr o nerth yr enwad hwnnw, hefyd.[62] Cydnabyddid yn ogystal rôl yr ifainc yn tanio diwygiadau lleol gyda'u sêl a'u brwdfrydedd. Roedd diwygiadau crefyddol yn un o hynodion y mudiad efengylaidd yng Nghymru'r bedwaredd ganrif ar bymtheg. Cafwyd diwygiad grymus yn 1859, er enghraifft, a'i ganolbwynt yn ardal Aberystwyth a'r 'gred gyffredin cyn diwedd y ganrif oedd fod diwygiad yn digwydd bob deng mlynedd', yn ôl R. Tudur Jones.[63] Cymhellwyd unigolion i ymdeimlo â'u cyflwr pechadurus gan y profiad o ddarllen y Beibl, gwrando ar bregeth ysbrydoledig neu gyd-brofi bendith Duw mewn cyfarfodydd Cristnogol. Gallai brwdfrydedd yr ifainc, a'r profiad o weld plant yn proffesu eu ffydd ag angerdd fod yn symbyliad diwygiadol cryf i bobl o bob oed.[64] Dywedir i ddiwygiad Ysbyty Ifan 1851, er enghraifft, dorri allan wrth i'r ieuenctid ganu'r anthem 'Am hynny mewn llawenydd y tynnwch ddwfr'.[65]

Grym arall, mwy cymdeithasol ei ffocws, a roes egni, brys a chyfeiriad i'r dull newydd hwn o drin plant ymhlith yr enwadau oedd twf y mudiad dirwest. Dyma fudiad a daniodd egni'r Cristnogion hynny a gredai, yn sgil ystwytho rhwymau Calfiniaeth, fod achubiaeth bersonol a diwygio cymdeithasol yn mynd lawlaw â'i gilydd. Yng ngeiriau M. Wynn Thomas:

> Preoccupied with personal salvation, Nonconformists were, for the first half of the nineteenth century, prevented by their strict Calvinism from addressing the distressing economic, social and political conditions produced by a predatory new industrial capitalism. Thereafter, as well as providing emotional safety valves for a population worked to the limits of its endurance, the chapels became the bases of a popular resistance movement. Nonconformist leaders and elders looked to politics and social reform as instruments not only of immediate social betterment but of eventual human improvement. They targeted the ogres of popular oppression: rural landlords, the established church, the demon drink.[66]

Roedd cymdeithasau dirwest wedi lledu drwy Gymru yn hanner cyntaf y bedwaredd ganrif ar bymtheg, gan ddwysáu yn sgil pasio Deddf Gwrw 1830 a ganiatâi i unrhyw drethdalwr geisio am drwydded i agor tŷ tafarn. Cysylltid meddwdod â drygau moesol a chymdeithasol, a mabwysiadwyd dirwest, a llwyrymwrthodiad maes o law, yn frwdfrydig gan nifer fawr o aelodau'r enwadau Anghydffurfiol. Fel y dywed Robert Pope: 'y mudiad dirwest a roddodd feddylfryd o grwsâd i Anghydffurfiaeth Gymraeg, ac fe ddaeth, erbyn diwedd y bedwaredd ganrif ar bymtheg, yn nodwedd ganolog o'i hunaniaeth a'i chenadwri'.[67] Roedd ei neges sylfaenol ynghylch amddiffyn glendid corfforol ac ysbrydol unigolion, teuluoedd a chymunedau yn gweddu eu hamcanion efengylol i'r dim a datblygodd 'is-ddiwylliant dirwestol pur egnïol' erbyn canol y ganrif, fel y dywed John Davies, 'gyda chylchgronau, cyfarfodydd, caneuon, urddau, seremonïau, gwestai ac addewidion' er mwyn ennyn a chynnal teyrngarwch pobl o bob oed i'r mudiad.[68]

Roedd i'r plentyn arwyddocâd symbolaidd ac ymarferol i'r ymgyrch hon a rhoes y mudiad dirwest le canolog i'r plentyn yn ei genadwri a'i weithgareddau. Roedd dwy agwedd ar ymwneud y mudiad â phlant. Ar y naill law, canolbwyntiai ar symbolaeth y plentyn diniwed yn dioddef o achos meddwdod rhieni ac ar y llall, rhoddai bwyslais ar hyfforddi'r plentyn yn ifanc i ymwrthod â'r ddiod gadarn. Anogwyd plant i gyfrannu at y mudiad drwy gymryd y llw dirwestol a mynychu cyfarfodydd. Sefydlwyd y *Band of Hope* neu'r 'Gobeithlu', mudiad dirwest yn neilltuol ar gyfer yr ifainc, yn Leeds yn 1847 ac erbyn y 1850au cynhelid cyfarfodydd drwy Gymru.[69] Deilliai'r pwyslais ar genhadu ymysg y plant o'r athrawiaeth feiblaidd ynghylch hyfforddi'r ifainc a'r drafodaeth ar y pryd ynghylch angenrheidrwydd addysgu plant. Er enghraifft, wrth gloi *Egluryn Dirwestiaeth* (1842) cynigia Rhisiart Owen William ateb estynedig i'r cwestiwn 'Paham y cynghorir plant i ymuno â'r Gymdeithas Ddirwestol?'

1. Am mai dyma'r llwybr dyogelaf i'w cadw yn sobr pan heneiddiont. 'Hyfforddia blentyn yn mhen y ffordd a phan heneiddio nid ymedy â hi,' Diar. xx. ii. 6.
2. Am mai pan y mae dyn yn blentyn y mae hawddaf planu egwyddorion ynddo. 'Fel y mae saethau yn llaw y cadarn felly y mae plant ieuengctyd,' Ps. cxxvii. 4.
3. Pe gellid planu yr egwyddor ddirwestol yn y plant oll byddai yr oes nesaf yn sobr hollawl.
4. Nid yw yr Arglwydd yn ddisylw o blant, eithr y mae yn gogoneddu ei enw drwyddynt yn fynych.[70]

Yn eu gweithgareddau eglwysig, eu diwygiadau ysbrydol a'u hymgyrchoedd dirwestol, roedd i'r plentyn le canolog ym mywyd enwadau Cymru erbyn canol y bedwaredd ganrif ar bymtheg. Ond roedd ei safle yn parhau yn ddi-rym a darostyngedig: er bod y plentyn yn cael ei ddyrchafu a'i arddangos mewn modd nas gwelwyd o'r blaen, roedd yn parhau i gael ei drin fel gwrthrych i'w hyfforddi a'i siapio. Efallai nad oedd y bedd yn ganolbwynt mor amlwg i'r hyfforddi hwnnw ag y bu, ond yr oedd y cymhelliad didactig i ddefnyddio cyhoeddiadau print i gymell ymddiwygio moesol ac ysbrydol mor gryf ag erioed. Y flaenoriaeth bellach oedd arfogi plant â'r wybodaeth feiblaidd a'r ddealltwriaeth gymdeithasol angenrheidiol er mwyn iddynt gymhathu ag egwyddorion diwinyddol a diwylliannol eu cymunedau ffydd.

Ymateb y cylchgronau plant

Ym myd addysg, diwydiant, cyhoeddi a diwygio cymdeithasol roedd y trawsnewidiadau a achoswyd i fywyd beunyddiol cyfran helaeth o'r boblogaeth wrth wraidd y drafodaeth ynghylch plant a phlentyndod. Dangosodd y bennod hon fod heriau moesol yr oes gyfalafol, fodern yn aml yn cael eu mynegi yn nhermau eu heffeithiau ar blant, boed yn y drafodaeth ynghylch oedrannau gweithio, y ddadl ynghylch a ddylai addysg ddyddiol fod yn orfodol ai peidio, neu yn yr ymgyrch yn erbyn meddwdod. Drwy ddefnyddio'r plentyn yn ganolbwynt ar gyfer ymateb i heriau'r cyfnod, dengys y modd yr oedd trawsnewidiadau'r oes yn cael eu mewnoli.

Yn llên plant ail hanner y bedwaredd ganrif ar bymtheg, gwelwn y ffactorau cymdeithasol, economaidd hyn yn cael eu mynegi ar ffurf ymwybyddiaeth newydd o arwyddocâd y plentyn i'r oes a oedd ohoni. Mae'r agweddau isorweddol a amlygir, y rhai sy'n bodoli ar lefel yr *habitus*, yn arddangos bod syniadau newydd yn ymffurfio ynghylch defnyddioldeb plant er sicrhau sefydlogrwydd cymdeithasol heddiw a ffyniant i'r dyfodol. Sylwer, er enghraifft, ar yr anerchiad hwn yn rhifyn mis Tachwedd 1848 o'r *Winllan*, cylchgrawn y Wesleaid a oedd newydd ei sefydlu fis Ionawr y flwyddyn honno:

Blant! Yr ydych genym o flaen ein llygaid, ar ein meddyliau a'n calonau, ac yn ein gweddiau; ac y mae ein dysgwyliadau yn fawrion am danoch chwi. Wrth ddysgwyl i Dduw ymweled â ni ag adnewyddiad a thywalltiad o'i Ysbryd, arnoch chwi yr ydym yn meddwl y bydd y ffrwyth penaf; o honoch chwi yr ydym yn dysgwyl rhai i lenwi bylchau yn myddin Duw; o'ch plith chwi yr ydym yn dysgwyl iddo ef godi gweinidogion a bugeiliaid wrth fodd ei galon; a phan fyddwn ni yn llwch angau, yn eich plith chwi y mae rhai, megys yn y tyrau llwch heddyw, a fyddant yn enwog gydag achos Crist; a rhai o honoch chwi a fydd yn llenwi lleoedd yr hen bobl gydag achos Duw a'i waith, pan fyddo eu penau hwy yn isel yn y pridd. Ac er mwyn achos Duw, y mae ein dysgwyliad yn fwy am eich achub chwi, yr ieuenctid, na'r hen bobl. Y mae yn fwy o werth gweled un ieuanc yn cael ei ddychwelyd, na deuddeg neu ugain o hen bobl, o ran defnydd i'r achos; – *sylwch*, o ran defnydd i'r achos, nid o ran gwerth yr enaid. Y mae eneidiau hen bobl o'r un gwerth ag eneidiau rhai ieuainc; ond o ran defnyddioldeb gydag achos Duw, a gogoniant ei enw ef ar y ddaear, y mae un ieuanc yn fwy o werth nag ugain o hen bobl.[71]

Yma, mae'r awdur, 'E.', yn mynegi'r un math o gariad a phryder tadol ag a gafwyd mewn cylchgronau cynharach. Ond sylwer nad yw ei ofal yn bennaf am dynged dragwyddol y darllenwyr ifainc, eithr yn hytrach am eu defnyddioldeb i'r achos o ledaenu gair Duw. Mae'r pwyslais nawr yn sicr ar y dyfodol, a'r lle anrhydeddus a fydd i blant *Y Winllan* yn y dyfodol hwnnw. Roedd yr oes ddiwydiannol gyda'i chyfleon addysgol a diwylliannol newydd yn agor drysau i bosibiliadau amgenach i blant na'r hyn a wynebai eu rhieni a'u rhieni hwythau. '[Y] mae hwn yn fyd', meddai R. Tudur Jones, 'lle mae *gyrfa* heblaw bod yn was ffarm neu'n bregethwr yn bosibl i werinwr. Mae dod ymlaen yn y byd yn ddelfryd i'w chanmol, nid yn falchder i'w gondemnio.'[72] Nid oedd hynny o reidrwydd yn arwain at amodau byw gwell iddynt yn y dyfodol, ac nid oedd yr un cyfleon ar gael i bawb, wrth gwrs. Roedd llawer yn dibynnu ar amgylchiadau lleol, safon y ddarpariaeth addysgol, agwedd rhieni ac yn y blaen. Yn sicr, bu'n ganrif o ddioddef a thlodi i nifer fawr o'r boblogaeth. Ond mae a wnelo'r gyfrol hon, nid â realiti bywyd materol plant, ond â'r modd y dychmygid eu safle a'u dyfodol. Ac yn ddiau, buddsoddodd yr enwadau'n llawn ym mhotensial yr oes newydd hon ar gyfer eu plant. Gwelai'r Gymru Anghydffurfiol dwf ysgolion Sul a diwylliant y capeli'n arwydd o waith Duw ar gerdded drwy'r wlad, ac roedd ymlediad y wladwriaeth Brydeinig dros y môr yn brawf pellach iddynt o'r Cristnogeiddio a oedd ar waith drwy'r byd. Nid hen bobl, chwedl 'E.' uchod, oedd eu hangen ar y byd newydd hwn, ond pobl ifainc frwdfrydig, ddarllengar a pharchus a fyddai'n gonglfaen i'r achos gartref a'r genhadaeth dramor.

Mae'n ddiddorol sylwi nad oedd y Methodistiaid Calfinaidd, enwad mwyaf Cymru, eto wedi taro ar gyhoeddiad misol, sefydlog ar gyfer plant Cymru, yn wahanol i'r Bedyddwyr, y Wesleaid a'r Annibynwyr. Ymdrechion dros dro a gafwyd ganddynt cyn y 1850au. Byr fu oes *Addysgydd* David Charles a Hugh Hughes, ac am dair blynedd yn unig, rhwng 1826 ac 1829, y cyhoeddwyd *Pethau newydd a hen: neu, drysorfa i'r ysgol Sabbothol*, yn bennaf ar gyfer ysgolion Sul sir Drefaldwyn. Cafwyd misolyn newydd ganddynt yn 1852, ond un rhifyn yn unig a gynhyrchwyd o *Trysorfa'r Plant*, dan olygyddiaeth Hugh Jones, Llangollen. Nid *Trysorfa y Plant* enwog Thomas Levi oedd hwn, ond ymgais gan Hugh Jones i ddarparu chwaer fach i *Y Drysorfa*, misolyn sylweddol yr enwad i oedolion a gynhyrchwyd ganddynt er 1831. Roedd *Y Drysorfa* ymhlith prif gyhoeddiadau'r cyfnod, ond synhwyrir bod Hugh Jones yn gresynu nad oedd ei enwad yn darparu dim byd cyfatebol ar gyfer plant. 'Gwir fod ar y maes eisoes Gyhoeddiadau gwir deilwng i'r ieuengctyd' meddai yn ei anerchiad agoriadol, 'ond y maent yn cynyg bwyd rhy gryf i'r dosbarth y mae a wnelo "Trysorfa'r Plant" â hwy; neu mewn geiriau ereill, y mae ynddynt ddyfnderau na's gall rhai o saith i bedair ar ddeg oed eu plymio.'[73]

Mae'r dyfyniad hwn yn arwyddocaol gan ei fod yn cyfeirio'n benodol at ystod oedran darllenwyr targed y cylchgrawn ac at fethiant cymharol cyhoeddiadau eraill i ddarparu ar gyfer yr oedrannau hyn. Fel y gwelwyd eisoes, cyfeirio'n benagored at 'blant' neu 'bobl ieuaingc' a wnâi testunau cyn hynny. Ni fanylid ar yr oedran y disgwylid i blentyn allu darllen yn annibynnol ar y naill law, na phryd yr oedd disgwyl iddo symud ymlaen at lenyddiaeth oedolion ar y llall. Drwy anelu at blant rhwng 7 a 14 mlwydd oed, mae Hugh Jones yn cyfleu mai dyma oedran prifio darllenwyr. Cymerir yn ganiataol felly bod plant saith oed eisoes wedi dysgu'r llythrennau a sgiliau elfennol darllen, ond bod angen cymedroli a graddoli deunydd ar eu cyfer a hwythau megis dechrau darllen yn annibynnol ac yn ystyrlon. Hefyd, mae'r cyfeiriad hwn yn arwyddo awydd cynyddol i gymhlethu'r hyn y mae 'plant' yn ei ddisgrifio, a chreu is-adrannau (pur amhenodol, rhaid nodi) i wahaniaethu rhwng anghenion pobl o wahanol oedrannau. Yn y 1870au, er enghraifft, sefydlwyd colofn 'i'r rhai bach' yn *Trysorfa y Plant* (1871); gofynnodd *Y Winllan* yn 1877 a ddylid dynodi cylch y cyhoeddiad yn groywach, hynny yw, 'cyhoeddiad ar gyfer *pwy* ydyw', plant neu bobl ifainc?[74] Ac yn 1870 dywedwyd y bydd *Tywysydd y Plant* yr Annibynwyr ar ei newydd wedd o 1871 ymlaen 'yn fwy o lanc nag o ddyn' ac yn canolbwyntio'n neilltuol ar blant: 'â'r to sydd yn codi y bydd a fyno yn fwyaf neillduol, fel y dengys ei enw, diau er hyny y profa ei ddysgleidiau yn fwyd danteithiol i bobl mewn oed'.[75]

Er i Hugh Jones weld bwlch yn narpariaeth y Methodistiaid Calfinaidd dros ei phlant, methodd *Trysorfa'r Plant* â chanfod ei draed. Nid yw'r rhesymau dros ei fethiant yn hysbys, ond roedd digon o gyhoeddiadau eraill wedi trengi oherwydd diffygion ymarferol yn ymwneud â dosbarthu copïau a chasglu cyfraniadau a thanysgrifiadau. Nid ar chwarae bach y cynhelid misolyn i blant, fel y byddai Thomas

Levi (1825–1916) yn ei ganfod draw yng Nghwm Tawe ddwy flynedd yn ddiweddarach, pan geisiodd yntau sefydlu cylchgrawn newydd i ddarllenwyr ifainc ar ran y Methodistiaid Calfinaidd. Ond yn ei ymdrechion cynnar ef i olygu cylchgronau plant, ac yn llwyddiant aruthrol *Trysorfa y Plant* o dan ei ofal o 1862 ymlaen, gwelwn yr holl amodau economaidd a chymdeithasol a roes safle newydd i blant canol y ganrif yn cael eu mynegi'n groyw.

Bu tuedd i ystyried Levi yn arloeswr unigryw a ddaeth â gweledigaeth ac egni newydd i'r maes cyhoeddi Cymraeg i blant. Ond mae fframwaith syniadol Bourdieu yn gofyn inni ddadorchuddio'r ffactorau cymdeithasol sy'n llywio arferion unigol. Fel y dywed Bridget Fowler: 'It allows us to understand how social imperatives prompt individual position-taking in a manner which, avoiding a mechanistic model of determined action, appeals to an order based on "feeling".'[76] Felly, er bod penderfyniadau creadigol Levi ym ymddangos yn rhai sy'n deillio o'i hoffter naturiol o blant, dylid eu hystyried yng nghyd-destun ei safle yn y maes llenyddol ar y pryd. Fel pregethwr, awdur a golygydd roedd wedi ymdrwytho'n llwyr yn niwylliant crefyddol a llenyddol ei gyfnod. O ganlyniad, roedd wedi mewnoli arferion y diwylliant hwnnw, a gallai hefyd synhwyro'r newidiadau iddo. Y synnwyr hwn a rydd i awduron, yn ôl syniadaeth Bourdieu, eu gallu creadigol. 'Writers who have been immersed in literary culture, preferably from an early age, internalise not only sounds and rhythms of prose and poetry, but also a sense for the rhythm and changes in the field.'[77] Drwy roi sylw penodol i Thomas Levi yn yr adran nesaf, rhoddir dull Bourdieu o ddeall 'social genesis' llenyddiaeth ar waith drwy hanesyddoli ffordd Levi o feddwl am blant ac ymateb iddynt.

Thomas Levi a'r cysyniad newydd o blentyndod

Yn ddyn ifanc 24 mlwydd oed yng Nghwm Tawe, sefydlodd Thomas Levi *Yr Oenig* yn 1854, cylchgrawn newydd ar gyfer 'ieuengtyd y dywysogaeth' ar y cyd â'r Parch. David Phillips (1812–1904). Bwriad *Yr Oenig* oedd ceisio meithrin ymlyniad a chariad pobl ifainc, yn neilltuol, at ddarllen. Amcanai'r golygyddion wneud y cylchgrawn yn un a fyddai'n

[tynnu] sylw y llanc wedi dyfod adref o'i waith, neu o'r ysgol, ac a barai iddo ei ddarllen gyda blas – annghofio ei *farbles* a'i bêl uwch ei ben – rhoddi gwefriad i'w galon ieuanc – tynu deigryn brwd o'i

lygad i'r ddalen – a pheri iddo adrodd yr hyn a ddarllenodd wrth ei
gyfeillion dranoeth.

Bwriedid iddo hefyd apelio at y merched a'r teulu cyfan hefyd:

> yn gyfryw ag y byddai yn brofedigaeth i'r llances ei gadw yn agored
> ar y ford o'i blaen, wrth wau neu wnio – y gallai y tad neu y fam ei
> ddarllen ar yr aelwyd, a haner dwsin o blant bychain o'u cwmpas,
> a'u clustiau, eu llygaid, a'u safnau yn syn-agored – ac yn gyfryw
> hefyd na byddai raid i'r ysgolor ieuanc daflu cilwg gas arno, na
> gwneyd cam a'i amser wrth ei ddarllen.[78]

Yn ôl y golygyddion, llwyddwyd i gael cylchrediad misol o 2,600 yn
y flwyddyn gyntaf. Roedd cylchrediad o'r maint hwnnw yn gyffredin
i'r cylchgronau eraill ar y pryd, fe ymddengys, gydag *Athraw i Blentyn*
y Bedyddwyr (a sefydlwyd yn 1827) yn datgan yn 1853 y dosbarthwyd
3,000 copi'n fisol.[79] Ond mae'n amlwg na allai'r cylchrediad hwn gynnal
cost a llafur sefydlu cylchgrawn newydd. Felly, ar derfyn rhifyn mis
Rhagfyr 1856, mae'r golygyddion yn ffarwelio â'u darllenwyr hoff gan
ddatgan yn ofidus bod cylchrediad misol y cylchgrawn o ddwy fil
a hanner i dair mil 'yn rhy fychan i dalu ei ffordd'.[80] Er mwyn cadw'r
pris yn geiniog a dimai fforddadwy yn hytrach na thair neu bedair
ceiniog, byddai rhaid cynyddu'r cylchrediad i bedair i bum mil y mis,
medd y golygyddion, a chwynant yn arw am y gofid, y gwaith a'r gost
sylweddol a barodd *Yr Oenig* iddynt:

> Y mae yr OENIG, er lleied o beth ydyw, wedi costio mwy o lafur,
> trafferth, a phryder i ni, nag y gall nemawr o'n darllenwyr feddwl, a'r
> gwirionedd yw, os mynwch ei wybod, nad ydym wedi cael *dim* am
> y llafur i gyd. A gwaeth na hyny, yr ydym ar ein colled o swm nid
> bychan.

Nid y cylchrediad isel yn unig a oedd yn gyfrifol am y costau
afresymol, ond dyledion nifer helaeth o danysgrifwyr a dosbarthwyr:
'Ein casbeth ni yw clochddwrddan am arian, arian, arian, o hyd: ond
atolwg beth a wnawn pan mae ein cyfeillion mor hwyrfrydig?'[81] Â
chalon drom, ond â chryn ryddhad hefyd yn ôl y dystiolaeth hon,
y rhoddwyd y gorau i'r *Oenig* ddiwedd 1856, a rhai misoedd yn
ddiweddarach, yn 1857, ordeiniwyd Thomas Levi yn weinidog gyda'r
Methodistiaid Calfinaidd.

Ar ôl llosgi ei fysedd â'r *Oenig*, gellid tybio na fyddai am fentro eto i'r
byd cyhoeddi cylchronau. Ond ym mis Mai 1859, pan oedd yn weinidog

yng Nghapel yr Ynys, Ystradgynlais, dechreuodd ar ei fenter gyhoeddi nesaf i'r ifainc, sef *Telyn y Plant*, ar y cyd â'r cerddor Ieuan Gwyllt (John Roberts, 1822–77). Y tro hwn, y bwriad oedd gwasanaethu'r *Band of Hope*, neu'r 'Gobeithlu', drwy gynnig straeon, emynau a chaneuon a fyddai'n meithrin cenhedlaeth o ddirwestwyr selog. Yn ei ragymadrodd, mae Ieuan Gwyllt yn cydnabod 'mai o ryw barth o Loegr' y deilliai'r mudiad 'ond y mae ansawdd presenol ein daear ni, yn Nghymru, y fath fel y mae yn egino ac yn tyfu mor naturiol a phe buasai yn frodor oddiyma'.[82] Eu hamcan mwyaf uniongrychol yw 'cael y byd yn sobr', a sylweddolant mai drwy blannu 'egwyddorion llwyr-ymataliad' yn y plant yn unig y gellir cyflawni hynny. Nhw yw'r dyfodol, ac atynt hwy yr anela Ieuan Gwyllt a Thomas Levi eu golygon:

> Y mae hanesyddiaeth yn ymofyn a'r hen; mae y presenol yn llygadu at y canol oed a'r bobl ieuainc; ond y mae calon gobaith yn ymblethu am y plant. Am yr hen, helyntion, arferion, campau, a gorchestion yr amser gynt sydd yn llenwi eu myfyrdodau a'u hymddydyddanion hwynt; masnach, diwydrwydd, helyntion a symudiadau y presenol sydd yn llanw meddylfryd y canol oed; ond am y plentyn, ar y dyfodol y mae ei galon ef wedi ymsefydlu.[83]

Mae'r hyder hwn yn yr ifainc yn nodweddiadol o'r dôn obeithiol sydd i'r drafodaeth am blentyndod erbyn canol y ganrif, fel y tystiodd anerchiad *Y Winllan* yn 1848. Bwriedid i'r hyder hwn ysgogi plant a phobl ifanc i ymroi i'r achos dirwestol a hynny, nid er eu lles eu hunain yn unig, ond er lles eu teuluoedd a'u cymunedau hefyd. Fel y dywed Ieuan Gwyllt:

> Nid oes neb a ŵyr ddim am blant, na ŵyr hefyd fod ganddynt lawer o ddylanwad ar eu rhïeni, ac ereill a ddeuant i gyfarfyddiad â hwynt.
> Y mae plant bychain – bychain iawn, wedi dyfod yn aelodau o'r Gymdeithas Ddirwestol, a'r *Band of Hope*, wedi bod yn foddion, gannoedd o weithiau, i sobri eu rhïeni meddwon ar ol i bob moddion ereill fethu.[84]

Honnir y gall difrifwch, didwylledd a sirioldeb plentyn wrth 'wrthod cymeryd y cwpan gwenwynig' gyffwrdd â '[ll]inynau tyneraf' rhiant meddw, a'i droi o hynny ymlaen yn llwyrymwrthodwr.[85] Felly, er bod plant canol y bedwaredd ganrif ar bymtheg yn gwbl ddarostyngedig i gyfraith rhiant, amlyga'r sylw hwn y credid bod i'r plentyn weithredoledd i ddylanwadu ac effeithio ar ei amgylchfyd.

Cydnabuwyd hynny gan efengyliaeth ers tro, a chofiwn am arwyr bychain *Anrheg i Blentyn* a thestunau tebyg yn cynghori rhieni, gweddïo, pregethu a pheri i oedolion brofi tröedigaethau. Ond nawr roedd y gydnabyddiaeth honno, ynghyd â'r safle newydd a oedd i'r plentyn yn y maes gwleidyddol a diwinyddol, yn arwain at osod y plentyn wrth galon cymunedau ffydd. Mae'n amlwg y cofleidiai golygyddion *Telyn y Plant* yr ymagwedd blentyn-ganolog hon â brwdfrydedd a didwylledd. Ar y plant mae 'llygad' y *Band of Hope*, meddir, mudiad a ŵyr yn dda 'yr anghenrheidrwydd, wrth ymwneyd a phlant, o gydblethu difyrwch ag addysg'.[86] Felly cyflwynant eu cylchgrawn yn 'offeryn bychan at wasanaeth y symudiad anmhrisiadwy hwn' gan gynnig rhifynnau amrywiol 'a wellhânt y meddwl tra yn ei sirioli, a goethant y galon tra yn ei llawenhau'.[87]

Ar effaith a dylanwad ymarferol ac uniongyrchol addysg a dirwestiaeth ar blant y mae pwyslais *Telyn y Plant*. Nid sgil effeithiau ymddygiad plant ar eu tynged dragwyddol sy'n hawlio'r sylw pennaf, felly. Mae honno'n neges hollbresennol, wrth gwrs, ond bellach mae'r disgwrs yn troi o amgylch pwysigrwydd addysg fel dull o ddylanwadu'n uniongyrchol ar ffurf a gwerthoedd y gymdeithas yn y dyfodol. Gyda datblygiad dulliau Rhamantaidd o feddwl ymhlith Cymry canol y ganrif daeth cyfieithiad o linell fawr William Wordsworth, 'The Child is Father of the Man' (o'i gerdd 'My heart leaps up when I behold' (1802)), yn arwyddair poblogaidd, ac fe'i ceir yma gan Ieuan Gwyllt wrth gyflwyno *Telyn y Plant*. Ond yn wahanol i fyfyrdod athronyddol Wordsworth ar ddiniweidrwydd ac aeddfedrwydd,[88] bwriad Ieuan Gwyllt yw cyfleu mor ffurfiannol bwysig yw plentyndod i ddatblygiad dyn a'i gyfraniad at y byd presennol, gan gofio hefyd am arwyddocâd hynny yn y byd a ddaw:

Amcanwn, dan gyfarwyddyd a bendith Duw, i gynhyrfu, cyfeirio, a gosod mewn ymarferiad bob gallu ag sydd yn perthyn i'r plentyn fel 'tad y dyn' – fel bod rhesymol, moesol, cyfrifol, yr hwn y mae ganddo le a gwaith pwysig yn y byd presenol, a chartref i fyw ynddo, mewn gwae neu wynfyd, mewn byd diddiwedd ar ol hwn.[89]

Yn dilyn y datganiad hyderus hwn aeth Ieuan Gwyllt a Thomas Levi ati i lenwi'r cylchgrawn â deunyddiau amrywiol, gan ddisgwyl gweld plant yn canu'r emynau ac yn llefaru'r areithiau a geid yn *Telyn y Plant* yng nghyfarfodydd a gorymdeithiau'r *Band of Hope* ledled Cymru. Roedd cyhoeddiadau ddechrau'r ganrif yn pwysleisio pwysigrwydd rhoi deunydd darllen yn llaw'r plentyn, ond disgwyliai'r *Delyn* ysgogi plant i wneud rhywbeth ymarferol â'r testunau a ddarparwyd ar eu cyfer. Ond fel y gwelwyd eisoes, nid tasg hawdd oedd cyhoeddi cylchgrawn plant, yn enwedig i olygyddion a oedd yn amlwg â'u bryd ar gynhyrchu cyhoeddiadau deniadol o ansawdd uchel. Rhoddai Thomas Levi a Ieuan Gwyllt bwys ar wedd weledol a cherddorol *Telyn y Plant*, ac roeddynt yn amlwg yn siomedig na chafwyd darluniau na cherddoriaeth yn y rhifyn cyntaf:

> Y mae yn ddrwg iawn genym orfod anfon y rhifyn hwn o'r DELYN allan heb *ddarlun* na *thôn*, o herwydd amgylchiadau nad oedd modd eu hysgoi. Dysgwyliwn y bydd pob peth yn hwylus erbyn y rhifyn nesaf.[90]

Llwyddwyd i argraffu'r dôn 'Sweet Home' ar gyfer tri llais i gydfynd â geiriau 'Fy Mam' y mis canlynol, gan fodloni'r cerddor Ieuan Gwyllt yn arbennig. Cofier, wedi'r cyfan, iddo gyhoeddi *Llyfr Tonau Cynulleidfaol* yn Aberdâr yn ystod yr un flwyddyn, cyfrol a sefydlodd y 'gymanfa ganu' neu'r 'ysgol gân' yn rhan greiddiol o fywyd capeli Cymru.[91] Ond siom, unwaith eto, a gafwyd yn achos y lluniau. Meddai'r golygyddion: 'Crefwn ar ein darllenwyr i gydymddwyn â ni am ychydig fisoedd yn ein harafwch gyda'r *darluniau*. Siomwyd ni gan weilch Llundain.'[92] Ni chafodd y berthynas â chyhoeddwyr Llundain ei hadfer, fe ymddengys, a methwyd â chynnig darluniau yn y 12 rhifyn cyntaf. Ar derfyn y flwyddyn gyntaf eglura'r golygyddion:

> Yr oeddem wedi bwriadu, ac wedi addaw, rhoddi darluniau yn y Delyn. Nid ydym eto wedi rhoddi y bwriad hwnw i fyny ychwaith; ond yr ydym wedi methu taro wrth ddarluniau sydd yn ein boddio; ac nid yw cylchrediad presenol y Delyn [roedd 'o ddeugain i haner can' mil o gopïau o honni wedi eu gwasgaru ar hyd a lled y byd yn ystod y deuddeg mis diweddaf', meddid] yn ddigon i dalu am wneyd darluniau newyddion o bwrpas ar ei chyfer. Pe byddai i bob derbyniwr ychwanegu *un* arall ato, galluogid ni i wneyd hyny ar unwaith. Byddwn ni heb gyrhaedd ein nod nes byddo y Delyn yn dryfrith o ddarluniau.[93]

Ni lwyddwyd i gynnwys darlun yn y *Delyn* tan rhifyn Medi 1860. Bryd hynny argraffwyd dau: darlun ac ysgrif am 'Aelwyd Ddedwydd', a darlun a cherdd am garcharor dan ddedfryd alltudiaeth, 'Profiad y Meddwyn wedi ei Alltudio'.[94] Nid oes dim i nodi ffynhonnell y darluniau hyn o fewn y rhifyn, ond o ystyried sylwadau'r golygyddion am gostau cynhyrchu, gellid tybio mai prynu darluniau stoc a wnaethant yn yr achos hwn, yn hytrach na'u comisiynu o'r newydd. Cafwyd un neu ddau lun yn rhifynnau'r misoedd canlynol, ond o fis Mehefin 1861 tan y rhifyn olaf ym mis Rhagfyr 1861, ni chafwyd rhagor o luniau ar ddudalennau'r *Delyn*.

Drwy gydol oes fer y *Delyn* cafwyd cwynion mynych gan y golygyddion ynghylch sefyllfa ariannol dybryd y cylchgrawn ac effaith hynny ar eu gallu i ddarparu darluniau'n gyson. Roedd y costau argraffu sylweddol, y diffyg rhwydweithiau i gasglu tanysgrifwyr a dosbarthu rhifynnau, a dyledion derbynwyr oll yn peri straen a gofid. Ceir nifer o sylwadau yn y nodiadau at 'Ein Gohebwyr a'n Dosbarthwyr' ar derfyn rhifynnau'r *Delyn*, er enghraifft, yn cyfeirio at yr helbulon a geid wrth geisio dwyn y cylchgrawn i'r fei yn brydlon bob mis. 'Gwnawn ein goreu glas i ddyfod â'r Delyn allan yn brydlawn o hyn allan, fel na byddo raid i'n cyfeillion gwyno', meddai'r golygyddion yn Nhachwedd 1859, ac ym Mawrth 1860 cwynant 'o herwydd hwyrfrydigrwydd' taliadau dosbarthwyr.[95]

Rhaid oedd rhoi terfyn ar y *Delyn* hithau, megis *Yr Oenig* o'i blaen, o fewn deunaw mis. Ond er gwaethaf y trafferthion a gafwyd, bu'n brentisiaeth bwysig i Thomas Levi ac nid oerodd ei frwdfrydedd dros ymorol ar ran y plant. Fel y dywed Brynley F. Roberts:

Nid oedd ei weledigaeth wedi pallu – fod gwir angen wynebu problemau cymdeithasol yr ieuenctid, fod rhaid i'r ysgrifennu fod yn blentyn-ganolog, a bod angen iddo fod yn eang ei rychwant – ond gwelsai hefyd fod angen cefnogaeth yn y cyllido a'r dosbarthu.[96]

Felly, wrth ffarwelio â'r *Delyn* yn y rhifyn olaf ym mis Rhagfyr 1861, tynna sylw'r darllenwyr at ei fenter nesaf, sef *Trysorfa y Plant – Cyhoeddiad misol Ceiniog, i'r plant, yn llawn darluniau prydferth* a fyddai'n ymddangos o'r wasg yn y flwyddyn newydd. Erbyn hynny roedd Thomas Levi yn weinidog capel Philadelphia, Treforys, ac wedi rhoi ei fryd ar olygu cylchgrawn ehangach ei gynnwys a'i apêl ar ei ben ei hun. Cyflwynodd rifyn cyntaf *Trysorfa y Plant* ym mis Ionawr 1862, yn benderfynol y tro hwn o sicrhau cyhoeddiad a fyddai'n cyrraedd y nod.

'F'anwyl gyfeillion' meddai Thomas Levi wrth agor rhifyn cyntaf *Trysorfa y Plant* yn Ionawr 1862, 'Gan fy mod yn ymwelydd dyeithr, ac na welsoch fy wyneb o'r blaen, mae yn iawn i mi adrodd fy neges wrthych. Gwnaf hynny mewn chwech o benau.'

TRYSORFA Y PLANT.

RHIF. I.]   IONAWR, 1862.   [CYF. I.

GAIR AT Y PLANT.

FY ANWYL GYFEILLION,—Gan fy mod yn ymwelydd dyeithr, ac na welsoch fy wyneb o'r blaen, mae yn iawn i mi adrodd fy neges wrthych. Gwnaf hyny mewn chwech o benau.

1. Dysgu gwirioneddau i chwi o'r Bibl, ac am y Bibl, mewn ffordd mor syml ac eglur ag y gallwyf.

2. Gosod eich traed ar ben y ffordd at wahanol gangenau gwybodaeth gyffredinol.

3. Rhoddi hanesion byr, a chryno, i chwi am sefydliadau, dyfeisiau, a dynion enwog, fel y byddo genych ryw syniad am bob peth, a phob dyn, y clywsoch lawer o son am danynt.

4. Rhoddi hanes ymddygiadau dewr, rhinweddol, a duwiol, mewn plant, er mwyn eich cyffroi chwithau i ymddygiadau cyffelyb.

5. Adrodd ystorïau difyr a phert wrthych, er mwyn tynu eich bryd at ddarllen, fel y deloch yn ddarllenwyr da, ac yn hoff o lyfrau.

6. Egluraf lawer o'm gwersi i chwi â'r darluniau goreu allaf gael, fel y byddo yn hawddach i chwi eu deall a'u cofio.

A

Llun 7: *Trysorfa y Plant* (Ionawr 1862), 1–2.

Dyna fy neges; ac ynglŷn â hi y mae genyf bum' cynghor i'w rhoddi i chwi;—

1. *Dysgwch ddarllen fy ngwersi yn dda.* Heb hyny nis gellwch eu deall, na chael pleser trwyddynt. Bydd gallu darllen yn dda yn fwy o werth i chwi na chan' punt y flwyddyn.

2. *Darllenwch fy ngwersi i gyd.* Bydd yn hawdd i chwi wneyd hyny, gan na fydd ond gwaith dwyawr neu dair mewn mis.

3. *Darllenwch hwynt allan* ar yr aelwyd, pan fyddo amser gan eraill i wrando arnoch. Darllenwch hwynt hefyd, pan gewch gyfleusdra, i'r plant sydd yn chwareu gyda chwi. Cesglwch hwynt yn dŵr o'ch cwmpas, a darllenwch yn uchel a chlir: bydd hyny yn llawn cystal difyrwch i chwi a chwareu set o farbles, o binau, neu o bêl.

4. *Gwnewch ddefnydd o'r darluniau.* Y ffordd oreu i edrych ar y darluniau yw, trwy gau un llygad, ac edrych â'r llall trwy eich dwrn, neu trwy ddarn o bapyr wedi ei rolio. Peidiwch edrych yn rhy graff; ond deliwch i edrych yn ddigon hir, ac yna daw y darlun yn fwy clir i'r golwg.

5. *Copïwch y gwersi fyddwch yn hoffi oreu,* er mwyn arfer eich hunain i ysgrifenu a sillebu yn gywir.

Dyna fy nghynghorion. Nid oes genyf yn awr ond dymuno *"blwyddyn newydd dda"* a phob llwyddiant i chwi—dymuno i'm gwersi brofi yn fuddiol i chwi, ac i Dduw pob gras eich bendithio.

Ydwyf, yr eiddoch yn wir,

TRYSORFA Y PLANT.

Y TABERNACL YN YR ANIALWCH.

PENNOD I.

MAE dau beth yn gwneyd hanes Israel yn yr anialwch yn ddyddorol. Y peth cyntaf yw y gwyrthiau a'r holl ryfeddodau cysylltiedig a'u taith. Nid ysgrifenwyd un *novel* erioed a chymaint o amgylchiadau rhyfeddol a chyffröus ynddi, ag sydd yn yr hanes gwironeddol hwn. Y peth arall yw y berthynas bwysig sydd rhwng defodau crefyddol Israel a datguddiad yr efengyl. Nid

Mae yma'r un brwdfrydedd ag a gafwyd wrth gyflwyno'r *Oenig* a'r *Delyn*, a'r un pwyslais ar apelio'n uniongyrchol at y plentyn. Ond mae yma hyder newydd wrth wraidd y fenter hon y gall Thomas Levi, y tro hwn, wireddu ymrwymiadau'r anerchiad agoriadol. Deilliai'r hyder hwnnw o'r seiliau ariannol cadarn a osodwyd ar gyfer y 'Drysorfa (neu'r 'Sorfa) Fach', fel y'i gelwid ar lawr gwlad. Flwyddyn ymlaen llaw, sicrhawyd cefnogaeth Cyfundeb y Methodistiaid Calfinaidd, y mwyaf o blith yr enwadau Anghydffurfiol, i gynllun Thomas Levi ar gyfer cylchgrawn newydd i blant.[97] Yn ymarferol, golygai hynny y gallai Levi dynnu ar rwydweithiau ariannu, argraffu a dosbarthu enwad a oedd eisoes yn cynnal rhaglen gyhoeddi eang a phroffidiol. Rhoddwyd i *Trysorfa y Plant* sail economaidd gref, felly, a gallai Thomas Levi fforddio cyflawni ei weledigaeth a'i addewid i'r darllenwyr. Cafodd gyfalaf ymlaen llaw i'w wario yn deillio o elw gwerthiant prif gylchgrawn yr enwad, *Y Drysorfa*, ac argraffwyd y cylchgrawn gan yr argraffydd profiadol Peter Maelor Evans, Treffynnon (1817–78), a oedd eisoes yn gyfrifol am *Y Drysorfa* a'r *Traethodydd*. Yn sgil y cyswllt hwn â phrif gyhoeddiadau'r Methodistiaid Calfinaidd, cafodd Levi fynediad at rwydwaith parod o ddosbarthwyr a allai hybu gwerthiant a hyrwyddo'r cylchgrawn plant newydd ymysg derbynwyr y cyhoeddiadau eraill. Talodd y fenter ar ei ganfed ac ymhen dim o dro *Trysorfa y Plant* oedd cylchgrawn plant mwyaf poblogaidd y Gymraeg. Roedd ei gylchrediad misol erbyn 1867 bron bedair gwaith yn fwy na chylchrediad *Y Drysorfa* hyd yn oed (25,602 o gymharu â 6,894), a buan iawn y talai'r chwaer fach am gostau cynnal y chwaer fawr a'r *Traethodydd* hefyd.[98]

Yn ôl Thomas Levi ei hun, roedd cylchrediad misol *Trysorfa y Plant* yn 11,000 yn ystod ei blwyddyn gyntaf, a chynyddodd i 30,000 yn ystod y degawd nesaf, ac yna i 45,000 erbyn 1881.[99] Amcangyfrifai felly fod 'tua saith miliwn a hanner o honni erbyn hyn wedi eu gwasgaru; a gobeithiwn fod daioni mawr wedi ei wneyd drwyddi i filoedd o'i darllenwyr'.[100] Pan fu farw Thomas Levi yn 1916, wedi bron i hanner canrif yn golygu'r 'Drysorfa Fach', tybiai un sylwebwr, gan ystyried y darllenid y cylchgrawn gan filoedd yn rhagor nad oeddynt yn danysgrifwyr selog, y rhifai ei gynulleidfa o leiaf gan mil bob mis,[101] a'r gynulleidfa honno yn cynnwys plant (ac oedolion) o bob enwad.

Diau i ddiwyg deniadol a chynnwys swmpus *Trysorfa y Plant* ennill iddi ddarllenwyr yn gynnar. Yn y dylunio cymen ac addurnedig ynghyd â'r amrywiaeth ysgubol o eitemau, gwelwn ôl ymdrech frwdfrydig i addysgu'r darllenydd o'r rhifyn cyntaf, fel y dengys y crynodeb hwn o gynnwys rhifyn Ionawr 1862:

Anerchiad at y darllenydd; hanes Beiblaidd 'Y Tabernacl yn yr Anialwch' ynghyd â darlun; diarhebion wedi eu gosod o fewn ffrâm addurniadol; penillion o gyngor tad i'w blentyn 'i fod yn ffyddlon i ti dy hun' (a ysbrydolwyd gan Shakespeare, meddid); hanes y diwygiwr Protestannaidd John Brentius; anectod a darlun am ferch yn dychmygu beth fydd hi ar ôl tyfu'n ferch fawr; penillion gan y Ficer Prichard; rhybudd ynghylch iaith anweddus; darlun a phennod gyntaf o gyfres ynghylch hanes Twr Llundain; hanes bachgen bach tlawd ar strydoedd Llundain; anerchiad i ferched ifainc; pennill doniol gan Ceiriog ynghylch y ddannodd; anectod am ffraethineb plentyn; anerchiad a cherdd gan Glan Collen ar bwysigrwydd ufudd-dod; stori am onestrwydd; un arall am 'gallineb' cŵn; stori a darlun am blant yn rhoi cwpanaid o ddŵr i deithiwr sychedig; englynion cyfarch i'r ifainc gan John Howell, Pencoed; morwyn 17 oed yn 'dychwelyd' teulu (h.y. yn peri iddynt gael tröedigaeth); stori gan 'Jane' (athrawes Ysgol Sul ifanc) ar gyfer y plant ieuengaf; cyngor byr i gymryd llwyaid o ddŵr a *chlorate of potash* er mwyn atal rhag anadl ddrwg; stori a darlun am y dyn yn y lleuad; penillion gan 'Rhydderch o Fôn'; stori fer am 'ymddiddan yr aelwyd'; ac i gloi, 'Yr Anthem Genedlaethol Gymreig' gan Ceiriog yn Gymraeg a Saesneg.

Mae amrywiaeth a sylwedd y rhifyn hwn yn gwbl syfrdanol o ran graddfa ac ansawdd ac yn dyst i lafur y golygydd, Thomas Levi, a'r argraffydd, Peter Maelor Evans. Roeddynt yn amlwg am greu cylchgrawn a oedd yn wahanol i'r gweddill: yn fwy sylweddol, yn harddach er nad yn fwy costus i'r darllenydd. Yn ffodus, roedd amodau economaidd cyhoeddi bellach o'u plaid wrth i lythrennedd a'r diwydiant print Cymraeg ehangu yn sgil twf addysg a diddymu'r dreth stamp. Caniatâi hynny, ynghyd â chyfalaf ariannol y Methodistiaid Calfinaidd a'u rhwydweithiau dosbarthu, i Thomas Levi gadw pris rhifynnau misol yn geiniog yr un.

Yn 1862, ceid copi o'r *Winllan* a'r *Tywysydd a'r Gymraes* (cylchgrawn yr Annibynwyr a grewyd pan gysylltwyd *Tywysydd y Plant* a'r *Gymraes* yn 1852) am geiniog yr un hefyd, ond roedd y cylchgronau hynny'n 20 tudalen o gymharu â 28 tudalen *Trysorfa y Plant*. Roedd *Athraw* y Bedyddwyr yn hwy, 32 tudalen, ond roedd hynny'n cynnwys tudalen gynnwys, tudalen o nodiadau at y gohebwyr a'r dosbarthwyr, tudalen i hysbysebu llyfrau a dau dudalen o gofnodion ysgolion Sul. O ran maint, felly, roedd *Trysorfa y Plant* yn ddigon tebyg i'w gyfoedion, ond roedd ei ddiwyg yn ei osod ymhell ar y blaen. Cafwyd chwe darlun yn rhifyn cyntaf y 'Drysorfa Fach' yn Ionawr 1862, ond ni chafwyd yr un yn *Y Winllan* na'r *Athraw* ar gyfer yr un mis, ac un yn unig yn *Y Tywysydd a'r Gymraes*. Hefyd, addurnid llythyren flaen pob eitem, gosodwyd fframiau addurnedig o amgylch adnodau o'r Beibl a llinellau addurnedig yn y bwlch rhwng eitemau. Llinellau byrion plaen yn unig a osodwyd rhwng eitemau *Y Winllan*, heb lythrennau na fframiau addurnedig ac eithrio ar y blaenddalenni. Felly hefyd *Yr Athraw* a'r *Tywysydd a'r Gymraes*. Ymhellach, roedd eitemau'r cylchgronau hynny'n hwy na hyd eitemau byrion *Trysorfa y Plant* a olygai fod y 'Drysorfa Fach' yn ymddangos yn ysgafnach i'w ddarllen ac yn fwy atyniadol i'r llygad na'r lleill.

Roedd Thomas Levi yn cynnig rhywbeth newydd i'r farchnad gyhoeddi Gymraeg, felly. Ond nid ef yn unig a welodd y cyfle ar y pryd i arloesi ac i gydnabod, fel Hugh Jones ddegawd ynghynt, nad oedd yr un 'bwyd' yn addas i bawb. Roedd y Bedyddwyr hwythau am geisio llunio cylchgrawn a oedd yn nes at ddiddordebau ac amgyffred plant iau, yn arbennig, i gyd-fynd â'r *Athraw* ar gyfer y plant hŷn. Fisoedd yn unig wedi ymddangosiad cyntaf *Trysorfa y Plant* lansiwyd eu cylchgrawn chwarterol, *Llyfr y Plant*, yn Ebrill 1862, dan olygyddiaeth Abel Jones Parry, Cefnmawr (1833–1911) a John Jones, Glynceiriog:

> Bwriedir LLYFR Y PLANT i ddosbarth ieuengach o ddarllenwyr na derbynwyr yr ATHRAW [...] ymdrechir cadw yr amcan hwn mewn golwg wrth baratoi defnyddiau iddo, fel na fyddont uwchlaw amgyffredion plant ieuainc, y rhai fyddo yn dechreu talu sylw i'r hyn a ddarllenont. Hyderwn y ceir ef yn difyru ac adeiladu y plant yr un pryd a cheisiwn gofio y dylai ei gyfeiriad trwy'r cwbl fod i ddwyn yr enaid gwerthfawr at y Gwaredwr.[102]

Roedd y cylchgrawn chwarterol 16 tudalen hwn i'w gael am ddimai ac felly'n rhatach (ac yn fyrrach) na'r rhelyw o gylchgronau. Rhoddwyd pwyslais ar addurno a darlunio'r rhifynnau. Mae rhifyn Ebrill 1862, er enghraifft, yn cynnwys pum darlun amrywiol, gan gynnwys cardotyn ar y ffordd a delwedd o Kali, y dduwies Hindwaidd. Ond ymddengys mai wyth rhifyn yn unig a gynhyrchwyd a daeth y cylchgrawn i ben ym mis Ebrill 1864. Efallai na lwyddodd *Llyfr y Plant* am nad oedd gan y Bedyddwyr fanteision ariannol y Methodistiaid Calfinaidd. Neu efallai nad oedd cylchgrawn ar faterion crefyddol yn unig bellach yn cynnig digon i ennill teyrngarwch darllenwyr. Er y darluniau, mae diwyg y *Llyfr* yn drymaidd: er yr amcan cychwynnol i gadw'r deunydd o fewn amgyffred plant ifainc, mae'r testunau'n dudalennau o hyd heb fawr o amrywiaeth o ran ffurf na phwnc. Roedd yma fwriad amlwg i deilwra ar gyfer darllenwyr iau ond nid oes i'r *Llyfr* yr un weledigaeth a dychymyg ag a geir ar dudalennau *Trysorfa y Plant* i ddenu darllenwyr, a'u cadw.

O ystyried y graen a'r amrywiaeth sydd i *Trysorfa y Plant* a'i ffigurau gwerthiant sylweddol, mae Thomas Levi yn ffigwr allweddol, ac unigryw bron, yn hanes llenyddiaeth Gymraeg i blant. Dywed R. Tudur Jones fod gan Levi 'ddawn newyddiadurol hollol arbennig', ac er i lwyddiant y 'Drysorfa Fach' sbarduno golygyddion eraill i'w efelychu, 'rywsut, nid oedd union gyffyrddiad Thomas Levi gan neb ohonynt'.[103] Mae'r ddau awdur a luniodd astudiaethau estynedig ar fywyd Levi hefyd yn ei osod ar wahân i bawb arall. Meddai Dafydd Arthur Jones:

> Llwyddodd Levi, i raddau pellach na rhai o'i gyfoeswyr, i ystyried gwir anghenion darllen plant. Cyndyn fu awduron blaenorol i wneud hynny. Achub a chadw, rhybuddio a dwysbigo cydwybod – ni fu glastwreiddio ar esgyrn sychion y genadwri efengylaidd honno. Y neges oedd bwysicaf ac nid y ddiwyg, a hwyrfrydig oedd awduron i gymhwyso eu moesoli at chwaeth yr ifanc.[104]

A thybiai John Ellis Meredith fod Levi yn adnabod plant yn well na'i gyfoeswyr hefyd:

> Adwaenai feddwl plentyn i'r dim, a gwyddai beth a apeliai at ei ddychymyg. Gofalai am ddigon o amrywiaeth, dyfeisiai bethau newydd a chywrain i ennyn diddordeb, a swynai ei ddarllenwyr o fis i fis. Ac nid plant yn unig a ddisgwyliai'n eiddgar am y rhifynnau; llwyddodd i wneud y 'Drysorfa Fach' yn hudolus i bob dosbarth a bob oed. Daeth yn boblogaidd gyda phob enwad a thyfodd i fod yn 'sefydliad' cenedlaethol.[105]

Ond nid Thomas Levi oedd yr unig arloeswr, wrth gwrs, na'r unig awdur i ystyried yn ddwys anghenion ei gynulleidfa ifanc. Dangosodd y gyfrol hon y bu arloesi eisoes yn llenyddiaeth plant ers troad y bedwaredd ganrif ar bymtheg, a gwerthfawrogid pwysigrwydd y gweledol mor bell yn ôl ag 1823 gan olygyddion yr *Addysgydd*, y cylchgrawn plant cyntaf. Trafododd eraill, fel y gwelwyd, yr angen i deilwra'r iaith a'r cynnwys yn ofalus at chwaeth ac anghenion yr ifainc. Ond yn wahanol i'r rheini, roedd gan Thomas Levi y sefydlogrwydd economaidd, yr arian gwario, y cysylltiadau a'r profiad i gyflawni ei weledigaeth i godi safon cyhoeddi ar gyfer plant ar raddfa ehangach na chynt.[106]

Ond wrth gwrs, nid yw dweud hynny'n gwadu cyfraniad arbennig Thomas Levi i faes llenyddiaeth plant y bedwaredd ganrif ar bymtheg. Roedd yn gwbl ymroddedig i'r gwaith o geisio diwallu anghenion cenedlaethau o blant. Gweithiai 'fel ceffyl *coach*' yn ei eiriau ei hun yn cynhyrchu cyfieithiadau, cyfrolau gwreiddiol ac, wrth gwrs, yn golygu *Trysorfa y Plant* o fis i fis am yn agos at hanner can mlynedd.[107] Ymddengys hefyd ei fod yn ei elfen yn diddori'r plant dan ei ofalaeth yng Nghwm Tawe ac yna Aberystwyth, lle gwasanaethodd yn y Tabernacl o 1876 hyd ei ymddeoliad. Mewn ysgrif goffa a luniodd wedi marwolaeth Levi yn 1916 cyfeiriodd Thomas Davies, er enghraifft, at ei allu arbennig i drin plant a thaenu ei swyn drostynt:

> Yr oedd dylanwad Mr Levi ar blant megys swyn gyfaredd; byddai yn pregethu iddynt yn Nhreforis, a phlant y dref yn ymdyru i'w wrando, yr oedd ei ymddangosiad siriol, ei wên serchus, a'i ymadroddion tlysion pert, yn hoelio eu sylw yn ddifeth bob amser. Cefais y fraint o'i wrando yn pregethu ac yn darlithio lawer o weithiau, ac y mae yr adgofion yn felus odiaeth.[108]

Mae modd talu teyrnged i ymdrechion a gallu Thomas Levi fel hyn a defnyddio fframwaith Bourdieu i adnabod ar yr un pryd y ffactorau cymdeithasol, diwylliannol ac economaidd a roes y cyfle a'r modd iddo arloesi. Drwy ddewis canolbwyntio ei ymdrechion ar gylchgrawn misol i blant (yn hytrach na sefydlu menter cwbl newydd) dengys ei ymwybyddiaeth o'r maes y perthynai iddo. Megis awdur yn dewis genre neu fardd yn mabwysiadu arddull arbennig, mae'n ei leoli ei hun o fewn hierarchaeth y maes llenyddol ar y pryd ac yn gweld posibiliadau newydd yn ymagor yn y lleoliad hwnnw.[109] Mae'r math o bosibiliadau a wêl yn deillio o'i safle cymdeithasol fel un sy'n byw a bod yn niwylliant enwadol ei gyfnod, ac sydd wedi ennill statws uchel o fewn y diwylliant hwnnw fel gweinidog gyda'r Methodistiaid Calfinaidd. Mae iddo felly gyfalaf symbolaidd fel un a allai siarad ag awdurdod dros blant a chywain a theilwra deunyddiau ar eu cyfer mewn modd sy'n ymddangos bron yn gynhenid. Disgrifia R. Tudur Jones iddo '[d]aro chwaeth chwarter olaf Oes Victoria i'r blewyn'.[110] Mae ei ffordd o ymgymryd â'r gwaith ac o feddwl am blant yn gweithredu ar lefel y systemau a'r tueddfrydiau sy'n rhan o'i *habitus*, 'inscribed in the body as a kind of second nature, they operate unconsciously, enclosing the individual within his own sphere while giving him a "sense of the game" of that sphere'.[111] Ond nid arwain at ailadrodd yr un ffurfiau a thestunau traddodiadol a wna hyn. Oherwydd o adnabod y gêm yn dda, gall awdur ddatblygu 'a quasi-instinctual awareness that, when positions are becoming too popular or established, they should move on to try something new'.[112]

Nid oedd Thomas Levi yn adnabod plant yn well na'r un golygydd arall, ac yn sicr nid oedd wedi 'darganfod y plentyn', er honiad R. Tudur Jones. Fel yr amlygir yn y penodau sy'n dilyn, yr hyn a wnaeth oedd synhwyro ac ymateb i amodau'r oes gan roi i'r Cymry gyfrwng ac arddull newydd i edrych ar blant ac ystyried plentyndod.

6

Delfrydau Newydd

Wedi i'r dadleuon ynghylch addysg plant a'u llafur gyffroi diddordeb newydd yn y plentyn o'r 1840au ymlaen, mae presenoldeb cadarn a sefydlog prif gylchgronau'r enwadau i blant, yn arbennig *Trysorfa y Plant*, yn caniatáu i'r diddordeb hwnnw grwydro ymhell o'r efengyliaeth sobreiddiol a roes fod i gyhoeddiadau ddechrau'r ganrif. O'r 1860au ymlaen, cawn yn y cylchgronau ffordd newydd o edrych ar blant ac o ystyried gwerth plentyndod sydd fel pe bai'n negodi'n barhaus y ddelfrydiaeth newydd ynghylch diniweidrwydd a thlysni plentyndod ar y naill law, a'r angen i baratoi plant ar gyfer oes o ymroddiad a gwasanaeth i'w cymunedau ac i'w ffydd ar y llall. Drwy fanylu ar y delweddau o blant a'r agweddau tuag atynt sydd ymhlyg yn y cylchgronau o ddyfodiad *Trysorfa y Plant* hyd ddiwedd y 1880au, bydd y bennod hon yn eu cysylltu â'r grymoedd a oedd ar waith yn mewnblannu a chadarnhau tueddiadau ac agweddau tuag at blant ar y pryd. Yn y cylchgronau hyn gwelwn broses o harddu plentyndod a'i ryddhau o gysgod pechod, i raddau helaeth iawn. Gwelwn hefyd fuddsoddiad o'r newydd ym mhotensial plant i gyflawni addewid y dyfodol. Ond cawn yn ogystal gyfyngu'r plentyn yn ôl fframwaith syniadol sydd yn parhau i wadu i'r plentyn ei lais ei hun.

Datod rhwymau pechod

Un o'r pethau trawiadol am gylchgronau plant enwadol ail hanner y bedwaredd ganrif ar bymtheg yw eu pwyslais digamsyniol ar bleser a mwynhad. Er bod y cylchgronau cynnar wedi ymdrechu o ran ffurf, maint a chynnwys i greu gofod a oedd yn neilltuol ar gyfer plant, o'r 1860au ymlaen cysylltir y gofod hwnnw'n benodol â mwynhad. I un darllenydd brwdfrydig yn 1863, deilliai'r mwynhad hwnnw o gael bod yn berchen ar gylchgrawn deniadol ac apelgar. Diolcha 'Un sy'n hoff o ddarllen' fod *Trysorfa y Plant* yn haws ei ddeall na chylchgronau ac esboniadau oedolion:

> Yn darllen y cylchgrawn mae 'nhad y fan draw,
> Esboniad fan arall gan 'mam yn ei llaw;
> Cai 'r plant ambell gernod am gadw ystŵr,
> Ond deall y darllen nis medrwn yn siŵr.
>
> Mae 'r geiriau 'n rhy ddwfn, a'r darnau 'n rhy faith,
> I'n meddwl ieuengaidd i ddeall eu hiaith;
> Ond cododd rhyw seren i ninnau uwch ben,
> Awyrgylch y plentyn sydd bellach heb len.[1]

Fis yn ddiweddarach, ceir gan Iorwerth Glan Aled (Edward Roberts, 1819–67), siopwr a phregethwr gyda'r Bedyddwyr (sy'n brawf o apêl traws-enwadol *Trysorfa y Plant* o'r dechrau), folawd i *Trysorfa y Plant.* 'Rhaid oedd dy gael', meddai wrth gyfarch y cylchgrawn, 'Ar gyfer plant darllengar sydd / Yn britho bröydd Cymru', rhag iddynt orfod ymborthi ar y 'bwyd rhy gryf' a ddisgrifiodd Hugh Jones ddegawd ynghynt. Gŵr dros ei ddeugain oed yw'r bardd, wrth gwrs, ac mae bellach yn abl i ddarllen *Y Traethodydd* a'r *Drysorfa.* Dyma gyhoeddiadau nerthol, meddai, sy'n 'dryllio'r certh fynyddoedd', 'chwalu [...] anwybodaeth' a ffrwythloni'r 'meysydd nes eu cael / Dan hael wyrddlesni cariad'. Ond dywed fod rhaid hefyd drin 'blodau bychain' y meysydd hyn, a gorchwyl pennaf y 'Drysorfa Fach' yw bod yn 'arddwr tyner, mwyn' sy'n meithrin yr ifainc â gofal a chariad. Dyma'r pennill clo:

> TRYSORFA'R PLANT! mae'r gerddi mân
> I'w cadw'n lân a thaclus;
> A thi yw'r GARDDWR – tyr'd ymlaen,
> A gwna dy waith yn drefnus;
> Dysgybla'n wir – a lladd y chwyn –
> Ond cofia hyn mewn pryder,
> Mai llaw tynerwch, ysgafn, lân,
> Wna i flodau mân bob amser.[2]

Er mwyn tendio'r ardd hon rhaid wrth ieithwedd a chynnwys sydd yn gweddu dealltwriaeth yr ifainc – rhywbeth yr oedd golygyddion y cylchgronau cynharach wedi ei gydnabod hefyd. Ond mae'r ddelweddaeth arddwriaethol hon yn dangos hefyd fod yma bwyslais newydd ar harddu'r deunydd er mwyn gwneud y profiad o ddarllen yn un pleserus. Bellach, mae'r disgwrs am blentyndod yn caniatáu i'r cylchgronau enwadol fynegi'r syniad bod pleser yn rhywbeth dymunol ac, yn wir, angenrheidiol i blant. Fel y dywed merch ifanc o Lanfairfechan mewn llythyr at ei thad yn canmol *Trysorfa y Plant* (a gyhoeddwyd yn y cylchgrawn yn 1864): 'Y mae ar y plant eisiau gwaith, eisiau pleser; ac os na chânt bleser cyfreithlawn, ânt i chwilio am bleser anghyfreithlawn; allan yn hwyr y nos, mewn segura, ysmocio, myned i'r dafarn &c.' Gall y 'Drysorfa Fach' gynnig gwaith a phleser i blant, 'a hwnnw yn bleser gwirioneddol a chyfreithlawn – meithrin chwaeth at ddarllen, ysgrifenu a meddwl'.[3]

Ceisiodd Thomas Levi, yn arbennig, ennyn y pleser 'gwirioneddol a chyfreithlawn' hwn drwy arddangos yr ymdrech fawr a wnaeth fel golygydd i ddarparu amrywiaeth o ddeunydd ar eu cyfer. Fel y gwelwyd eisoes, roedd sicrwydd ariannol y cylchgrawn yn golygu y gallai roi mwy o'i amser i'r gwaith a denu eraill i gyfrannu at y cylchgrawn. Ond yn ogystal â rhoi iddynt gynnyrch gorffenedig y byddent yn mwynhau ei ddarllen, dymunai hefyd i'r darllenwyr werthfawrogi'r gwaith a'r llafur a oedd ynghlwm â dwyn y 'Drysorfa Fach' drwy'r wasg bob mis. Felly, rhwng Hydref 1862 a Chwefror 1863 cyhoeddodd gyfres o ysgrifau o dan y teitl 'Gwneuthuriad "Trysorfa y Plant"' yn egluro gwahanol elfennau'r broses gyhoeddi: cyrchu'r papur o'r felin bapur i argraffdy Peter Maelor Evans yn Nhreffynnon, golygu ysgrifau a chysodi'r teip, argraffu'r tudalennau, eu sychu, plygu a'u dosbarthu. Sylwa ar bob crefftwr a llafuriwr wrth ei waith, a thry ei sylw hefyd at ei lafur yntau fel golygydd. Wedi cael papur, pin dur ac inc, 'dyna helynt sydd yn fynych i gael ysgrif', meddai. Mae'n 'hela diwrnodiau' i ddewis testun:

> ac ar ol ei gael, ysgrifenu, ac ail ysgrifenu; gwella gwallau eilwaith, a'i hysgrifenu y bummed waith; ar ol i'r tad a'r fam ei chanmawl, a dyweyd na chlywsant erioed o'i bath; ie, ar ol cymaint o siarad, a thrafferth, a phryder, cael ei thaflu wed'yn i'r drydedd fasged yn ddigon diseremoni, ac oddiyno i'r tân. Ië, yn wir, dyna ddiwedd deg o bob deuddeg o'r ysgrifau i'r DRYSORFA fach.[4]

Ond, o'r diwedd, cymeradwyir tua ugain o ysgrifau i'w cyhoeddi a thynna sylw arbennig at bwysigrwydd a champ y plant a weithiai yn yr argraffdy. Ceir ysgrif lawn yn Ionawr 1863 ar ddwylo deheuig y bechgyn yn gosod dros 60,000 o lythrennau 'mor fain a hoelion' ar y peiriant argraffu a'r mis wedyn disgrifia'r merched 'gyda chyflymdra a deheurwydd rhyfeddol' yn plygu dalennau'r cylchgrawn ('[p]ymtheg mil o ddail'), a merched iau wedyn yn eu pwytho 'fel nad elon oddiwrth eu gilydd wrth i chwi dori y dail i'w darllen'.[5]

Ysgrifennwyd yr ysgrifau hyn mewn arddull a oedd i fod i ennyn rhyfeddod y darllenydd at ddiwydrwydd ac ymroddiad pawb a gyfrannai at gyhoeddi *Trysorfa y Plant* o fis i fis. Mae Levi am i'r darllenwyr ryfeddu at y broses o greu eu trysorfa fechan, a theimlo cyswllt personol a chyffyrddadwy â'r ymwelydd misol hwn i'w cartrefi. Drwy ddarllen yr ysgrifau hyn a rhedeg eu bysedd dros dudalennau'r cylchgrawn gallant ddeall a theimlo ôl llafur y gweithlu; mae Levi hyd yn oed yn eu hannog i dynnu'r edefyn sy'n dal y tudalennau ynghyd er mwyn iddynt weld a gwerthfawrogi maint y ddalen a'r plygiadau.[6] Gan adleisio'r pwyslais cynnar ar annog plant i gydio mewn llyfrau bychain â'u dwylo eu hunain, mynegir yma mai profiad diriaethol, materol yw darllen i blentyn ac y gall, drwy fodio'r tudalennau, amgyffred byd y tu hwnt iddo ef ei hunan. Anogir y plentyn i feddwl am y cylchgrawn megis cymuned y mae ef yn rhan ohoni, nid ar yr ymylon yn darllen ac yn gwylio o bell, ond yn ganolog iddi. Ceisir creu cyswllt cyffyrddadwy rhwng y merched a'r bechgyn â'u bysedd deheuig sy'n cysodi, plygu a phwytho'r papur a'r darllenydd ifanc sy'n cael y fraint o ddal y cynnyrch gorffenedig, ysblennydd rhwng ei ddwylo.

Ond, wrth gwrs, mae anghyfartaledd sylfaenol ymhlyg yn y ddelwedd ddeuol hon rhwng y plentyn sy'n gorfod gweithio a'r darllenydd sy'n mwynhau ysbaid i ddarllen. Nid yw Thomas Levi'n cyfeirio at oedran y gweithwyr yn ei ysgrif, ond gallasent fod mor ifanc â naw mlwydd oed. Nid oedd deddfwriaeth i warchod hawliau plant mewn argraffdai, yn wahanol i'r diwydiant tecstiliau a chloddfeydd, ond dengys ffigurau'r cyfrifiad o 1851 ymlaen mai lleiafrif bychan iawn o blant dan naw oed a gyflogid.[7] Roedd agweddau dyngarol ac ymlediad addysg yn gwthio oedran cyflogaeth plant ar i fyny'n gyson yn ystod y cyfnod hwn, yn arbennig yn sgil sefydlu addysg elfennol i bawb o 1870 ymlaen. Eto, nid yw Levi'n cydnabod y tyndra rhwng ei ddisgrifiad o blant yr argraffdy a'i addewid i ymroi i weithio dros y plant. Mae hynny oherwydd ei fod yn creu arwyr bychain o'r gweithwyr medrus hyn sy'n trin y cylchgrawn â'r fath ofal a chrefft. Eu gwaith sy'n eu diffinio, nid eu hoedran na'u plentyneiddiwch, a bwriad y disgrifio yw cymell y darllenydd i'w hedmygu a bod yn ddiolchgar iddynt.

Megis wrth fynd heibio y cawn y cipolwg hwn ar realiti plentyndod i'r dosbarth gweithiol, ond y mae dychymyg Levi wedi ei osod yn sicr ar blentyndod o fath gwahanol. Plentyndod a roes gennad i blant grwydro, hamddena a mwynhau oedd hwnnw. Ddechrau'r ganrif, roedd hamddena yn rhywbeth i'w osgoi ar bob cyfrif. Ni chredid y gallai plant gyflawni dim o werth os nad oeddynt yn cyflawni gorchwyl a awdurdodwyd gan riant neu athro. Ofera fyddai hynny: defnydd amhriodol o amser a fyddai'n rhwym o arwain at ddrygioni. Mae'r hanesyn rhybuddiol 'Siampl o ddrwg effaith o anufudd-dod i rieni' yn *Trysor i Blentyn* 1842, yn enghraifft eglur o'r modd y credid bod rhaid wrth oruchwyliaeth gadarn dros blant er mwyn eu hatal rhag nam.[8] Hanes merch ifanc a syrthiodd i ddrygioni, gam wrth gam, a gawn yn y 'Siampl' hon. 'Nid yw dynion yn myned yn ddrwg iawn ar unwaith', medd yr awdur anhysbys, 'Y maent yn myned o ris i ris mewn anufudd-dod ac annhiriondeb, nes y maent yn colli pob teimlad, ac y gallant edrych ar eu rhieni yn wylo, ac hyd yn nod yn marw yn eu gofid, heb ddeigryn.' Yn yr achos dan sylw, mae merch ifanc yn sefyll ei phrawf am fygwth lladd ei mam. Mynnir y bu'r ferch unwaith 'yn chwareugar, yn ddiniwaid a dedwydd'. Ond dechreua ei natur 'chwareugar' darfu ar ei gallu i ganolbwyntio ar orchwylion mwy difrifol. O ganlyniad, daw chwarae, yn arbennig allan yn yr awyr agored, i ddynodi agwedd ddi-hid ac anghyfrifol sy'n arwain, yn y pen draw, at drallod. Ei cham gwag cyntaf yw dechrau crwydro'r meysydd yn lle mynd ar ei hunion i'r ysgol:

> Cymerodd ei llyfrau, a cherddodd yn mlaen, gan hoff-ryfeddu y prydferth haul-dywyniad, a'r caeau gwyrddion a hyfryd. Arosodd un foment i bigo blodeuyn, un arall i redeg ar ôl y *butterfly*, ac un arall i wrando ar y robyn goch yn tywallt allan ei sainnodau eglur ar gangen rhyw goeden uchel. Yr ydoedd yn ymddangos mor hyfryd i chwarae ar y caeau, fel yr ydoedd yn anfoddlon i fyned yn syth i'r ysgol. Meddyliodd na fyddai ddim yn *feius iawn* arni chwareu am *ychydig bach*.[9]

O ris i ris mewn anufudd-dod y disgynna'r ferch fach: 'Y diwrnod nesaf hi feiddiodd redeg ar ôl y *butterfly* yn mhellach' a chanfu ei hun yn chwilio am flodau a chwarae gyda cherrig mân ar lan yr afon. Nid yw'r rhain ynddynt eu hunain yn bechodau, ond mae'r ferch yn syrthio i fagl pechod drwy ddweud celwydd yn yr ysgol, esgeuluso ei gwersi, a '[charu] y caeau yn fwy nâ'i llyfr'. Buan y daw eraill i'w gweld 'yn segures ac yn dwyllwr'. Dechreua gadw cymdeithas ddrwg:

dysgodd iaith ddrygionus; yr ydoedd yn ddifoes yn ei hymddygiad; anwesai (*indulge*) dymherau nwydwyllt, ac yn y diwedd daeth mor ddrwg, fel pan y symudodd ei theulu ar ôl hyny i'r ddinas, mai y Cerydd-dy a ddaeth ei chartref gwaradwyddus. Ac yno mae hi yn awr, yn euog a thruenus.[10]

O fewn fframwaith bedagogaidd y cylchgrawn enwadol i blant, ni allai darllenwyr y 1840au gamddeall arwyddocâd ymddygiad anufudd y ferch, er mor ddiniwed yr ymddengys ei chamweddau cynnar. Wrth gwrs, mae'n debygol iawn fod mwyafrif y darllenwyr hynny'n mwynhau crwydro caeau a cheisio dal ieir bach yr haf eu hunain, mewn gwirionedd. Roedd Sasiwn y Methodistiaid Calfinaidd yn Nolgellau 1841, hyd yn oed, wedi barnu bod '[r]haid i blant bychain gael chwareu', eithr y 'dylid gwneud rheol iddynt gyda phwy y cânt chwareu a chyfeillachu', wrth gwrs.[11] Hyd yn oed wrth gydnabod bod pregethwyr amlwg megis y Parch. William Williams, Llandeilo wedi mwynhau chwarae'n blant, sylwer mai ieithwedd gapelyddol a ddefnyddir yn y cofiant iddo yn 1848 er mwyn rhoi rhith o barchusrwydd i'r disgrifiad:

Yr oedd yn William ei hynodion er yn blentyn. Meddai ddawn ymadrodd rhwydd a pharod. Medrai ddynwared yn ddeheu y neb a fynai, er difyrwch cyffredinol i bawb o'i gwmpas. O herwydd hyn, efe yn aml fyddai blaenor y gâd yn y campiau diniwed, a chadeirydd cyffredin chwareuol y plant.[12]

Ond nid oedd y ddelwedd o blentyndod a gyflwynwyd o fewn y cylchgronau a'r cofiannau'n rhoi llwyfan i natur fwy afreolus neu ddi-hid chwarae plant. Yn wir, gan mor unplyg oedd y ddisgyblaeth a ddisgwylid gan blant y capeli, nid oedd fawr o gydnabyddiaeth fod lle o gwbl i hamddena a mwynhad ym mywyd y plentyn. O ganlyniad, fel y gwelwyd eisoes, mae chwarae yn weithgaredd problematig yn y cyhoeddiadau cynnar i blant. Mae'n deillio o reddf naturiol y plentyn ac felly'n gysylltiedig â'i gyflwr cynhenid bechadurus nad yw eto wedi ei ddofi na'i ddiwygio. Ni all athrawiaeth efengylwyr ddechrau'r ganrif, felly, oddef dangos plant yn gwastraffu eu hamser prin ar weithgareddau nad ydynt yn cysylltu'n uniongyrchol â'u lles ysbrydol.

Ond yn 1858 ac ar dudalennau'r *Traethodydd* roedd modd i Thomas Levi gydnabod a dathlu'r ffaith sylfaenol fod plant yn mwynhau chwarae a bod budd i'w gael o hamddena. Mae ei 'Adgofion Mebyd' yn arwyddo'r newid a oedd ar droed ar y pryd wrth i ddulliau traddodiadol o synied am blant lacio yn sgil y safle newydd a oedd i'r plentyn yn y maes cyhoeddus. Roedd y ffaith i'w atgofion gael eu cyhoeddi yn *Y Traethodydd* yn hytrach na chylchgrawn plant yn arwyddocaol. Nid oedd yr un cyd-destun didactig i'r testun, ac ni fyddai'r darllenwyr yn rhagdybio y byddai'r cynnwys yn cysylltu'n uniongyrchol â gwers foesol neu feiblaidd i blant. Wrth ysgrifennu ar gyfer *Y Traethodydd*, mae Levi yn rhydd o ofynion pedagogaidd y cylchgrawn plant, ac felly'n gallu synio am ei blentyndod ei hun mewn ffordd wahanol.[13]

Mae'r testun yn deillio o ymweliad diweddar â'i hen gartref, ac fe'i cawn yn hel atgofion am chwarae'n seithmlwydd oed:

> yn droednoeth, ac yn bennoeth, mor hoew â'r brithyll, yn chwareu pob campau plentynnaidd, yn dringo y coed, yn chwilio y perthi am wialen, a bando, yn tynnu brwyn o'r gwreiddiau, ac yn plethu cap cornicyll â hwynt, ac heb ofal am ddim, ond chwareu, bwyta, a chysgu.[14]

Heb ofal am ddim, sylwer. Ond yn wahanol i'r ferch ifanc anufudd yr oedd yn well ganddi chwarae na mynd i'r ysgol, mae Levi'n rhoi arwyddocâd dyrchafol, ysbrydol i'r campau plentynnaidd hyn. Meddai:

> Yr oeddwn mor ddedwydd y pryd hwnw ag angel bychan [...] heb gyfoeth nac addysg, na rhagolygiad yn y byd [...] Nid oeddwn yn meddwl dim byd am ennill arian – gwneyd fy ffortun yn y byd – na chael clod na gwobr am ysgrifenu na chanu; ond os gallwn ffeindio nyth aderyn bach a hanner dwsin o wyau ynddo, teimlwn mor falch a phe cawn heddyw faich ysgwydd o aur Australia.
>
> A ydych chwi ddim yn credu mai dyna y pryd yr oeddwn i yn fwyaf o ŵr boneddig? Ai nid y plentyn sydd yn cael ei godi felly yn y bwthyn gwledig, ar fwyd garw, ond iachus, – digon o ddillad i'w guddio a'i gynhesu – yn chwareu ar hyd y twyni gwyrddlas, yn crwydro ar hyd glanau y nentydd trystiog, a thrwy y coedydd a'r cilfachau, yn cymuno mor gyfeillgor â natur, a'i galon fach ddiniwed yn hobio gan serchogrwydd a mwynhâd yn ei fynwes, – ai nid hwn yw y mwyaf annibynol o bawb?[15]

Mae ôl Wordsworth a'i ddatganiad enwog mai'r plentyn yw tad y dyn yma ynghyd â chyffyrddiad o syniadaeth Jean-Jacques Rousseau. 'Da yw popeth fel y daw o ddwylo Awdur y cwbl, dirywio a wna yn nwylo dyn', meddai'r athronydd o Ffrainc yn ei ysgrif ar addysg a natur dyn, *Emile* (1762), gan wyrdroi empeiriaeth John Locke drwy honni nad siapio cymeriad dyn er gwell a wna addysg gyfundrefnol a chymdeithas, ond ei lygru.[16] Ond nid pawb a gytunai â Thomas Levi fod i fywyd ac arferion plentyndod arwyddocâd neilltuol. Fel y gwelwyd eisoes, nid oedd traddodiad

---

yn y Gymraeg o drafod plant mewn llenyddiaeth eithr fel bodau i'w hachub a'u mowldio'n oedolion cyfrifol. Gellir dehongli'r ymateb dirmygus yn *Yr Arweinydd* i ymdrechion Ceiriog i gasglu hwiangerddi Cymraeg yn y 1850au, er enghraifft, fel adwaith darllenwyr a gyflyrwyd gan eu haddysg gynnar i gredu mai pethau plentynnaidd i'w rhoi heibio wrth dyfu'n hŷn oedd arferion plant (1 Cor. 13:11).[17] Fodd bynnag, erbyn y 1860au mae'r agweddau diwinyddol a chymdeithasol tuag at blant wedi newid i'r fath raddau nes bod cyhoeddiadau plant eu hunain yn rhoi llwyfan i blant arddangos eu natur chwareus ar goedd, heb i hynny gael effaith andwyol ar eu lles corfforol nac ysbrydol. Yn wir, erbyn diwedd y ganrif, roedd modd i gofiannydd y Parch. John Hughes, Caernarfon ei ddisgrifio fel plentyn a oedd yn ymddwyn yn 'hynod o ddireidus' yn y capel, 'tynai luniau gwahanol wrthrychau o'i gwmpas, a byddai y bechgyn fyddai yn ymyl yn methu yn lân a llywodraethu eu hunain gan mor ysmala y byddai John yn gallu bod'.[18] Bron nad yw'r cofiannydd, John Williams, yn synhwyro ei fod wedi mynd braidd yn rhy bell â'i ddisgrifiad, ac felly cynigia'r gair hwn o eglurhad am feiddio amlygu direidi'r John Hughes ifanc: 'Yr ydym yn adrodd yr ystraeon hyn i ddangos fel yr oedd rhyw ysfa chwareus, a fu mor amlwg ynddo drwy ei oes mewn ffurfiau eraill yn d'od i'r golwg ynddo pan yn fachgenyn.'[19] Ond mewn gwirionedd, yr hyn a wna'r cofiannydd yw amlygu'r modd yr oedd tueddiadau sylfaenol diwylliannol yr oes bellach yn gallu dygymod â direidi fel ymestyniad o ddiniweidrwydd deniadol plant.[20]

Mae'r rhwymau a oedd yn cyfyngu ar ryddid y plentyn yn llacio a chyhyd ag y bo plant yn parhau i ufuddhau i awdurdod rhiant ac eglwys, mae modd iddynt fwynhau hamddena a chwarae, a gweld ar dudalennau eu cylchgronau ddarluniau o blant eraill fel nhw yn gwneud hynny. Roedd y lleihau ar y pwyslais ar lygredigaeth gynhenid plant, yn ogystal â thwf syniadaeth Ramantaidd Ewropeaidd ynghylch daioni maboed, yn rhyddhau'r dychymyg Cymraeg i weld plant o'r newydd.

Prydferthu plentyndod: darluniau o blant

Wrth olrhain gwreiddiau cymdeithasol a diwylliannol yr olwg newydd hon ar blentyndod, mae i ddarluniau'r cylchgronau plant arwyddocâd arbennig. Bu darluniau'n rhan o'r maes cyhoeddi i blant ers dyddiau'r *Addysgydd*, fel y gwelwyd eisoes. Roedd David Charles a Hugh Hughes yn flaengar iawn eu hagwedd at werth darlun yn y broses o gyfleu a dehongli ystyr. Gan ddwyn i gof ffurf y Trioedd, meddent yn rhifyn mis Tachwedd 1823:

> Tri dyben sydd mewn golwg yn rhoddiad y darluniadau yn yr Addysgydd, 1. Difyrwch i bob un, 2. Cynnorthwy i rai ddyall ac ystyried y peth a ddarlunir, a'i amgylchiadau. 3. Cael achlysur i son am bethau hynod a grybwyllir yn yr ysgrythyrau.[21]

Ond anghyson fu'r defnydd o luniau tan ail hanner y ganrif, yn bennaf am resymau ymarferol ac ariannol. Ymddengys hefyd na fentrai'r golygyddion gynnwys darluniau yn y flwyddyn gyntaf, fel arfer, rhag i'r gost eu llethu cyn iddynt sicrhau tanysgrifwyr cyson. Addawodd golygyddion *Athraw i Blentyn* ar derfyn eu blwyddyn gyntaf yn 1827 bod 'lluniau er addurno yr Athraw i fod yn Rhifynau y flwyddyn nesaf', a gofynnwyd am 'ffyddlondeb rhaglaw' y darllenwyr er mwyn sicrhau y gellid fforddio'r gost.[22] Parhaodd y cylchgrawn hyd 1852, gydag un darlun ym mhob rhifyn, gan amlaf. Ceid darluniau yn achlysurol o 1825 ymlaen yn *Trysor i Blentyn* y Wesleaid hefyd, ond ni chafwyd yr un darlun yn rhifynnau degawd cyntaf *Y Winllan* o 1848 ymlaen, nac yn rheolaidd wedyn tan y 1870au. Yn 1852 addawodd Hugh Jones, Llangollen gynnwys dau neu dri o ddarluniau ym mhob rhifyn o *Trysorfa y Plant* 'os caiff ein Cyhoeddiad bychan ledaeniad eang', a defnyddiodd hynny fel ysgogiad i gymell i'r darllenwyr sy'n 'derbyn y "Drysorfa" son am dani a'i dangos i'w cyfoedion, gan eu hanog i ddyfod yn dderbynwyr cyson o honi'.[23] Ond ni wireddwyd yr addewid hwnnw, a gwelsom eisoes i'r cylchgrawn hwnnw fethu o fewn dim.

Blociau pren fyddai'r darluniau a geid yn y cylchgronau: deunydd a oedd wrth law yn yr argraffdy, neu a brynid gan argraffweisg o Loegr.[24] Prin iawn fyddai'r adnoddau i gynllunio a chreu blociau yn unswydd ar gyfer y cylchgronau plant. Manteisio ar adnoddau a oedd eisoes ar gael a wnâi'r golygyddion, felly. Nid oes fawr o dystiolaeth i artist megis Hugh Hughes droi ei law at gynhyrchu deunyddiau gweledol gwreiddiol ar gyfer y farchnad Gymraeg i blant wedi 1823. Yn hytrach, byddai golygyddion ac awduron yn creu ysgrif er mwyn cyd-fynd â darlun a oedd eisoes ar gael, a hynny mewn ymgais i roi amrywiaeth i'r cylchgrawn. Dyna oedd arfer *Athraw i Blentyn* y Bedyddwyr, er enghraifft, rhwng y 1820au a'r 1840au pan geid un darlun misol ar y flaenddalen. Rhoddai'r darluniau gryn amrywiaeth i'r cylchgrawn

Athraw i Blentyn.

Rhif. 74.—CHWEFROR, 1833.—Pris 1c.

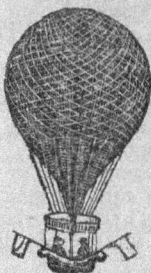

YR AWYR-BWL *(Balloon)*.

CLYWODD ein darllenyddion lawer o sôn am yr awyr-bwl. Wele ni yn awr yn cael yr hyfrydwch o'u hanrhegu â cherfiad hardd o honi.

Gwneir y bellen o sidan disglair, a rhoddir glûd ystwyth arno rhag gollwng yr awyr allan. Gwelwch hefyd rwyd-waith o amgylch y bellen i'w chadw rhag niwaid.

Gwedi gwneuthur y bwl yn barod, llenwir hi âg awyr o'r ysgafnaf *(hydrogen gas)*. Mae yr awyr hon yn ddeuddeng waith ysgafnach na 'r awyr o'n hamgylch ni ar y ddaear. Wedi gorphen pob peth, a'r dynion fyned i'r car, gollyngir y bwlyn yn rhydd, fel codi angor llong, yna ymgyfyd i'r awyr ac a gyfyd gyda hi bwysau lawer.

Lluniau 8 a 9: 'Yr Awyr-Bwl', *Athraw i Blentyn* (Chwefror 1833), 13; 'Y Daear-Fochyn', *Athraw i Blentyn* (Awst 1837), 85.

Athraw i Blentyn.

Rhif. 128.—AWST, 1837.—Pris 1c.

Y DAEAR FOCHYN.

GAN fod darlun o'r daear-fochyn o'ch
blaen, ni roddaf ond darluniad byr o
hono. Llwyd yw ei liw ar ei gefn, a du ei
wddf, ei ddwyfron, a'i fol. Mae rhesi gwyn-
ion bob yn ail a duon yn prydferthu ei ben.
Tua dwy droedfedd a chwe' modfedd yw ei
hyd; ei gorph sydd, nid yn grwn, ond ys-
letanaidd, ei bawenau yn gryfion. Gwna ei
ffau yn y lle mwyaf anial a ga, ac y mae yn
diriwr rhagorol, felly gwna ei ffau yn mhell
yn y ddaear ar ddull ei gorph, ac felly yn
anodd iawn i un creadur fyned i'w ffau i'w
niweidio heb ei gwneyd yn fwy.

Nid yw y llwynog debyg mor fedrus a'r
daear-fochyn i wneyd ffau, am hyny blysia
madyn gartref ei gymydog yn bur fynych.
Tuag at gael tŷ ei gymydog yn dŷ iddo ei
hun, blina y pryfilwyd mewn pob modd, self

Y Tywysydd a'r Gymraes.

RHIF. 40. EBRILL, 1857. CYF. 4.

INDRA.

Llun 10: 'Indra', *Y Tywysydd a'r Gymraes* (Ebrill 1857), 62.

a cheid ysgrif ddifyr i gyd-fynd â phob un. Darlunnid creaduriaid cyfarwydd ac anghyfarwydd, megis y 'Daear Fochyn' (Mochyn Daear) neu'r 'Cawrfil' (eliffant); dyfeisiadau'r oes ddiwydiannol megis yr 'Awyr-Bwl' (Baloon), agergerbyd Mr Gurney (*steam carriage* ar gyfer y ffordd) a'r Felin Draed a ddefnyddid i falu ŷd mewn carchardai; a darluniau o'r Beibl, er enghraifft i ddarlunio dameg y mab afradlon.[25]

Y broses bragmataidd hon o fenthyg ac addasu sy'n siapio gwedd weledol y cylchgronau plant a'u bydolwg hefyd, gan arwain at gymhathu syniadol a diwylliannol rhwng y diwylliant Cymraeg a Saesneg. Drwy fenthyg darluniau a chreu testunau i gyd-fynd â nhw cyflawnir math o gyfieithu diwylliannol sy'n ad-leoli a chartrefoli delwedd weledol o fewn cylch profiad cyfarwydd y darllenydd. Ond oherwydd mor ddylanwadol a statig y delweddau a fenthyciwyd, maent yn aros yn symbolau cadarn o'r diwylliant a'u creodd. Prynwyd y blociau pren gan yr argraffwyr i'w defnyddio fel ag yr oeddynt; nid oedd modd eu haddasu. Os bu creu o'r newydd, nid oes tystiolaeth iddynt gynnig dim amgenach na'r hyn a fewnforiwyd o Loegr. O ganlyniad, wrth eu gosod ar dudalennau cylchgronau Cymraeg, safant yn eiconau gweledol, trawiadol o ddiddordebau'r wasg gyfnodol Saesneg yr oedd y golygyddion Cymraeg mor ddibynnol arni.

Diddordebau'r oes ymerodrol, yn aml, a gynrychiolir gan y darluniau a fenthyciwyd, ac mae'r awydd i dynnu sylw at ddyfeisiadau, dulliau teithio ac yn y blaen yn arwydd o awch y Cymry capelyddol i fod yn rhan o ddiwylliant ac economi Prydain ymerodraethol. Law yn llaw â'r awch hwn roedd twf y mudiad cenhadol hefyd yn porthi'r diddordeb ym mhobloedd pellafoedd byd, ac erbyn y 1850au cawn ddarluniau cyson o frodorion a'u harferion. Yn *Y Tywysydd a'r Gymraes*, cylchgrawn yr Annibynwyr i blant, yn arbennig, gosodwyd darlun yn gysylltiedig â'r genhadaeth dramor ar wyneb-ddalen pob rhifyn. Ymhlith y darluniau mae brodorion ynysoedd y de a delw'r duw Hindwaidd, Brahma.[26] Mae'r darluniau'n gofnod o sêl efengylol yr enwad dros ledaenu'r Gair dros y ddaear, ond maent hefyd yn dyst i'r rhagfarnau a'r ddrwgdybiaeth a oedd ymhlyg yn eu hagweddau at grefyddau eraill. Meddylier yn arbennig am y darluniau o 'Un o Frodorion Aneiteum' (sydd bellach yn un o ynysoedd gweriniaeth Vanuatu yn y Môr Tawel), y dywedir eu bod yn '[ll]indagu gweddwon' ar farwolaeth gwŷr er mwyn bod yn gymorth iddynt yn y byd nesaf,[27] 'Dynfwytawr' yn ne Affrica,[28] ynghyd â'r darlun trawiadol o Indra, un o'r '[t]richan mil' o 'eilun-dduwiau' sydd gan yr Indiaid, y rhai sydd mewn cyflwr '[t]ywyll', '[t]ruenus ac anobeithiol' heb adnabod yr unig

Dduw byw.[29] Mae neges y testunau i gyd-fynd â'r darluniau yn glir, fel y dywedir wrth gloi'r ysgrif am Indra: 'Hyderwn na fydd un eglwys heb wneud casgliad, ac na fydd un dyn heb roddi rhywbeth; ac yna bydd y cyfanswm yn llawer. Cofiwch y Pagan, anwyl ddarllenwyr.'

Os yw presenoldeb y darluniau'n arwydd o ddibyniaeth diwylliant gweledol Cymru ar y wasg Seisnig, dengys y detholiad a ddewiswyd, a'r testunau Cymraeg a grëwyd i gyd-fynd â nhw, fod ideoleg ymerodrol y bedwaredd ganrif ar bymtheg wedi ei mewnoli'n llwyr gan awduron a golygyddion y cylchgronau plant Cymraeg. Wrth gwrs, gyrrwyd y diddordeb mewn materion rhyngwladol gan y cymhelliad i efengylu a dangosid cydymdeimlad dwfn a diffuant â dioddefaint caethweision duon, yn arbennig. Cafwyd, er enghraifft, sawl amrywiad ar 'hanes y bachgen du' am gaethwas Cristnogol a ddioddefodd gerydd llym ei feistr gwyn am ddilyn Crist, ac ochrodd y cylchgronau plant gyda'r ymgyrch wrthgaethwasiol yn ystod cyfnod Rhyfel Cartref America.[30] Ond nid yw hynny gyfystyr â dweud nad oeddynt yn arddel agweddau hiliol. Yn ddi-os, derbynnir yn ddiamod oruchafiaeth Ewrop Gristnogol a'r dyn gwyn dros ddiwylliannau a chrefyddau brodorol.

Mae'n amlwg, felly, fod i'r darluniau a ddewiswyd ar gyfer y cylchgronau plant symbolaeth ddiwylliannol a gwleidyddol i'r modd yr oedd y wasg Gymraeg yn siapio bydolwg a hunanddelwedd y darllenwyr. Ac o safbwynt y math o blentyndod a ddatblygodd yn ail hanner y ganrif, mae eu harwyddocâd yn bellgyrhaeddol. Wrth brynu blociau gan weisg Lloegr, neu greu engrafiadau newydd o luniau a oedd eisoes yn boblogaidd, mewnforiwyd hefyd ddarluniau o blentyndod a oedd yn gorfodi newid i'r dull Calfinaidd o ystyried y gweithgareddau a oedd yn briodol i blant. Gwelsom eisoes fod Rhamantiaeth Wordsworth yn hydreiddio syniadau Thomas Levi am blentyndod fel cyfnod gwynfydedig, aruchel bron, ac o'r 1860au ymlaen roedd ganddo yntau a'r golygyddion eraill stoc ddihysbydd wrth law o ddarluniau gweledol a oedd yn cadarnhau'r syniadaeth honno. O ganlyniad, er i Levi ddatgan yn ei neges agoriadol mai pwrpas didactig oedd i luniau'r cylchgrawn ('Egl?uraf lawer o'm gwersi i chwi â'r darluniau goreu allaf gael, fel y byddo yn hawddach i chwi eu deall a'u cofio') mae nifer fawr ohonynt mewn gwirionedd yn rhoi'r cyfle i berfformio math arbennig o blentyndod ar dudalennau'r cylchgronau.

Yn y rhifyn cyntaf, Ionawr 1862, er enghraifft, cafwyd pum darlun: un o'r Tabernacl yn yr Anialwch, un o Dŵr Llundain, un ffantasïol o ddyn ar y lleuad a dau ddarlun yn cynnwys plant, sef plant bychain yn cynnig cwpanaid o ddŵr i gardotyn tlawd, a thri o blant bach yn mesur taldra ei gilydd.³¹ O'r ddau sy'n cynnwys plant, mae'r naill yn amlygu moeswers amlwg i ddangos tosturi at yr anghenus, megis y Samariad trugarog. Ond mae'r llall yn amlygu sut yr oedd plentyndod bellach yn cael ei ystyried yn gyfnod o hwyl, difyrrwch a chysur hefyd i oedolion. Yn 'Tyfu yn Ferch Fawr' gwelwn ddau fachgen yn rhoi heibio eu cylch a ffon chwarae am y tro er mwyn mesur taldra eu chwaer. Mae'r darlun a'r disgrifiad o Jane, y ferch fach, yn dwyn i gof yr hanesyn am y bachgen a oedd yn siomedig â maint beddi'r fynwent a drafodwyd yn y drydedd bennod. Poeni am fynd i'r bedd yn gynnar a wnâi'r bachgen hwnnw, ond dymuno cael tyfu'n oedolyn yn gynt a wna'r ferch hon. Ond ni ddymuna'r tad glywed y fath beth. Dywed ei fod yn 'hoffi fy merch fach yn y maint ydyw – mae mewn maintioli hapus i neidio ar lin ei thad, neu farchogaeth ar ei ysgwydd'.³²

Mae'r oedolyn yn hollbresennol mewn llenyddiaeth plant, wrth gwrs, boed yn awdur, neu'n gyd-ddarllenydd neu oruchwyliwr. Ni cheir fawr o ymdrech i gelu'r presenoldeb hwn, a hynny'n golygu mai o safbwynt yr oedolyn sy'n gwylio'r plant wrth eu campau yr adroddir y testunau hyn yn amlach na heb. Mae sylwadau'r tad uchod, felly, yn cydnabod ei bod hi'n gwbl dderbyniol i oedolyn ymserchu ym mhlentyneiddiwch plant. Yn wir, rhydd yr argraff yr ystyrid plant bychain yn fendith ynddynt eu hunain: yn wrthrychau nid yn unig i fwynhau eu cwmni, ond i ddotio atynt. Mae'r un safbwynt yn treiddio drwy ddisgrifiadau'r cylchgronau eraill hefyd. Yn rhifyn Chwefror 1876 o *Tywysydd y Plant*, cylchgrawn diweddaraf yr Annibynwyr i blant a sefydlwyd yn 1872, ceir darlun o ddau fachgen yn chwarae naid broga. Sylwer mai o safbwynt oedolyn yr adroddir y gerdd, 'Excursion y plant', wrth i'r bardd anhysbys fwynhau diwrnod 'gyda'r plant'. Dyma felly amlygu'n glir fod y pleser y mae oedolion wedi ei gael erioed yn sylwi ar gampau ac anturiaethau plant bellach yn destun priodol ar gyfer llenyddiaeth enwadol.

Ceir enghraifft bellach o bleser di-hid chwarae plant mewn darlun a cherdd, anhysbys eto, am ferched yn chwarae ar siglen heb ofal yn y byd.³³ Mae'r ffaith na nodir enw'r beirdd yn yr achosion hyn yn awgrymu mai'r golygyddion eu hunain a luniodd y geiriau, efallai drwy addasu pennill a oedd eisoes ar gael yn Saesneg. Dyna sy'n debygol o fod wedi digwydd yn achos yr hanesyn byr am 'Hester a Mary' a argraffwyd ynghyd â darlun ohonynt yn *Trysorfa y Plant*, Ebrill 1882. Mae'r ffurf 'Mary' yn hytrach na 'Mair' neu 'Mari' yn awgrymu mai o'r Saesneg y daeth y testun, ac yn y darlun fe'i gwelwn yn crefu ar ei chwaer fawr Hester i adael ei gwaith arlunio er mwyn dod allan

Llun 11: 'Tyfu yn Ferch Fawr', *Trysorfa y Plant* (Ionawr 1862), 9.

i chwarae. Y tro hwn, nid darlun o ddedwyddwch di-hid plentyndod sydd yma, ond o bwysigrwydd plant i fywydau oedolion. Rhaid i Hester weithio'n galed yn creu lluniau i'w gwerthu wedi damwain ei thad, a gresyna Mary ei bod hi'n rhy ifanc i wneud rhywbeth ymarferol i helpu. Mae ymateb Hester i'w chwaer fach yn cyfleu'r gwerth a roddid ar blant, nid am fod yn genhadon bychain ar ran yr ysgol Sul yn unig, ond am fod yn gysur, cwmnïaeth a ffynhonnell llawenydd i oedolion:

'Gwneud rhywbeth, Mary, yr ydych chwi yn un o'r merched bach mwyaf gweithgar yn y byd,' ebe Hester wrthi yn garuaidd; 'chwi yw deheulaw fy mam, ac nis gwn pa fodd y gallai wneyd hebddoch. Yn awr, ynte rhoddwch eich het ar eich pen, mi ddeuaf allan gyda chwi am hanner awr i fwynhau tro bach trwy y coed. Gwna les i ni ein dwy.'[34]

Wrth gynhyrchu a derbyn y darluniau hyn o blentyndod gwelwn y golygyddion a'r darllenwyr yn adnabod defnyddioldeb ac apêl

EXCURSION Y PLANT.

Mor ddifyr yw d'wrnod gyda'r plant,
O bant i fryn, o fryn i bant,
Rhai yn rhedeg i lawr y cadnaw coch,
Ereill yn chwareu y crier a'i gloch;
. Rhedeg, chwareu, chwerthin yn ddibaid,
A neidio here, a cham, a naid;
Rhai a neidient i'r nen drachefn,
Neidio dros goes, ac weithiau dros gefn;
Erbyn hwyr 'roeddym bawb yn flin,
'N ymlusgo gartre' o glin i glin.

Llun 12: 'Excursion y Plant', *Tywysydd y Plant* (Chwefror 1876), 55.

y ddelwedd hon o blentyndod ar yr un pryd. Daw mwynhad y darllenydd nid o weld taerineb ffydd plant bychain wrth iddynt gymryd eu haddysg grefyddol o ddifrif, ond o swyn a dengarwch eu pryd a'u gwedd a'u campau diniwed. Mae'r darluniau, a'r ysgrifau a'r cerddi a luniwyd i gyd-fynd â nhw, yn achosi newid sylfaenol i iaith symbolaidd plentyndod. Maent yn parhau'n ddarostyngedig i awdurdod rhieni, ond mae'r ymserchu yn ymddygiad ac arferion plant a welwn yn y disgrifadau hyn yn cyfreithloni math newydd o ddisgwrs ynghylch plentyndod, un sy'n trawsffurfio nodweddion corfforol y plentyn – ei fychander, a'i gyflwr o anaeddfedrwydd rhywiol – yn arwyddion o'i ddiniweidrwydd a'i ddaioni cynhenid.

Wrth ganolbwyntio fwyfwy ar gysylltu anaeddfedrwydd corfforol a diniweidrwydd yn y modd hwn, daw rhywedd yn nodwedd fwy arwyddocaol wrth ddisgrifio plentyndod. Ar ddechrau'r ganrif, cyflwr ysbrydol y cymeriadau a bortreedid oedd o bwys, ac nid oedd fawr o ots ai merch neu fachgen a oedd dan sylw. Cofier hefyd fod addysg efengylaidd Gymraeg wedi ei sylfaenu ar yr angenrheidrwydd i addysgu merched yn ogystal â bechgyn. Gwelai Thomas Charles, er enghraifft, 'fod angen cynyddu deall merched yn addysgol ac yn athrawiaeth yr Arglwydd, fel y byddent yn wragedd a mamau gwell i gyflwyno i'w holynwyr yr hyn a ddysgwyd ganddynt'.[35] Ond fel y gwelir yn yr enghreifftiau o'r cylchgronau a ddyfynnwyd eisoes yn y bennod hon, mae syniadau'n ymffurfio ynghylch yr hyn sy'n weddus i fechgyn a merched ei wneud: cysylltir bechgyn yn gynyddol â champau awyr agored corfforol neu ddewr, a merched â phrydferthwch a gostyngeiddrwydd. Er bod disgwyl i blant ddechrau'r ganrif gyflawni gorchwylion gwahanol yn seiliedig ar eu rhyw, datblyga'r gwahaniaethau hynny ystyr symbolaidd, bwerus yn ail hanner y bedwaredd ganrif ar bymtheg sydd wedi treiddio'n ddwfn i'r ymwybod cymdeithasol a diwylliannol ers hynny. Dyma'r math o hanfodaeth yr oedd Bourdieu am ei danseilio, fel y noda Fowler: 'attacking all natural essentialisms, Bourdieu notes that on the frail biological difference between the sexes is constructed a whole edifice of gender-differentiated experiences, which come to be felt as second nature'.[36]

Yn ei chyfrol hynod o ddylanwadol, *Gender Trouble* (1990), dadleuodd Judith Butler hefyd yn erbyn hanfodaeth. Fel y dadlenna Rhiannon Marks, mae Butler yn 'trafod rhywedd fel agwedd "berfformiadol" ar hunaniaeth: "gender identity [... is] a personal / cultural history of received meanings subject to a set of imitative practices"'.[37] Grymusir gwryweidd-dra ag awdurdod gweithredol i arwain, a rhoddir ar fenyweidd-dra'r baich o amddiffyn purdeb a diniweidrwydd – rolau yr oedd Cristnogaeth eisoes wedi eu pennu i'r naill ryw a'r llall, ond a ddyfnhawyd wrth i ddiwydiannu a chyfalafiaeth ddiffinio'n fanylach y llwybrau gyrfa a gwaith a oedd ar gael i fenywod ac i ddynion.

Wrth wrthod mynediad i ferched i lawer iawn o'r posibiliadau cyflogaeth newydd a oedd yn datblygu yn ystod y ganrif, fe'u cysylltid yn gynyddol â byd plant. Mewn sawl ystyr cawsent eu trin fel plant gan ddeddf gwlad a oedd yn cyfyngu oriau gwaith ac yn deddfu pa fath o waith a oedd yn addas i fenywod mewn modd tebyg i'r hyn a wnaed ar gyfer plant. Dechreuwyd hefyd ystyried bod angen darpariaeth lenyddol ar eu cyfer yn benodol, gyda sefydlu 'Congl y Merched' yn *Trysorfa y Plant* yn 1862 ac yn *Tywysydd y Plant* yn 1872. Dylid nodi na chafwyd 'congl' gyfatebol i fechgyn. Diau fod hynny oherwydd mai diddordebau'r gwryw a oedd yn ganolog i ideoleg y cyfnod, a bod anghenion menywod yn bethau i'w hystyried ar wahân i'r norm canolog hwnnw. Amlygir yr anghyfartaledd sylfaenol hwnnw mewn araith gan ferch ifanc anhysbys o Faesteg ar dudalennau *Trysorfa y Plant*. Byrdwn ei llith oedd amddiffyn hawl merched dros addysg yn wyneb honiad un o aelodau gwrywaidd y capel y gwnâi athro anghymwys y tro i ferched yr ysgol Sul. 'Y fath sarhad arnom!' meddai, 'Gwneud y tro i'r merched! Mae yn debyg eu bod yn meddwl nad ydym ni y "merched" yn feddiannol ar feddwl o gwbl; ac nad yw yn werth ganddynt ddysgu i ni feddwl.'[38]

*   *   *

Yr hyn sydd ar waith yn y delweddau gweledol a'r testunau llenyddol hyn am blant yw proses o wrthrycholi'r plentyn. Gwneir hynny o safbwynt oedolion sydd am ddiniweidio'r plentyn: hynny yw, gwadu ei botensial i ryfygu, wrthryfela neu 'bechu'. Dyma safbwynt sydd yn puro neu goethi'r plentyn ac yn caniatáu chwarae a direidi diniwed, ond sy'n gwrthod yn llwyr unrhyw hiwmor neu ymarweddiad amharchus, sgatolegol neu amrwd plentyndod. Cyflwynir inni ddelfrydau plentynnaidd y gall oedolion ymhyfrydu ynddynt yn ddiamod, a buan daw'r Nadolig a'i arferion newydd yn ganolbwynt ar gyfer y delfrydu hwn.

Gŵyl sy'n cylchdroi o amgylch plant yw'r Nadolig modern, a gŵyl sy'n rhoi cennad i oedolion fwynhau'r cyffro, y syndod a'r llawenydd a berthyn i'r dathliadau. Yng nghylchgronau plant y 1870au ymlaen y gwelwn yr ŵyl fodern hon yn dechrau ymffurfio ar aelwydydd Cymru. Ni chafwyd fawr o sôn am y Nadolig a'i arferion yn y cylchgronau cynnar, ac eithrio mewn emynau a phregethau ar arwyddocâd Cristnogol yr ŵyl. Ambell gip yn unig a gawn ar yr arfer o gyfnewid rhoddion, ac mae'r hanesyn am Joe Green yn *Trysor i Blentyn* 1841 yn dangos mai â'r Calan, yn hytrach na'r Nadolig, y cysylltid anrhegu plant. Bachgen bach ffyddlon i'r ysgol Sul oedd Joe, 'Ac ar y Nadolig, siaradodd Mrs. Green a'i gŵr, a dywedodd ei bod yn meddwl y dylai Joe gael Calenig, am iddo ddysgu ei lyfr mor dda.' Cafodd gynnig barcuten bapur, pêl, top neu lyfr yn anrheg a dewisodd

Joe gael ei gopi ei hun o'r Testament Newydd, er mawr foddhad i'w rieni.[39] Ond erbyn y 1870au, mae symbolaeth y Nadolig modern wedi hen sefydlu a'i wedd fasnachol yn trawsnewid y math o ymddygiad a ddisgwylid gan blant.

Yn Rhagfyr 1871, er enghraifft, ceir ysgrif yn *Trysorfa y Plant* gan 'D.O.' sy'n cyflwyno portread manwl o'r ŵyl. O gymharu â'r addasiadau i gyd-fynd â darluniau a drafodwyd uchod, dyma enghraifft o destun gwreiddiol ac ysgrifennu cydnerth sy'n dod ag asbri'r dathliadau'n fyw. Mae'n demtasiwn meddwl mai Daniel Owen yw'r 'D.O.' hwn, yn enwedig o sylwi ar ei ddisgrifiad deniadol a chwareus o siopau trefol wedi eu haddurno adeg y Nadolig a phlant yn 'fflatio eu trwynau yn erbyn y gwydr' i edrych ar y danteithion:

> O, y fath olygfëydd sydd i'w cael yn y ffenestri! Mewn ambell un cewch weled mynyddoedd o siwgr yn ymsaethu i fyny uwchben dyffrynoedd breision o *grapes, lemons*, &c., y rhai sydd yn tỳnu dagrau o lygaid, a dwfr o ddannedd, ambell i grwtyn wrth iddo fyned heibio, ac yn peri iddo anghofio ei neges. Mewn ffenestr arall ceir gweled palasau a chastelli, a milwyr dewr yn eu gwylio, ac hyd yn nôd gapeli ac eglwysi o bob dull; a'r cwbl, fel y dywedai rhyw hogyn, wedi eu gwneud o *'dda-da!'* Ond ni ddeuwn byth i ben ag enwi y pethau ardderchog a welir yn y ffenestri lle y mae plant am oriau yn fflatio eu trwynau yn erbyn y gwydr i edrych arnynt.[40]

Gall yr awdur ymhyfrydu ym mwynhad y plentyn yn ystod y cyfnod hwn:

> Nid ydym yn gwybod am olygfa mwy iachus a buddiol i edrych arni nag ydyw y crwtyn bach a'i lygaid yn berwi o lawenydd, a'i ddwy foch gôch, gron, wedi eu cluro o'r naill ochr i'r llall â chyfleth! Mae yr olwg hapus sydd arno yn peri i un ofidio yn ei galon na fuasai yn cael aros yn hogyn am byth.[41]

Yn ei ddiniweidrwydd, mae'r bachgen hwn yn rhagori ar bobl mewn oed: 'y mae yn resynus meddwl na fedr dynion wedi tyfu i oed a synwyr gael pleser a llawenydd heb gysylltu hynny â meddwdod a chyfeddach'. Mae ôl dirwest yma'n grymuso'r neges Ramantaidd ynghylch rhinweddau diniwed plant ac yn creu argraff o blentyndod fel cyfnod bendithiol y mae oedolion yn eu hoed a'u hamser yn hiraethu amdano.

Yn ddiweddarach yn y 1870au gwelwn ragor o symbolaeth yr ŵyl yn ymsefydlu, a'r tro hwn mae i fewnforio delweddau a darluniau arwyddocâd yn natblygiad cysyniadau Cymraeg ynghylch Nadolig y plentyn. Yn *Y Winllan*, Rhagfyr 1877, cawn ddarlun ac ysgrif gan 'Ewythr John' ar y 'Pwdin Eirin Nadolig'. Yn y darlun cawn olygfa o deulu dedwydd Fictoraidd gyda mam a phump o blant yn arddangos symbolaeth fasnachol, seciwlar y Nadolig: y pwdin plwm, ceffyl pren bychan a doli ar y llawr, uchelwydd ac arwydd 'Merry Christmas' ynghrog ar y wal, ac eira'n disgyn y tu allan. Drwy lunio'r ysgrif o dan y ffugenw 'Ewythr John' gallai'r awdur (y golygydd John Evans, 'Eglwys Bach' 1840–97, o bosibl, a oedd yn nodedig am '[f]ywiogrwydd ei ddychymyg'[42]) greu persona a oedd yn sefyll hyd braich oddi wrth y pregethwr a olygai'r cylchgrawn. Dyma bersona a allai fod yn dadol ac yn gariadus, fel y golygydd parchus, ond yn hwyliog a chwareus hefyd. Yn yr ysgrif fer mae 'Ewythr John' yn pwysleisio arwyddocâd ysbrydol dathlu geni Crist, ond mae'n amlwg yn mwynhau diddanu ei ddarllenwyr ifainc â'i farn am bwdin plwm y Nadolig hefyd. 'Dyweder a ddyweder am bwdin y Sul a phob pwdin arall,' meddai, *'plum pudding* y Nadolig ydyw coron y cwbl. Mae yn curo y *mince-pies* a'r *custard* a'r *jellies* oll gyda'u gi[l]lydd.'[43] Yn Rhagfyr 1879, fe'i cawn yn ymhyfrydu hefyd yn y pleser a gâi plant o wneud taffi neu gyflaith adeg y Nadolig. Unwaith eto, darlun sy'n ysbrydoli'r awdur. Y tro hwn gwelir pedwar o blant, y ferch hynaf wrthi'n trin y taffi gludiog a'r tri arall yn gwylio'n eiddgar. 'Edrychwch ar y plant yn y darlun,' meddai Ewythr John wrth y darllenydd, 'Onid yw y lleiaf, fel y mwyaf, yn ymddangos yn llawn awyddfryd i gael mwynhau y toffi yna sydd yn cael ei dywallt allan o'r *saucepan*?'[44]

Nid yw derbyn rhoddion yn rhan neilltuol o'r darluniau Nadoligaidd hyn yn y cylchgronau plant. Ond yn *Y Frythones*, cylchgrawn i fenywod dan olygyddiaeth Cranogwen (Sarah Jane Rees, 1832–1916), cafwyd darlun a phenillion yng Ngholofn y Plant, Rhagfyr 1889, 'Can yr Hosanau, Cyn y Nadolig'[45] ac eglurwyd mewn nodyn byr arall fod hen arferiad plant y Saeson a'r Americaniaid o hongian hosannau o amgylch y tân ar gyfer 'Old Father Christmas' neu 'Santa Claus' bellach yn bur gyffredin ymhlith plant y Cymry.[46] Dengys *Blodau yr Oes*, cylchgrawn plant Cymry America, fod ystyr 'Santa Claus' yn amlwg i ddarllenwyr Cymraeg America yn 1873, gan y cyfeirir at yr arfer o anfon llythyr ato.[47] Ond er i *Cydymaith y Plentyn*, Rhagfyr 1876, gynnwys darlun o ŵr barfog yn cario cangen fythwyrdd ac yn gwisgo côt laes, ni chaiff ei enwi ac ni wneir cysylltiad amlwg â dosbarthu

232

RY CHRISTMAS

PWDIN EIRIN NADOLIG.

Llun 13: 'Pwdin Eirin Nadolig', *Y Winllan* (Rhagfyr 1877), 232.

rhoddion i blant.[48] Ni chafwyd enghreifftiau eraill o enwi 'Santa Claus' na 'Father Christmas' yn y cylchgronau plant hyd 1890, er ei bod yn bosibl y daw rhagor i'r fei gydag ymchwil bellach. Mae'n bur sicr na ddefnyddiwyd yr enw 'Siôn Corn' nes i gân J. Glyn Davies ('Pwy sy'n dŵad dros y bryn?') ei boblogeiddio o 1922 ymlaen.[49] Sylwer, er enghraifft, i Sant Nicolas gael ei gyflwyno i ddarllenwyr *Cymru'r Plant* yn 1909 fel yr hwn 'a adnabyddwch chwi wrth yr enw Santa Claus' heb sôn o gwbl am Siôn Corn.[50] Ond er nad oedd holl elfennau'r 'Nadolig traddodiadol' eto wedi eu gwreiddio'n gadarn, erbyn y 1870au mae'n eglur bod delfryd teuluaidd y Nadolig, wedi ei hwyluso gan ddarluniau gweledol o blant cytûn, bellach yn un o'r ffyrdd sefydlog o arddangos llawenydd plant megis rhinwedd i bawb sy'n ymwneud â nhw.

Arallu'r plentyn

Yn y delweddau a drafodwyd hyd yn hyn, gwrthrycholir plant mewn modd sy'n eu neilltuo oddi wrth fyd oedolion. Gellir ystyried hyn yn rhan o broses o 'arallu', o greu cyferbyniad deuaidd rhwng yr oedolyn aeddfed, gwybodus a'r plentyn diniwed, pur. Cyfosodir yr 'hunan' canolog, awdurdodol a'r 'arall' cyferbyniol, ymylol, egsotig neu fygythiol. Ond fel yr eglura Lisa Sheppard, yn hytrach na bod am y pegwn â'i gilydd, 'caiff y naill ei ddiffinio gan gyfeirio at y llall':

> Maent yn bodoli mewn perthynas ddilechdidol (*dialectical relationship*). Golyga hyn eu bod yn ddibynnol ar ei gilydd er mwyn eu diffinio eu hunain. Yr 'hunan' yw'r 'hunan' oherwydd nad yr 'arall' ydyw, ac yn yr un modd, yr 'arall' yw'r 'arall' gan nad yw'r un fath â'r 'hunan'.[51]

Ym maes astudiaethau diwylliannol a chymdeithasol mae hwn yn gysyniad sydd wedi datblygu'n fframwaith pwysig i archwilio'r modd 'y mae grwpiau ymylol wedi cael eu gosod yn rôl yr "arall" yn ôl safonau gwahanol gymdeithasau', boed ym myd astudiaethau rhywedd neu ôl-drefedigaethol.[52] Ar un wedd, gellid ystyried 'plant' yn un o'r grwpiau hynny. Mae i 'blant' nifer o nodweddion yr 'arall': maent yn ddarostyngedig, yn ddi-rym ac yn cael eu diffinio gan yr 'hunan' canolog, sef yr oedolyn sy'n taflunio ei ddiddordebau a'i ddyheadau ar y plentyn. Bydolwg a safbwyntiau'r oedolyn a flaenoriaethir: eu hangen i hyfforddi a rheoli plant i'w dwyn yn rhan o'r gymdeithas ehangach a gynrychiolir gan y cyhoeddiadau. Fel y dywed Gillian Avery:

Children's books have always been particularly vulnerable to the ideologies of the age since there is in most of them, if not a didactic element then a reflection of the social rules and ethic of the period [...] in them at any given period you find what parents and teachers desired for children, their concept of the ideal child, and the faults they sought to correct.[53]

Gwelsom yn y penodau blaenorol y modd y gosodai'r meddylfryd Piwritanaidd ac efengylol wedyn y plentyn afreolus benben â'r oedolyn gwâr. Ystyrid plant megis 'a differentiated subject category – an "other" [...] as subject in need of reason' o gymharu â'r 'productive, moral, self-disciplined, healthy, male adult governed by the faculty of reason'.[54] Erbyn ail hanner y bedwaredd ganrif ar bymtheg roedd y rhesymau dros arallu'r plentyn wedi newid. Roedd syniadau Rhamantwyr ddechrau'r ganrif ynghylch sancteiddrwydd babandod a rhyfeddod plentyndod bellach wedi magu gwreiddiau. 'Heaven lies about us in our infancy!' meddai Wordsworth yn 'Ode: Intimations of Immortality' (1807), er enghraifft, ac o dan ei ddylanwad ef a'i olynwyr diweddarach, megis John Ruskin a John Everett Millais, daeth y plentyn yn ffynhonnell gwaredigaeth i oedolion blin. Wrth fawrygu tlysni plant a'u hanaeddfedrwydd corfforol a rhywiol, crëwyd ymdeimlad o hiraeth am wynfyd coll plentyndod nad oedd mewn gwirionedd erioed wedi bodoli. Ei ddiniweidrwydd dilychwin fyddai ei rinwedd pennaf, ac roedd y dyhead am y diniweidrwydd hwnnw'n syniad pwerus a gynhaliai'r dychymyg Rhamantaidd mewn cyfnod o newidiadau cymdeithasol a diwylliannol chwyrn. Fel y dywed Robin Bernstein:

By the mid-nineteenth century, prevailing beliefs about childhood inverted the doctrine of infant depravity: children were not sinful but innocent, not depraved souls risking hellfire but holy angels leading adults to heaven. By the mid-nineteenth century, sentimental culture had woven childhood and innocence together wholly. Childhood was then understood not as innocent but as innocence itself; not as a symbol of innocence but as its embodiment. The doctrine of original sin receded, replaced by a doctrine of original innocence.[55]

Perygl y syniadaeth hon oedd rhyddhau plant o hualau pechod, ond eu gosod wedyn mewn rhwymau syniadol a oedd yn nacáu iddynt gymhlethdod safbwynt, deallusrwydd a rôl weithredol yn y byd a oedd ohoni. Ystyrid y plentyn fel 'a being distinct from adults, standing outside society and language, rather than a being that is actively involved in negotiating meaning', yng ngeiriau David Rudd.[56] Er bod yna fwy o ddiddordeb mewn plant yn sgil y syniadaeth hon, diddordeb mewn math arbennig o blentyndod ydyw – un sy'n plesio awydd oedolion i ddotio at ddiniweidrwydd y bychain.

Yng ngherdd Iorwerth Glan Aled i *Trysorfa y Plant* 1863 y dyfynnwyd ohoni eisoes, mynegir y dyhead hwn yn eglur. Mae'r bardd wrth ei fodd yn gweld plant yn mwynhau darllen y 'Drysorfa Fach', a theimla fod rhaid iddo gyfiawnhau pam y mae yntau'n ymddiddori i'r fath raddau mewn plant. Hanner canrif ynghynt, byddai'r bardd wedi mynegi mai pryder dros eu heneidiau tragwyddol oedd yn ysgogi'r fath ddiddordeb. Ond bellach, gall ddatgan mai swyn tiriondeb plant sy'n ei gymell i boeni amdanynt:

> 'Rwy'n hoff o blant, Olygydd mwyn,
>> Mae hyn yn gŵyn yn f'erbyn;
> Pam mae rhyw farfog ŵr fel fi
>> Yn chwareu 'n ffri â phlentyn?
> Waeth beth a dd'wedo neb am hyn,
>> Mae gwyneb gwyn a thirion
> Y plentyn bach, er gwaetha 'r byd,
>> Yn swyno bryd prydyddion.
>
> Mae pobpeth bychan bach a ddêl,
>> Yn union fel y lili;
> Yn denu serch pob cywir fryd,
>> O hyd o hyd i'w hoffi,
> Troed bychan bach – llaw fach wèn, wèn,
>> Mor hawdd yw eu cusanu –
> Ac felly llyfryn bychan rhad,
>> Mae 'n swyno 'r wlad i'w garu.[57]

Yn yr ieithwedd gariadus hon mae yma fenyweiddio plentyndod mewn modd sydd yn ei gwneud hi'n 'anodd iawn' ym marn R. Tudur Jones 'inni bellach osgoi'r islais rhywiol'.[58] Ond mae'n rhaid nodi nad oes dim oll yn y llenyddiaeth hon sy'n awgrymu cynnwys rhywiol. Er nad yw cywair cariadus y disgrifiadau bellach yn dderbyniol gennym, nid yw hynny gyfystyr â chyhuddo'r bardd hwn neu awduron eraill o goleddu teimladau rhywiol at blant. Yr hyn a wnânt yw gosod plant yn wrthrychau i'w haddoli, a mynegi hynny mewn termau a gysylltir â'r canu serch. Dyma gywair y llenorion Rhamantaidd, ond fe'i mabwysiadwyd hefyd gan awduron llenyddiaeth foesol a chrefyddol maes o law. Yn wir, rhoddwyd llwyfan rhyngwladol i'r math hwn o blentyn-addoliad gan nofel wrthgaethwasiol hynod o boblogaidd Harriet Beecher Stowe, *Uncle Tom's Cabin*, yn 1852. Yng nghymeriad Eva, merch fach angylaidd sy'n trafod cariad Duw gyda'r caethwas Tom ac yn cymell ei gariad ef a'r caethion eraill tuag ati, ceir ymgorffori delfryd yr angel efengylol y mae harddwch ei phryd a'i gwedd wedi ei fendithio gan Dduw.

Mae'n arwyddocaol, o safbwynt datblygiad y cywair telynegol, sentimental hwn tuag at blant yn y Gymraeg i Iorwerth Glan Aled (bardd y penillion uchod cofier) ddewis llunio cerdd am farwolaeth annhymig Eva o fewn misoedd i ymddangosiad y nofel ym Mhrydain, a thua'r un pryd ag argraffu'r cyfieithiadau a'r addasiadau Cymraeg cyntaf gan Gwilym Hiraethog, Hugh Williams a Thomas Levi yn 1853.[59] Yn ei ragymadrodd i'r gerdd, dywed Iorwerth Glan Aled fod ei fryd 'er's llawer dydd, i wneyd rhyw gân syml' ar gyfer plant Cymru. Cafodd ei ysbrydoliaeth yn hanes Eva: 'ar brydnawn gwlawog yn ddiweddar, wrth ddarllen "UNCLE TOM'S CABIN," gorlanwyd fy enaid â'r prydferthwch anghymharol a weithiwyd i hanes *Efa bach*, nes y penderfynais y cai plant bychain Ysgolion Sabbothol Cymru fwynhau

RHODDION OLAF EFA.

" Daethant ymlaen o amgylch y plentyn, a derbyniasant o'i llaw yr hyn a ymddangosai iddynt fel arwyddion olaf o'i chariad. . . .
' F'ewyrth Twm,' ebe hi, 'dyma un braf i ti.'"

Llun 14: 'Rhoddion olaf Efa', cerflun George Cruikshank yn Harriet Beecher Stowe, *Caban F'Ewyrth Twm*, cyf. Hugh Williams (Llundain: John Casell, Ludgate Hill, 1853), t. 251.

cyfran o'r hyfrydwch a gefais fy hunan wrth ei ddarllen'.[60] I'r bardd, duwioldeb a symlrwydd yr hanes yw ei brif rinwedd a mynegiant o'r duwioldeb hwnnw yw prydferthwch Efa bach. Yr hyn sy'n ganolog, ac yn broblematig i glustiau modern, wrth gwrs, yw mai'r arddull sydd ar gael iddo fynegi'r fendith honno yw ieithwedd serchaidd canu telynegol y Rhamantwyr. Cadernheir hynny gan benderfyniad Glan Aled i ddyfynnu pennill yr Arglwydd Byron (sy'n ymddangos hefyd yn nhestun *Uncle Tom* Beecher Stowe) ar ddechrau'r testun:

> A young star! Which shone
> O'er life – too sweet an image for such a glass!
> A lovely being, scarcely formed or moulded;
> A rose with all its sweetest leaves yet folded.

Er mai gweithio oddi mewn i gonfensiwn arddulliol a gyfreithlonid gan *Uncle Tom* a thestunau moesol tebyg oedd y bardd, mae'n bwysig cydnabod bod y cywair hwn yn hynod broblematig. Wedi'r cyfan, roedd darlunio plant yn y modd hwn yn creu ffetis ohonynt, yn annog eu haddoli gan dybio bod iddynt ryw rinwedd cyfareddol. Canlyniad hynny yw nacáu i blant eu gweithredoledd eu hunain a pheri iddynt gael eu trin fel gwrthrychau y taflunnir diddordebau ac anghenion oedolion arnynt. Mae'n arwain at nostalgia dihangol, hunanfoddhaol, 'a regressive escape into [...] self-indulgent nostalgia' yng ngeiriau Peter Coveney,[61] nad yw, fel y sylwa David Rudd, yn gwneud unrhyw ymdrech i ystyried safbwynt y plentyn.[62]

I Jacqueline Rose, awdur un o destunau mwyaf dylanwadol a dadleuol astudiaethau llenyddiaeth plant, *The Case of Peter Pan or The Impossibility of Children's Fiction* (1984), gorthrwm ar blant yw'r nostalgia hwn ac fe'i cynrychiolir yn arbennig gan y bachgen hwnnw nad oedd am dyfu'n ddyn:

> Suppose, therefore, that Peter Pan is a little boy who does not grow up, not because he doesn't want to, but because someone else prefers that he shouldn't. Suppose, therefore, that what is at stake in *Peter Pan* is the adult's desire for the child. I am using desire to refer to a form of investment by the adult in the child, and to the demand made by the adult on the child as the effect of that investment, a demand which fixes the child and then holds it in place.[63]

Mae'r cyfeirio hwn at sefydlu a chynnal hunaniaeth ar ran y plentyn mewn perthynas rym anghytbwys ag oedolion yn dod â ni at gywair beirniadol ôl-drefedigaethol. Medd Rose: 'If children's fiction builds an image of the child inside the book, it does so in order to secure the child who is outside the book, the one who does not come so easily within its grasp.'[64] Ac mae hynny'n ei harwain at un o ddatganiadau mwyaf beiddgar y gyfrol: 'Literature for children is, therefore, a way of colonising (or wrecking) the child.'[65]

Achosodd cyfrol Rose gryn ddadlau ymysg ysgolheigion llenyddiaeth plant, yn arbennig oherwydd ei thesis seicdreiddiol mai math ar demtasiwn yw ysgrifennu ar gyfer darllenwyr ifanc. Disgrifia destunau i blant 'as something of a soliciting, a chase, or even a seduction'.[66] Ond er nad pawb a gytunai â'i dehongliad, fe gydiodd ei defnydd o'r term 'colonised' yn nisgwrs academaidd llenyddiaeth plant y 1980au a'r 1990au. Theoreiddiwyd priodoldeb y term i lenyddiaeth plant ymhellach gan Perry Nodelman yng nghyd-destun syniadaeth Edward Said ynghylch y modd y dychmygid y dwyrain gan drefedigaethwyr Ewropeaidd yn ei ysgrif 'The Other: Orientalism, Colonialism, and Children's Literature' yn 1992.[67] Yn dilyn hynny, bron na chymerwyd y safbwynt hwn yn ganiataol a'i fynegi fel ffaith wrth i Roderick McGillis ddatgan, er enghraifft, yn 1999, 'As Jacqueline Rose and others have noted, children are colonial subjects. Adults are the colonizers; children are the colonized.'[68] Ymhellach yn 2008, meddai Nodelman yn ei gyfrol *The Hidden Adult*: 'children's literature might be best characterized as that literature that works to colonize children by persuading them that they are as innocent and in need of adult control as adults would like them to believe'.[69]

Mae'r gyffelybiaeth rhwng grwpiau wedi eu trefedigaethu a phlant yn cyfosod safle di-rym ac israddol y naill a'r llall ac yn cynnal y canfyddiad bod ymddygiad ymerodraethau ac awduron plant yn deillio o gymhellion trefedigaethol tebyg. Ond mewn gwirionedd, mae perygl i'r gyffelybiaeth gyfeiliorni a bychanu profiadau'r cymunedau a ddioddefodd yn sgil ymdrechion trefedigaethol gwleidyddol a diwylliannol ledled y byd. Er bod cylchgronau plant y bedwaredd ganrif ar bymtheg, er enghraifft, yn annog y Cymry ifainc i arswydo at ddioddefaint caethweision duon ac edmygu eu dewrder o dan y fath amgylchiadau, mae'n gwbl ddealledig nad yw'r plentyn gwyn a'r caethwas du yn gydradd. Wrth ailadrodd naratifau tebyg sy'n gofyn i blant Cymry fod mor ffyddlon i Dduw â'r Cristnogion duon caeth, yr hyn a wneir yw plentyneiddio'r dyn du. Yn ei Saesneg neu Gymraeg lletchwith a chyda'i feddwl syml, unplyg fe'i darlunnir megis plentyn diwair, da sy'n gallu codi uwchlaw ei drallod er mwyn dangos ei fod yn meddu ar wir oleuni a chyfoeth ysbrydol.

Mae'n arwyddocaol mai ysgolheigion o gymunedau a brofodd drefedigaethu yn y cyfnod diweddar sydd wedi cwestiynu priodoldeb y gymhariaeth.[70] Fel y dadleua'r beirniad llên o Awstralia, Clare Bradford, ni ellir ystyried poblogaeth o blant dosbarth canol, dyweder, megis grŵp dan orthrwm yr awdur o oedolyn trefedigaethol â'i fryd ar reoli a gormesu ei ddeiliaid: 'To refer to children's literature as a site of colonisation is, then, to mute, to downplay, even to trivialise the effects of colonisation on Indigenous peoples', meddai.[71]

Mae ystyried plant fel grŵp a drefedigaethwyd yn codi problem arall. Dyma safbwynt sy'n rhagdybio bod plant yn grŵp adnabyddadwy a'r plentyn megis bod hanfodaidd a chanddo nodweddion neilltuol sy'n ei osod ar wahân i oedolion, sydd hefyd megis grŵp unedig 'assumed to possess a common fund of motivations and desires in regard to children'.[72] Sefydlwyd eisoes yn y gyfrol hon fod ystyr y termau 'plentyn' a 'phlentyndod' yn llithrig, hydrin a chyfnewidiol, megis pob cysyniad cymdeithasol a diwylliannol arall. Yn yr un modd, ni ellir derbyn bod oedolion hwythau yn ymddwyn tuag at blant yn yr un modd ac am yr un rhesymau o fewn unrhyw gyfnod, a bod eu gweithgarwch llenyddol ar gyfer plant o reidrwydd yn mynegi awydd i'w diffinio a'u rheoli. Fel y dadleua Jackie E. Stallcup, mae'r gyffelybiaeth drefedigaethol yn arwain at ddiystyru 'the broad range of ways in which adults actually interact with children or the spectrum of motivations driving such interactions'.[73] Er yn cydnabod 'the troubling, asymmetrical power relationship between adults and children', ni all dderbyn y gymhariaeth drefedigaethol i ddisgrifio'r berthynas rhwng oedolyn a phlentyn yng nghyd-destun llenyddiaeth plant:

> Equating children with colonized subjects means defining adult power as essentially negative and oppressive. This fails to take into account myriad adult agendas that stretch across the spectrum of adult-child interactions. Defining adults as oppressors leaves no room for the acts of love and nurture that children absolutely must obtain in order to become fully empowered in our social system.[74]

Mae'r weithred o lenydda ar gyfer plant, ni waeth pa mor amlwg ddidactig y bo'r bwriad neu ddieithr i ni y bo'r dull, wedi ei hysgogi gan yr awydd i gynorthwyo'r darllenydd i gymryd ei briod le o fewn y gymdeithas y perthyna iddi. Yn wahanol i grwpiau y mae eu hethnigrwydd yn eu clymu'n barhaol at berthynas drefedigaethol (hynny yw, 'colonized subjects'), cyflwr dros dro yw plentyndod. Mae pob darllenydd ifanc yn y broses o gilio oddi wrth y cyflwr hwn a nod llenyddiaeth plant efengylol y bedwaredd ganrif ar bymtheg yw ei gynorthwyo i'w adael yn fuddugoliaethus. 'Childhood,' medd Müller, 'lends itself to a narrative of progress towards the desired adult norm.'[75] Gwahaniaeth sylfaenol arall rhwng hyn â'r profiad trefedigaethol, wrth gwrs, yw bod awduron llenyddiaeth plant wedi bod yn blant eu hunain ac yn perthyn i'w darllenwyr targed yn aml o safbwynt tras, diwylliant ac iaith. Nid yr 'arall' dieithr, pell mo'r plentyn felly, ond rhan elfennol, cyfarwydd o fywyd y cartref a'r gymuned y perthyn yr awdur iddi.

Meithrin y genedl sy'n codi

Dengys y drafodaeth uchod y tyndra a berthyn i'r weithred o ysgrifennu ar gyfer plant. Ar y naill law, mae'n taflunio dyheadau ac yn creu delfrydau amhosibl eu cyrraedd. Ond mae'r testunau hefyd yn annerch plant go iawn, o gig a gwaed, y mae'r awdur yn dymuno eu diddannu, eu haddysgu a'u denu. Yn achos cylchgronau plant yn arbennig, mae'r tensiwn hwnnw'n amlwg ym mhob rhifyn, oherwydd ochr yn ochr â phob darlun o blentyndod delfrydol, mae testunau rîf y gwlith sy'n atgoffa'r plentyn o'r hyn y mae disgwyl iddo ei gyflawni nawr ac yn y dyfodol. Boed yn wersi ar ramadeg, yn esboniadau beiblaidd, yn straeon moesol neu'n emynau, mae'r pwyslais o hyd ar hyrwyddo'r egwyddorion ysbrydol a chymdeithasol a ddylai lywio ymddygiad plant. Nid delfryd cwbl anghyraeddadwy mo blentyndod yn y llenyddiaeth enwadol hon, ond gwaith i'w gyflawni er lles yr enaid a'r gymdeithas a oedd ohoni.

Yn hynny o beth, roedd magu hunanddisgyblaeth yn parhau'n ganolog. Er y cennad i hamddena a mwynhau, rhaid cofio na chaniateid penrhyddid llwyr i blant, na'u maldodi'n ormodol. Roedd ôl y Galfiniaeth gynharach yn parhau ar *habitus* Cymry ail hanner y ganrif, a'r pwyslais yn parhau ar feithrin ufudd-dod a hunanddisgyblaeth plant. Roedd lle iddynt chwarae, ond gwobr oedd eu chwarae am gadw at ddisgwyliadau oedolion ynghylch diwydrwydd, ymroddiad ac ymddygiad. Fel y dywed Thomas Levi wrth ymateb i lun o blant anystywallt mewn ysgoldy, a'r athro yn methu â gwneud dim i'w rheoli: 'Rhaid i'r plant gael chwareu, ond nid ar amser ysgol.'[76]

Plant da yr ysgol Sul sy'n ennill yr hawl i chwarae yn y cylchgronau hyn, ac mae'r ysfa i reoli plant yr un mor gryf ag erioed, eithr bod y cywair wedi ysgafnhau rywfaint. O edrych ar gyngor 'Gweinidog' dienw i blant yr ysgol Sul yn *Y Winllan*, Hydref 1886, gwelir mor gryf yw'r pwyslais ar reoli corff ac ymddygiad y plentyn o hyd. Cyflwyna'r awdur nifer o 'nodau plant da' (sef term a gysylltir gan amlaf â nodau clust defaid, wrth gwrs), hynny yw, arwyddion allanol, gweladwy, y gellir adnabod plant da wrthynt. Mae cyrraedd y capel yn brydlon yn un nod, a chadw'n dawel yn ystod y gwasanaeth yn un arall. 'Nid yw yn beth hardd clywed plant bach yn siarad llawer yn nhai cymydogion, os na fydd rhyw rai yn gofyn iddynt siarad,' meddai, 'ond mae eu clywed yn siarad a'u gilydd yn nhŷ Duw yn arwydd sicr o blant drwg.' Ymhellach, ni ddylai plant edrych o'u cwmpas wrth ddyfod i mewn i'r capel, na chysgu yn ystod yr oedfa, na gwario eu ceiniogau ar *'felysion (sweets)'* yn lle eu cyfrannu 'at achos crefydd'.[77]

Gostyngeiddrwydd a boneddigrwydd yw'r nod, a drwgdybid rhai mathau o chwaraeon nad oeddynt yn uniongyrchol gysylltiedig â gweithgareddau addysgol neu grefyddol. Yng Nghymanfa Arfon 1864, er enghraifft, condemniodd y Bedyddwyr yr arfer o chwarae criced a phêl-droed.[78] Megis hen gampau'r cnapan a'r bando, cysylltid gemau torfol â meddwi a chynnwrf cymdeithasol na allai'r enwadau ei gymeradwyo.[79] Roedd mudiad efengylaidd y bedwaredd ganrif ar bymtheg â'i fryd, fel y dadleuodd R. Tudur Jones, ar achosi 'chwyldro mewn cymdeithasu'. Symudodd y pwyslais 'oddi ar adloniant a difyrrwch' at gymdeithasu efengylaidd drwy gyfrwng cyfarfodydd 'fel y seiat, y gyfeillach, yr Ysgol Sul, a'r gymanfa bregethu'.[80] Mewn rhai achosion, ceisiodd yr enwadau ymyrryd ag achlysuron cymdeithasol traddodiadol er mwyn sefydlu eu hawdurdod dros amser hamdden eu haelodau. Ym Mhontypridd yn 1859, er enghraifft, gorymdeithiodd plant yr ysgolion Sul heibio ffair y dref a chynnal te-parti ar gaeau ar y cyrion gan gynnal chwaraeon, gan gynnwys criced y tro hwn, er mwyn denu'r ifainc rhag temtasiynau gemau'r ffair, a buan y daeth y trip blynyddol yn rhan o galendr sefydlog yr ysgolion Sul.[81]

Roedd y gofod newydd a roddai'r cylchgronau i hamddena, hiwmor a chwaraeon diniwed yn dangos nad gormesu plant oedd nod yr efengyliaeth hon. Roedd yma gariad a diddordeb byw ym mywydau plant, eu hoffterau a'u hanghenion. Eto, cynhelid yr ideoleg mai drwy lywodraeth y wialen y gellid sicrhau y byddai'r plant hynny'n ffynnu a llwyddo. Parhaodd 'Gwialen Fedw fy Mam' yn gân boblogaidd,[82] a chafwyd cerddi poblogaidd eraill ar yr un testun, megis 'Y Wialen Fedw' gan O. Ifor Jones. Yn y gerdd honno, mae awgrym o wrthryfel yn erbyn y wialen. Dywedir mai hen wialen gas, chwerw yw'r un sydd gartref gyda

---

YR YSGOL DDYDDIOL.

BYDD llawer o'n darllenwyr ieuainc yn syllu ar y darlun hwn o'r ysgol ddyddiol gyda gwên, ac ambell un hynach, fe allai, gydag adgof heb fod y mwyaf annymunol. Dacw yr ysgol feistr, wedi cyrhaedd gwth o oedran, yn eistedd wrth ei ddesc, y papyr newydd o'i flaen, ac yntau yn ei ddarllen pan nad yw yn hopian ei ben ato dan awdurdod Mr. Cwsg. Mae yn ddiwrnod cynhes o haf, ac am hyny mae y trymder yn fwy.

Ond os yw y meistr yn drymaidd, mae y plant oll yn weddol ysgafn; a chan ei fod â'i gefn atynt, maent yn gallu chwareu eu hystranciau yn ddisylw. Yn nesaf atom y mae dau yn cymeryd arnynt ymladd, neu baffio eu gilydd, ac yn tynu sylw amryw o'u cwmpas. Mae y merched wedi ymgasglu yn dŵr ar y canol, ac mewn cydymddyddan pwysig ar ffasiwn y boneti. Yn y gongl bellaf mae llencyn bychan bywiog, er nad yw ond byr ei goes, am ddynwared awdurdod ei feistr; mae wedi esgyn i ben desc, a ffon yn ei law, ac yn gwneyd agwedd fygythiol ar ei gydysgoleigion; ond nid oes neb yn crynu rhag ei ofn. Mae un eneth ieuanc, y nesaf at y drws, o'r tu cefn i gadair ei meistr, wedi syrthio i drymgwsg, er gwaethaf holl fwstwr y plant. Nid oes ond dau neu dri o'r holl nifer yn gwneyd unrhyw sylw o'u llyfrau.

Nid oes anghen dyweyd fod pobpeth allan o le yn yr olygfa hon. Rhaid i'r plant gael chwareu, ond nid ar amser ysgol. Pan mae yr ysgolfeistr yn esgeuluso ei ddyledswydd, mae y plant oll yn esgeuluso hefyd. Nid yn aml y dyddiau hyn y ceir athrawon

Llun 15: 'Yr Ysgol Ddyddiol', *Trysorfa y Plant* (Mehefin 1863), 154.

mam gan ei bod yn cosbi'r plant am wneud pethau mor ddiniwed â bwyta jam a chael 'rhyw *sport*' gyda'i gilydd. Ond arswydus yw geiriau taid yn y cwpled clo 'Mai gwell yw dyodde'r brigau / Na chrogi ar y bôn.'[83]

Mae ceryddu'n parhau'n angenrheidiol, fe ymddengys. Yn *Trysorfa y Plant* 1866, meddir mewn portread o fachgen sy'n cael ei sbwylio gan ei fam-gu:

> Nid ydym am i neb leihâu yn eu tynerwch at eu plant a'u hwyrion; ond dylid bod yn eirwir a ffyddlawn tuag atynt, yn gystal a bod yn dyner. Byddwch ofalus iawn cyn bygwth eich plant; ond wedi bygwth, dylech fod mor ffyddlawn i'ch bygythiad âg i'ch addewid. Mae 'ceryddu' yn gystal a 'hyfforddi' yn llyfr gwersi ein Tad i ni, a dylai fod yn llyfr ein gwersi ninnau i'n plant.[84]

Dyma dystiolaeth ddifyr bod y golygydd yn parhau i gyfarch cynulleidfa ddeuol, yn blant ac oedolion. Roedd am i blant ddarllen cyfarwyddiadau a anelid at eu rhieni er mwyn ennyn ynddynt ymdeimlad o gyfrifoldeb ac edifeirwch. Chwe mis yn ddiweddarach ceir darlun ac ysgrif debyg yn *Trysorfa y Plant* am nain flin sydd wedi syrffedu ar glywed ei hwyrion yn cecru am gael chwarae â'u teganau. Y tro hwn, y cyngor yw peidio â gwrthod iddynt bleserau bychain:

> Hyd ag y byddo yn bosibl ac yn weddus, gwell caniatâu i'r plant gael yr hyn a geisiant. Goreu po leiaf o ymgyndynu â phlant. Os gellwch eu cadw wrth eu bodd, bydd genych fantais dda i gadw llywodraeth arnynt.[85]

Mae'r agwedd yn llai unplyg nag ydoedd yn y gorffennol, ac mewn ysgrif ddiweddarach i famau yn *Trysorfa y Plant* 1877, mynna'r awdur nad oes diben 'gwneyd cyfreithiau am oes i blant dan ddeg oed' a bod 'gan blant iawnderau'.[86] Gwelwn yma ddylanwad y drafodaeth wleidyddol am les plant ac effaith addysg orfodol o 1870 ymlaen yn treiddio i'r ffordd yr ystyrid y plant a'u hanghenion.[87] Mae ganddynt yr hawl i gael addysg ac i beidio â gorfod ymgymryd â llafur caled yn ifanc, ac er hollbresenoldeb yr hen wialen fedw, rhoddir sylw i ddulliau amgen o sefydlu awdurdod dros blant. Yn yr ysgrif hon, mae'r pwyslais pennaf ar i famau ymddwyn yn weddaidd er mwyn i'w plant eu hefelychu, yn hytrach na dweud wrthynt 'drosodd a throsodd, "Peidiwch byth a gwneyd hyn. Peidiwch byth a gwneyd y llall," hyd nes dyrysu'r plant goreu, a'u gwneyd yn wrthryfelwyr er eu gwaethaf'.[88] Ond wrth annog trin plant mewn dulliau mwy dyngarol, mae yma hefyd hyrwyddo delfryd o famau angylaidd sydd megis bodau arallfydol, bron, yn eu hunanreolaeth a'u tynerwch. Wedi'r cyfan, os oedd rhaid i blant bychain dyfu a cholli eu tlysni plentynnaidd, roedd disgwyl i'r merched gynnal hanfod y tlysni hwnnw yn eu hymarweddiad a'u hymddygiad pan oeddynt yn wragedd a mamau.[89]

Ond wrth gwrs, nid pob plentyn a lwyddai i oroesi blynyddoedd eu plentyndod. Roedd marwolaeth plant yn parhau'n nodwedd gyffredin ym mywydau teuluoedd ail hanner y bedwaredd ganrif ar bymtheg. Sylwer, er enghraifft, ar y teitl dychrynllyd hwn a ymddangosodd yn *Y Winllan*, Rhagfyr 1861:

> Galar Rhieni, sef Thomas a Sarah Jenkins, Nantyglo, yn ngwyneb colli tri o'u plant, trwy y scarlet fever: – Gorphenaf 11, 1860, Elizabeth, yn 9 mlwydd oed; y 14eg o'r un mis, Thomas, yn 3 mlwydd oed; ac yn mhen rhyw awr ar ol hyny, Esther, yn flwydd oed.[90]

Mae ysgrifau a phenillion i goffáu'r meirw i'w cael yn gyson yn y cylchgronau plant o hyd, er bod y cynnydd yn amrywiaeth y rhifynnau'n golygu nad yw marwolaeth yn bresenoldeb mor ormesol ag y bu. Eto, y newid pwysicaf yw'r modd y mae'r llenyddiaeth goffaol honno yn amlygu'r newid yn y modd y darlunnid ac y delfrydid plentyndod. Caiff lleoliad diwylliannol newydd y plentyn – fel gwrthrych serch a sail gwaredigaeth i'r oedolyn – ei fynegi'n ddirdynnol yn y testunau hyn. Mae ynddynt yr un sicrwydd ynghylch gofal Duw dros yr ymadawedig ag a geid ddechrau'r ganrif, ond mae nodweddion arwrol, rhinweddol y plant yn cael eu cyflwyno mewn termau mwy real a diriaethol nag o'r blaen. Fel y dywed Reynolds:

> As the influence of the Romantic and Evangelical movements began to refashion thinking about the child, and the numbers of books written for an audience of children proliferated, the representation of childhood death in writing for young readers took on new meanings and layers of complexity.[91]

Mae cysur bellach i'w gael, nid yn unig o'u llwybr nefol, ond o'r ffaith na fydd traul y blynyddoedd yn amharu ar berffeithrwydd diniwed y bychain. Fel yr eglura Bernstein: 'To grow is to lose sacred childhood innocence, and each day the young person develops, the essential child dies off a little.'[92] Yn sgil hynny: 'Both romanticism and sentimentalism constructed the death of a child not as dispossessive but as preservative, as a freezing that paradoxically prevents the essential child-quality from ever dying through maturation.'[93]

Mae marwolaeth yn golygu na fydd harddwch y plentyn fyth yn pylu, nodwedd sy'n cynnig cysur ac yn dwysáu'r tristwch o golli plentyn ar yr un pryd. Synhwyrir hynny yn y disgrifiad estynedig a gawn yn y 'Byr Gofiant am Elizabeth Jones', naw mlwydd oed, o Lanfair-yng-Nghornwy sy'n ymddangos yn *Y Winllan*, Chwefror 1873, gan Henry Hughes, Cemaes, Môn.

Rhoddir sylw i'w deallusrwydd a'i thalentau hynod; dywed Hughes y meddai ar gof aruthrol a bod ganddi 'duedd neilltuol at ganu, [a hithau] wedi ei donio â'r llais mwyaf soniarus'.[94] Ond ei phryd a'i gwedd a gaiff y sylw pennaf. Bydd rhai yn gweld yr ymhyfrydu hwn yn ei harddwch yn ddi-chwaeth o sentimental. Teimla R. Tudur Jones, er enghraifft, fod 'confensiwn llenyddol' yn peri mai 'ffuantus ac afreal' yw'r teimladau a fynegir am farwolaethau plant wrth i'r ganrif fynd yn ei blaen.[95] Ond confensiwn llenyddol a reolai'r ymateb cyhoeddus i golli plant erioed, ac mae'n bwysig cydnabod mai o gredoau isorweddol cymhleth, yn codi o'r modd yr oedd plant yn cael eu lleoli yn realiti cymdeithasol y bedwaredd ganrif ar bymtheg, y tarddai'r disgrifiadau hyn o blant. Nid cystadlu am y gorau i wenieithio am blant bychain oedd yr awduron hyn, ond llenorion yn tynnu ar y wythïen lenyddol gryfaf ar y pryd er mwyn dygymod â'r profiad dirdynnol o golli plentyn. Sylwch felly ar y modd y mae Henry Hughes yn rhoi arwyddocâd ysbrydol i dlysni Elizabeth Jones gyda'i ryddiaith delynegol, ac yna'r ddwy frawddeg frawychus o fer i gloi'r disgrifiad:

Ond nid ei moesau yn gwbl a'i gwnaeth yn anwyl: yr oedd prydferthion ei gwedd yn gwneyd pob calon yn gaethwas iddi. Dau lygad mawr siriol yn dysgleirio gan brydferthwch, ac yn aflonydd gan athrylith. Dau flodyn coch, fflamgoch, wedi eu cerfio gan fys Duw, ar ddwy-rudd o farmor gwyn: 'Ei gruddiau,' fel y ceir ei darlun gan y gŵr doeth, 'fel pêr-lysiau, fel blodau peraidd, a'i gwefusau oedd fel y lili yn dyferu myrr dyferol.' Mewn gair, yr oedd hi yn eilun calon a chanwyll llygad ei holl gydnabod. Ond, tra yn ein meddwl y portreiadem ei dyfodol llewyrchus, wele, ciliodd y seren ddysglaer, a machludodd yn nghanol cysgodion tywyll bro marwoldeb. Fel rhosyn ymagorodd ar unwaith i'r *full bloom*, ac ni chawsom ond braidd anadlu yn ei berarogledd, nad oedd barug y glyn wedi difa ei raen – y lili dlos a blygodd o flaen yr awel. 'Gwywodd y blodeuyn,' a'i dlysni a ymadawodd. Bu farw o'r *Scarlet fever* yn ei nawfed mlwydd. Wythnos y bu yn glaf.[96]

Mae cysur, wrth gwrs, i'w gael yn y sicrwydd y bydd enaid y ferch fach yn gadwedig yn y nefoedd, ond mae cysur hefyd y bydd ei marwolaeth yn ei chadw'n fythol ifanc. Mae cynsail beiblaidd, fel y gwelwyd eisoes, i ddelweddu marwolaeth person megis blodyn yn cael ei dorri ymaith (Job 14:2), ond er y pwyslais ar ddifa, plygu ac ymadael, mae rhywbeth arhosol am harddwch y ferch ifanc yn y disgrifiad hwn. Gan aralleirio geiriau Bernstein uchod, nid dadfeddiannu ieuenctid a wna marwolaeth, ond rhoi i harddwch yr ifainc anfarwoldeb. Dywedir i fedd Elizabeth gael ei fedyddio 'â dagrau ei chydnabod galarus' ac y 'sylwid ei bod yn "rhy hen" i fyw'. Ond 'na', medd Hughes, 'rhy ieuanc i fyw ydoedd, ac felly hedodd i'w helfen ei hun – i anfawrol ieuengctyd.' Daw'r ysgrif i ben â'r cwpled:

Yn Llanfairynghornwy yr hunodd.
'Ond ym mharlwr ei Phrynwr deffrôdd'.[97]

7

Ymestyn y Dychymyg a'r Meddwl

Cyffroi'r dychymyg

Fel yn nechrau'r ganrif, darllen oedd y gweithgaredd mwyaf buddiol a chymeradwy o hyd i blant yr ysgol Sul yn ôl y testunau a gynhyrchwyd ar eu cyfer o'r 1860au ymlaen, er y caniateid iddynt fwy o chwarae. Ond roedd i ddarllen hefyd ei beryglon, yn arbennig darllen unigol heb oruchwyliaeth. Bu'r math hwn o ddarllen yn fraw i rai addysgwyr ddechrau'r ganrif, dylid cofio. Teimlai rhai, megis yr addysgwraig a chyhoeddwr Mary Jane Godwin, mai gweithgaredd i'w oruchwylio'n ofalus oedd darllen. Meddai yn 1814: 'it is very rarely and perhaps never, proper that children should read by themselves; few indeed are the individuals in those tender years that are not either too indolent, too lively, or too capricious to employ themselves usefully upon this species of occupation'.[1] Ond yn sgil dylanwad addysg a thwf y wasg argraffu roedd modd i ddarllenwyr rhugl, ifainc ail hanner y ganrif gael mynediad at fwy o amrywiaeth o ddeunyddiau nag yr oedd modd i oedolion eu goruchwylio'n fanwl. Roedd efengyliaeth sylfaenol yr enwadau yn disgwyl i'r unigolyn ddarllen drosto'i hun, wrth gwrs, er mwyn derbyn goleuni a myfyrio ar bethau o dragwyddol bwys. Ond roedd yr efengyliaeth honno'n dibynnu ar hyfforddi a hunanddisgyblaeth gadarn ar ran yr unigolion hynny er mwyn sicrhau na chânt eu denu gan ddeunydd darllen amhriodol. O ganlyniad, wrth i'r wasg boblogaidd ledaenu, cynyddu hefyd a wna'r lleisiau adweithiol yn erbyn ei chynnyrch.

Ar wahân i ambell lais gochelgar, ymhyfrydai Cymry Oes Victoria yn hunanfoddhaus ddigon yn natur aruchel y wasg Gymraeg, yn enwedig yn sgil honiadau sarhaus y Llyfrau Gleision am foesoldeb y genedl. Mynnodd yr hanesydd Thomas Rees yn 1867, er enghraifft: 'Welsh literature is remarkable for its religious character and high moral tone.'[2] Ond bygythiad sylfaenol i'r 'high moral tone' hwn, fe dybid, oedd nofelau, straeon arswydus a baledi masweddus y wasg boblogaidd – yn neilltuol, cynnyrch y wasg Saesneg. Datganodd David Rees yn *Y Diwygiwr* yn 1861 '[na] fu ieuenctyd Cymru erioed mewn cymaint perygl ag ydynt ynddo yn awr' gan fod yr ysgolion dyddiol 'sydd o hyd yn lluosogi' yn Seisnigo'r genhedlaeth iau a'r rheilffyrdd yn cyrchu 'Seison anffyddol a llyfrau bryntion o bob math i bob cwr o'r wlad'. Amddiffynna awdurdod y wasg enwadol yng Nghymru yn chwyrn gan iddi arbed y wlad rhag melltith y 'ffugebau swynol a bryntion, yn nghyd â llyfrau aflan a gynyrchir gan ddynion hylaw, arabus, ac anmhur, i weini i'r nwydau mwyaf anifeilaidd a berthynant i'r natur ddynol'.[3] Nofelwyr mawr Saesneg yr oes yw'r tramgwyddwyr pennaf, ac y mae'n ymosod yn benodol ar Carlyle, Thackeray a Dickens. Anodd derbyn y disgrifiad o'u nofelau megis 'llyfrau bryntion' bellach wrth feddwl am eu statws canonaidd erbyn hyn ac am safiad moesol nifer fawr o'u nofelau. Mae hynny'n arbennig o wir yn achos Dickens a'r modd y darluniodd effaith andwyol ideoleg cynnydd ac iwtilitariaeth yr oes ar bobl gyffredin. Ond efallai nad nofelau mawreddog megis *Hard Times* (1854) a boenai David Rees a'i debyg mewn gwirionedd, ond y 'penny dreadfuls', neu'r 'penny bloods' a werthid fesul pennod am geiniog yr un ledled y wlad. 'These stories were a spine-tingling medley of crime and vice', medd Drotner, ac yn ystod y 1860au, yr union adeg yr ymosodai David Rees ar y 'llyfrau bryntion' a geid ym mhob cwr o'r wlad, roedd nifer a beiddgarwch y cyhoeddiadau hyn ar dwf.[4] 'By the 1860s, fierce competition made the penny-part publishers increase the lurid details of their narratives' a chyhuddid y wasg o lygru moesau'r bobl gyffredin.[5]

Poenid yn arbennig am boblogrwydd cyhoeddiadau o'r fath ymysg pobl ifainc gan i'r cyhoeddwyr, yn aml iawn, roi blaenoriaeth i straeon am arwyr ifainc er mwyn denu darllenwyr iau. Bellach, a chanran gynyddol o'r boblogaeth ifanc yn medru cael mynediad at ryw fath o addysg elfennol, gallai'r byd cyhoeddi adnabod a thargedu cynulleidfa benodol ifanc – ac yr oedd honno'n gynulleidfa y pryderai'r diwygwyr yn fawr yn ei chylch. Roedd darllen hamdden, a darllen ffuglen yn arbennig, yn weithgaredd y gallai'r ifainc ei fwynhau ac ymgolli ynddo, a hynny y tu hwnt i awdurdod a rheolaeth oedolion. 'No other genre,' yn ôl Leah Price, 'so ambivalently explores the pleasures and dangers of the absorption, the virtuality, and the selfhood (alias selfishness) that reading in general and fiction reading in particular exemplify.'[6] Dyma ddarllen nad oedd o reidrwydd yn gysylltiedig â gweithgaredd addysgol. Yn wahanol i draethodau crefyddol Hannah

More a Legh Richmond, nid oedd y cyswllt ag addysgeg yr ysgol Sul yn amlwg, ac roedd cyfle felly i'r dychymyg ledu.

Ymhellach, credid bod ffuglen yn cael effaith niweidiol ar fenywod a phlant yn neilltuol, gan eu bod yn llai sefydlog eu meddyliau na dynion mewn oed, yn ôl y sôn. Hefyd, fel y dywed William St Clair: 'Reading was [...] feared because it took the imaginations of women and young people from the social control of families.'[7] Roedd Henry Rees, er enghraifft, yn barod ei gynghorion ynghylch darllen yn ei lythyrau at ei ferch. Dangosodd Llion Pryderi Roberts i Rees ddweud wrthi na ddylai 'indulge in dreams and reveries [...] novels and foolish fictions, which feed the minds of silly girls', a cheir anogaeth gyson mewn llythyrau diweddarach ar iddi ddisgyblu a diwyllio ei meddwl yn gyffredinol.[8] I Belinda Jack, deillia'r pryderon hyn o natur gyfrinachol darllen:

> it has to do with the ultimate secrecy of reading: no-one outside the reader can know what is going on in the reader's mind, or indeed body, and no-one can know what difference the reading experience may make to his or her thoughts or behaviour. Lone reading is an inherently antisocial activity and the onus on women has been, and often remains, to be sociable and to facilitate easy human relations. Reading is intensely private and literally self-centred.[9]

Yn ei chyfraniad i fywyd teuluol, yn bennaf, y rhoddwyd ystyr i fywyd y ferch yn Oes Victoria ac roedd meithrin gweithgaredd a oedd yn ei thynnu oddi wrth y gorchwyl hwnnw felly'n broblematig. Roedd y wasg boblogaidd yn targedu darllenwyr benywaidd a'r ifainc a rhaid felly oedd eu harfogi â'r cadernid moesol i ochel rhag cael eu niweidio ar lefel y dychymyg. Roedd y cylchgronau plant, o ganlyniad, yn effro iawn i'r angen i sefydlu egwyddorion cadarn a fyddai'n cadw'r darllenwyr ar y llwybr cul wrth iddynt dyfu'n fwy annibynnol. Sylwer, er enghraifft, ar y disgrifiad hwn a luniwyd yn 1880 o'r Parch. John Prichard, Llangollen, golygydd yr *Athraw i Blentyn*, sy'n amlygu sut yr oedd y wasg enwadol yn ystyried ei chyfrifoldebau moesol:

> Digon tebyg mai y darganfyddiad pwysicaf a wnaethbwyd erioed oedd y gelfyddyd o argraphu. Trwy yr argraphwasg y mae dylanwad dyn yn cael ei eangu yn ddirfawr, o ran amser a lle. Cyfrifoldeb mawr yw gosod peth mewn argraph. Mae argraphu yr hyn sydd o dduedd lygredig a niweidiol yn rhoddi i ddrwg un o'r ffurfiau mwyaf peryglus a dinystriol sydd yn ddichonadwy. O'r ochr arall, y mae gosod mewn argraph yr hyn sydd gyfaddas

i fod yn wasanaethgar i ddyrchafiad ysbrydol a thymhorol dyn, yn ychwanegiad sylweddol a pharhaus at adnoddau rhinwedd a gwirionedd. Nid ydym yn gwybod fod Dr. Prichard wedi argraphu dim y buasai yn dda iddo fod wedi peidio.[10]

Yn y cylchgronau plant eu hunain, cawn yr awduron a'r golygyddion yn pwyso'n gyson ar y darllenwyr i feithrin arferion darllen da, ac i ymwrthod rhag deunydd anllad. Er enghraifft, yn ail rifyn *Y Winllan*, 1848, mae'r awdur J. Rees yn datgan, 'Llyfrau ydynt drysorau o wybodaeth a phrofiad', ac mae'n croesawu'r ffaith eu bod bellach yn fforddiadwy i'r 'gweithiwr tylotaf braidd yn y deyrnas'. Ond rhybuddia fod i dwf llyfrau ei beryglon:

> Dewis llyfrau da sydd o'r pwys mwyaf. Galaethus meddwl fod miloedd o gyfrolau â theitl da iddynt, ond yn llawn o gyfeiliornadau marwol, hudoliaethau i ffoledd, ac esgusodion wedi eu nyddu yn dêg dros ddrygioni! Y mae llyfrau da yn gymdeithion addysgiadol, y rhai y gellir eu croesawu heb rwysg, a'u gollwng ymaith heb dramgwydd, pan y mynoch.[11]

Yn ddiweddarach yn *Y Winllan*, Hydref 1871, cawn gan T. Griffith, Penmachno, 'Awgrymiadau mewn Perthynas i Ddarllen'. '[D]arllenwn lyfrau sylweddol [...] y cyfryw sydd â thuedd ynddynt i adael argraff ffafriol ar ein meddwl', meddai. Rhaid felly dderbyn cyngor er mwyn canfod deunydd priodol o'r fath, gan y gall dewisiadau annoeth arwain at ganlyniadau enbydus:

> Nid anfynych y cyfarfyddir ni gan aml i fachgen a geneth ieuanc o alluoedd dihafal, wedi llygru eu meddyliau gymaint gan ffugchwedlau (*novels*), fel y maent yn gaethion nos a dydd yn eu cadwynau. Collant eu cysgu y nos, a methant â dylyn eu gorchwylion y dydd, gan mor felys y wledd. Ond och! y canlyniadau; gadawa y ffug argraff ffugiol ar eu meddwl, nid ydynt, ac ni fyddant ond silod am byth – newynant eu meddyliau mewn gwarth, llofruddiant eu hamser. Maent yn byw ym myd y *plots* a'r breuddwydion, ac yno yr arosant yn freuddwydwyr ffol, ac afiachus ddychymygwyr.[12]

Cynnyrch y wasg Saesneg sydd o dan y lach gan B. Williams yn 'Addysg Tad: Darllen', *Tywysydd y Plant* (yr Annibynwyr), Gorffennaf 1876, ac mae'n werth dyfynnu'n helaeth er mwyn amlygu'r modd y cysylltid darllen â moesoldeb:

Cwestiwn difrifol yw, 'Beth a ddarllenaf?' Mae y wasg Seisnig yn cyhoeddi llyfrau a chyhoeddiadau na ddylai plant Cymru na phlant unrhyw wlad arall eu darllen. Mae eu syniadau mor niweidiol fel nas gellir eu darllen o gwbl heb dderbyn gwenwyn i'r meddwl. Mae yn bwysig i rieni edrych ar fod eu plant yn darllen llyfrau buddiol ac nid sothach diles. Yr wyf yn teimlo cywilydd a gofid wrth weled cymeriad y llyfrau a ddarllenir gan ieuenctyd ein gwlad. Gellir adnabod cymeriad y *demand* wrth y *supply*. Sylwer ar y *bookstalls* yn y gorsafoedd a'r siopau llyfrau agos i gyd, maent yn llawn o nofelau a phapyrau nid yn unig didalent, ond cwbl andwyol o ran eu tuedd. Mae yn ddyledswydd arbenig ar y rhieni i ddarparu llyfrau priodol i'r plant i'w darllen. Gofalant am ymborth a dillad priodol iddynt, ac ni ddylid gadael y darllen yn ddisylw ychwaith. Os na ofalir prynu llyfrau chwaethus a da, mae y plant yn sicr o fynu llyfrau llygredig a drwg. Nid rhyfedd fod llawer o feibion a merched yn tori allan yn wyllt ac afreolus pan nad yw y rhieni yn gwneuthur un ymdrech i sefydlu eu serchiadau ar eu cartrefi. Mor anneniadol yw cartref llawer bachgen ieuanc, ac mae yn hollol naturiol ei weled yn cael ei ddenu i lwybrau pechod. Byddai llai o feibion yn feddwon yn y tafarndai, a llai o ferched ieuainc yn gymeriadau haerllug ar hyd ystrydoedd ein trefydd, pe byddai y rhieni yn gofalu fod cartref yn wir ddeniadol iddynt. Peth difrifol yw fod plentyn yn cashau ei artref. Gellid arbed gofidiau chwerw, dim ond i'r tad a'r fam wneud eu goreu i gylchynu cartref y plant â swynion cryfach na dim geir mewn tafarndai a chwareudai. Un o'r pethau mwyaf hanfodol tuag at hyn yw *darllen*, ac ni wna plant ymhyfrydu rhyw lawer mewn darllen os na ddarperir llyfrau priodol iddynt.[13]

Os darllenir llyfrau anllad bydd y plant yn siwr o '[d]ori allan yn wyllt ac afreolus', meddir uchod. Bydd yr effeithiau i'w gweld ar eu tynged yn y byd hwn, sylwer – yn eu haerllugrwydd a'u meddwdod. Nid oes yma gyfeirio at effaith eu llygredd ar eu tynged dragwyddol. Ar ddechrau'r ganrif, fel y dangosodd y naratifau am farwolaethau plant a drafodwyd eisoes, effaith camymddygiad yn y byd hwn ar y byd a ddaw a bwysleisid yn ddieithriad. Ond mae'r pwyslais bellach wedi newid, ac er bod tragwyddoldeb yn parhau'n bresenoldeb parhaus yn y cylchgronau plant, nid oes yr un awydd i oedi a manylu ar yr hyn sydd i ddod. Y pechod pennaf erbyn hyn, fe ymddengys, yw i blant fethu â chyfrannu mewn modd teilwng a pharchus i'w cymunedau yn y byd hwn, ac iddynt dyfu'n warth ac yn gywilydd i'w teuluoedd.

Ond er i genedlaethau o blant gael eu meithrin ar rybuddion taer y cylchgronau plant yn erbyn darllen deunydd ffuglen, mae'n amlwg nad oedd darllenwyr unigol yn fodlon cyd-fynd â'u gorchmynion.

Roedd strategaeth y cylchgronau enwadol yn seiliedig ar y rhagdybiaeth bod darllenwyr yn bethau i'w rheoli a'u mowldio. Ond fel y dadleuwyd eisoes yn y gyfrol hon, mae gan ddarllenydd ewyllys i weithredu yn ôl ei dactegau ei hun, i dderbyn neu wrthod dylanwad y testun drostynt. I Michel de Certeau, 'Reading thus introduces an "art" which is anything but passive.' Yn hytrach, '[it is] an art of manipulating and enjoying'.[14] Dyma 'the active side of sensuous human practice' y rhoes Bourdieu bwyslais arno, a'i 'important conception of improvisation and strategy, explained by recourse to jazz playing or to the quarter-back's feel for when he should take the ball and scramble'.[15] Nid oes modd, felly, inni ddeall darllen fel ymarfer (practice) heb gydnabod gweithredoledd y darllenydd. Fel y dywed Belinda Jack:

> Reading comes to life in an act of engagement. It involves an individual consciousness with particular knowledge, experience, and a unique make-up engaging with writing at a particular time, in a particular place, in a particular mood.
>
> Nor can one really force someone to read in a particular way. One cannot ensure that someone, simply by reading, will take seriously material in which they do not believe or do not want to believe.[16]

Trafodwyd eisoes yr ystyriai de Certeau yr hawl hwn i ddarllen yn groes i'r graen yn un o dactegau'r unigolyn wrth iddo negodi ei safle mewn cymdeithas. Gellid dadlau mai un o dactegau mwyaf trofaus neu danseiliol darllenwyr y bedwaredd ganrif ar bymtheg, yr ifainc yn ogystal â'r hen, oedd darllen y math o faledi a nofelau a ystyrid yn anllad gan y wasg enwadol Gymraeg. Sylwer, er enghraifft, ar gyfaddefiad Iago Trichrug (James Hughes) am ei ddyddiau cynnar o segurdod moesol pan oedd yn gweithio fel gof ifanc yn King's Dock Yard, Llundain. Er iddo ddod yn bregethwr ac esboniwr beiblaidd amlwg maes o law, cyffesa iddo '[g]olli tir mewn crefydd a phethau ysbrydol' yn Llundain. Roedd 'cyfeillachu drwg' yn ei dynnu yn aml i'r dafarn a dechreuodd 'gael blas rhyfeddol' ar bob math o lyfrau 'ofer a gwageddawl, megys newyddiaint (novels), rhamantau (romances), a llyfrau chwarëyddiaethau o bob math, a'r cwbl dan yr esgus ffôl o ddysgu darllen Saes'neg'.[17] Pwrpas rhybuddiol, wrth gwrs, sydd i'r disgrifiad hwn o arferion darllen Saesneg Iago Trichrug er mwyn pwysleisio arwyddocâd yr achubiaeth Gristnogol a ddaeth i'w ran maes o law. Ond mae'r cyfaddefiad ei fod wedi cael mwynhad anghyffredin ar 'newyddiaint' a 'rhamantau' yn dystiolaeth o apêl y cyhoeddiadau hyn, ac o ystyried ymlediad addysg ddyddiol Saesneg a thwf gwerthiant cyhoeddiadau Saesneg, ymledodd yr arfer hwnnw'n sylweddol wrth i'r ganrif fynd yn ei blaen.

I niferoedd cynyddol o Gymry llythrennog Oes Victoria roedd darllen ffuglen yn rhyddhad, yn noddfa ac yn bleser. Fel y dangosodd gwaith ymchwil arloesol E. G. Millward yn arbennig, er y collfarnu huawdl gan y lleiafrif roedd lliaws poblogaeth Cymru yn darllen ffugchwedlau erbyn canol y ganrif.[18] Cyhoeddwyd straeon anturus yn y papurau newydd a'r cylchgronau a rhoes Roger Edwards, gweinidog y Methodistiaid Calfinaidd yn yr Wyddgrug, le anrhydeddus i ffuglen ar ddudalennau'r *Drysorfa* gan greu, wrth gwrs, yr amodau diwylliannol a fagodd dalentau nofelyddol ei gyfaill Daniel Owen.[19] Bellach, 'Yr oedd chwaeth ddarllen y werin lythrennog, ymneilltuol, yn gorlifo i feysydd heblaw llawlyfrau crefyddol a moesegol.'[20]

Arwydd o gryfder y dacteg hon oedd y ffaith i'r enwadau gynnwys rhagor o ddeunydd storïol yn eu cylchgronau plant wrth i'r ganrif fynd yn ei blaen. Bu efengyliaeth yn barod erioed i addasu ffurfiau poblogaidd er mwyn troi'r dŵr i'w melin ei hun, wrth gwrs. Meddylier am yr emynau a osodwyd ar alawon poblogaidd y dydd a phamffledi Hannah More i Gymdeithas y Traethodau Crefyddol a geisiai gystadlu â baledi taflennol a phamffledi rhad. Erbyn canol y bedwaredd ganrif ar bymtheg, felly, cawn nofelau cyfres yn ymddangos yn y cylchgronau plant. Dyma ran o 'ymdrech gynyddol' y cylchgronau enwadol, medd M. Wynn Thomas, 'i ddefnyddio disgyrsiau a ffurfiau llenyddol yr arferid eu hystyried yn ddim ond cyfryngau ofer i wrthbwyso apêl y rhychwant o ddulliau a chyfryngau adloniadol newydd a oedd yn prysur ddenu'r ifainc o afael y capeli'.[21] Addasiadau o'r Saesneg yw mwyafrif llethol y nofelau hyn, a chlywir llais yr addasydd neu'r golygydd yn ymyrryd bron yn ddieithriad er mwyn sicrhau bod neges foesol y stori'n gwbl ddiamwys. Ystyrier, er enghraifft, yr addasiad o nofel boblogaidd Agnes Strickland, *Lady Lucy's Petition: A tale, founded on fact* (a gyhoeddwyd gyntaf yn *Historical Tales of Illustrious British Children* (1833)[22]). Ymddangosodd y fersiwn Cymraeg yn yr *Athraw i Blentyn* o dan y teitl diddychymyg 'Chwedl, Sylfaenedig ar Ffeithiau' ym Mawrth ac Ebrill 1849, a chawn wers â thri phen iddi wrth gloi'r testun:

Dyna ti, fy mhlentyn, ddarluniad o amgylchiad a gymerodd le yn y deyrnas hon tua chant a haner o flynyddoedd yn ol. Gwel oddiwrth yr hanes hon,

1. Fel y mae cariad at olud ac anrhydedd bydol yn gwneyd plant mor greulon at eu rhieni eu hunain.
2. Mor brydferth a hawddgar ydyw cariad plentyn at ei rieni. Yr oedd cariad a ffyddlondeb y bendefiges Liwsi at ei thad yn toddi ein calon, yn dwyn dagrau i'n llygaid, a llawenydd i'n henaid wrth ei llwyddiant.
3. Pwy ni feddyliai am Iesu, Iesu ffyddlon! Er mwyn cael dyn odditan ddedfryd yr ail farwolaeth, yn tywallt ei waed – ei enaid yn aberth i farwolaeth drosto, – yn eiriol ar sail ei farwolaeth am faddeuant i ni! Blentyn, a dderbyni di y cymmod yn ei waed a'i farw Ef? Yr ammod grasol yw hwn, 'Cred yn yr Arglwydd Iesu Grist a chadwedig a fyddi.'[23]

Sylwer fod geirwiredd y testun hwn yn hanfodol: rhaid i'r darllenydd ddeall mai ffeithiau hanesyddol sy'n sail i'r chwedl hon. Ond daethpwyd hefyd i werthfawrogi y gallai chwedl nad oedd yn hanesyddol gywir fod o fudd hefyd, cyhyd â bod gwirionedd moesol a Christnogol yn sylfaen iddi. Roedd *Robinson Crusoe* a *Thaith y Pererin* eisoes yn esiamplau o ddefnyddioldeb ffuglen ac i'w cael mewn cyfieithiadau i'r Gymraeg, ac roedd nofelau hanesyddol Walter Scott wedi parchuso'r ffurf ym marn llawer. Mynnodd William Gladstone am Scott, er enghraifft, 'As a writer of romance he was a great purifier', ac meddai William Pritchard, awdur nofel hanesyddol *Owain Tudur* (1873), fod ei nofelau 'yn foddion i wella y galon, ac i buro a dyrchafu chwaeth y darllenydd'.[24] Erbyn canol y ganrif roedd y nofel ar i fyny, a chadarnhawyd goruchafiaeth ffuglen ddyrchafol gan lwyddiant digamsyniol nofel wrthgaethwasiol *Uncle Tom's Cabin* Harriet Beecher Stowe yn 1852.[25] Fel y gwelwyd eisoes, fe'i cyfieithiwyd dair gwaith i'r Gymraeg yn 1853 gan brofi'n llwyddiant ysgubol yng Nghymru 'ac yn dystiolaeth ddiddorol', medd Ioan Williams, 'o blaid y ffaith na welai'r rhan fwyaf o "grefyddwyr" Oes Fictoria reswm dros wrthwynebu'r ffug-chwedl fel cyfrwng'.[26] Rhoddodd Lewis Edwards, er enghraifft, ei gefnogaeth lawn i *Aelwyd F'Ewythr Robert* (1853), addasiad creadigol Gwilym Hiraethog o *Uncle Tom*, gan fynnu y ceir yn y nofel ffuglennol honno 'wirionedd dyfnach nag a geir yn gyffredin yn y llyfrau sydd yn rhoddi y mynegiad mwyaf manwl o ffeithiau'.[27]

Erbyn 1861 roedd digon o eiriolwyr ar ran ffuglen i sefydlu misolyn penodol i hyrwyddo'r ffurf, sef *Y Nofelydd a Chydymaith y Teulu*. Yn anerchiad agoriadol y golygyddion (y Parch. Hugh Owen, y Parch. R. Parry, Mr J. Roose, Mr T. Parry, Mr O. Hughes), pwysleisiwyd y lles a ddaw o ddarllen nofelau:

Gellir dweud yn benderfynol fod llyfrau rhad ar faterion tebyg i hyn wedi gwneyd lles dirfawr i bobl ieuainc Lloegr, trwy hudo eu meddwl oddiwrth bethau llygredig, a'u cyfarwyddo i ymddwyn mewn gwahanol gyfeillachau, a gweithio eu ffordd trwy lawer amgylchiad, a'u cymhwyso i lanw cylch o fywoliaeth nad oedd modd iddynt ei gael, ond trwy ryw lwybr tebyg i hwn. Ac hwyrach y gallwn lwyddo i wneyd rhywbeth tebyg i ieuenctyd Cymru. Difyrwch i'r meddwl, goleuni i'r deall, a lles i'r gydwybod ydyw ein nod.[28]

Mewn ôl-nodyn i'w nofel gyfres 'Y Tri Brawd a'u Teuluoedd' yn *Y Drysorfa* (Ebrill 1867), mae Roger Edwards yn cyfiawnhau iddo lunio nofel gan y gwelai:

fod ein pobl ieuainc yn arbenig yn chwannog i ddarllen cyfansoddiadau o natur chwedl-adroddiadol, a bod llawer o bethau gwag ac ofer o'r natur hwn, a rhai ohonynt o duedd llygredig a niweidiol, yn cael eu cynnyg iddynt, hyd yn nod yn yr iaith Gymraeg.

Dywed Edwards iddo felly ddilyn esiampl Whitefield. Fel y cymerodd Whitefield rai o'r tonau mwyaf poblogaidd a'u troi yn emynau, felly y cymerodd Roger Edwards ffurf y nofel a'i hawlio yn enw moesoldeb.[29]

Dyna oedd strategaeth y golygyddion plant hefyd, ac unwaith eto dengys Thomas Levi mai ef oedd â'r gynneddf i addasu gyflymaf i ofynion newidiol y maes llenyddol. Roedd wedi addunedu cynnwys 'ystoriau difyr a phert' pan sefydlodd *Trysorfa y Plant* yn 1862, ac aeth ati'n frwdfrydig i sicrhau straeon dramatig ar gyfer ei ddarllenwyr. Yn ogystal â straeon byrion ar bynciau megis 'Morwynig Fechan yn Dychwelyd Teulu' yn y rhifyn cyntaf,[30] roedd Levi hefyd yn ddi-ofn yn cynnwys nofelau cyfres o'r dechrau, a'r rheini'n ddigon mentrus a beiddgar eu cynnwys. Yn ei drydydd rhifyn yn unig, ym Mawrth 1862, er enghraifft, dechreua ar y nofel gyfres 'Mary Martin: Y Ferch Golledig'.[31] Stori felodramatig sy'n digwydd ar strydoedd cefn Whitechapel yw hon a dilynwn hanes Mary Martin, merch a gafodd ei cham-drin yn blentyn gan lysfam greulon. Drwy ddirgelwch, antur a chyffro a dogn helaeth o deimladrwydd a dagrau, fe'i gwelwn yn adfeddiannu'r etifeddiaeth a gipiwyd oddi arni. Ond â'r nofel fel ffurf yn dal yn ei babandod, a phryderon o hyd am ei haddasrwydd i blant (fel yr amlyga'r feirniadaeth uchod), teimla Thomas Levi yr un rheidrwydd â golygyddion hanner cyntaf y ganrif i ddatgan geirwiredd yr hanes wrth gloi'r gyfres: 'Rhaid i'r darllenydd ein hesgusodi am adael Rowland dan ei enw ffugiol, yr hwn sydd heddyw yn arglwydd un o etifeddiaethau eang y deyrnas, a Mary Martin yn cael ei hadnabod dan y teitl –Countess E–.'[32]

Yn wir, dyna hanes deunydd ffuglennol cylchgronau plant y bedwaredd ganrif ar bymtheg ar ei hyd. Heb yr hyder i ymroi yn llwyr i fyd y dychymyg roeddynt, er hynny, am gynnig i'w darllenwyr yr un pleser a geid o ddarllen nofel boblogaidd – yr un teimladrwydd, drama a disgrifiadau dirdynnol. Er enghraifft, wrth ddewis addasu hunangofiant Josiah Henson, sef y caethwas a ysbrydolodd destun enwog Harriet Beecher Stowe, hydera Thomas Levi y byddai'r darllenwyr yn ei ddarllen 'gyda mwy o flâs na'r un nofel a ddarllenasant erioed'.[33] Seiliau Cristnogol hanes Josiah Henson yw'r rheswm allblyg dros ei gynnwys yn Trysorfa y Plant. Ond ymhlyg yn y penderfyniad hwnnw mae'r pleser diymwad o ddarllen disgrifiadau dramatig, emosiynol a manwl sy'n caniatáu i'r darllenydd weld y byd a phrofi digwyddiadau a fyddai fel arall y tu hwnt i'w gyrraedd. Mae'r disgrifiad manwl o'r cosbau a ddioddefodd tad Josiah am geisio achub ei fam rhag ymosodiad gan ddyn gwyn ymhlith yr adrannau mwyaf cynhyrfus. Cawn ddisgrifiadau amrwd, dramatig o'r modd y cafodd ei fflangellu ac yr hoeliwyd ei glust wrth y whipping post cyn ei thorri ymaith.[34] Er yr ymddengys y stori hon yn wahanol iawn i'r straeon moesol, byr a oedd yn parhau i ymddangos yn Trysorfa y Plant a'r cylchgronau eraill, roedd yr awydd didactig yn dal yn gryf. Yr hyn sy'n wahanol yw'r modd yr adroddir yr hanesion. Erbyn y 1860au roedd twf ffuglen wedi dangos yr effaith rymus y gallai naratif wedi ei liwio i ennyn cydymdeimlad neu drueni ei chael ar ddarllenwyr, a defnyddiai awduron crefyddol yr un technegau ag awduron nofelau poblogaidd i rwydo eu darllenwyr.[35]

Bellach, ceid straeon mewn cylchgronau plant gyda phrif gymeriadau o blant yn wynebu sefyllfaoedd ar wahân i afiechyd a marwolaeth. Drwy lunio cymeriadau ac iddynt fwy o ddyfnder emosiynol, y nod bellach oedd annog y darllenydd i fabwysiadu safbwynt arwyr y straeon ac efelychu eu hymddygiad.[36] Nid yw testunau o'r fath yn llai didactig, mewn gwirionedd, na straeon moesol dechrau'r ganrif, ond mae'r ffordd y maent yn darbwyllo eu darllenwyr o'u gwerthoedd a'u syniadau yn fwy soffistigedig. Drwy weld y cymeriadau yn ymateb i wahanol argyfyngau y cawn ddeall eu gwerthoedd a'u moesau. Ond hyd yn oed yn y straeon hyn, mae'r cyfieithwyr a'r golygyddion Cymraeg yn parhau i weld yr angen i bwysleisio'r ergyd foesol drwy ychwanegu brawddeg neu ddwy at y testun gwreiddiol er mwyn datgan geirwiredd ac amcan efengylol y stori.

Mae croestynnu sylfaenol, felly, wrth wraidd twf ffuglen i blant y bedwaredd ganrif ar bymtheg. Ar y naill begwn, roedd potensial i'r nofel roi gofod i'r darllenydd archwilio safbwyntiau amgen a chreu ei ystyr ei hun o'r testun. Ond ar y llall, roedd natur gyfundrefnol a gwarcheidiol y maes cyhoeddi Cymraeg ar y pryd yn llesteirio arbrofi. O'r tyndra rhwng y ddau, a yrrwyd hefyd gan yr angen i apelio at ddarllenwyr a oedd yn dod i gysylltiad ag amrywiaeth gynyddol o straeon anturus a rhamantus mewn cylchgronau oedolion a thestunau Saesneg, cododd y cyfle i fentro ar ambell stori y mae angen cryn ddogn o ddychymyg i ddeall sut y gallai gyfrannu at wers ysgol Sul. Manteisiodd Thomas Levi, yn arbennig, ar y tensiwn creadigol hwn er mwyn cynnig deunydd emosiynol, dramatig a mwy beiddgar fyth wrth i'r blynyddoedd fynd rhagddynt, a diau mai'r nofel gyfres 'Albert Maywood: neu Fywyd ymysg Indiaid America' a gyhoeddwyd yn *Trysorfa y Plant* rhwng Ionawr 1879 a Rhagfyr 1880 yw'r enghraifft fwyaf rhyfeddol o'r tensiwn hwn ar waith.

Addasiad o *The Forest Rose* (1850) gan yr awdur Americanaidd Emerson Bennett yw 'Albert Maywood', ac mae'n dilyn patrwm cyfarwydd rhamant y ffin (*frontier romance*) am arwr rhinweddol, fforiwr (*frontiersman*) dewr a ffyrnig, cariadferch ddiniwed ac 'Indiaid' creulon, anwar. Addaswyd anturiaethau tebyg ar gyfer *Baner ac Amserau Cymru* cyn hyn, er enghraifft helyntion arwr y Gorllewin, 'Kit Carson', yn rhifynnau mis Mai 1874. Ond ni chafwyd y fath stori yn un o'r cylchgronau plant enwadol o'r blaen. Yr hyn sy'n eithriadol am benderfyniad Thomas Levi i addasu *The Forest Rose* yw nad oes i naratif sylfaenol y stori (am ferch yn cael ei chipio gan 'Indiaid' a'i hachub gan Albert a'i gyfaill Lewis Wetzel) ddim nodweddion didactig na Christnogol amlwg. Nid rhyfedd felly iddi greu argraff ar W. J. Gruffydd pan oedd yn fachgen ifanc a arhosodd gydag ef byth wedyn. Yn *Hen Atgofion* fe'i galwodd yn 'stori ogoneddus o seciwlaraidd ac anfethodistaidd' gan ofyn yn syn, 'Sut y daeth *Albert Maywood* i *Drysorfa'r Plant* sydd ddirgelwch nas gallaf i hyd y dydd hwn ei esbonio; rhaid bod Thomas Levi yn hepian yn drwm pan ollyngodd hi i mewn.'[37] Yn hytrach na bod yn arwydd ei fod yn hepian, credai Dafydd Arthur Jones mai adnabyddiaeth effro Levi o anghenion ei ddarllenwyr oedd i gyfrif am ymddangosiad Albert: 'Dihangfa i fyd *digapel* y fforiwr oedd yr hyn a gynigiai Levi gan wybod yn ei galon y gellid cael gormod o Ysgol Sul a *Band of Hope* ar brydiau.'[38]

Mae'r disgrifiadau o drais, ofn a dychryn a geir yn 'Albert Maywood' yn sicr yn dangos fod Thomas Levi â'i fryd ar gynnig i ddarllenwyr y Gymraeg ddeunydd a oedd yn cyfateb i'r anturiaethau *Boys Own* a geid erbyn hynny yn Saesneg, wedi i Gymdeithas y Traethodau Crefyddol sefydlu'r cylchgrawn hwnnw i fechgyn yn 1879. Ond o graffu ar ei benderfyniadau wrth gyfieithu'r testun, gwelwn nad oes arwydd y credai Thomas Levi, mewn gwirionedd, y gellid cael gormod o ysgol Sul. Dewisodd y testun cyffrous er mwyn denu a chadw darllenwyr, ond fe'i haddasodd mewn modd a bwysleisiai amcanion moesol a chrefyddol ei gylchgrawn.

Mae 'Albert Maywood' felly'n enghraifft ddifyr o'r modd y gall cyfieithydd ymyrryd yn uniongyrchol â'r testun er mwyn ei orfodi i gydweddu â gwerthoedd y diwylliant targed. Nid cyfieithydd anweledig mo Thomas Levi, ond un a siapiodd ddeunydd crai hydrin y stori wreiddiol i gyflawni ei ddibenion didactig ei hun. Fe'i gwelwn felly yn ffrwyno rhai o nodweddion mwyaf problematig y testun gwreiddiol er mwyn sicrhau y gellid dehongli cwest Albert i achub ei gariad yn ymdrech Gristnogol, waraidd. Er enghraifft, yn y testun gwreiddiol mae Albert yn cusanu Rose ar ôl iddi gytuno i'w briodi.[39] Ond yn y testun Cymraeg, dywedir iddynt wneud '[c]yfamod difrifol â'u gilydd yn ngwydd y nefoedd, a chodasant eu golwg i fyny i erfyn am fendith y Goruchaf ar yr undeb'.[40] Hefyd, ychwanegir rhinweddau Cristnogol penodol i Albert yn yr addasiad Cymraeg. Mae'n arwr nerthol, carismatig yn *The Forest Rose*, ond yn y Gymraeg pwysleisir bod ei 'argyhoeddiadau a theimladau crefyddol' cyn gryfed â'i nerth corfforol.[41] Ymhellach, trawsnewidir cymeriad ei gyfaill o fforiwr, Lewis Wetzel, o fod yn heliwr 'Indiaid' garw a barbaraidd i fod yn gymeriad mwy parchus a gwaraidd ei ymarweddiad.[42]

Mae'n arwyddocaol, fodd bynnag, na oleddfir dim ar ddisgrifiadau sarhaus Emerson Bennett o'r brodorion, a hynny'n dangos y graddau yr oedd *habitus* y cyfieithydd wedi ei drwytho yn ideoleg llywodraethol imperialaeth Oes Victoria ynghylch pobloedd brodorol a'u crefyddau ledled y byd. Mae'r cymeriadau brodorol yn elynion dienw a'r llwyth yn 'Indiaid Cochion' ystrydebol heb iddynt hunaniaeth ddilys. Ond mwy annisgwyl na'r rhagfarn sy'n sylfaen i hanes Albert Maywood yw'r modd yr atgyfnerthir y rhagfarn honno mewn anerchiad uniongyrchol gan Thomas Levi ei hun. Mewn pennod ragarweiniol i'r nofel, eglura Levi ei fod 'yn myned i osod pethau rhyfedd a dyeithr o flaen ein darllenwyr [...] Ond dealled y darllenydd na fuasem byth yn ysgrifenu y cyfryw bethau, oni b'ai eu bod yn ffeithiau gwirioneddol.'[43] Er y digwyddodd hanes

Albert '[f]wy na phedwar ugain mlynedd' yn ôl, meddai, 'y mae llawer o bethau go gyffelyb – pethau dyeithr a dychrynllyd – wedi cymeryd lle y blynyddoedd diweddaf hyn, rhwng y sefydlwyr ar y cyffiniau â'r Indiaid, y rhai ydynt hen frodorion y wlad'. Ni wêl Levi unrhyw obaith i'r brodorion hyn gadw gafael 'ar eu hen diriogaethau'. Y rhain 'a wthir ymlaen gan wareiddiad ymhellach bellach i'r gorllewin', meddai. Ond rhag awgrymu unrhyw arlliw o gydymdeimlad â'r brodorion, prysurir i bwysleisio mai am eu camweddau eu hunain y daw terfyn ar eu hil a'u diwylliant. Pobl ddiog ydynt, yn ei dyb, 'a phan bydd cenedl wedi darfod gweithio, y mae yn bryd iddi ddarfod bod. Ac y mae yn ddigon tebyg, ymhen canrif neu ddwy eto, y bydd Indiaid Cochion America i'w rhifo ymysg y pethau a fu.' Ond yn waeth na hynny, pobl greulon ac anonest ydynt hefyd, a hynny yn ôl profiad uniongyrchol yr awdur. Dywed iddo dreulio 'rhan o ddiwrnod unwaith' mewn gwersyll Indiaidd ar lan afon Mississippi a sylwi mai 'rhyw hanner gwaraidd' oedd y brodorion ac 'nid i ymddiried nemawr ynddynt'. Nid oedd wiw iddo, yn ôl ei dystiolaeth ei hun, fentro y tu allan i'r gwersyll: '[p]ed aethem ychydig ymhellach, at lwyth arall, ni fuasai fawr gobaith am ein dychweliad'. Mae Levi'n cloi'r bennod â datganiad o'r hyn a dderbynnid ar y pryd fel y gwirionedd am ymddygiad llwythau brodorol gogledd America, gan felly gyfiawnhau'r stori frawychus y mae ar fin ei hadrodd: 'Y mae yn awr ymysg yr Indiaid hyn lawer o blant dynion gwynion, wedi eu lladrata o fysg y trefedigwyr ar y cyffiniau, ac wedi eu dwyn i fyny heb wybod dim am eu perthynasau na'u cyfeillion.'[44]

Bu Thomas Levi yn yr Unol Daleithiau yn ymweld â'i deulu a ymfudodd yno, felly mae'n ddigon posibl iddo ddod i gysylltiad â brodorion Americanaidd, er na chyfeiria at hynny yn yr adroddiadau a gyhoeddwyd am ei daith ('Ymweliad ag America', I a II) yn *Y Traethodydd* yn 1872. Ond mae'r darlun a gawn o'r 'Indiaid' wrth iddo gyflwyno stori 'Albert Maywood' yn dweud mwy wrthym am ei ragfarnau nag am unrhyw brofiad uniongyrchol a gafodd ar lan afon Mississippi. Mae'n ymwybodol hefyd fod stori Albert yn fwy treisgar na rhelyw nofelau'r cylchgronau enwadol, a thrwy bwysleisio drygioni'r 'Indiaid' gall gyfiawnhau cynnwys disgrifadau manwl o'r modd y mae'r arwyr gwyn yn dial yn ffyrnig arnynt ar dudalennau enwadol, parchus *Trysorfa y Plant*.

Yma cawn Levi yn atgynhyrchu credoau hiliol ei ddiwylliant ynghylch brodorion gogledd America. I raddau helaeth dyma ragfarn a fyddai wedi ei normaleiddio o fewn y disgwrs diwylliannol y perthynai iddo. Ond nid lladmerydd anfeirniadol, goddefol i'r rhagfarn hon mo Levi: mae Bourdieu yn ein hatgoffa nad yw artist creadigol yn 'unconscious spokesperson of a social group'.[45] Yn ogystal â derbyn ac etifeddu tueddiadau, rydym oll hefyd yn eu creu a'u cynhyrchu ac mae i hanes, profiadau a safle unigolion ddylanwad ffurfiannol ar eu penderfyniadau. Gallai Levi fod wedi cyfieithu'r anturiaeth heb gynnwys y rhagymadrodd. Ond penderfynodd gyfiawnhau addasu stori Albert Maywood drwy gyfreithloni'r darlun atgas o'r brodorion â'i dystiolaeth ei hun am eu diogi a'u drygioni tybiedig. Drwy wneud hynny, mae'n atgynhyrchu rhagfarnau ei *habitus* ac yn eu rhoi ar waith o'r newydd ar yr un pryd. Gan hynny, cyfranna mewn modd uniongyrchol a bwriadol at gynnal disgwrs sy'n bychanu a dilorni hawl sylfaenol brodorion gogledd America i fyw.

* * *

Mae 'Albert Maywood: neu Fywyd ymysg Indiaid America' yn arwydd o ehangder a chyfyngder llenyddiaeth Gymraeg i blant erbyn diwedd cyfnod yr astudiaeth hon. Ar y naill law, dengys y modd yr oedd y gorwelion y cylchgronau plant bellach wedi eu lledaenu. Gallai darllenwyr ifainc bellach ddarllen am brofiadau amrywiol y tu hwnt i'w cylch profiad a chwrdd ag arwyr atyniadol a rhinweddol, yn ferched a bechgyn, sy'n wynebu argyfyngau'n ddewr. Dyma ysgrifennu cyhyrog, gafaelgar awduron a gredai bellach mai peth dymunol, a llesol hyd yn oed, oedd caniatáu i ddarllenydd ymgolli yng ngrym geiriau a'r dychymyg.

Ond tra bo cyhoeddi i blant yn orchwyl enwadol, a'r Gymraeg yn iaith aelwyd a chapel yn bennaf, heb rym gwariant y dosbarth canol nac awdurodod fel pennaf iaith y system addysg newydd, yr oedd pen draw i'r arloesi a oedd yn bosibl ym myd llên plant. Roedd diffyg adnoddau a chyfalaf y byd cyhoeddi Cymraeg yn golygu y dibynnid ar lenyddiaeth boblogaidd Saesneg am ddeunydd rhwydd a rhad i'w gyfieithu a'i efelychu o hyd, ac roedd amcan efengylol y cylchgronau enwadol yn golygu nad oeddynt yn gallu rhyddhau o afael y 'gwir', hyd yn oed wrth adrodd straeon ffuglennol.

Nid agorwyd y llifddorau i ffuglen a'r dychymyg mewn llenyddiaeth plant. Yn wyneb y ddrwgdybiaeth ynghylch y 'ffug-chwedl' gosodwyd pob stori yn ofalus o fewn cwmpas didactig priodol ac addas ar gyfer cylchgrawn enwadol. Ymhellach, roedd y ddibyniaeth ar gyfieithu nofelau Saesneg yn golygu na luniwyd straeon yn ymgorffori bydolwg a phrofiad Cymraeg. Er bod darllen bellach yn rhywbeth i'w fwynhau ar lefel emosiynol a synhwyrus, eto tymherwyd yr emosiwn yn ofalus. Nid peth priodol oedd i danbeidrwydd y dychymyg a'r synhwyrau ddallu'r darllenydd rhag adnabod y rhesymau crefyddol a moesol dros gynnwys ffuglen mewn cylchgrawn enwadol.

Ehangu gwybodaeth

Ond lawlaw â chyffroi'r dychymyg, rhaid hefyd oedd coethi'r meddwl. Wrth geisio adnewyddu apêl *Y Winllan* yn 1858, er enghraifft, mynegodd y golygydd William Davies (1820–75) fwriad i gynnwys 'erthyglau o nodweddiad llai cyffredin i'n darllenwyr':

> Mae y 'WINLLAN' wedi bod hyd yma yn dderbyniol iawn gan ein pobl ieuaingc ni; ac nid felly yn unig, ond y mae llawer o'n pobl hynach hefyd wedi arfer profi ei grawn, a'u galw yn flasus. Ein dymuniad ni yw ei chadw rhag dirywio [...] Mynwn, o dro i dro, erthyglau o nodweddiad llai cyffredin i'n darllenwyr. Caiff naill ai Berniadaeth, neu Wyddoreg, neu Athroniaeth Meddwl a Moesau, rhyw gymaint o sylw bob mis genym.[46]

Dan ei olygyddiaeth, ehangodd cynnwys *Y Winllan*, a hynny mewn cywair pur ddysgedig. Yn rhifyn mis Gorffennaf 1858, er enghraifft, cafwyd ysgrifau hir ar bynciau haniaethol megis 'Dedwyddwch', 'Y Teulu Gartref' a 'Phoen', ac ysgrif yn y gyfres 'Meddyleg' ar y modd y mae'r ymwybod yn derbyn gwybodaeth drwy 'adfeddyliad a'r cof'.[47]

Roedd *Y Winllan* â'i bryd ar ddiwyllio ac ymestyn deallusrwydd a gwybodaeth plant. Dyma'r cylchgrawn plant a wnaeth yr ymdrech amlycaf i ymateb i her y Llyfrau Gleision. Roedd adroddiadau'r Llyfrau Gleision, wrth gwrs, wedi honni mai pur gyfyng oedd gwybodaeth gyffredinol plant Cymru. Mae beirniadaeth ddeufiniog Henry Vaughan Johnson yn adnabyddus bellach: wrth ganmol crefyddolder y Cymry mae'n lladd ar eu deallusrwydd cyffredinol. 'Their school, literature and religious pursuits may have cultivated talents for preaching and poetry,' meddai, 'but for every other calling they are incapacitated. For secular subjects they have neither literature or language.'[48] Roedd rhai o blith y Cymry, hefyd, yn cydnabod i bwyslais y wasg enwadol ar weithiau crefyddol greu anghydbwysedd a diffyg yn yr hyn a elwid yn 'wybodaeth fuddiol'. Ffurfiwyd y 'Gymdeithas er Cynnydd

Gwybodaeth yn yr Iaith Gymraeg' gan Gymry Llundain yn 1848 er mwyn hyrwyddo cyhoeddi a lledaenu dysg seciwlar yn y Gymraeg,[49] a '[ch]wynai Ieuan Gwynedd fod cyhoeddi "miloedd o bregethau nad ydynt amgenach nâ bragawthan, a miloedd o farwnadau llai eu teilyngdod nâ nadau asyn" wedi bod yn rhwystr i dwf gwybodaeth fuddiol'.[50] Aeth ati, wrth gwrs, i sefydlu *Y Gymraes* yn 1850 i oleuo meddyliau menywod Cymru yn arbennig.

Ymddengys y perthynai William Davies i'r gorlan hon o weinidogion a golygyddion a oedd am ddefnyddio'r wasg gyfnodol i ehangu gorwelion y Cymry.[51] Dywedir mai ef 'ond odid, oedd y mwyaf amryddawn o weinidogion Wesleaidd Cymraeg ei ganrif'[52] ac o dan ei olygyddiaeth fer, rhwng 1858 ac 1860, roedd *Y Winllan* â'i bryd ar ddiwyllio ac ymestyn deallusrwydd a gwybodaeth plant. Wedi i'w gyfnod fel golygydd ddod i ben, parhaodd *Y Winllan* i ymateb i'r her i arddangos cyfoeth ac ehangder dysg a llenyddiaeth Gymraeg, ond ni chafwyd fawr o ymdrech i friwsioni dysg yn ddanteithion blasus gyda darluniau neu eitemau byrion, hawdd eu treulio. Cyfyng hefyd, o edrych ar swmp y deunydd, oedd y pynciau seciwlar neu wyddonol a drafodwyd, a hynny efallai gan fod peth gwrthwynebiad i'r ymgais i gynnal trafodaethau o'r fath yn Gymraeg. Meddai David Rees, Llanelli (a oedd yn groch ei wrthwynebiad i ffug-chwedlau hefyd, fe gofir) yn 1862, 'Nid ydym yn fawr dros ysgrifenu yn Gymraeg ar bynciau ofyddol, oblegyd y mae'r neb a'u darlleno yn Gymraeg yn debyg o allu eu deall yn well yn Seisnig. Nid yw y termau gwyddorol, athronyddol a chelfyddydol, wedi cael eu defnyddio yn Gymraeg.'[53] Er hynny, yn y 1870au cawn *Tywysydd y Plant* yr Annibynwyr (sef enwad David Rees) yn cynnal colofn wyddonol, 'Gwyddoriaeth yr Aelwyd'. Llanelli yw man argraffu'r cylchgrawn o hyd, ond mae David Rees bellach yn ei fedd a chenhedlaeth newydd wrth y llyw. Efallai i hynny, a dyfodiad Deddf Addysg 1870, ynghyd â'r gystadleuaeth â phoblogrwydd *Trysorfa y Plant*, yn ysgogi awydd newydd i gynnig arlwy mwy amrywiol yn y *Tywysydd*. Mewn nodyn at y cyfranwyr a'r dosbarthwyr yn rhifyn Rhagfyr 1873, eglurir mai nod y golofn yw egluro 'y gwyddorau a'r celfau mor syml fel y gallo plant eu deall', a nodir bod diffygion ar yr haul, haenau daearegol, a'r glust a'r llygad ymhlith y testunau a drafodir y flwyddyn ganlynol. Sylwer hefyd fod y golygydd yn awyddus i amddiffyn y cylchgrawn rhag unrhyw arlliw o feirniadaeth ei fod yn gwyro oddi wrth yr hyn sy'n briodol i gylchgrawn plant enwadol. Meddai:

Gofalwn ar ein anrhydedd i gadw ei dudalenau yn l[â]n oddi wrth bob sothach a gwenwyn. Bydd yn fynegfys i ffyrdd rhinwedd, sobrwydd, diwydrwydd a chrefydd. Bydd tuedd yn ei holl erthyglau difyr, byrion, ac amrywiol, i agor y deall, coethi y chwaeth, a chrefyddoli y galon. Amcanwn yn mhob modd ei wneyd yn was i'r pregethwr a'r athraw drwy *echo* eu gwersi yn ffyddlon yn y teuluoedd.[54]

Ond mae'n bosibl y gwelwyd gwrthwynebiad i bynciau seciwlar yn achos *Y Winllan* bedair blynedd yn ddiweddarach. Gwelwyd eisoes i'r cylchgrawn hwn ei fodelu ei hun yn gyfnodolyn deallusol i blant, ond erbyn y 1870au mae'r cynnwys yn fwy amrywiol, gyda nifer o gerddi, emynau a thonau sol-ffa, a rhai darluniau i'w cael o fis i fis. Deunydd crefyddol yw mwyafrif yr eitemau o hyd, ond mae rhai hanesion heb gyswllt uniongyrchol Cristnogol, megis 'Gwersi y Bledren' (Gorffennaf 1877) gan H. Llechryd, hanes rhyfeddol am froga a geisiodd chwyddo ei hun i fod mor fawr â buwch, ond a ffrwydrodd![55] Mae sylwadau'r golygydd John Evans, 'Eglwys Bach', wrth edrych yn ôl dros ei 12 mis cyntaf yn awgrymu iddo wynebu peth beirniadaeth am grwydro oddi wrth ddeunydd benodol grefyddol. Yn y lle cyntaf, mynega iddo gael ei benodi i'r 'swydd ddiddiolch' gan Bwyllgor Gweithiol Llyfrfa'r Wesleaid – fel ei ragflaenwyr, llafur cariad fyddai'r gorchwyl iddo, a hwnnw'n llafur pur feichus. Sylwer ar yr hyn a nododd ei ragflaenydd, John Hughes, wrth ffarwelio â'r olygyddiaeth flwyddyn ynghynt:

> Byddai yn dda i'r beirniad, pan yn gwisgo ei wydrau i chwilio am frychau, i gofio nad oedd yr eiddom ond llafur cariad yn unig, i'w gyflawni yn ein horiau hamddenol. Modd bynag, os bu ein tipyn llafur mor fuddiol i'n darllenwyr ac a fu o bleserus i ni, yr ydym yn derbyn ein gwobr.[56]

Tanlinella hyn y fantais fawr a oedd gan Thomas Levi dros ei gyfoeswyr gan i'r Methodistiaid Calfinaidd ryddhau arian rhag blaen i'r gwaith o olygu a chyhoeddi *Trysorfa y Plant*, penderfyniad a oedd yn talu ar ei ganfed i'r enwad gan fod gwerthiant y cylchgrawn, fel y gwelsom eisoes, yn rhan bwysig o incwm eu gweithgareddau cyhoeddi yn gyffredinol.

Ond er mor feichus y swydd o'i flaen, teimla'r Weslead John Evans mai ei anhawster cyntaf oedd 'na byddai cylch y *Winllan* wedi ei ddarnodi yn groewach – cyhoeddiad ar gyfer *pwy* ydyw'. O ganlyniad, teflir bai ar gam ar *Y Winllan* naill ai am fod yn rhy blentynnaidd neu'n rhy heriol:

> Cwynir gan rai am na byddai yr arddull a'r mater yn fwy cyffredin a phlentynaidd, a hyny i'r fath raddau a phe na ddylai neb ond plant fod genym mewn golwg. Ond ai teg hyn? Ai onid cyhoeddiad at 'wasanaeth yr *ieuengctyd*,' – yn cynnwys pobl ieuainc yn gystal a phlant – ydyw ymhoniad argraffedig y *Winllan* am ei hamcan a'i lle. A chan gadw golwg ar hyny, nid arbedasom drafferth i ddarparu llawer o ddalenau yn mhob rhifyn at wasanaeth ieuenctyd meddylgar a diwylliedig yn y ffordd o 'Wersi mewn rhesymeg,' 'Llithau,' 'Congl yr Ymholwyr,' ac 'Adran Gohebwyr Ieuainc,' &c, ac nid ydym yn petruso bostio y dyry y cyfroddiadau uchod a'u cyffelyb werth mawr ar y gyfrol am flynyddau eto i ddod.[57]

Ond ymddengys nad oedd uchelgais John Evans i ddarparu deunydd safonol, ymestynnol i'w ddarllenwyr at ddant pawb:

> Y mae'n bosibl nad yw pob elfen a ddygwyd i fewn i'r gyfrol hon yn gyffredinol gymeradwy, a phan ystyrir amrywiaeth tueddfryd ac amaethiad y meddwl dynol, nid yw hyny i synu ato. Nid ydym yn chwenychu beio neb am hyny, na gwneyd unrhyw sylw ffafriol nac anffafriol am y beirniadaethau a wnaed arnom, ond yn unig i sicrhau ein cyfeillion o bob opiniwn, fod ein cymhellion o'r fath fwyaf pur a brawdgarol. Ni fynem er dim i'r *Winllan* achosi trallod i fynwes neb. Addefwn ein bwriad i greu cynwrf iachus yn mysg ein darllenwyr, i edrych a ellir tycio rywsut i ddeffroi y wlad at ddarllen, ac y mae y cynydd o ugain y cant a gawsom yn rhif ein derbynwyr, a'r wybodaeth sicr a feddwn fod pawb, ie, pawb o'n pobl yn darllen rhanau o'r *Winllan* bob mis, yn brawf fod yr amcan wedi ei gyraedd yn llwyddianus, ac yn mhell tu hwnt i'n dysgwyliadau.[58]

Efallai i gynnwys deallusol *Y Winllan* ennyn gwg gan nad ystyrid gwybodaeth wyddonol, seciwlar ei naws, yn briodol ar gyfer cylchgrawn enwadol. Efallai hefyd i ddarluniau mwy Rhamantaidd, sentimental o blant lesteirio'r awydd i ymestyn a herio plant yn ddeallusol. Yn sicr, roedd y cylchgronau ar dir saffach o lawer wrth geisio meithrin y plant hynny i ymddiddori yn eu cyd-ddyn. Roedd ennyn cydymdeimlad ac ymdeimlad o gyfrifoldeb moesol dros les eraill, wedi'r cyfan, yn egwyddor Gristnogol bwysig. Ond hefyd, roedd yn rhywbeth a weddai'r pwyslais ar dynerwch a diniweidrwydd plentyndod.

Defnyddid disgrifiadau a darluniau o blant tlawd i brocio'r cydwybod ac annog plant i roi eu hegwyddorion Cristnogol ar waith mewn modd ymarferol. Yn Ionawr 1863, er enghraifft, mae Thomas Levi yn agor rhifyn cyntaf y flwyddyn gyda chais ar i ddarllenwyr ifainc *Trysorfa y Plant* anfon calennig, 'pe byddai ond ceiniog', i gynorthwyo trigolion Swydd Gaerhirfryn.[59] Ers dechrau'r 1860au bu'r diwydiant tecstiliau mewn dirwasgiad gan na ellid mewnforio cotwm o Ogledd America yn sgil y Rhyfel Cartref yno. Roedd economi nifer o drefi Swydd Gaerhirfryn yn gwbl ddibynnol ar y melinau, a bu'r dioddef yn enbyd yno. Er mwyn ennyn ymateb ei ddarllenwyr ifainc, cyflwyna Levi esiampl iddynt o haelioni a thosturi un bachgen bach a ddywedodd wrth ei dad y byddai'n rhoi'r gorau i gymryd siwgr yn ei de fel y gallai anfon gwerth y siwgr hwnnw at drigolion y sir. Dyma weld sut yr oedd plentyneiddiwch yn gallu bod yn ysgogiad dyngarol pwysig – nid pregethu na chyfeirio at adnodau beiblaidd ynghylch elusengarwch a wneir, ond defnyddio delwedd y plentyn i ennyn emosiwn, a'r emosiwn hwnnw wedyn yn cael ei gyfeirio at ddibenion Cristnogol, daionus.

Bu'r ymateb i apêl Levi yn frwd. Erbyn mis Mai, roedd darllenwyr y 'Drysorfa Fach' wedi anfon cyfanswm o naw punt a phum ceiniog ato a mynega ei fwriad i'w hanfon at y Pwyllgor Cymreig ym Manceinion, a oedd yn cydlynu'r gronfa elusennol ar ran y Cymry.[60] Yn ogystal, cyhoedda ddyfyniadau o rai o'r llythyrau a anfonwyd gyda'r cyfraniadau. Derbyniodd ormod i gyhoeddi'r cyfan, felly dewisodd 'ychydig o linellau o'r llythyrau mwyaf trawiadol'. Yn y llythyrau teimladwy hyn gwelwn Levi yn dethol y rhai sy'n arddangos y gwerthoedd yr oedd am eu meithrin yn y darllenwyr. Daw'r dyfyniad cyntaf, er enghraifft, o lythyr gan M. A. Williams, Aberteifi:

> Dyma hanner coron i chwi, syr, i helpu tlodion Lancashire. Yr wyf wedi colli fy modryb wedi i chwi fod yma, ac yr wyf yn awr heb fam na modryb. A welwch chwi fod yn dda i weddïo ar Iesu Grist am iddo fy ngwneyd yn ferch dda?[61]

Awgryma Dafydd Arthur Jones 'fod a wnelo claddu ei wraig gyntaf, Elizabeth Daniel, yn 1871, yn rhannol [â] sêl [Thomas Levi] dros wella cyflwr byw pobl'.[62] Ond yn ogystal â hynny, roedd ennyn tosturi tuag at dlodi a dioddefaint yn mynd law yn llaw â'r delfryd newydd o ddiniweidrwydd plant, a'r syniad a oedd wrthi'n ymsefydlu ynghylch eu 'hawl' gynhenid i chwarae a mwynhau. Daethpwyd i weld tlodi fel grym difaol a oedd yn amddifadu plant o'u hunaniaeth sylfaenol fel plant. Yn *Y Winllan*, Mehefin 1872, er enghraifft, mae 'J.M.' (John Marsden, o bosibl) yn ymateb i lun o gardotyn tlawd er mwyn tynnu sylw at achos *The Children's Home* yn Llundain. Mae'n bosibl mai cyfeiriad sydd yma at gartref cyntaf Dr Barnardo i fechgyn amddifaid a sefydlwyd yn 1870, ac mae'r awdur unwaith eto yn apelio ar blant Cymru i gyfrannu yr hyn a allant at yr achos.[63]

Yna, yn 1879 cawn yr un llun eto, y tro hwn ar faint tudalen llawn yn *Cydymaith y Plentyn* (cylchgrawn y Bedyddwyr). Y tro hwn, argreffir y llun yn ei gyfanrwydd a gwelwn y cardotyn troednoeth yn ymestyn ei het ar ddiwrnod oer o aeaf i ferch ifanc fonheddig, a hithau'n cynnig arian iddo. Mae'r ysgrif sy'n cyd-fynd â'r llun yn mynd ar drywydd gwahanol hefyd – cawn ddisgrifiad o ofal y cardotyn amddifad dros ei chwaer fach, Nel. A hwythau'n rhynnu ganol gaeaf, mae Jim yn rhoi ei gap i gadw ei thraed noeth hi'n gynnes wrth iddi gysgu, ac yntau heb ddim ar ei ben na'i draed i'w arbed rhag yr oerfel. Nid oes yr un apêl am arian y tro hwn, na phregeth uniongyrchol. Mae'r awdur yn gadael i'r darlun a'r disgrifiad ennyn tosturi a chydymdeimlad y darllenydd, yn ogystal â'i edmygedd y gallai tlotyn ifanc ymddwyn mor wrol o dan y fath amgylchiadau.[64]

Llwyfan i'r plant

Drwy annog plant i ymuno ag ymgyrchoedd elusennol a chydymdeimlo â dioddefaint eraill daw natur gyfranogol y cylchgrawn plant i'r amlwg. Yn wahanol i'r nofel neu gyfrol o farddoniaeth, mae disgwyl i'r cylchgrawn gynrychioli ei ddarllenwyr mewn modd allblyg, boed drwy golofn lythyrau, anerchiadau uniongyrchol y golygydd neu gystadlaethau. Yn ogystal â gweddu i amgylchiadau economaidd yr enwadau a darllenwyr Cymru, roedd y cylchgrawn misol yn ffordd o gadarnhau isadeiledd yr enwadau drwy fod yn gyfrwng i rannu adnoddau a syniadau dros ardal ddaearyddol eang, i sefydlu trefniadaeth weinyddol fewnol i'r enwad, i gefnogi'r dysgu o fewn dosbarthiadau ysgolion Sul, i rannu deunyddiau i'w darllen a'u canu ac i sefydlu perthynas gyffyrddadwy rhwng yr unigolyn a'i gymuned ysbrydol y tu hwnt i furiau'r man addoli.[65]

Roedd y cylchgronau plant yn rhoi gofod arbennig i drafod plentyndod a chadarnhau, neu ystwytho, delweddau a syniadau

COLLEDIG.

ODARLLENYDD mwyn, a weli di y darlun uchod? Mae yn siarad cyfrol, ac yn awgrymu mwy. Mae miloedd o blant, bechgyn a genethod, fel yr un y mae y darlun hwn yn ei ddangos, yn crwydro heolydd dinasoedd a threfydd mawrion ein gwlad gristionogol, ac yn enwedig yn Llundain. Crwydrant o foreu hyd nos, yn barod i wneuthur unrhyw beth, o'r bron, er mwyn ceiniog, neu er mwyn tamaid; ac yn y nos gwthiant eu hunain o dan y *boxes* a'r *hogsheads* gweigion a geir yn fynych yn *yards* y masnachdai, neu i rywle a gynygia ei hun yn lloches am y nos, ac yn fynych iawn mae yn dygwydd mai yr unig orweddle fydd y ddaear oer laith, a'r unig orchudd y nefoedd uwchben. Yn awr, mae y pethau bach hyn, mewn mwy nag un ystyr, yn *golledig*. Mae eu rhieni, fe allai, yn lladron proffesedig, neu yn feddwon ymarferol, ac, mewn canlyniad, mae eu plant yn tyfu i fyny yn nghanol, ac yn gydnabyddus , y gweithredoedd mwyaf drygionus, yr arferion mwyaf ffiaidd, y dylanwadau mwyaf dinystriol, a gadewir hwy i ymladd eu ffordd eu hunain, modd goreu y gallant, a'r modd y mynant. Y canlyniad ydyw, fod canoedd a miloedd o'r plant truenus hyn yn myned yn golledig i bob rhinwedd, i bob dylanwad a gweithred dda, i bob dedwyddwch yn y byd hwn, ac yn

F

MEHEFIN, 1873.

Llun 16: J.M., 'Colledig', *Y Winllan* (Mehefin 1872), 101.

traddodiadol am blant. Ond roedd natur gyfranogol y cylchgrawn hefyd yn golygu ei fod yn gyfrwng y gallai plant eu hunain gyfrannu ato. Yn yr un modd ag yr oedd cymanfaoedd a gorymdeithiau blynyddol yn rhoi amlygrwydd i bresenoldeb plant ym mywyd yr eglwysi, roedd tudalennau'r cylchgronau plant yn darparu llwyfan llenyddol iddynt berfformio arno, a chael eu gweld.

Bu cylchgronau plant o'r dechrau'n cyhoeddi llythyrau a cherddi a anfonwyd gan gyfranwyr brwd, ond o ganol y ganrif ymlaen gwelwn ymdrech fwy ymwybodol ar ran y golygyddion i feithrin talentau eu darllenwyr ifainc. Ym mis Ionawr 1858 galwodd William Davies, golygydd *Y Winllan*, am ragor o gyfraniadau gan bobl ifainc, gan addo cynnig cynghorion i'r sawl a oedd am wella ei sgiliau ysgrifennu:

> Yn awr, ynte, ein *Gohebwyr*, gair bach gyda chwi. Yr ydym yn dibynu arnoch, ac yn dysgwyl wrthych [...] Erthyglau *byrion*, syml, dirodres, ac addysgiadol, a dderbynir genym yn ddiolchgar. Dichon y gorfodir i ni beidio â chyhoeddi ambell i ddarn, ond na ddigalonwch. Daliwch ati. Arfer a wna'n berffaith. Rhoddwn ein rhesymau weithiau, efallai, am beidio â chyhoeddi ysgrif. Nodwn ei gwallau ieithyddol, o bosibl, ond yn garedig; a chedwir eich enwau yn gwbl ddirgel. Gall hyn fod yn gymhorth i chwi: gall eich dysgu i gyfansoddi.[66]

Y broblem a wynebai pob golygydd, wrth gwrs, oedd cael digon o ddeunydd i lenwi'r cylchgrawn. Roedd meithrin cylch eang o ysgrifenwyr gwybodus a chydwybodol yn bur heriol ac ymddengys i Lewis Edwards, er enghraifft, gael cryn drafferth yn sicrhau cyfraniadau teilwng i'r *Traethodydd*. Wrth gofio am ei gyfnod yn golygu'r cylchgrawn, meddai:

> y mae yn ammheus a fuaswn mor barod i ymgymeryd â'r olygiaeth pe gwybuaswn ar y cyntaf yr holl drafferth oedd i ganlyn. Byddai yn rhaid ysgrifennu amryw lythyrau yn fynych cyn cael addewid. Yr oedd eithriadau, ond dyma y rheol gyffredin. Ac ar ôl cael addewid, nid anfynych y deuai llythyr i ymesgusodi ar yr awr olaf; a byddai yn rhaid i mi eistedd i fyny y nos i gael rhywbeth i lenwi y rhifyn. Oblegid yr effeithiau a ganlynodd yr arferiad yma, gorfu arnaf roddi yr olygiaeth i fyny wedi bod mewn cysylltiad â'r *TRAETHODYDD* am ddeng mlynedd.[67]

Fodd bynnag, ymddengys nad oedd prinder cyfranwyr i'r *Winllan* wedi galwad William Davies. Fis wedi ei apêl am ddeunydd cyfeiria at y 'swp o ysgrifau' sydd yn awr ger ei fron. Ond er bod ôl 'ymdrech a llafur' a '[rh]ai amlygiadau o feddwl' ynddynt, gresyna nad oes modd cynnwys y mwyafrif am fod 'eu gwallau a'u diffygion y fath, fel nas gallwn eu gollwng i'r byd trwy y wasg'.[68] Sylweddola mai 'cyfeillion' ifainc yw nifer o'r gohebwyr arfaethedig newydd hyn, ac felly mae'n bwrw ati i lunio cyfarwyddiadau iddynt ar ysgrifennu a chyfansoddi er mwyn iddynt 'ddyfod yn ysgrifenwyr da, ac yn gyfansoddwyr gwych'. *'Ysgrifenwch law eglur a dealladwy'*, meddai wrthynt:

> Os nad allwch, gyda llaw galed ac anystwyth llafur, ysgrifenu llaw brydferth, dêg, gallwch yn sicr ysgrifenu un *blaen* [...] Mae'n anmhosibl i'r cysodydd beidio â gwneyd cam â rhai ysgrifau, oblegid y maent wedi eu hysgrifenu mor ddiofal a dilun, nes y mae'n ormod *job* i hyd yn nod ddewin wneyd synwyr ohonynt [...] Da chwi, ysgrifenwch yn blaen.

Rhydd gyfarwyddyd ar 'lythyrennu' geiriau yn gywir ac am osgoi gor-ddefnyddio prif lythrennau a phwysigrwydd 'gwahannodi', sef atalnodi eu gwaith yn ofalus. Am arddull, meddai:

> *Cyfeiriwch at gyrraedd arddull dda* [...] Byddwch ofalus yn newisiad geiriau. Dewiswch y rhai cryfaf a mwyaf cymhwys i gyfleu eich meddyliau a'ch teimladau i ereill. Peidiwch âg arfer gormod o eiriau. Mae hyny bob amser yn arwydd o wendid [...] Bydded eich geiriau yn rhai Cymreig diledryw, hyd y gellir; ac yn rhai Cymreig arferedig, os bydd modd. Ymgedwch rhag arfer geiriau hirion ac annghyffredin. Nis gwaeth i chwi ysgrifenu Sanscrit i Gymro uniaith, nag ysgrifenu iddo mewn Cymraeg uchel, ymchwyddol, a chywyreinwych. Dibyna eich ysgrifeniadau am eu grym ar y cymhwysder a fydd ynddynt i ddywedyd ar eich darllenwyr; ac y mae cael eich deall ganddynt yn hanfodol i hyny. Yn lle defnyddio pob gair a allo gyfleu eich meddwl i arall, defnyddiwch y goraf i wneyd hyny.[69]

Ond yn bennaf oll, rhaid gofalu *'am rywbeth i'w ddywedyd gwerth ei ddywedyd'*. 'Yn gyntaf oll, *deliwch* eich ysgyfarnog', meddai William Davies, gan gyfeirio at ddywediad a dadogir gan amlaf ar 'Mrs Glass', sef Hannah Glasse, awdur *The Art of Cookery Made Plain and Easy* (1747): 'to cook a hare, you must first of all, catch one'. Ac felly terfyna ei lith gan ddweud:

> I ysgrifenu yn dda, y peth mwyaf angenrheidiol yw cael pwngc da i ysgrifenu arno, deall hwnw yn drwyadl, a'i deimlo i'r byw.

Ein cyfeillion oll, derbyniwch y crybwyllion hyn yn garedig; dylynwch hwynt yn gaeth; ac yna, cawn y pleser mawr o gyhoeddi eich ysgrifau oll, yn lle eu gollwng, fel y gollyngir y rhai hyn, i ebargofiant dû. W. D.[70]

Mae'r cyfarwyddiadau hyn yn arwydd o'r ymateb brwdfrydig a fu i gais y *Winllan* a bod plant neu bobl ifanc, yn ogystal ag oedolion, yn cyfrannu eitemau ar eu cyfer. Daw arwydd pellach o'r ymateb hwn gan Thomas Levi wrth iddo agor colofn gyntaf 'Dalen y Beirdd Bach' ym mis Mehefin 1862 gan ddweud:

> Yr ydym wedi derbyn y fath gyflawnder o'r cyfansoddiadau hyn, fel nas gwyddom beth i wneyd â hwy. Nis gallwn, o ddiffyg lle a theilyngdod, eu cyhoeddi; ac y mae ynom ormod o dosturi i'w taflu yn un goflaid grynswth i'r tân. Y peth goreu allwn wneyd yw chwilio am y pennill goreu ymhob un o honynt, a'i gyhoeddi, gydag enw ei awdwr.[71]

Penderfyna gyhoeddi naw pennill a gymerwyd 'o'r trwch, fel y dygwyddant ddyfod i law, a chânt ymddangos fel y derbyniwyd hwynt er mwyn i'r awdwyr wellhâu eu gwallau'. Yna yn Ionawr 1863 lansiwyd 'Gwersi i'r Llenor Ieuanc', cyfres o ysgrifau buddiol ar gyfer y 'miloedd darllenwyr ieuainc TRYSORFA Y PLANT [sy'n] bwriadu, ac yn sicr o ddyfod yn llênorion enwog'.[72] Ymhellach, yn 1866, lluniodd gyfarwyddiadau i'r gohebwyr gan fynnu y '[b]ydd ysgrifau ein gohebwyr ieuainc yn fwy derbyniol os ymdrechant gadw at y rheolau canlynol' sy'n cynnwys ysgrifennu ag inc du ar bapur glân, gosod 'ymyl llydan gwag o amgylch yr ysgrifen' a digon o le rhwng y llinellau, a darllen 'yr ysgrif yn ofalus ar ol gorphen ei hysgrifenu, rhag fod gair neu lythyren aneglur ynddi'.[73]

Mae cyfansoddiad cyfranogol y cylchgrawn plant yn amlhau'r lleisiau a glywir yn llefaru o'r tudalennau. Ond yn anochel dewisai'r golygydd gyhoeddi'r darnau a oedd yn cyd-weddu â bydolwg y cyhoeddiad. Drwy wahodd cyfraniadau a'u hargraffu, yr hyn a wneid oedd gwahodd plant i berfformio'r syniadau a'r hunaniaeth yr oedd y disgwrs am blant wedi eu creu ar eu cyfer, fel yn achos llythyrau'r rhoddwyr i apêl sir Gaerhirfryn a drafodwyd eisoes. Felly cawn ohebwyr ifainc yn anfon penillion i goffáu cyfeillion neu aelodau'r teulu, emynau, straeon ac ysgrifau nad oes modd gwahaniaethu rhyngddynt, mewn gwirionedd, a chynnyrch y golygydd a llenorion cydnabyddedig y cyfnod. Ystyrier, er enghraifft, yr ysgrif 'Mwyaf trwst y llestri gweigion' a ymddangosodd yn 'Adran y Gohebwyr Ieuanc' yn *Y Winllan*, Hydref 1877, gan 'J. M. V. (14 oed)' sy'n dechrau â'r llinell wirebol 'Mae y bachgen gwag, chwyddedig, a brolgar, yn llawn trwst wrth weithio, fel y drol wag'.[74] Ni chawn fwy o fewnwelediad i fywyd plant yn yr eitemau hyn nag a gafwyd gan yr awduron mewn oed. Ni chawsant wahoddiad i rannu straeon am eu helyntion pob dydd neu eu hagweddau at bynciau neilltuol. Yn hytrach, cawsant wahoddiad i efelychu'r hyn a oedd yn fwyd a maeth llenyddol iddynt o'u dyddiau cynharaf, a gwobrwyid y sawl a allai ddangos ei fod wedi mewnoli ideoleg a chwaeth yr arlwy hwnnw'n llawn. Mae'r croeso i ohebwyr ifainc ar dudalennau'r cylchgronau felly'n enghraifft bellach o'r grym a oedd gan yr enwadau dros blentyndod a'r modd yr oeddynt yn trosglwyddo eu hawdurdod dros blant drwy ddulliau a oedd yn gwahodd ac yn cymell, yn hytrach na gorfodi. Dyma enghraifft o'r hyn a alwai Bourdieu yn drais symbolaidd, sef y modd y mae sefydliad neu awdurdod yn ymestyn eu grym dros eraill nid drwy drais corfforol ond drwy ddulliau personol, 'meddal'. Meddai John Thompson, gan ddyfynnu Bourdieu:

> This is what Bourdieu describes as 'symbolic violence', in contrast to the overt violence of the usurer or the ruthless master; it is 'gentle, invisible violence, unrecognized as such, chosen as much as undergone, that of trust, obligation, personal loyalty, hospitality, gifts, debts, piety, in a word, of all the virtues honoured by the ethic of honour'.[75]

Roedd ideoleg isorweddol y Gymru Anghydffurfiol yn treiddio drwy'r cylchgronau plant, ac roedd disgwyl i'r gohebwyr ifainc ymgorffori'r ideoleg honno yn yr hyn a anfonent at y golygyddion o ran y cynnwys a'r arddull. Mae eu gallu parod i wneud hynny yn amlygu eu bod yn cydnabod, mewn modd ymddangosiadol reddfol, hawl yr ideoleg honno drostynt. Dyma ymddygiad sy'n nodweddu grym symbolaidd, a drafodwyd eisoes yng nghyd-destun cosbi plant. Fel yr eglura Thompson: 'the efficacy of symbolic power presupposes certain forms of cognition or belief, in such a way that even those who benefit least from the exercise of power participate, to some extent, in their own subjection.'[76] Er bod natur gyfranogol y cylchgronau'n gwahodd plant i rannu eu profiadau, mewn gwirionedd, y mae'n wahoddiad sy'n nacáu i'r plant eu gweithredoledd ac yn cyfyngu ar eu gallu i ymateb yn eu dull ac ar eu telerau nhw eu hunain. Ond ar brydiau mae'r cylchgronau, gyda'u cynfas eang a'u hangen am ddeunyddiau lu i lenwi tudalennau'n fisol, yn ein synnu gyda'u heangfrydedd. Ceir felly ar eu tudalennau gip ar ddywediadau a hiwmor, nid o reidrwydd yng ngenau plant, ond yn sicr yn rhan o'u byd. 'Crefydd werinol oedd crefydd Cymru yn y bedwaredd ganrif ar bymtheg', medd R. Tudur Jones, 'ac yn ei hiwmor yr oedd yn bradychu hynny'n amlwg iawn. Pa mor anystwyth bynnag oedd crefydd gyhoeddus yn rhai o'i harweddau, nid oedd chwerthin (digon amharchus, ar dro) ymhell.' Â ati i ddyfynnu pennill rhyfeddol a ymddangosodd yn y cylchgronau am chwain, 'Chwain, chwain, / Yn fwy eu rhif na haid o frain, / Sy'n tyllu'r croen fel pigau drain'.[77]

Yn yr anectodau byrion am ffraethinebau plant cawn ragor o ddigrifwch, megis y plentyn a eglurodd pam yr oedd yr Israeliaid wedi gwneud llo aur, 'Am nad oedd ganddynt ddigon o aur i wneud buwch.'[78] Gwelsom eisoes fod dyfynnu o enau plant yn arfer cyffredin ers dechrau'r ganrif. Cofier, er enghraifft, am y bachgen a oedd am roi ei obennydd i Grist. Ond mae'r hiwmor yn fwy amlwg erbyn diwedd y ganrif. Dyna i chi'r bachgen yng Nghorwen a atebodd y cwestiwn, 'Pwy wnaeth y bryniau a'r meysydd yma sydd o'n hamgylch – wyddoch chi ddim?' gan ddweud, 'Na wn i, wir, syr; newydd ddod yma o Lanrwst ydw i.' Rhoddwyd y teitl 'Cymru, Lloegr a Llanrwst' i'r hanesyn.[79] Ond er y digrifwch, mae'r cyfan wedi ei lwyfannu – cwestiynau ac atebion yr ysgol Sul yw'r rhain. Diau y gallai'r golygyddion fod wedi dyfynnu ffraethinebau go wahanol pe baent wedi clustfeinio ar sgyrsiau'r plant y tu hwnt i furiau'r ysgoldy pan nad oedd oedolyn yn bresennol.

Mae creadigrwydd plant y cylchgronau wedi ei gyfyngu gan ddiffiniadau go bendant ynghylch yr hyn y dylai plant ei ddweud a'i wneud. Eto, cawn gip ar y creadigrwydd amgen a oedd yn bosibl ar ran y darllenwyr mewn cyfres ryfeddol o ddarluniau a gynhyrchwyd ar dudalennau *Trysorfa y Plant* am gyfnod yn ystod y 1860au a'r 1880au. Ysgogwyd Thomas Levi i roi sylw penodol i ddarluniau gan y pentyrrau o ddarluniau a anfonid ato'n fisol. Ym Mawrth 1864, gresynai nad oedd modd iddo eu hagraffu yn y 'Drysorfa Fach' gan eu bod oll yn anaddas i'w cerfio neu engrafio ar bren caled (pren bocs, *boxwood*, fel arfer), sef y dull a ddefnyddiai'r wasg yn Nhreffynnon ar gyfer argraffu *Trysorfa y Plant*. Dyma ddull y *woodcut* neu'r torlun pren; cyfeiria hefyd at y dulliau eraill, sef cerfio ar garreg lefn (*lithograph*), copr (*copper-plate*) a dur (*steel-plate*).[80] Er mwyn arddangos y dechneg angenrheidiol i baratoi darluniau ar gyfer *Trysorfa y Plant*, mae Levi yn argraffu dau lun o wneuthuriad saer lleol iddo, sef John Richard o Dreforys. Mae'r naill yn bortread pen ac ysgwydd syml, ond mae'r llall yn olygfa fywiog lle y mae mwnci'n tynnu cynffon cath, llestri te wedi eu malu'n deilchion ar lawr a'r meistr yn ymddangos drwy ffenestr gyda'i chwip yn ei law i gadw trefn! Er mor amlwg yw delweddau o blant yn chwarae yng nghylchgronau'r 1860au ymlaen, prin y ceir y fath asbri yn y darluniau, y penillion a'r anectodau arferol ag a geir yn y darlun hwn. Chwarae diniwed digon dof yw chwarae plant y cylchgronau, ond mae'r torlun anghyffredin hwn gan John Richard yn rhoi awgrym o'r hiwmor a fyddai wedi bod yn bosibl pe na bai ideoleg y cylchgronau plant mor gaethiwus.

Mae'n amlwg, fodd bynnag, fod Thomas Levi wedi mwynhau ymdrechion cychwynnol John Richard. Roedd ganddo, wedi'r cyfan, lygad am hiwmor fel y dengys yr ysgrif fer a'r darlun ar blant cyffredin yr olwg yn mwynhau brechdan driagl a gafwyd yn rhifyn

Llun 17: Darluniau John Richard, Treforys.
'Gwneyd darluniau', *Trysorfa y Plant* (Mawrth 1864), 70–1.

Awst 1866.[81] Dyma ddarlun sy'n cynnig delwedd mwy naturiol o blant, heb y nodweddion arddulliol Rhamantaidd a geid mewn amryw o'r delweddau stoc o blant. Ac yng ngwaith Richard gwelodd Levi botensial i ehangu gorwelion ei gylchgrawn ymhellach. Wedi'r cyfan, ymddengys y mewnforiwyd y cyfan oll o ddelweddaeth weledol *Trysorfa y Plant* naill ai o gyhoeddiadau Cymraeg eraill neu o weisg Lloegr. Prin iawn oedd y cyfleon felly i feithrin talentau lleol at y gwaith. Wrth gloi'r ysgrif ar waith y saer, meddai:

> Un amcan i'r ychydig nodiadau hyn yw galw sylw llanciau Cymru at y gelfyddyd hon, a'u cyffroi i dreio eu dwylaw, rhag fod athrylith at y gwaith yn gorwedd yn ddiffrwyth rhwng ein bryniau. Bydd yn llon genym roddi pob cefnogaeth a allom yn y cyfeiriad hwn.[82]

Cyhoeddodd Thomas Levi tua 20 darlun o waith llaw John Richard dros y ddwy flynedd nesaf, a rhoddodd gyfarwyddiadau manwl ar sut i lunio torluniau pren.[83] Gosododd gystadlaethau a feirniadwyd gan P. M. Evans, Treffynnon (sef Peter Maelor Evans, cyhoeddwr y *Drysorfa* a *Trysorfa y Plant*) yn 1864 ac 1866, gyda gwobrau ariannol i'r buddugwyr. Anfonwyd 16 cerflun yn 1864 ac argraffwyd detholiad ohonynt o Ionawr 1865 ymlaen.[84] Yn rhifyn Mai 1866, cyhoeddodd y derbyniwyd 27 ymgais teilwng i'r gystadleuaeth 'cerfluniau' ddiweddaraf. 'Buasai yn wir ddymunol genym allu gwobrwyo pob un o'r ymgeiswyr, gan fod llawer o drafferth wedi ei gymeryd, a llawer o fedrusrwydd wedi ei arddangos, gan bob un o honynt', yw canmoliaeth Thomas Levi. 'Onid yw hyn yn rhagolygu yn dda am y dyfodol?' gofynna Peter Evans yn y feirniadaeth sy'n dilyn, 'Nid annhebyg na chyfnerthir y *fine-arts* gan aml i Gymro eto.'[85] Torlun o'r cerflunydd byd enwog ar y pryd, John Gibson (a hanai o Gymru) gan Thomas Rees o Gaersws a enillodd.

Mynnodd Peter Lord i ddiddordeb Thomas Levi mewn datblygu talent lleol wanychu wedyn, efallai oherwydd bod y gwahaniaeth sylweddol rhwng safon y gwaith amatur hwn a chynnyrch yr arlunwyr proffesiynol yn amharu ar ddiwyg y 'Drysorfa Fach'.[86] Eto, cafwyd rhai ymdrechion diweddarach i hybu darlunwyr, megis pan gyhoeddwyd darlun o'r Arglwydd Byron gan William Davis, llanc 17 oed o Aberystwyth ar dudalennau *Trysorfa y Plant* yn Ebrill 1869, a dau ddarlun pellach (o blentyn, a dau geffyl) ym mis Medi yr un flwyddyn.[87] Yna, yn Hydref 1876, cynigid gini i'r darlun gorau o wyneb baban gan 'unrhyw fab neu ferch dan 21 oed, nad yw wedi gwneyd cerfluniau erioed o'r blaen'.[88] Ond ymddengys fod y brwdfrydedd

GWLEDD BRECHDAN DRIAGL.

WRTH fyned heibio i fwthyn y dydd o'r blaen, a gweled brawd a chwaer yn eistedd allan, ac yn gwledda ar ddwy dafell o fara wedi eu gorchuddio â thriagl, cawsom wers newydd. Yn wir, galwodd i'n cof hen adgofion dymunol, pan roddem ninnau uwch pris ar frechdan driagl nag a roddem heddyw ar ginio tywysog. A welwch chwi y plant acw? Nid oes ganddynt na thai na thiroedd, na chymaint â cheiniog goch ar eu helw; ond y mae ganddynt dad a mam yn eu caru, a chronglwyd o dô gwellt isel i'w cysgodi, a brechdan driagl i ginio, ac y maent mor hapus âg angelion. Nid mewn llawer o gyfoeth y mae hapusrwydd, ond mewn cael *meddwl* boddlawn. Mae brechdan driagl â boddlonrwydd meddwl, yn gystal bywioliaeth ag a allai dyn ddymuno gael ar y ddaear yma.

BARGENION DRWG.

WEDI gwrando un o blant yr ysgol yn adrodd yr adnod, "Pryn y gwir, ac na werth ef;" wrth egluro y geiriau, gofynodd yr arolygydd i'r plant os gwyddent hanes rhywrai yn y Bibl oedd wedi gwneyd bargenion drwg? Atebodd un,—"Gwnaeth

Llun 18: 'Gwledd Brechdan Driagl', *Trysorfa y Plant* (Awst 1866), 223.

cychwynnol gan gyfranwyr y 1860au wedi pylu bellach a phump o gerfluniau yn unig a gafwyd.[89] Ni chafwyd fawr o ymdrech gan Thomas Levi na'r golygyddion eraill ychwaith i gefnogi celf wedyn, er i *Tywysydd y Plant* ddangos parodrwydd i fuddsoddi yng ngwedd weledol y cylchgrawn pan ddechreusant gynnwys engrafiadau o bortreadau o weinidogion eu henwad eu hunain. Ond o safbwynt arbrofi ac ehangu'n gelfyddydol, meddai Peter Lord: 'It was left to O. M. Edwards, towards the end of the nineteenth century, seriously to take up the patronage of Welsh illustrators.'[90]

Yn Awst 1888, dechreuodd Thomas Levi ar drywydd gwahanol gan gynnig cyfres o 'Luniau i'r Plant i'w Gwneyd', sef amlinelliadau syml o wrthrychau y gallai plant eu hefelychu. Meddai:

Y mae llechau tryloew *(transparent slates)* i'w cael, a gall plentyn roddi y llech hono ar y darlun, a gwneyd y llun gyda'r pensil arni. Neu gall roddi papyr teneu ar y llun, a dilyn y llinell arno gyda'r pensil, ac wedi ei godi ymaith, gwneyd y llun yn fwy eglur gydag inc. Ar ol arfer ychydig, gwnaed hyny ar lech gyffredin, neu ar bapyr cyffredin, wrth olwg ei lygad a medr ei law, a daw yn fwyfwy celfydd ar y gorchwyl bob cynnyg.[91]

Nid creu difyrrwch i'r darllenwyr ifainc oedd hyn yn unig, ond ymdrech i feithrin yr arfer a'r ddawn o dynnu llun, gyda'r gobaith yn y pen draw o weld cnwd o ddarlunwyr yn codi a allai gyfrannu, yn y man, i'r 'Drysorfa Fach'. Ond ni fu digon o fuddsoddi yn y maes i weld gwireddu'r amcan hwnnw. Nid oedd cyflogau nac adnoddau da ar gael yn argraffdai Cymru a byddai artistiaid neu engrafwyr addawol yn symud i drefi Lloegr i weithio.[92] Pe bai'r amodau economaidd yn wahanol, gellid bod wedi hybu mwy ar dalentau artistiaid Cymru. Mae'n bosibl y byddai hynny wedi cynnig gwrthbwynt Cymreig, lleol i'r delweddau stoc o blentyndod Rhamantaidd, Fictoraidd a fewnforiwyd. Ond o ystyried y berthynas agos a oedd rhwng y cylchgronau plant a hegemoni diwylliant Prydeinig y cyfnod, mae'n anodd dychmygu y byddai'r un cylchgrawn enwadol wedi gweld yr angen nac wedi bod â'r awydd i wyro oddi wrth fydolwg y delweddau canolog.

8

Casgliadau

Daw'r astudiaeth hon i ben wrth i wythdegau'r bedwaredd ganrif ar bymtheg ddirwyn i'w terfyn. Roedd y wasg argraffu yng Nghymru erbyn hynny ar ei hanterth, y boblogaeth yn cynyddu, y rhan fwyaf o addolwyr Cymru'n mynychu capeli Anghydffurfiol yn hytrach nag eglwysi plwyf, a bywyd diwylliannol y Cymry wedi ei fywiocáu gan dwf yr eisteddfod. Yn ogystal, roedd dros hanner canrif o ddiwygio etholiadol wedi ehangu'r bleidlais i nifer helaethach o'r boblogaeth wrywaidd nag o'r blaen, er na fyddai pob dyn dros 21 na rhai menywod dros 30 oed yn cael y bleidlais tan 1918, wrth gwrs. Ymhellach, roedd llwyfannau cyhoeddus ar gael i leisio galwadau am degwch i'r gweithiwr a'r tenant. O ganlyniad, roedd yr hen strwythurau cymdeithasol a llywodraethu yn sigo o dan bwysau diwydiannu, trefoli, enwadaeth a Rhyddfrydiaeth, gan arwain at radicaleiddio cyfran o'r boblogaeth i gredu y gallai pethau fod yn wahanol yng Nghymru. Disodlwyd tirfeddianwyr o'u seddi etholaethol gan fasnachwyr, cyfreithwyr a meibion fferm megis T. E. Ellis (1859–99). Roedd yr ymgyrch i ddatgysylltu'r Eglwys a dileu'r degwm yn ganolbwynt i genadwri'r to newydd gwleidyddol hwn, ac i'r rhai a ymgasglodd o dan faner 'Cymru Fydd', daeth ymwahanu'n rhannol oddi wrth awdurdod Llundain yn rhywbeth i'w ddeisyfu, am gyfnod o leiaf.

Ym maes addysg, roedd addysg elfennol i bob plentyn dan nawdd y llywodraeth bellach yn egwyddor gyffredinol, er bod pryderon dybryd ymhlith yr Anghydffurfwyr o hyd ynghylch gafael yr Eglwys ar yr addysg honno. Yn 1870, deddfwyd y dylid addysgu pob plentyn rhwng pump a 13 oed, a darparwyd hynny yn bennaf drwy gyfrwng ysgolion Cenedlaethol yr Eglwys ac ysgolion anenwadol y Gymdeithas Frytanaidd. Ni weithredid y ddeddf honno'n effeithiol am rai blynyddoedd, fodd bynnag. Roedd y gost y disgwylid i rieni ei thalu yn un rhwystr amlwg i'r drefn newydd ac er bod presenoldeb yn ofynnol, ni sefydlwyd system i orfodi hynny a monitro absenoldeb. Eto, roedd deddfwriaeth 1870 (neu 'Ddeddf Addysg Forster') yn garreg filltir arwyddocaol a gwnaethpwyd iawn am ei gwendidau gan ddeddfau 1876 a 1880 a roes y cyfrifoldeb ar fyrddau addysg lleol i wella presenoldeb ac ariannu addysg rhai disgyblion yn ôl yr angen (er na fyddai addysg elfennol yn rhad ac am ddim i bob plentyn tan 1891). Yna, yn 1889 cafwyd y ddeddfwriaeth gyntaf ar gyfer anghenion addysgol Cymru yn neilltuol ar ffurf y Ddeddf Addysg Ganolradd a greodd bwyllgorau addysg i baratoi systemau addysg uwchradd i Gymru. Yn wahanol i ddechrau'r ganrif, nid 'a ddylid addysgu?' oedd y cwestiwn mwyach, ond beth fyddai cynnwys yr addysg honno, a sut y gellid ei sicrhau'n deg ar gyfer pawb.

Roedd y ffaith fod addysg elfennol ar gael i bawb yn agor cil y drws i ferched, wrth gwrs, ac erbyn y 1880au roedd sawl un yn curo'n drwm am agor y drws hwnnw led y pen. Roedd Y Frythones, dan olygyddiaeth ysbrydoledig Cranogwen, 'yn gwahodd a swyno merched ein gwlad allan o'u hogofau, i ddarllen, a meddwl, ac ysgrifennu'.[1] Bu lladmeryddion addysg merched, megis y Gymraes Elizabeth Phillips Hughes (1851–1925, prifathrawes Coleg Hyfforddi Athrawesau Caergrawnt), yn darlithio a chyhoeddi ar bwysigrwydd addysg ganolradd ac uwch i ferched, a hynny mewn cyfnod a welodd sefydlu Colegau Prifysgol Cymru o 1872 ymlaen.[2] Galwai Elizabeth Hughes am ddatblygu cyfundrefn addysg Gymreig i Gymru hefyd,[3] a phlediai Dan Isaac Davies (1839–87) ac eraill dros ddefnyddio'r Gymraeg yn gyfrwng addysgu mewn ysgolion. Roedd i Davies ran, gyda Beriah Gwynfe Evans ac eraill, yn sefydlu 'Cymdeithas yr Iaith Gymraeg' yn Eisteddfod Aberdâr, 1885, sef mudiad i ymgyrchu dros sefydlu'r Gymraeg fel pwnc ac fel cyfrwng dysgu yn ysgolion Cymru, rhywbeth a wireddwyd yn rhannol yn y 1890au. Ar seiliau defnyddioldeb y Gymraeg er dysgu Saesneg y gosodwyd rhesymeg dadleuon y mudiad hwn, fel y dadlenna ei enw Saesneg, 'The Society for Utilizing the Welsh Language for the Purpose of Serving a Better and More Intelligent Knowledge of English'. Ond diau fod rhaid mabwysiadu rhethreg o'r fath mewn hinsawdd a ddiraddiai werth y Gymraeg i ateb gofynion yr oes fodern.[4]

Yn yr ymgyrchoedd hyn dros addysg i ferched ac addysg Gymraeg gwelir bod y drafodaeth ynghylch anghenion plant yn symud o'r maes crefyddol i'r maes cenedlaethol. Bellach, terfynau cenedlaethol a oedd yn diffinio maes addysg: fframiwyd y drafodaeth gan ymdeimlad bod angen ymateb i anghenion penodol Cymru, yn hytrach na gorfodi arni system o bell. Dechreuwyd codi lleisiau dros Gymru, a hynny'n deillio o dwf economaidd a hyder diwylliannol Cymry'r 1880au. Roedd gan ddiwylliant y capeli rôl yn porthi'r hunanhyder hwn am iddo feithrin aelodau, yn fenywod a dynion, a allai ymrafael â phynciau cymhleth, mynegi teimladau a barn yn gyhoeddus ac ariannu a rhedeg sefydliadau.[5] Cawsant hefyd fagwrfa ddeallusol i drafod syniadau ac agweddau yn y wasg Gymraeg a oedd bellach yn cynhyrchu dwsinau o gylchgronau a newyddiaduron Cymraeg bob mis. Ond yng nghyhoeddiadau'r enwadau ar gyfer yr ifainc, gwelir yn eglur y gwendid a oedd wrth wraidd y disgwrs newydd gwladgarol ac uchelgeisiol a alwai am drin Cymru yn wahanol i Loegr ar faterion addysgol a chrefyddol. Er y gwelwyd yn y gyfrol hon yr ystwytho a fu ar gynnwys y cylchgronau plant wrth i'r blynyddoedd fynd rhagddynt, cyhoeddiadau crefyddol, enwadol oeddynt o'u hanfod o hyd a'u gorchwyl pennaf oedd cyflenwi gofynion addysg grefyddol yr ysgolion Sul. Nid oeddynt felly'n ddigon heini i ymateb i'r ffyrdd newydd o fframio'r drafodaeth ynghylch yr iaith Gymraeg ac arwahanrwydd diwylliannol y Cymry.

Yn wir, fel y dadleuwyd yn y bumed bennod, roedd y cylchgronau hyn ymhlyg mewn disgwrs a oedd wedi neilltuo'r Gymraeg o fyd addysg seciwlar gan arwain at ei thanseilio'n andwyol. Er y clod mawr a roddid i ymdrechion cynnar yr Anghydffurfwyr i addysgu'r bobl drwy gyfrwng yr ysgol Sul, roedd rhai o garedigion y Gymraeg erbyn y 1880au yn eu beirniadu am beidio ag ymroi â'r un egni i achos yr ysgolion dydd. Yn ei dystiolaeth i'r Comisiwn Brenhinol ar addysg yn 1888, gwelodd Dan Isaac Davies gysylltiad rhwng datblygiad addysg enwadol yr hanner canrif blaenorol a dirywiad y Gymraeg:

Unfortunately, Mr. Charles, when he found the Sunday schools succeeding so well, and religion being spread amongst the people, neglected the day schools, and gave them up; and 50 years later, the Welshman who knew his Bible well, found that the Englishman came in to compete with him in secular matters, and he was nowhere; and he began to blame, not the system of instruction, but the language. Then there was a tendency to give it up, and then came in the English-speaking reaction.[6]

Efallai mai annheg oedd datgan i 'Mr. Charles' esgeuluso'r ysgolion dyddiol. Roedd Thomas Charles, wedi'r cyfan, wedi sefydlu ysgolion cylchynol, dyddiol, yn ogystal ag ysgolion Sul ac wedi mynnu mai'r famiaith yn unig a oedd yn briodol ar gyfer addysgu plant a phobl ifainc Cymru i ddarllen y Beibl. Cydnabuwyd hynny gan sefydlwyr

Cymdeithas yr Iaith Gymraeg a dyfynnwyd Charles, er enghraifft, yn y prospectws a luniodd Beriah Gwynfe Evans i'r gymdeithas yn 1885:

> Welsh words convey ideas to the minds of infants as soon as they can read them, which is not the case when they are taught to read a language they do not understand. Previous instruction in their own tongue helps Welsh children to learn English much sooner, instead of proving in any degree an inconveniency. This I have had repeated proofs of, and confidently vouch for the truth of it.[7]

Rhoddodd yr arweinwyr crefyddol yn dilyn Charles, fel y dadleua R. Tudur Jones, y 'parch mwyaf i'r Gymraeg yn eu libart eu hunain'.[8] Hynny yw, gwarchodwyd yr iaith ag angerdd o fewn bywyd y capel, a rhaid cofio bod cynifer â thraean poblogaeth Cymru yn mynychu ysgolion Sul erbyn y 1880au.[9] Bu'r ysgolion hynny'n gyfrifol am feithrin darllenwyr a miniogi eu gallu i fynegi eu hunain â Chymraeg cyhyrog, graenus. Ond roedd goruchafiaeth ddiwylliannol y Saesneg wedi rhwystro dyheadau uchelgeisiol ar ran y Gymraeg yn y bywyd cyhoeddus, seciwlar rhag datblygu ac roedd nifer o'r arweinwyr Cymraeg, ym marn R. Tudur Jones, wedi 'eu mesmereiddio gan y gred nad oedd oes hir i'r Gymraeg'.[10] O ganlyniad, erbyn diwedd y ganrif ysgogwyd nifer gynyddol o rieni a phlant, yn arbennig mewn ardaloedd a welodd newidiadau sylweddol yn y boblogaeth, i roi heibio'r Gymraeg gan y statws isel a oedd iddi yn y byd cyhoeddus, gan gynnwys maes addysg. Nid oedd y gymdeithas Anghydffurfiol Gymraeg, wedi'r cyfan, wedi ffurfio ei chenadwri diwygiadol a chymdeithasol ar seiliau ieithyddol. 'Wales aligned herself with the rest of Britain, or at least with corresponding elements within it, in politics, economy, society, even in many aspects of culture', meddai R. J. W. Evans am Gymru o ganol y bedwaredd ganrif ar bymtheg ymlaen.[11] Ni osodwyd amcanion gwleidyddol clir i'r Gymru Anghydffurfiol hon eu cyflawni: amcanion yn y maes crefyddol a geisiwyd yn bennaf ac ni roddwyd blaenoriaeth i hawlio neu warchod buddiannau ieithyddol. Yn sgil hynny, ni ddilynodd Cymru drywydd cenhedloedd llai dwyrain Ewrop i geisio hawliau ieithyddol nac annibyniaeth neu fesur o hunanreolaeth wleidyddol.[12] Yn ôl Simon Brooks: 'ni fanteisiodd y gymdeithas Gymraeg ar yr amgylchiadau demograffig mwyaf ffafriol i osod sylfeini ar gyfer cenedl fodern. Ni wnaed y Gymraeg yn rhan annatod o unrhyw gyfundrefn sefydliadol.'[13]

O ganlyniad, pan wnaethpwyd addysg ddyddiol y wladwriaeth yn orfodol i bob plentyn yn 1870, ymateb yr Anghydffurfwyr oedd tynhau eu gafael ar addysg grefyddol drwy gyfrwng yr ysgol Sul Gymraeg, a hynny rhag i addysg y wladwriaeth droi eu plant yn eglwyswyr yn yr ysgolion Cenedlaethol dyddiol (a oedd yn fwy niferus o dipyn na'r ysgolion Brytanaidd yng Nghymru). Cafwyd dadlau brwd ar ddarpariaeth grefyddol yr ysgolion hynny, ond ni chafwyd trafodaeth genedlaethol na phwysau o du'r Gymru Anghydffurfiol i fabwysiadu'r Gymraeg fel cyfrwng dysgu na phwnc yn yr ysgolion dyddiol. Mae'n siŵr fod rhai athrawon wedi defnyddio'r Gymraeg ar lawr y dosbarth er mwyn hwyluso eu gwersi, wrth gwrs. Ond gan mai arferion lleol oedd y rheini, heb unrhyw gydlynu na thrafodaeth genedlaethol i'w harwain, ni cheisiwyd herio ideoleg unieithrwydd Saesneg addysg yng Nghymru tan y 1880au ac ni chynhyrchwyd deunyddiau Cymraeg i gefnogi'r plentyn y tu hwnt i'r ysgol Sul tan y 1890au.[14]

Anodd yw osgoi'r casgliad y collwyd cyfle euraid gan arweinwyr Cymreig y 1870au. Gallesid bod wedi sefydlu'r Gymraeg yn gyfrwng dysg o dan y gyfundrefn addysg wladol newydd: nid oedd dim yn eithrio'r Gymraeg yn neddfwriaeth y llywodraeth yn 1870, er ei bod yn wir nad oedd fawr o gariad tuag ati yng nghoridorau Whitehall. Eto, ym marn R. Tudur Jones roedd enwadau'r 1870au yn ddigon grymus a dylanwadol i orfodi'r llywodraeth i oddef yr iaith pe baent 'wedi bwrw eu pwysau i hawlio bod y Gymraeg yn gyfrwng ac yn bwnc yn yr ysgolion'.[15] Ond ni chododd ymgyrch dros y Gymraeg o'u rhengoedd. Yn yr ymdriniaethau estynedig a gafwyd yn y wasg Gymraeg ar Ddeddf 1870 a'i goblygiadau, nid erys tystiolaeth yr ystyrid addysgu drwy gyfrwng y Gymraeg yn bosibilrwydd y gellid ei gynnig ar y pryd. Dyna'r argraff sicr a geir yng nghyhoeddiadau'r Methodistiaid Calfinaidd. Er enghraifft, mewn erthygl sylweddol yn eu papur wythnosol, *Y Goleuad*, fis Medi 1870, 'Deddf Newydd Addysg, a pha beth a ddylai y Cymry wneyd yn ei hwyneb?', trafodir trefniadaeth y system newydd gan annog y darllenwyr i bwyso am adeiladu 'ysgolion trethol' newydd (rhag i ysgolion yr Eglwys dra-arglwyddiaethu). Ond nid oes unrhyw awgrym y dylid defnyddio'r Gymraeg yn yr ysgolion hynny.[16] Flwyddyn yn ddiweddarach, cafwyd eitem fer yn yr un papur ar yr her o ddysgu plant y dosbarth gweithiol yn Lloegr i ddarllen yn yr ysgolion dyddiol. Ymfalchïa'r awdur mai eithriad yw canfod plentyn yng Nghymru na all ddarllen iaith ei wlad, a bod hynny 'trwy offerynoliaeth yr ysgolion Sabbothol yn unig'. Ymddengys felly nad oedd angen cyflwyno'r Gymraeg yn yr ysgolion dyddiol gan mor llwyddiannus oedd gwaith yr ysgolion Sul yn meithrin sgiliau ieithyddol y plant.

Eto, nid tanseilio bwriadol ar y Gymraeg oedd yr amharodrwydd hwn i Gymreigio'r ysgolion dyddiol. Roedd i'r Gymraeg werth diwylliannol a phersonol i nifer fawr o Gymru'r cyfnod fel y tystia'r balchder yng ngwaith a dylanwad yr ysgolion Sul a'r gweithgarwch llenyddol aruthrol a welwyd yn ail hanner y ganrif. Roedd amryw hefyd, fel y dengys tystiolaeth Dan Isaac Davies a Beriah Gwynfe Evans ddegawd yn ddiweddarach, wedi pledio manteision dwyieithrwydd a defnyddio'r Gymraeg i addysgu plant drwy'r ganrif. Ond yn y 1870au, gyda'r atgofion am sarhad y Llyfrau Gleision yn parhau'n fyw yn y cof, efallai, ni chawsant eu cyflyru i godi llais dros y Gymraeg. Casgliad R. Tudur Jones yw y bu eu hymateb i Ddeddf 1870 yn 'gamgymeriad tactegol a gostiodd yn ddrud i'r Gymru Gymraeg [...] Yn hwyr neu'n hwyrach, byddai polisi uniaith Saesneg yn yr ysgolion yn golygu erydu dylanwad y Gymraeg yn y libart crefyddol. A dyna'n wir a ddigwyddodd.'[17]

Gellir cysylltu hwyrfrydedd yr Anghydffurfwyr i sylweddoli effaith y gyfundrefn newydd ar y Gymraeg â'r ffaith nad oedd diogelu'r Gymraeg yn fater canolog o fewn cyfundrefnau'r enwadau unigol. Saesneg oedd iaith colegau'r Bedyddwyr, er enghraifft,[18] ac roedd y Methodistiaid Calfinaidd yn cefnogi ac yn ariannu sefydlu achosion Saesneg (yr 'Inglis Côs' a oedd mor atgas gan Emrys ap Iwan) ers y 1860au er mwyn darparu ar gyfer y boblogaeth fawr ddi-Gymraeg a oedd yn llifo i'r ardaloedd diwydiannol. Roedd Thomas Levi ei hun, er mor frwdfrydig dros ddarparu llenyddiaeth Gymraeg i'r Cymry ifainc, yn barod i dderbyn effaith ymlediad y Saesneg ar drefniadaeth ei enwad. Yn 1876, wrth sylwi bod 'cylch y weinidogaeth Gymreig yn myned leilai bob blwyddyn', datganodd fod bwrw ati i sefydlu achosion Saesneg yn 'fater bywyd i'r Cyfundeb'.[19]

Adlewyrchir amwysedd Levi tuag at y Gymraeg ar dudalennau *Trysorfa y Plant*. Er ymfalchïo yn hynafiaeth a pherseinedd yr iaith, nid oedd yn hawlio lle canolog yn hunaniaeth ddiwylliannol y cylchgrawn. Yn hytrach, fe'i cyflwynir o bersbectif golygydd a berthynai i genhedlaeth a ystyriai twf y Saesneg yn anochel.[20] Wedi'r cyfan, byddai Levi a'i gyfoeswyr wedi amgyffred grym yr iaith honno fel pennaf cyfrwng addysg ddyddiol y ganrif ac iaith ymerodraeth fwyaf y byd. Ond byddai dylanwad y Saesneg i'w deimlo ar lefel bersonol hefyd, yn arbennig yng nghysylltiad y genhedlaeth hon ag ehangder ac amrywiaeth y llenyddiaeth Saesneg a oedd o fewn eu cyrraedd. Byddai presenoldeb deunyddiau darllen apelgar yr iaith honno yn peri iddynt weld y Saesneg fel iaith y gorwelion eang, cyffrous. Er y medrai trwch y boblogaeth y Gymraeg o hyd, roedd darllen Saesneg yn cynhyrfu meddyliau Cymry blaenllaw y bedwaredd ganrif ar bymtheg (y rhai a gâi fynediad at addysg), ac nid rhyfedd felly i nifer ddefnyddio'r iaith honno yn naturiol wrth ysgrifennu a gohebu. Fel y dangosodd Philip Henry Jones, roedd yr 800 a rhagor o frasluniau pregethau a adawodd golygydd yr *Athraw i Blentyn*, John Prichard, Llangollen, ar ei ôl wedi eu hysgrifennu yn Saesneg, er mai yn Gymraeg y pregethai gan amlaf. Nid oedd yn anghyffredin yn hynny o beth. Meddir am David Lloyd Jones, Llandinam: 'er bod "ei arddull a'i ysbryd yn hollol Gymreig" roedd ei nodiadau – ar ddarnau o hen amlenni – i gyd yn Saesneg'.[21] Ac wrth gyfeirio at arfer Henry a William Rees o ohebu'n Saesneg â'u teuluoedd, meddai R. Tudur Jones fod 'defnyddio Saesneg ar yr aelwyd yn beth syndod o gyffredin ymhlith gweinidogion Ymneilltuol a chlerigwyr Anglicanaidd yng Nghymru yn oes Victoria'.[22]

Nid y wialen a oedd yn gyfrifol am yr 'English-speaking reaction' hwn a ddisgrifiodd Dan Isaac Davies. Roedd Cymry ifainc yn troi heb orfodaeth at y Saesneg, ac yn mabwysiadu arferion darllen ac ysgrifennu a fyddai'n para gydol eu hoes. Ond yn y dychymyg poblogaidd ers dechrau'r ugeinfed ganrif, y wialen a gafodd y bai am ddirywiad y Gymraeg. Cysylltid colli'r Gymraeg â gormes a chywilydd, a diau nad oes yr un symbol mwy grymus hyd heddiw o hanes yr iaith yn y bedwaredd ganrif ar bymtheg na'r 'Welsh Not'. Y 'Welsh Not', 'Welsh Note' neu'r 'Welsh Stick' oedd yr arfer o gywilyddio a chosbi plant am siarad Cymraeg drwy eu gorfodi i wisgo darn o bren o gwmpas eu gyddfau nes i rywun arall gael ei glywed yn yngan gair o'r iaith ac i'r 'W.N.' gael ei basio ymlaen i hwnnw neu honno.[23] Ond ni fu'r gosb hon erioed yn ganlyniad uniongyrchol i unrhyw bolisi gwladol i ddileu'r Gymraeg, er ei bod yn wir bod cryn wrthwynebiad tuag at y Gymraeg yn adran addysg y llywodraeth.[24] Nid oes tystiolaeth ychwaith y defnyddid y 'Welsh Not' yn gyson nac am gyfnod sylweddol.

Un cyfeiriad ato yn unig a ganfuwyd yn y cylchgronau plant, sef ysgrif fer yn *Trysorfa y Plant*, Hydref 1879 sy'n diolch i'r arfer gwrthun ddod i ben rhwng deugain a hanner cant o flynyddoedd yn ôl.[25] Nid y gosb yn unig a fyddai'n peri loes, medd yr ysgrif, ond y ffaith 'y byddai y plant o bob man yn gwatwar, ac yn gwneyd gwynebau cas ar y truan anffodus'.[26] Eglurir nad oedd y plant 'yn abl rhoddi dwsin o eiriau Seisonig wrth eu gilydd yn gywir' ond sylwer hefyd mai 'Saesoneg digon bongleraidd yn fynych fyddai gan yr ysgolfeistr ei hun'.[27] Yn ôl y dystiolaeth hon Cymry oedd yr athrawon hynny, argraff a gadarnheir gan dystiolaeth comisiynwyr adroddiadau'r Llyfrau Gleision. Derbyniodd Johnson, er enghraifft, dystiolaeth gan ei gynorthwyydd John James am yr arfer yn ysgol Llandyrnog, sir Ddinbych. 'My attention was attracted to a piece of wood, suspended by a string round a boy's neck, and on the wood were the words, "Welsh Stick". This, I was told, was a stigma for speaking Welsh.' Â yn ei flaen i ddisgrifio'r ysgolfeistr. 'The master is 26 years of age,' meddai, 'He understands English, but does not speak the language with propriety. He appeared without any knowledge; he was unable to put any questions at all, on any subject, without the aid of a book. He had not sufficient control over the school.'[28]

Cawn ddarlun yma o ddiffygion deallusol ac ymarferol athro ifanc na dderbyniodd, efallai, unrhyw hyfforddiant priodol i ddysgu plant a rheoli ystafell ddosbarth, heb sôn am ddysgu'r Saesneg yn ail iaith i blant uniaith Gymraeg. Mae'n sicr bod lliaws o athrawon anghymwys o'r fath wedi arfer ceryddon tebyg i'r 'Welsh Not' i wneud iawn am eu diffygion eu hunain. Ond fe'i defnyddiwyd hefyd gan athrawon a hyfforddwyd yng ngholegau Cymru. Rhaid bod Edwin Jones, er enghraifft, prifathro Ysgol Frytanaidd Tywyn, Meirionnydd, yn un o'r cyntaf i hyfforddi yng Ngholeg Normal Bangor (a sefydlwyd yn 1858).[29] Yn llyfr log yr ysgol cofnododd ei rwystredigaeth wrth geisio cael y plant i roi'r gorau i siarad Cymraeg:

> Friday 14th [Awst 1863]: I feel at a loss to know the best method to adopt in order to prevent the children generally from speaking Welsh. Today, I have introduced a 'Welsh Stick' into each of the classes, and the child who has it last is to be kept in half an hour after school hours.[30]

Diau i athrawon megis Edwin Jones wahardd y Gymraeg gan y dibynnai eu cyflogau o 1862 ymlaen ar allu eu disgyblion ifainc i feistroli'r Tair 'R'. Roedd arddangos cymhwyster yn 'Reading, Writing, Arithmetic' drwy gyfrwng y Saesneg yn ganolog i'r system arholi a dyfarnu grantiau ysgolion o dan amodau'r 'Revised Code of Education' yn 1862.[31] Ond ymddengys y credai nifer fawr o athrawon, megis y bardd a'r athro Eben Fardd (Ebenezer Thomas 1802–63), fod meistroli'r Saesneg yn gwbl hanfodol i blant Cymru. '[T]ra byddo Saesneg yn iaith y llys ac yn iaith masnach y deyrnas, y mae yn annichonadwy dringo i fyny heb ei dysgu', meddai yn ei 'Anerch at Ieuengtyd Cymru'.[32] Fel y dywed E. G. Millward wrth drafod agwedd Eben Fardd ac eraill: 'Dyma baradocs Oes Victoria yng Nghymru. Ar y naill law, yr oedd y bywyd llenyddol a diwylliannol yn Gymraeg yn ffynnu. Ar y llaw arall, yr oedd dylanwadau Sesinig yn prysur ennill tir yn gyflymach nag erioed.'[33]

Mewn oes o ffyniant diwylliannol a newidiadau cymdeithasol, mae'n arwyddocaol nad oedd yr awydd i ddychmygu perthynas wahanol rhwng y Gymraeg a'r Saesneg yn cael ei archwilio yn nhestunau plant y 1880au. Llenyddiaeth y ddysgl wastad yw hi, yn barod i gynnal y clymau diwylliannol a gwleidyddol a ddiffiniai'r berthynas anghymarus rhwng y ddwy iaith.

Yn wreiddiol, wrth gwrs, datblygodd llenyddiaeth Gymraeg o ganlyniad i'r angen a welwyd ar droad y ganrif i ddychmygu dyfodol gwahanol i blant. Roedd yr *Anrheg i Blentyn* a'i chyfoedion yn ffrwyth gweledigaeth cenhedlaeth a oedd am newid canolbwynt grym o'r allanol, materol i'r mewnol, ysbrydol a gosod Protestaniaeth Galfinaidd yr enwadau Anghydffurfiol yn sail i holl ymwybod plentyn ohono'i hun a'i fyd. Mewn cyd-destunau eraill, pan fo mudiad am sefydlu ffordd newydd o feddwl ac ymddwyn try ei olygon yn ddi-oed at blant, gan wybod na ellir wrth drawsnewid cymdeithasol heb hynny. Fel y dadleua Kimberley Reynolds, 'children's literature, since its inception, has been implicated in social, intellectual, and artistic change', a hynny drwy annog darllenwyr i ystyried safbwyntiau amgen a all arwain at drawsnewid cymdeithasol a diwylliannol.[34] Meddai ymhellach: 'It is not accidental that at decisive moments in social history children have been at the centre of ideological activity or that writing for children has been put into the service of those who are trying to disseminate new world views, values, and social models.'[35]

Ond cadarnhau ac amddiffyn model cymdeithasol a wnâi llenyddiaeth plant y 1880au, nid ei herio. Dyma fodel a oedd ynghlwm wrth ddiwylliant Prydain ymerodrol ac a oedd yn gwadu neilltuolrwydd y profiad o fod yn blentyn yng Nghymru. Roedd dibyniaeth llenyddiaeth Gymraeg i blant ar gyfieithu o'r Saesneg wedi gosod cynsail problematig i'r Gymraeg o'r dechrau. Cyflwynai *rationale* a roddai'r argraff mai pennaf swyddogaeth testunau Cymraeg ysgrifenedig i blant oedd dwyn manteision diwylliant grymus y Saesneg i olwg y Cymry uniaith. Roedd hynny'n fodd i fywiocáu'r Gymraeg, ar un wedd, gan iddo esgor ar greadigrwydd cynhenid yn yr iaith. Ond roedd hefyd yn cadarnhau ei dibyniaeth ar y Saesneg, ac yn dyfnhau'r argraff na allai'r Cymry wneud hebddi. Parai hyn gryn anesmwythyd i rai o garedigion llenyddiaeth ar y pryd hefyd, a chyfeiria Philip Henry Jones at gwynion yr hynafiaethydd Thomas

Stephens (1821–75) ac eraill y gallai gorddibyniaeth ar gyfieithiadau, yng ngeiriau Stephens, arwain at 'gaethwasanaeth deallol'.[36]

Hyd yn oed mewn testunau nad oeddynt yn gyfieithiadau, cyfeirnodau Prydeinig a arwyddai'r modd y syniai llenyddiaeth Gymraeg i blant am hunaniaeth ei darllenwyr ifainc. Sylwer mai mawlgan i'r Frenhines Victoria gan Ceiriog yw'r 'Anthem Genedlaethol Gymreig' a benderfynodd Thomas Levi ei chynnwys yn rhifyn cyntaf *Trysorfa y Plant,* Ionawr 1862.[37] Dengys y geiriau ymlyniad taer y Cymry wrth y Goron a'i chysylltiad Brythonaidd â'r 'Hen Ynys Wen' (sef Albion, neu Brydain), ynghyd â'r balchder diderfyn a deimlid at ei hymerodraeth dramor hefyd. Nid taeogion dan orthrwm oedd y Cymry, ond deiliaid ymerodraeth fwyaf grymus y byd:

I wisgo aur-goron y byd ar ei phen,
Hir oes i Frenines yr Hen Ynys Wen;
I chwyfio prif faner y byd ar y dòn,
Hir oes i Frenines yr hen ynys hon!
Ar sêdd ansigledig, O Fuddug! bydd fyw,
Yn nghalon dy ddeiliaid, dan nodded dy Dduw,
A bydded Brenines yr hen Ynys Wen,
Yn fendith i'r ddaear, dan fendith y Nen.

Fel y dywed R. Tudur Jones, 'nid oedd cylchgronau plant yr Ymneilltuwyr yn nodedig fel cyfryngau i feithrin radicaliaeth ymhlith plant. I'r gwrthwyneb.'[38] Arwyr adnabyddus ar y llwyfan Prydeinig a ganmolid, yn amlach na heb, neu Gymry a ddaeth i'r amlwg fel pregethwyr neu Aelodau Seneddol. Er i enwadaeth ymfalchïo yn ei harwahanrwydd ym maes crefydd, yn ddiwylliannol ymhyfrydai yn ei hynafiaeth Brydeinig a'i lle balch o fewn ymerodraeth fydeang. Ymddengys felly i'r cylchgronau gyfrannu at sefydlu hegemoni diwylliannol a oedd yn nacáu lle i hanes ac arferion brodorol yn rhan o'r drafodaeth ynghylch plentyndod. Ac eithrio hanesion cyfoes o wahanol rannau o Gymru (yn arbennig am farwolaethau plant), ni cheid nemor ddim cyfeirio at ffigyrau na digwyddiadau o hanes Cymru nac ymwybyddiaeth o orffennol (na phresennol o ran hynny) llenyddol, diwylliannol na gwleidyddol Cymru. 'Peth trawiadol iawn am y cylchgronau hyn yw eu diffyg ymwybod â'r gorffennol cenedlaethol':[39] eithriadau prin iawn yw tair ysgrif gan John Jones, Tyddyn Difyr am ddyfodiad 'hiliogaeth Gomer' i ynys Prydain, arferion paganaidd yr hen dderwyddon ac ymlediad Cristnogaeth ymhlith y Cymry yng nghyfnod y Rhufeiniaid. Fe'u cyhoeddwyd yn *Y Wawr-ddydd*, cylchgrawn misol a barhaodd am saith rhifyn yn unig yn 1830 dan ofal gweinidog yr Annibynwyr yng nghapel Pendref, Caernarfon, Josiah Thomas Jones (1799–1873).[40] Er i enwau Llywelyn, Glyndŵr a chymeriadau hanesyddol eraill ymddangos yn y cylchgronau o'r 1850au ymlaen, achlysurol iawn yw'r cyfeiriadau atynt, heb fod yn rhan o unrhyw gyfresi neilltuol i hybu gwybodaeth am hanes Cymru. Ni cheid ychwaith nemor ddim diddordeb yn y traddodiad llenyddol Cymraeg hanesyddol. O ganlyniad, ychydig o wybodaeth gyffredinol a oedd am lenyddiaeth Gymraeg erbyn degawdau olaf y ganrif.[41] Yng ngeiriau R. Tudur Jones eto:

> y mae'n arwyddocaol mai o fyd y prifysgolion y daeth yr adfywiad llenyddol [ddechrau'r ugeinfed ganrif] yn y diwedd yn hytrach nag o'r gwersyll crefyddol. Yr oedd y Cymry crefyddol ar fin anghofio cynnwys eu traddodiadau diwinyddol a llenyddol, er eu bod yn ddigon eiddgar i ddathlu canmlwyddiant a daucanmlwyddiant yr arwr yma neu'r mudiad acw.[42]

*   *   *

Er i'r gyfrol hon ddangos i lenyddiaeth Gymraeg i blant yn y bedwaredd ganrif ar bymtheg lunio a mynegi cysyniadau a darluniau newydd ynghylch plant a phlentyndod wrth i'r ganrif fynd rhagddi, roedd y ffaith sylfaenol mai llenyddiaeth enwadol oedd llenyddiaeth plant yn cyfyngu ei gorwelion. Tra bo radicaliaeth wleidyddol yn blaguro, roedd llenyddiaeth plant yn parhau'n adweithiol. Er bod nifer o achosion cyffredin yn uno'r enwadau, yn arbennig dirwest, dengys eu gweithgarwch cylchgronol y pwyslais mawr a oedd ar gynnal ymlyniad enwadol. Dyma'r 'ymraniadau annedwydd' a oedd yn gysgod dros y ganrif yn ôl Robert Isaac Jones, golygydd *Baner y Groes*, menter gylchgronol yr Eglwys Wladol a ail-lansiwyd yn Ionawr 1870 wedi bwlch o 14 blynedd. Ond roedd llygad y golygydd ar hyrwyddo ei eglwys ei hun yn hytrach nag annog eciwmeniaeth. Yn ei anerchiad 'at ein cyd-wladwyr y Cymry', mae'r golygydd yn hanner cydnabod i'r Eglwys esgeuluso'r wasg Gymraeg ac i hynny roi mantais i Anghydffurfiaeth yng Nghymru:

> Hyderwn y cawn y gefnogaeth a haeddai ein hanturiaeth, a'n hamcan, ac na bydd ein Cylchgrawn bychan hwn ond megys blaenffrwyth mewn Llenyddiaeth Eglwysig Gymreig. Ac er fod

yr Eglwys wedi gollwng y Wasg Gymreig megys o'i dwylaw i'w gelynion ei phardduo, ac i weithio gwenwyn gwrth-eglwysig i feddyliau y genedl; 'gwell hwyr na hwyrach'.[43]

Ond bu'r Eglwys yn hwyrfrydig iawn i ddarparu llenyddiaeth ar gyfer ei haelodau ifainc yn neilltuol: cylchgrawn cyffredinol, nid cyhoeddiad penodol i blant, oedd *Baner y Groes* a'r *Cyfaill Eglwysig* hefyd, misolyn arall yr Eglwys Sefydledig a lansiwyd yn 1862. Ni sefydlwyd cylchgrawn plant ganddynt hyd 1900, pan sefydlwyd *Perl y Plant* dan olygyddiaeth y Canon Robert Camber-Williams (1860–1924).

Cafwyd, fodd bynnag, rai ymdrechion anenwadol i ddarparu llenyddiaeth neilltuol ar gyfer darllenwyr ifainc. Misolyn crefyddol anenwadol oedd *Blodau yr Oes* a wasanaethai plant ysgolion Sul Cymraeg America yn y 1870au. Roedd *Athrofa y Plant*, ar y llaw arall, yn gylchgrawn annibynnol a sefydlwyd yn 1881 er mwyn darparu 'gwybodaeth fuddiol' yn hytrach na 'gwybodaeth ysgrythurol' i ddarllenwyr yng Nghymru. Cafwyd eitemau ar Isaac Newton, darnau byrion o ffuglen, a 'puzzles' gweledol bob mis: sef delwedd ynghudd mewn darlun sy'n gofyn i'r darllenydd syllu mewn ffordd arbennig er mwyn ei chanfod. Yn y rhifyn cyntaf yn Ebrill 1881, er enghraifft, cafwyd darlun o 'Gwener', sef cyfaill Robinson Crusoe, yn cuddio yn y dail ar ei ynys bellennig.[44] Ond er yr ymdrech i gynnig fformat gwahanol i'r cylchgronau enwadol, yr un ddidactigiaeth sy'n llywio'r cylchgrawn hwn hefyd. Mae yma awydd anorchfygol i ddweud wrth blant beth i'w wneud, ac ni cheir unrhyw awydd i leoli eu profiadau a'u bywydau mewn cyd-destun diwylliannol na hanesyddol Cymreig. Mae'r anerchiad, 'Gair at Ddarllenwyr Ieuanc yr Athrofa', ym Mai 1883 yn nodweddiadol o'r cywair hwn. 'Yr amcan sydd genyf wrth ysgrifenu,' medd yr awdur Arthur Jones, 'yw eich cael chwi yn well plant.' Mae'n iawn iddynt hoffi digrifwch, ond nid gwag ddigrifwch, ac er mai naturiol yw hoffi chwarae, rhaid hefyd ymroi i ddarllen bob dydd:

Peidiwch a meddwl chwaith fy mod yn anfoddlawn i chwi chwareu; o na, ni hitiwn i mo'r draen a dyfod gyda chwi am enyd, a chwareu a'm holl egni, ond ar un cyfrif, na fydded i chwi roi eich holl amser i chwareu ac i *lolian*. Beth bynag a fo, neillduwch rhyw gyfran o amser bob dydd i ddarllen rhyw lyfr. Wrth ddarllen, yr ydych yn dwyn y byd o'i ddechreuad i'r ystafell yr ydych yn byw ynddi. Gellwch wneyd cyfeillion a'r hên batriarchiaid, pa rai sydd yn y Nefoedd er's llawer blwyddyn faith. Ie, mhlant i, daw Adda, Noah, Abraham a Moses, a'r holl hen ffryndiau i ymddyddan a

chwi yn eu tro; rhag myn'd yn faith, terfynaf ar hyna gan obeithio
y caf eich anerch eto yn fuan. ARTHUR JONES.[45]

Mae'r *Athrofa* hwn yn gynnyrch maes sydd wedi ei feddiannu'n
drylwyr gan ddidactigiaeth grefyddol. Cyd-destun addysgol yr ysgol
Sul sy'n llywio'r holl weithgarwch cyhoeddi ar gyfer plant, hyd yn oed
yn achos cylchgrawn a honnai ganolbwyntio ar wybodaeth seciwlar,
nid ysgrythurol. Mae'r *Athrofa* felly'n ymestyniad o ddidactigiaeth
llenyddiaeth grefyddol â'i bryd, fel y gwêl Michel de Certeau, ar
sefydlu neu adfer ei hanesyddiaeth ei hun. Trafodwyd eisoes ei thesis
bod cynhyrchu testunau printiedig yn ymgais i ailfodelu arferion
cymdeithasol, ac meddai ymhellach mai uchelgais diwygwyr crefyddol
ers dyddiau'r Piwritaniaid oedd 'to produce a new history on the basis
of a text'. Ym marn de Certeau, mae'r uchelgais hwn yn seiliedig ar
'scriptural economy', sef 'myth' y Diwygiad Protestannaidd y gallai'r
Ysgrythurau ddarparu model 'to re-form both society and the Church',
a gwêl olion y 'myth' hwn:

> [in the] political or religious conviction that Reason must be able
> to establish or restore a world, and that it is no longer a matter
> of deciphering the secrets of an order or a hidden Author, but
> of *producing* an order so that it can be *written* on the body of an
> uncivilized or depraved society. Writing acquires the right to
> reclaim, subdue or educate history.[46]

Drwy gyfrwng testunau moesol a hyfforddiadol, gall diwygwyr
crefyddol fynnu awdurdod dros yr anllythrennog a chreu eu fersiwn
eu hunain o'r gorffennol. Yn achos y cylchgronau plant, drwy
anwybyddu ac i raddau wadu bodolaeth hunaniaeth hanesyddol a
diwylliannol Cymru, crëir naratif a hunaniaeth ar gyfer y darllenwyr
a fynegir yn y testunau ac ar gorff y plentyn drwy'r ddisgyblaeth a'r
cyfyngiadau a roddir arno. I de Certeau, 'Printing represents this
articulation of the text on the body through writing. The order thought
(the text conceived) produces itself as a body (books) which repeats it,
forming paving stones and paths, networks of rationality through the
incoherence of the universe.'[47] Cynrychiola'r cylchgronau gerrig llamu
o'r fath, yn cynnig trefn mewn byd o anhrefn ac yn sefydlu awdurdod y
disgwylid i blant ufuddhau iddo.
    Roedd didactigiaeth yr oes yn parhau i gynnal y gred mai pennaf
swyddogaeth llenyddiaeth plant oedd mowldio a siapio meddwl a

chorff y plentyn. Er nad oedd pwyslais bellach ar gyflwr llygredig plentyn, fe'i hystyrid yn unigolyn ansefydlog ac anghymwys o hyd. Rhaid felly oedd ei reoli a'i achub mewn da bryd. Ond ochr yn ochr â hynny, roedd y tueddiadau cyfoes i ramantu plentyndod a phwysleisio tlysni plant yn creu delfrydau anghyraeddadwy a oedd yn babaneiddio'r plentyn, mewn modd nid annhebyg i'r modd y darlunnid merched ar y pryd.

Daw'n amlwg, felly, fod dwy elfen lywodraethol i'r disgwrs ynghylch plentyndod yn hanner olaf y bedwaredd ganrif ar bymtheg, sef didactigiaeth grefyddol a Rhamantiaeth. Er mor wahanol eu canfyddiadau am blant, roedd y ddwy elfen yn gwadu gweithredoledd y plentyn fel un a allai fod â'i feddwl, ei ddyheadau a'i obeithion ei hun. O ganlyniad, tynnwyd oddi ar ddelwedd y plentyn arwrol, efengylol, ei botensial i fod ag awdurdod dros eraill. Gwelwyd yn y drydedd bennod i naratifau ynghylch tröedigaethau a marwolaethau plant ddarlunio plant bychain yn cynghori, cysuro a chystwyo oedolion ar faterion ysbrydol. Ceid testun yn *Trysor i Blentyn*, Ionawr 1842, er enghraifft, ac iddo'r teitl 'Y fam yn cael ei cheryddu gan ei phlentyn'. Canmolai'r ffaith y gall 'mai gair o enau plentyn bach a fydd yn foddion i ddeffroi meddyliau sobr mewn rhieni annuwiol, i'w dwyn o dywyllwch i oleuni, ac o feddiant Satan at Dduw'.[48] Ond ymddengys nad oedd rhoi'r fath awdurdod i blant yn cael ei ystyried mor dderbyniol yn ddiweddarach yn y ganrif.

Yn *Y Winllan*, Ebrill 1873, cyhoeddwyd hanesyn bychan gan John Marsden, Treffynnon ac iddo'r teitl 'Yr Wyf mor Ddedwydd'. Yn cyd-fynd â'r hanesyn mae darlun Rhamantaidd o ferch mewn bonet yn casglu blodau. Nid oes symbolaeth Gristnogol i'w gweld yn y darlun ond mae'r testun yn egluro i'r ferch, Lilie fach sy'n naw mlwydd oed, '[dd]yfod i wybod ei bod yn bechadures' a theimlo mawredd cariad Crist tuag ati.[49] Wrth i'w llygaid lenwi â dagrau o lawenydd, daw 'Count Prwsiaidd' heibio a gofyn pam y mae'n wylo. Wrth ddeall mai gwir ddedwyddwch yw achos ei dagrau mae yntau'n troi yn ôl at ei Feibl (ar ôl cyfnod o esgeulstra) 'ac yn fuan efe a ddaeth yn ddyn da iawn'.[50] Dyma enghraifft nodweddiadol, fe ymddengys, o allu plant yn eu diniweidrwydd a'u diffuantrwydd i 'ddychwelyd' oedolion i'r ffydd. Ond yn wahanol i'r naratifau blaenorol ar y pwnc hwn, nid marwolaeth y plentyn yw canolbwynt y stori, ond y modd y gall bodolaeth ac ymddygiad plant ysgogi teimladau oedolion tuag atynt. Hefyd, ac yn fwy arwyddocaol i'r drafodaeth hon, mae'r syniad y gall plentyn honni awdurdod dros oedolyn yn cael ei danseilio gan y rhybudd clo:

Nid yw yn beth iawn i blant addysgu pobl sydd wedi dyfod i oedran; mae braidd yn sicr o wneyd fwy o niwaid nag o ddaioni. Ond os ydym yn caru Duw ein hunain, mae yn aml yn dda i ni ddyweyd felly pan y cawn gyfleustra priodol. Mae un ffordd y medrwn yn feunyddiol ei ddyweyd, wrth chwareu, ac yn yr ysgol, hyny ydyw, trwy ein hymddygiadau.[51]

Gwelwn yma dyndra rhwng y grym rhannol a roddid i blant dros oedolion gan efengyliaeth ar y naill law, a'r delfrydu Rhamantaidd a oedd yn troi'r plentyn yn wrthrych i ymserchu yn ei naïfrwydd a'i ddiffyg gwybodaeth, ar y llall. Ar ei mwyaf huawdl, ail-ffurfiodd y Rhamantiaeth hon blentyndod yn dirlun neilltuol a safai ar wahân i fyd oedolion, a thafluniwyd arno hiraeth yr hen am wynfyd yr ifainc. Diau mai â Lewis Carroll, awdur *Anturiaethau Alys yng Ngwlad Hud*, y cysylltir y delfrydu hwn bennaf ym myd llenyddiaeth plant y Saesneg. Yn ei gerdd 'Solitude', a ymddangosodd gyntaf yn 1856 (yng nghylchgrawn *The Train*), meddai yn y pennill clo:

> I'd give all wealth that years have piled,
> The slow result of Life's decay,
> To be once more a little child
> For one bright summer-day.[52]

Fel y trafodwyd eisoes, cafwyd hefyd ddarluniau gweledol, megis merch 'Yr Wyf mor Ddedwydd' uchod, i gyd-fynd â'r ddelwedd wynfydig hon o ddisgleirdeb atyniadol plentyndod. Nid eithrio plant y dychymyg o realiti caled y byd yn unig a wnâi'r darluniau hyn, ond eu cyfyngu i ddelfryd babanaidd, diymadferth. Ys dywed Claudia Nelson am blentyndod yn Oes Victoria:

> Illustrations and greeting cards, paintings and photographs, verses and novels and advertisements, offered up children for adult consumption. Such fictional – or fictionalized – children share certain important characteristics: they are depicted as infantile, with large heads or rosebud mouths or lisps, and thus as innocent; as vulnerable, in need of adult protection; as trusting, perceiving only the good in the world.[53]

Gwelwyd delfrydu babanaidd o'r fath yng Nghymru hefyd, ond ni chafodd y Rhamantiaeth hon ryddid llwyr i deyrnasu yn y Gymraeg. Nid sentimentaliaeth siwgrllyd a geir yn llenyddiaeth plant y bedwaredd

"YR WYF MOR DDEDWYDD."

Llun 19: 'Yr Wyf mor Ddedwydd', *Y Winllan* (Ebrill 1873), 72.

ganrif ar bymtheg. Roedd angau'n agos a bywyd yn fregus. Roedd tlodi a newyn yn rhy amlwg i'w hanwybyddu, ac roedd y gwaith y disgwylid i'r plant ei gyflawni a'r gwerthoedd yr oedd disgwyl iddynt eu mabwysiadu yn rhy bwysig i'w neilltuo'n llwyr oddi wrth weddill cymdeithas. Roedd ysgogiad efengylol a diwygiadol y cylchgronau plant felly'n tymheru'r Rhamantiaeth a oedd yn trawsnewid delweddau o blant ac agweddau tuag atynt. Sylwer, er enghraifft, ar y darlun a'r gerdd a ymddangosodd yn *Trysorfa y Plant* (Mehefin 1867), 'Ai Bachgen Dyeithr Yw?' Mae'r penillion yn cydnabod mai naturiol a deniadol yw i'r bachgen chwarae '*marbles* a'r top', rhedeg yn chwim, sylwi a rhyfeddu at y byd o'i gwmpas, a hyd yn oed bod â thafod 'Sydd wrthi'n ddidrefn, / O'r fynyd dihuna / Nes cysgu drachefn'. Ond mae ei galon yn bur a'i foesau'n gadarn: gan hynny trawsnewidir ei nodweddion plentynnaidd yn rhinweddau Cristnogol.[54]

Roedd swyddogaeth sylfaenol y cylchgronau hyn yn golygu na chafwyd arbrofi pellgyrhaeddol ym maes llenyddiaeth plant y Gymraeg. O ganlyniad i afael didactigiaeth grefyddol ar lenyddiaeth plant a dibyniaeth golygyddion ac awduron ar fewnforio ac addasu testunau a darluniau o'r wasg Saesneg, plentyndod heb wydnwch diwylliannol oedd plentyndod y maes llenyddol yng Nghymru. Nid oedd gwasg ddychmygus i blant wedi datblygu yn ystod y trigain mlynedd o gyhoeddi i blant a allai wrthbwyso diwylliant atyniadol a hollbresennol y Saesneg erbyn y 1880au. Er i lenyddiaeth Gymraeg i blant esblygu'n sylweddol ers cyhoeddi *Anrheg i Blentyn* yn 1816, nid oedd wedi datblygu i'r graddau lle y gallai gynhyrchu'r dyfeisgarwch a'r dychymyg a oedd yn angenrheidiol i wneud y Gymraeg yn iaith darllen, dysg a diddanwch i fwyafrif Cymry ifainc ddiwedd y ganrif. O ganlyniad, roedd hi'n anorfod mai at lyfrau Saesneg roedd plant yn troi er mwyn ymestyn eu dealltwriaeth a'u diddordeb yn y byd o'u cwmpas, yn enwedig a hwythau'n cael eu dysgu drwy gyfrwng y Saesneg yn yr ysgol. Ys dywed G. J. Williams am arferion darllen Cymry chwarter olaf y ganrif:

> mwyach, yr oedd holl gyfoeth y Wasg Saesneg at eu gwasanaeth, yn ddramâu, nofelau, clasuron rhyddiaith a barddoniaeth. Ni wnaeth y Cymry blaenllaw a oedd wrth y llyw ar y pryd unrhyw ymdrech i gysylltu'r ysgolion newydd hyn â'r bywyd Cymreig, â'r bywyd llenyddol rhyfeddol a oedd wedi datblygu yn ystod y cyfnod blaenorol. A chan mai Saesneg oedd yr unig gyfrwng hyfforddi, yr oedd yn fwy naturiol i blant Cymru bellach ddarllen llyfrau Saesneg ar yr amrywiol bynciau y buasent yn eu hastudio yn yr ysgol.[55]

Roedd i'r arferion darllen hyn oblygiadau i'r modd y synnid am genedligrwydd yng Nghymru. Roedd llythrennedd bellach yn ffactor allweddol ym mywyd diwylliannol a deallusol nifer helaethach o'r boblogaeth. Nid creu profiadau diwylliannol a allai uno cymunedau yn unig a wnâi, ond dylanwadu ar fywyd mewnol yr unigolyn a'r modd yr oedd yn amgyffred y byd. I blant a chanddynt fynediad at lyfrau yn ail hanner y ganrif, haera Steven Fischer, 'Many [of their] most intimate and memorable experiences came not from events but from books.'[56] Yn achos siaradwyr Cymraeg ifainc, diau mai drwy'r Saesneg y câi nifer helaeth y fath brofiadau. I Hywel Teifi Edwards, roedd 'self-serving orthodoxy' y diwylliant enwadol wedi llesteirio twf llenyddiaeth a gwyddoniaeth:

> and that primarily accounted for the complete absence of life-enhancing books in contemporary Wales. Welsh literature had for too long been the part-time product of religion's servitors. To see the huge benefits accruing to a literature which could draw on the talents of full-time authors free of the shackles of orthodoxy and authoritarianism, one had only to turn to England.[57]

Cawn gan Edwards ddarlun o anwybodaeth remp Cymry Oes Victoria y 1890au ynghylch llenyddiaeth Gymraeg, ac mae ei gofnod o ddaliadau Llyfrgell Llanrwst 1895 yn dweud y cyfan am sefyllfa'r iaith. Ceid ar y silffoedd 472 o lyfrau Saesneg o gymharu â 27 o gyfrolau Cymraeg. Dwy nofel Gymraeg yn unig oedd ar gael yno (sef *Rhys Lewis* ac *Enoc Huws* gan Daniel Owen) a 76 nofel Saesneg.[58]

Rhaid, felly, fod plant Cymru'n magu chwaeth at ddarllen deunydd gwahanol iawn i'r hyn a gynhyrchid yn Gymraeg ar eu cyfer. Er i ragor o gyfrolau i blant ymddangos o'r wasg yn ail hanner y ganrif, roeddynt hwythau, fel y cylchgronau, wedi eu creu ar gyfer diwallu anghenion yr ysgolion Sul. Ymhlith teitlau'r 1880au roedd *Pwlpud y plant: sef, Cyfres o bregethau i'r plant* gan William Morris (1881), *Hymnau a thonau at wasanaeth yr Ysgol Sabbothol a'r Band of Hope*, mewn 5 rhan gan Eleazer Thomas (1887), a *Plant Meg Fach*, addasiad Thomas Levi o foeswers boblogaidd Hesba Stretton, *Little Meg's Children* (1884). Rhaid bod cynnyrch y wasg Saesneg wedi denu lleng o ddarllenwyr ifainc a oedd am gael mwy na dogn achlysurol ac annisgwyl o anturiaethau fel 'Albert Maywood'.

Yn wir, gellid deall holl hanes llenyddiaeth plant y genhedlaeth nesaf, o'r 1890au ymlaen, yng nghyd-destun anallu'r wasg Gymraeg cyn hynny i symud yn ddigonol gyda'r oes. Ar droad y ganrif rhoes

Winnie Parry (1870–1953) feddyliau annibynnol, ffraeth i'w phrif gymeriad ifanc, Sioned, gan lunio stori fyrlymus amdani heb unrhyw arlliw moesol na didactig.[59] Cyflyrwyd E. Morgan Humphreys (1882–1955) i lunio straeon antur gan anallu llyfrau Cymraeg ei fagwraeth i ddenu diddordeb bechgyn. '[B]u raid i lawer o honom ddarllen llyfrau Saesneg er mwyn cael yr hyn yr oedd arnom ei eisiau', meddai yn 1911 wrth gyflwyno'i gyfrol o straeon antur *Dirgelwch yr Anialwch*, 'Mewn canlyniad peidiasom a darllen Cymraeg am gyfnod lled faith.'[60] Tua'r un pryd, sbardunwyd Moelona (Lizzie Mary Owen (yna Jones), 1877–1953) i lunio *Teulu Bach Nantoer* er mwyn ysgogi plant Cymru i garu eu gwlad a'u hiaith. Cyflwynodd y nofel yn 1913 'i Blant Cymru [...] gan hyderu y cânt ynddo fwynhad, a rhyw gymaint o symbyliad i garu â chariad mawr eu hiaith, eu gwlad, a'u cenedl'.[61] Ni ellid bod wedi cael adwaith o'r fath gan awduron Cymru troad yr ugeinfed ganrif pe na bai'r maes cyhoeddi i blant wedi ei drawsffurfio'n llwyr gan ymddangosiad cylchgrawn newydd O. M. Edwards, *Cymru'r Plant*, yn 1892. Hwn oedd y cylchgrawn anenwadol llwyddiannus cyntaf yn y Gymraeg, ac un a roes flaenoriaeth i gyfoethogi ymwybyddiaeth y darllenwyr ifainc o hanes a diwylliant eu cenedl. Er i'r cylchgronau enwadol barhau'n gryf wedi 1892, ni fyddai'r maes cyhoeddi i blant fyth eto'r un fath. Yn sgil sefydlu *Cymru'r Plant*, roedd crefydd wedi ei diorseddu fel unig faes y disgwrs Cymraeg ynghylch plentyndod. Fe'i hawliwyd yn llwyr gan y genhedlaeth nesaf yn enw'r Gymraeg a'r egin frwydr i'w chynnal, ei hadfer a maes o law ei hachub.[62]

Achosodd ymyrraeth O.M. yn y byd cyhoeddi Cymraeg drawsnewidiad sylfaenol yn y dull o feddwl am anghenion plant a'u haddysg. I gyd-fynd â'r lle amlycach a roddid i'r Gymraeg mewn ysgolion o'r 1890au ymlaen, aethpwyd ati i greu deunyddiau a fyddai'n sefydlu'r Gymraeg yn iaith dysg a darllen hamdden. Diau i hynny feithrin ymwybyddiaeth o'r newydd o arwahanrwydd a balchder diwylliannol (er nad gwleidyddol, o reidrwydd) ymhlith rhai o Gymry ifainc y cyfnod. Anogwyd nifer i lenydda eu hunain, a bu O.M. yn barod iawn i feithrin talentau ysgrifenwyr ifainc a chyhoeddi eu gwaith yn ei gylchgrawn. Ond dagrau pethau yw bod y cyfan yn rhy hwyr i ddarbwyllo lleng o Gymry Cymraeg bod eu hiaith yn rhywbeth gwerth ei gadw, ei ddefnyddio a'i drosglwyddo i'r genhedlaeth nesaf. Fel y pwysleiswyd eisoes, roedd degawdau o gyfyngu llenyddiaeth plant i'r maes crefyddol yn golygu mai â darllen Saesneg y cysylltid gorwelion eang gwybodaeth a'r dychymyg. Ar lefel yr *habitus*, y tueddfrydiau yr ydym yn eu hetifeddu a'u datblygu yn ystod ein plentyndod, plannwyd amheuon dwfn am allu'r Gymraeg i gydio yn y dychymyg a'r deall yn yr un ffordd â'r Saesneg. Er y bu'r ysgol Sul yn ffynhonnell maeth a chynhaliaeth i'r Gymraeg dros y degawdau, bu cyfyngu cyhoeddi i blant i ddiwallu anghenion addysg grefyddol yn rhwystr i'r iaith rhag cyrraedd ei llawn dwf. Yn *habitus* nifer fawr o Gymry'r cyfnod, a'r cenedlaethau a'u dilynodd, byddai'r Gymraeg yn perthyn i rannau penodol o'u bywydau cymdeithasol a chyhoeddus, ond nid i eraill.[63] Normaleiddiwyd y syniad mai iaith y nefoedd a barddoniaeth oedd y Gymraeg ac mai amhersain fyddai ei defnyddio ym maes gwyddoniaeth a thechnoleg.[64] Er i O. M. Edwards, Emrys ap Iwan a Michael D. Jones alw am wthio'r Gymraeg i beuoedd newydd gwyddoniaeth, masnach a'r gyfraith, byddai'n anodd dadwreiddio'r canfyddiadau hyn ynghylch yr iaith.[65]

*　　*　　*

Gadawn y drafodaeth ar drothwy cyfnod newydd yn hanes plentyndod yng Nghymru a datblygiad llenyddiaeth Gymraeg. Eithr rhag inni ffoli ar ymdrechion O.M., a chredu iddo roi i blant y diddanwch a'r diwylliant yr oeddynt yn crefu amdano, cofiwn fod pob testun i blant, boed grefyddol neu wladgarol, didactig neu ddychmygus, yn seiliedig ar ffordd neilltuol o feddwl am blant ac ystyried plentyndod. Drwy fanylu ar lenyddiaeth plant y bedwaredd ganrif ar bymtheg, bwriad y gyfrol hon oedd dadlennu nad cysyniadau greddfol, naturiol a chyffredinol eu hystyr a ddynodir gan y termau 'plentyn' a 'phlentyndod', ond syniadau a chanddynt gyd-destunau hanesyddol, diwylliannol a syniadaethol penodol iawn. O ganlyniad, gellid ehangu ar seiliau'r astudiaeth hon drwy archwilio ymhellach agweddau penodol ar destunau'r cyfnod a'u cysylltiad â meysydd megis rhywedd, gwleidyddiaeth, athroniaeth a gwyddoniaeth. Mae llawer eto i'w ddweud am agwedd y testunau plant at Gatholigiaeth, Iddewiaeth, y genhadaeth a diwylliannau brodorol, y byd naturiol a thechnoleg. Gobeithir hefyd i'r dull a sefydlir yma o ymdrin â'r maes annog ymchwilwyr i fwrw ati i archwilio llenyddiaeth plant yr ugeinfed a'r unfed ganrif ar hugain er mwyn asesu cyd-destun hanesyddol, diwylliannol a gwleidyddol gwahanol ddulliau o feddwl am blant a phlentyndod.

Ond yn bennaf oll, gobaith y gyfrol hon yw ysgogi'r darllenydd i weld sut y mae grymoedd cymdeithasol, gwleidyddol a masnachol yn siapio ein hagweddau ein hunain at blant. Drwy archwilio cywair a chynnwys llenyddiaeth plant y gorffennol a'i pherthynas â strategaethau grym sefydliadau a thactegau unigol darllenwyr, nid syllu o bell ar blant cenedlaethau a fu yn unig a wnawn. O edrych ar y gorffennol, sylwn hefyd ar ein harferion a'n hagweddau ninnau heddiw, ac ystyried yr hyn y gallwn ei wneud yn wahanol. Os ydym yn gwaredu at yr hualau cyfyng a roddid ar ymddygiad plant gan efengyliaeth y bedwaredd ganrif ar bymtheg, sylwn ar y modelau rhyweddol a chymdeithasol yr ydym yn parhau i ddisgwyl i blant gydymffurfio â nhw. Os ydym yn gresynu na roddid llais i blant eu hunain gan lên plant y bedwaredd ganrif ar bymtheg, gofynnwn i ba raddau yr ydym ni heddiw yn barod i wrando o ddifrif ar yr ifainc ac ymateb iddynt. Yn wyneb argyfwng amgylcheddol a hinsawdd wleidyddol ansicr yr unfed ganrif ar hugain, a'r angen i gydnabod a dathlu ffyrdd amrywiol o fyw, addoli a charu, mae'r hyn a ddywedwn wrth ein plant yn parhau'n bwysig i'n presennol ni ac i'w dyfodol nhw, a gwrando arnynt yn gwbl angenrheidiol.

Ôl-nodiadau

Pennod 1: Llenyddiaeth Gymraeg i Blant

1 John Stephens, *Language and Ideology in Children's Fiction* (Harlow: Longman, 1992), t. 3.

2 Karin Calvert, 'Children in the House', yn Henry Jenkins (gol.), *The Children's Culture Reader* (New York: New York University Press, 1998), t. 67.

3 Pierre Bourdieu, *Algeria 1960: Essays*, cyf. Richard Nice (Cambridge: Cambridge University Press, 1979), t. vii, n. 2. Datblygodd Bourdieu y syniad o *habitus* fel modd i egluro'r berthynas rhwng ymarfer (*practice*) a'r strwythur cymdeithasol y mae pob unigolyn yn rhan ohono yng nghyd-destun diwylliant brodorion Kabylia, gogledd Algeria.

4 Perry Nodelman a Mavis Reimer, *The Pleasures of Children's Literature* (3ydd arg., Boston: Allyn and Bacon, 2003), t. 112.

5 Am ymdriniaeth â chyfraniad Bourdieu i feirniadaeth lenyddol gw. rhifyn arbennig *Paragraph*, 35/1 (2012).

6 Pierre Bourdieu, *In Other Words: Essays Towards a Reflexive Sociology*, cyf. Matthew Adamson (Cambridge: Polity, 1990), t. 91.

7 'The "theory of practice" expressed by the concepts of habitus and field helps us to explain at once the coherence and diversity of perceptions and choices.' Anne Boschetti, 'How Field Theory Can Contribute to Knowledge of World Literary Space', *Paragraph*, 35/1 (2012), 14.

8 Cymhwysodd Bourdieu ei theori ymarfer at lenyddiaeth Ffrainc y bedwaredd ganrif ar bymtheg, yn arbennig Flaubert, gan ddweud, 'Only an analysis of the genesis of the literary field in which the Flaubertian project was constituted can lead to a real understanding of both the generative formula at the core of the book and Flaubert's craftsmanship in *putting it to work* [*la mettre de oeuvre*], objectifying in one fell swoop this generative structure and the social structure of which it is the product.' *The Rules of Art: Genesis and Structure of the Literary Field*, cyf. Susan Emanuel o *Règles de l'art* [1992] (Cambridge: Polity, 1996), tt. 47–8.

9 Philippe Ariès, *Centuries of Childhood*, cyf. Robert Baldick o *L'Enfant et la Vie Familiale sous l'Ancien Régime* [1960] (1962; adarg. London: Pimlico, 1996), t. 37.

10 Am arolwg beirniadol o'r ymateb i Ariès, gw. Calvert, 'Children in the House', tt. 72–5, a William A. Corsaro, *The Sociology of Childhood* (Thousand Oaks, Calif.: Pine Forge Press, 1997), tt. 49–67.

11 Eiry Miles, 'Y Darlun o Blant yn Llenyddiaeth Gymraeg yr Oesoedd Canol' (traethawd MPhil heb ei gyhoeddi, Prifysgol Abertawe, 2002),

20–5 [ar-lein], *http://cronfa.swan.ac.uk/Record/cronfa42250* (gwelwyd 14 Ionawr 2020).

12 Thomas Charles-Edwards, *Wales and the Britons 350–1064* (Oxford: Oxford University Press, 2013), t. 369.

13 Ann Parry Owen, 'Marwnad', WICI (2016) [ar-lein], *https://wici.porth. ac.uk/index.php/Marwnad* (gwelwyd 14 Ionawr 2020); gw. Dafydd Johnston, *Galar y Beirdd: Marwnadau Plant* (Caerdydd: Tafol, 1993).

14 Dafydd Johnston (gol.), *Gwaith Lewys Glyn Cothi* (Caerdydd: Gwasg Prifysgol Cymru, 1995), tt. 512–13.

15 Dafydd Johnston, *Llên yr Uchelwyr: Hanes Beirniadol Llenyddiaeth Gymraeg 1300–1525* (Caerdydd: Gwasg Prifysgol Cymru, 2005), tt. 245, 293.

16 John Davies, *Hanes Cymru* (London: Penguin, arg. diw. 2007), t. 169.

17 Johnston, *Galar y Beirdd*, t. 12; gw. hefyd Johnston, *Llên yr Uchelwyr*, t. 293 a Miles, 'Y Darlun o Blant yn Llenyddiaeth Gymraeg yr Oesoedd Canol', 118–20.

18 E.e. 'Llawenydd yw Dafydd deg / ab Gwilym ym mhob golwg', Lewys Glyn Cothi, 'Moliant Gwilym Fychan', dyf. yn Eiry Miles, 'Y Darlun o Blant yn y Canu Mawl', yn Bleddyn Owen Huws ac A. Cynfael Lake (goln), *Genres y Cywydd* (Talybont: Cyhoeddwyd gan y golygyddion gyda chefnogaeth y Coleg Cymraeg Cenedlaethol, 2016), t. 155.

19 Am ymdriniaeth â marwnadau beirdd benywaidd i'w plant mewn cyfnod diweddarach, gw. Cathryn Charnell-White, '"Megis archoll yw 'ngholled": Marwnadau Mamau i'w Plant', yn Gerwyn Wiliams (gol.), *Ysgrifau Beirniadol XXVIII* (Bethesda: Gwasg Gee, 2009), tt. 21–46.

20 Am enghreifftiau o destunau cynnar y'i bwriedid ar gyfer plant (ond a anelwyd at oedolion hefyd) gw. *Yr ABC neu Catechisme: sef yw hynny, i'w dysgu gan bob plentyn, cyn ei ddwyn i'w gonffirmio gan Escob* (Llundain: Ioan Beale, 1633); Henry Evans (cyf.), *Cynghorion Tad i'w Fab: yn rhoddi iddo gyfarwyddiad pa fodd i ymddwyn ei hunan yn y byd presennol* (Llundain: J. Richardson, 1683); am gerddi cyngor y Ficer Prichard i'w fab, Samuel, gw. Nesta Lloyd (gol.), *Cerddi'r Ficer: Detholiad o Gerddi Rhys Prichard* (Aberystwyth: Cyhoeddiadau Barddas, 1994), tt. 118–25; Peter Williams, *Blodau i Blant: sef Llyfr Bychan yn cynnwys adnodau 'sgrythurol dewisol. Gwedi eu hamcanu i hyfforddi pobl Ieuangc, yn neillduol, y rhai sydd yn dechreu darllain ac yn anhyddysc yn y Bibl, mewn ymarferiad Duwioldeb* (Caerfyrddin: Evan Powel, 1758); Isaac Watts, *Caniadau Dwyfol: wedi eu hamcanu mewn iaith esmwyth, er budd a gwasanaeth i blant*, cyf. Dafydd Jones o Gaeo (Caerfyrddin: I. Ross, 1771).

21 Gw. Mary Clement, 'Eighteenth Century Charity Schools', yn Jac L. Williams a Gwilym Rees Hughes (goln), *The History of Education in Wales* (Swansea: Christopher Davies, 1978), tt. 45–57.

22 Gw. e.e. Gareth Elwyn Jones a Gordon Wynne Roderick, *A History of Education in Wales* (Cardiff: University of Wales Press, 2003), tt. 37–8; Geraint H. Jenkins, 'Hen Filwr dros Grist', yn Geraint H. Jenkins, *Cadw Tŷ mewn Cwmwl Tystion* (Llandysul: Gwasg Gomer, 1990), tt. 153–74.

23 Griffith Jones, *Hyfforddiad gynnwys i wybodaeth jachusol o egwyddorjon a dyledswyddau crefydd: sef, Holiadau ac attebion ysgrythurol ynghylch yr athrawjaeth a gynhwysir yng nghatecism yr Eglwys Angenrheidjol i'w dysgu gan Hen a Jeuaingc* (Llundain: John Oliver, 1749), t. iv.

24 Anhysbys, *Anrheg i'r Cymro. Yn cynnwys I. Egwyddor Gymraeg &c. II. Ffigurau Rhifyddiaeth. III. Cathechism yr Eglwys [...]* (Dulyn: A. Reilly, 1749), tt. 20, 22.

25 *Anrheg i'r Cymro*, tt. 19–20.

26 '[T]he spread of reading skills on this scale not only rested on the provision of religious literature in Welsh but also fostered a demand for it [...] It was this widespread biblical education interacting with the Methodist revival in a mass movement, rather than the more restricted social appeal of traditional Dissenting denominations, which prepared the way for the vastly increased demand for pious denominational literature which reached its apogee in the mid-nineteenth century.' Jones a Roderick, *A History of Education in Wales*, t. 39.

27 Robert Jones, *Drych i'r Anllythyrennog, neu Hylwybr Amlwg ac Esmwyth i fod yn Gyfarwydd yn y Fryttaniaeth* (Trefecca: tros yr awdwr, 1788), t. 3.

28 Dafydd Wyn Wiliam (gol.), *Llythyrau Goronwy Owen* (Bangor: Dalen Newydd, 2014), t. 197.

29 Thomas Edwards, *Hunangofiant a Llythyrau Twm o'r Nant*, gol. G. M. Ashton (Caerdydd: Gwasg Prifysgol Cymru, 1962), t. 31.

30 Matthew Grenby, 'Children's Literature: Birth, Infancy, Maturity', yn Janet Maybin a Nicola J. Weston (goln), *Children's Literature: Approaches and Territories* (Basingstoke: Palgrave Macmillan, 2009), tt. 39–43.

31 Nodelman a Reimer, *The Pleasures of Children's Literature*, t. 84.

32 T. M. Bassett, 'The Sunday School', yn Jac L. Williams a Gwilym Rees Hughes (goln), *The History of Education in Wales* (Swansea: Christopher Davies, 1978), t. 70. Cofier i addysgwyr o bob enwad ymroi i'r gwaith hwn, gan gynnwys Titus Lewis (1773–1811) a fu ynghlwm wrth ddatblygiad ysgolion Sul a chyhoeddi gwerslyfrau ar ran y Bedyddwyr. Gw. T. M. Bassett, *Bedyddwyr Cymru* (Abertawe: Tŷ Ilston, 1977), t. 168.

33 Thomas Charles, *Crynodeb o Egwyddorion Crefydd neu Gatecism Byrr i Blant ac Eraill i'w Ddysgu* (Trefecca, 1789), t. ii. Lluniodd Thomas Charles ddau gatecism pellach, *Esponiad Byr ar y Deg Gorchymmyn, i Blant* (Caerlleon: W. C. Jones, 1801) a'r *Hyfforddwr yn Egwyddorion y Grefydd Gristionogol* (Bala: R. Saunderson, 1807). Ys dywed R. Tudur Jones, roedd yr *Hyfforddwr* 'yn ffrwyth profiad helaeth o holi plant ac er bod ambell bennod yn cynnwys atebion sydd uwchben crebwyll plentyn bychan, y mae llawer o'r penodau'n esiampl ragorol o eglurder ac uniongyrchedd.' R. Tudur Jones, 'Y Genedl Galfinaidd a'i Llên: Rhyddiaith Grefyddol y Bedwaredd Ganrif ar Bymtheg', yn R. Tudur Jones, *Grym y Gair a Fflam y Ffydd: Ysgrifau ar Hanes Crefydd yng Nghymru*, gol. D. Densil Morgan (Bangor: Canolfan Uwch-Efrydiau Crefydd yng Nghymru, 1998), t. 271.

34 Huw John Hughes, *Coleg y Werin: Hanes Cynnar yr Ysgol Sul yng Nghymru*

(1780–1851) (Bangor: Cyhoeddiadau'r Gair, 2013), t. 73.

35 Hughes, *Coleg y Werin*, t. 18.

36 'Although free, compulsory, state-controlled education had become an ideal familiar to liberal thinkers on the continent [e.e. drwy waith Pestalozzi yn y Swistir, a systemau addysg yn yr Iseldiroedd a Prwsia], such an ideal had not penetrated into Britain.' Tudor Powell Jones, 'The Contribution of the Established Church to Welsh Education (1811–1846)', yn Jac L. Williams a Gwilym Rees Hughes (goln), *The History of Education in Wales* (Swansea: Christopher Davies, 1978), t. 105.

37 Jones a Roderick, *A History of Education in Wales*, t. 47.

38 R. Tudur Jones, 'Rhyddiaith Grefyddol y 19eg Ganrif', yn Geraint Bowen (gol.), *Y Traddodiad Rhyddiaith* (Llandysul: Gwasg Gomer, 1970), t. 323.

39 Am fanylion pellach gw. Jones a Roderick, *A History of Education in Wales*, tt. 47–51.

40 'Many parents [...] believed that education interfered with work and children were required to supplement the meagre family income [...] the Sunday School did not interfere with work.' D. Eryl Davies, *Christian Schools: Christianity and Education in Mid-nineteenth-century Wales and its Relevance for Today* (Bridgend: Evangelical Library of Wales, 1978), tt. 5–6.

41 R. Tudur Jones, 'Awr Anterth Efengyliaeth yng Nghymru', yn R. Tudur Jones, *Grym y Gair a Fflam y Ffydd: Ysgrifau ar Hanes Crefydd yng Nghymru*, gol. D. Densil Morgan (Bangor: Canolfan Uwch-Efrydiau Crefydd yng Nghymru, 1998), tt. 293–5.

42 Robert Pope, 'Methodistiaeth a Chymdeithas', yn J. Gwynfor Jones a Marian Beech Hughes (goln), *Hanes Methodistiaeth Galfinaidd Cymru. Cyfrol 3, Y Twf a'r Cadarnhau (c.1814–1914)* (Caernarfon: Gwasg Pantycelyn, 2011), t. 355.

43 E. D. Evans, 'Methodist Persecution in Merioneth in the Late Eighteenth Century', *Cylchgrawn Hanes Cymdeithas Hanes y Methodistiaid Calfinaidd*, 28 (2004), 23–37; E. D. Evans, 'The Road to 1811', *Cylchgrawn Hanes Cymdeithas Hanes y Methodistiaid Calfinaidd*, 35 (2011), 45–57.

44 Marion Löffler, *Political Pamphlets and Sermons form Wales, 1790–1806* (Cardiff: University of Wales Press, 2014), tt. 26–7.

45 Evans, 'The Road to 1811', 45.

46 Eryn M. White, 'Addysg Boblogaidd a'r Iaith Gymraeg 1650–1800', yn Geraint H. Jenkins (gol.), *Y Gymraeg yn ei Disgleirdeb: yr Iaith Gymraeg cyn y Chwyldro Diwydiannol* (Caerdydd: Gwasg Prifysgol Cymru, 1997), tt. 336–7.

47 Raymond Williams, *Culture and Society, 1780–1950* (New York: Columbia University Press, 1983), t. 280.

Pennod 2: *Ailafael yn yr* Anrheg

1 Am ymdriniaethau â marwolaeth a llenyddiaeth plant, gw. Timothy E. Moore a Reet Mae, 'Who Dies and Who Cries: Death and Bereavement

in Children's Literature', *Journal of Communication*, 37/4 (1987), 52–64; Lois R. Gibson a Laura M. Zaidman, 'Death in Children's Literature: Taboo or Not Taboo?', *Children's Literature Association Quarterly*, 16/4 (1991), 232–4; Gillian Avery a Kimberley Reynolds (goln), *Representations of Childhood Death* (Basingstoke: Macmillan, 2000); Kathryn James, *Death, Gender and Sexuality in Contemporary Adolescent Literature* (New York and London: Routledge, 2009), t. 2: 'The frequency of death's appearance in books published for children has increased markedly in the period post-1970, yet academic analyses of the subject remain limited. Perhaps the very act of bringing "death" and "children" together is unsettling.'

2   Britta Teckentrup, *Y Goeden Gofio*, addas. Ceri Wyn Jones (Llandysul: Gwasg Gomer, 2013); Malachy Doyle, *Het Gynnes Tad-cu*, addas. Siân Lewis (Llandysul: Gwasg Gomer, 2014); Manon Steffan Ros, *Al* (Talybont: Lolfa, 2014); Gareth F. Williams, *Adref Heb Elin* (Llandysul: Gwasg Gomer, 2006).

3   Simon Brooks, *O Dan Lygaid y Gestapo: Yr Oleuedigaeth Gymraeg a Theori Lenyddol* (Caerdydd: Gwasg Prifysgol Cymru, 2004), t. 66.

4   Tudur Hallam, *Canon ein Llên* (Caerdydd: Gwasg Prifysgol Cymru, 2007), t. 3.

5   R. Tudur Jones, 'Darganfod Plant Bach: Sylwadau ar lenyddiaeth plant yn Oes Victoria', yn J. E. Caerwyn Williams (gol.), *Ysgrifau Beirniadol VIII* (Dinbych: Gwasg Gee, 1974), t. 160.

6   Mariwen Jones a Gwynn Jones (goln), *Dewiniaid Difyr: Llenorion Plant Cymru hyd tua 1950* (Llandysul: Gwasg Gomer, 1983); Jones, 'Darganfod Plant Bach'; Menna Phillips, 'Children's Literature in Welsh to 1950', yn Philip Henry Jones ac Eiluned Rees (goln), *A Nation and its Books: a History of the Book in Wales* (Aberystwyth: Llyfrgell Genedlaethol Cymru, 1998), tt. 379–86. Am enghreifftiau o draethodau ymchwil, gw. Siân Teifi, 'Llenyddiaeth storïol i blant yn y Gymraeg, 1919–1950' (traethawd MA heb ei gyhoeddi, Prifysgol Cymru, Aberystwyth, 1987); Awen Schiavone, 'Barti Ddu T. Llew Jones – Nofel Antur Ôl-drefedigaethol?' (traethawd MPhil heb ei gyhoeddi, Prifysgol Caerdydd, 2014).

7   Norah Isaac, 'Y Cychwyn', yn Mairwen Jones a Gwynn Jones (goln), *Dewiniaid Difyr: Llenorion Plant Cymru hyd tua 1950* (Llandysul: Gwasg Gomer, 1983), t. 6.

8   Gwilym Hughes, 'Y Cylchgronau', yn Mairwen Jones a Gwynn Jones (goln), *Dewiniaid Difyr: Llenorion Plant Cymru hyd tua 1950* (Llandysul: Gwasg Gomer, 1983), tt. 74–5.

9   Isaac, 'Y Cychwyn', tt. 8, 9.

10 Jones, 'Darganfod Plant Bach', tt. 165–6.

11 Isaac, 'Y Cychwyn', t. 11.

12 William Rees [Gwilym Hiraethog], 'Rhagymadrodd at y Cyhoeddwr', yn Hugh Williams, *Robinson Crusoe Cymreig: sef hanes mordaith i Australia, preswyliad yn y coedwigoedd, anturiaethau yn y cloddfeydd aur,*

ynghyda dychweliad crefyddol yr awdwr (Caernarfon: John Williams, 1857), t. iii.

13 Jones, 'Darganfod Plant Bach', t. 204.

14 Jones, 'Darganfod Plant Bach', t. 201.

15 Emer O'Sullivan, *Comparative Children's Literature*, cyf. Anthea Bell (London, New York: Routledge, 2005), t. 8.

16 David Rudd, 'The Development of Children's Literature', yn David Rudd (gol.), *The Routledge Companion to Children's Literature* (London/ New York: Routledge, 2010), tt. 11–12.

17 E.e. Allison James, Chris Jenks ac Alan Prout, *Theorizing Childhood* (Cambridge: Polity, 1998).

18 Philippe Ariès, *Centuries of Childhood*, cyf. Robert Baldick o *L'Enfant et la Vie Familiale sous l'Ancien Régime* [1960] (1962; adarg. London: Pimlico, 1996), t. 125.

19 Colin Heywood, *A History of Childhood: Children and Childhood from Medieval to Modern Times* (Cambridge: Polity Press, 2001), t. 170.

20 Anja Müller, *Framing Childhood in Eighteenth-century English Periodicals and Prints, 1689–1789* (Farnham/Burlington, VT: Ashgate, 2009), t. 3.

21 Isaac, 'Y Cychwyn', t. 13.

22 Mitzi Myers, 'Wise Child, Wise Peasant, Wise Guy: Geoffrey Summerfield's Case Against the Eighteenth Century', *Children's Literature Association Quarterly*, 12/2 (1987), 107.

23 Trafodir y cyfrolau Saesneg hyn yn Rudd, 'The Development of Children's Literature', t. 4.

24 Perry Nodelman a Mavis Reimer, *The Pleasures of Children's Literature* (3ydd arg., Boston: Allyn and Bacon, 2003), t. 84.

25 Boel Westin, *Children's Literature in Sweden*, cyf. S. Croall (Stockholm: The Swedish Institute, 1991), t. 7. Dyf. yn Karín Lesnik-Oberstein, 'Essentials: What is Children's Literature? What is Childhood?', yn Peter Hunt (gol.), *Understanding Children's Literature: Key Essays from the International Companion Encyclopedia of Children's Literature* (London/ New York: Routledge, 1999), t. 23.

26 Xabier Etxaniz Erle, 'Basque Children's and Juvenile Literature', yn Marie Jose Olaziregi (gol.), *Basque Literary History*, cyf. Amaia Gabantxo (Reno, Nevada: Centre for Basque Studies, University of Nevada, 2012), t. 297.

27 Deborah C. Thacker a Jean Webb, *Introducing Children's Literature: From Romanticism to Postmodernism* (London: Routledge, 2002), tt. 16–17.

28 Thacker a Webb, *Introducing Children's Literature*, t. 23.

29 Henry Jenkins (gol.), 'Introduction', yn *The Children's Culture Reader* (New York: New York University Press, 1998), t. 15.

30 Gw. Nodelman a Reimer, *The Pleasures of Children's Literature*, t. 84.

31 Dyf. yn Rudd, 'The Development of Children's Literature', t. 4.

32 Geoffrey Summerfield, *Fantasy and Reason: Children's Literature in the Eighteenth Century* (London: Methuen, 1984), t. 229. Am drafodaeth gw.

Nodelman a Reimer, *The Pleasures of Children's Literature*, t. 84, a Myers, 'Wise Child, Wise Peasant, Wise Guy'.

33 Isaac, 'Y Cychwyn', t. 4.

34 Andrew O'Malley, *The Making of the Modern Child: Children's Literature and Childhood in the Late Eighteenth Century* (London/New York: Routledge, 2003); Ian Kinane (gol.), *Didactics and the Modern Robinsonade* (Liverpool: Liverpool University Press, 2019).

35 Myers, 'Wise Child, Wise Peasant, Wise Guy', 108.

36 John R. W. Speller, *Bourdieu and Literature* (Cambridge: Open Book Publishers, 2011), t. 75.

37 Myers, 'Wise Child, Wise Peasant, Wise Guy', 108.

38 Anne Boschetti, 'How Field Theory Can Contribute to Knowledge of World Literary Space', *Paragraph*, 35/1 (2012), 12.

39 Perry Nodelman, *The Hidden Adult: Defining Children's Literature* (Baltimore, MD: Johns Hopkins University Press, 2008), t. 158.

40 Pierre Bourdieu, *The Rules of Art: Genesis and Structure of the Literary Field*, cyf. Susan Emanuel o *Règles de l'art* [1992] (Cambridge: Polity, 1996), t. xvii.

41 John Stephens, *Language and Ideology in Children's Fiction* (Harlow: Longman 1992), t. 2.

42 Müller, *Framing Childhood in Eighteenth-century English Periodicals and Prints, 1689–1789*, tt. 8–9.

43 Speller, *Bourdieu and Literature*, t. 63.

44 William A. Corsaro, *The Sociology of Childhood* (Thousand Oaks, Calif.: Pine Forge Press, 1997), t. 11.

45 Corsaro, *The Sociology of Childhood*, t. 18.

46 Rudd, 'The Development of Children's Literature', t. 8; Corsaro, *The Sociology of Childhood*, t. 7.

47 W. J. Gruffydd, *Hen Atgofion* (Aberystwyth: Gwasg Aberystwyth, 1936), tt. 130–1.

48 Rosanne Reeves, *Dwy Gymraes, Dwy Gymru: Hanes Bywyd a Gwaith Gwyneth Vaughan a Sara Maria Saunders* (Caerdydd: Gwasg Prifysgol Cymru, 2014), t. 42.

49 Kate Roberts, *Y Lôn Wen* (Dinbych: Gwasg Gee, 1960), t. 56.

50 Kate Roberts, 'Y Nofel Gymraeg', *Y Llenor*, 7:4 (gaeaf 1928), 211–12.

51 Dafydd Ifans (gol.), *Annwyl Kate, Annwyl Saunders: Gohebiaeth 1923–1983* (Aberystwyth: Llyfrgell Genedlaethol Cymru, 1992), t. 198.

52 Manon Mathias, 'Y Llythyr a'r Llyfr: Gohebiaeth George Sand a Gustave Flaubert, Kate Roberts a Saunders Lewis', yn Tudur Hallam ac Angharad Price (goln), *Ysgrifau Beirniadol XXXI* (Dinbych: Gwasg Gee, 2012), t. 23.

53 Ifans (gol.), *Annwyl Kate, Annwyl Saunders: Gohebiaeth 1923–1983*, t. 47. Dengys y troednodyn bod Kate Roberts yn disgrifio nofelau *Breuddwydion Myfanwy* gan Moelona, *Y Ddau Hogyn Rheiny* gan Winnie Parry a *Capten* gan R. Lloyd Jones. Roedd wrthi'n paratoi adolygiad o'r

llyfrau i'w gyhoeddi yn *Y Faner* (25 Rhagfyr 1928, 5).

54 Winnie Parry, *Sioned* [1906] (arg. newydd; Dinas Powys: Gwasg Honno, 1998), t. 71.
55 R. Tudur Jones, *Duw a Diwylliant: Y Ddadl Fawr 1800–1830* (Caerdydd: Amgueddfa Werin Cymru, 1986), t. 23; R. Tudur Jones, 'Anghydffurfiaeth', yn Dyfnallt Morgan (gol.), *Gwŷr Llên y Bedwaredd Ganrif ar Bymtheg a'u Cefndir* (Llandybïe: Llyfrau'r Dryw, 1968), t. 121.
56 Jones, 'Anghydffurfiaeth', t. 123.
57 Geraint H. Jenkins, *Literature, Religion and Society in Wales, 1660–1730* (Cardiff: University of Wales Press, 1978), t. 123. 'Judging by the amount of puritan literature read by the early Methodists, puritan teaching on inner experience and conversion was an indispensable guide in their own lives [...] The early devotional experiences of Methodists owed much to the pervasive influence and spiritual guidance of puritan literature.'
58 Gw. Kimberley Reynolds a Paula Yates, 'Too Soon: Representations of Childhood Death in Literature for Children', yn Karín Lesnik-Oberstein (gol.), *Children in Culture* (London: Palgrave Macmillan, 1998), tt. 156–60.
59 Siwan M. Rosser, 'Thomas Jones a'i *Anrheg i Blentyn*', *Cylchgrawn Hanes Cymdeithas Hanes y Methodistiaid Calfinaidd*, 32 (2008), 52–61.
60 Thomas Jones, *Anrheg i Blentyn: Hanes Cywir am Ddychweliad Grasol, Bucheddau Duwiol, a Marwolaethau Dedwyddol, Amryw Blant Ieuaingc* (Dinbych: T. Gee, 1816), t. 11.
61 Jones, *Anrheg i Blentyn*, t. 35.
62 Jones, *Anrheg i Blentyn*, t. 6.
63 Jones, *Anrheg i Blentyn*, t. 6.
64 Jones, *Anrheg i Blentyn*, t. 6.
65 Am drafodaeth fanylach ar y testun, gw. Rosser, 'Thomas Jones a'i *Anrheg i Blentyn*', 44–73.
66 Rita Ghesquiere, 'Why Does Children's Literature Need Translations?', yn Jan Van Coillie and Walter P. Verscheuren (goln), *Children's Literature in Translation: Challenges and Strategies* (Manchester: St. Jerome, 2006), tt. 20–5.
67 Cyfieithwyd y *Divine Songs* i'r Gymraeg gan Dafydd Jones o Gaeo a'u cyhoeddi gyntaf yn 1771, *Caniadau dwyfol: wedi eu hamcanu mewn iaith esmwyth, er budd a gwasanaeth i blant* (Caerfyrddin: I. Ross, 1771). Am gyflwyniad byr i'r cyfieithu ar emynau Watts, gw. Huw Ethell, 'Cofio Isaac Watts', *Cristion*, 90 (1998), 7.
68 James Hughes, 'Rhagymadrodd', yn Robert Owen, *Canau Duwiol mewn iaith rwydd i blant* (Llundain: J. Jones West Smithfield, 1826), d.t.
69 Marion Löffler, 'Dathlu Trichanmlwyddiant pregeth a bregethwyd yng Nghapel Ty-Ely yn Holbourn 1716', yn Angharad Price (gol.), *Ysgrifau Beirniadol XXXIV* (Dinbych: Gwasg Gee, 2016), t. 113. Gw. hefyd, e.e. Sioned Davies, 'O Alice i Alys: Cyfieithu Clasur i'r Gymraeg', *Llên*

Cymru, 35 (2012), 116–46; Helena Miguélez-Carballeira, Angharad Price a Judith Kaufmann, 'Introduction: Translation in Wales: History, Theory and Approaches', *Translation Studies*, 9/2 (2016), 125–36; Angharad Price, 'Cyfoeth Cyfieithu', *Taliesin*, 100 (gaeaf 1997), 11–39; Heather Williams, 'Cartrefoli'r Chwyldro', yn Angharad Price (gol.), *Ysgrifau Beirniadol XXXIV* (Dinbych: Gwasg Gee, 2016), tt. 45–66; rhifyn arbennig ar gyfieithu, *Llên Cymru*, 39 (2016).

70 'Da am Ddrwg, neu'r Ci Ffydlon', *Trysor i Blentyn* (Mawrth 1825), 43.

71 *Eurgrawn Wesleyaidd* (Ebrill 1822), 149; *Seren Gomer* (Ionawr 1823), 31.

72 *Y Wawr-ddydd* (Chwefror 1830), 13–15; *Trysor i Blentyn* (Hydref 1841), 234.

73 *Anecdotes: Admonitions* (London: Religious Tract Society, 1835), t. 216; John Spencer, *The Messmate* (Hull: Jabez Eden, 1836), t. 48.

74 'Crefydd pob tywydd' o'r *British Workman*, *Y Winllan* (Ionawr 1858), 6–7; 'Y Deryn Chwecheiniog' o'r *Juvenile Missionary Herald*, *Y Winllan* (Ionawr 1858), 8–9; 'Y Bachgen Anufudd yn Dychwelyd Adre' o'r *Band of Hope Review*, *Y Winllan* (Ebrill 1858), 70–3; 'John Howe yn Nghaergybi' a 'Sefyllfa Prawf' o'r *Methodist*, *Y Winllan* (Medi 1858), 178–9 a (Tachwedd 1858), 215–18.

Pennod 3: Y Plentyn Arwrol

1 E. G. Millward, *Cenedl o Bobl Ddewrion: Agweddau ar Lenyddiaeth Oes Victoria* (Llandysul: Gwasg Gomer, 1991), t. 121.

2 'Alice Jones', *Addysgydd* (Ionawr 1823), 8–9.

3 'Alice Jones', 11.

4 'Cofiant am Mary Ann Jones', *Trysor i Blentyn* (Mawrth 1825), 48.

5 'Hanes Marwolaeth E.J. merch John Jones, Nantglyn, gerllaw Amlwch', *Athraw i Blentyn* (Ionawr 1827), 1–2.

6 John Williams, rhagymadrodd i gyfrol 1, *Trysor i Blentyn* (1825), 3.

7 Elizabeth Jay, '"Ye careless, thoughtless, wordly parents, tremble while you read this history!" The Use and Abuse of the Dying Child in the Evangelical Tradition', yn Gillian Avery a Kimberley Reynolds (goln), *Representations of Childhood Death* (Basingstoke: Macmillan, 2000), t. 113.

8 'Ar Farwoldeb Dyn', *Trysor i Blentyn* (Ionawr 1825), 7–8.

9 George Burder, *Pregeth i Blant* (Caerfyrddin: J. Evans, 1807), t. 12.

10 D.A.I., 'Y dull o ddysgu a hyfforddi plant a arferir gan Eglwys y Cymry yn *Liverpool*', *Trysorfa Ysprydol*, V (1800), 275.

11 'Un yn Ystyried ei Ddiwedd', *Addysgydd* (Gorffennaf 1823), 69.

12 R. Tudur Jones, 'Darganfod Plant Bach: Sylwadau ar lenyddiaeth plant yn Oes Victoria', yn J. E. Caerwyn Williams (gol.), *Ysgrifau Beirniadol VIII* (Dinbych: Gwasg Gee, 1974), t. 191.

13 Jones, 'Darganfod Plant Bach', t. 192.

14 Gillian Avery a Kimberley Reynolds, 'Introduction', yn Gillian Avery

a Kimberley Reynolds (goln), *Representations of Childhood Death* (Basingstoke: Macmillan, 2000), t. 1.

15 Jones, 'Darganfod Plant Bach', t. 192.

16 Robert Millward a Frances Bell, 'Infant Mortality in Victorian Britain: the Mother as Medium', *Economic History Review*, 54/4 (2001), 699, 701.

17 Russell Davies, *Hope and Heartbreak: a Social History of Wales and the Welsh, 1776–1871* (Cardiff: University of Wales Press, 2005), t. 159.

18 Philip Jenkins, *A History of Modern Wales 1536–1990* (London/New York: Longman, 1992), t. 251; Davies, *Hope and Heartbreak*, t. 158.

19 Davies, *Hope and Heartbreak*, t. 209.

20 Gw. G. Penrhyn Jones, 'Cholera in Wales', *Cylchgrawn Llyfrgell Genedlaethol Cymru*, 10/3 (1958), 281–300.

21 Gwenllian Awbery, 'Mynwenta', *Llafar Gwlad*, 143 (Chwefror 2019), 6.

22 'Marwolaeth', *Addysgydd* (Gorffennaf 1823), 71.

23 'Marwolaeth', 71.

24 Cymharer â'r ffordd y mae Reynolds a Yates yn cyfeirio at lythyrau, dyddiaduron a thestunau llenyddol gan rieni'r cyfnod modern cynnar i dystio i ymlyniad emosiynol oedolion at eu plant: 'Too Soon: Representations of Childhood Death in Literature for Children', yn Karín Lesnik-Oberstein (gol.), *Children in Culture* (London: Palgrave Macmillan, 1998), t. 154.

25 Robert ap Gwilym Ddu, 'Cofiant byr am Jane Elizabeth Williams', yn R. M. Jones (gol.), *Blodeugerdd Barddas o'r Bedwaredd Ganrif ar Bymtheg* (Aberystwyth: Cyhoeddiadau Barddas, 1988), t. 65; Eben Fardd, 'O! Fy Iesu Bendigedig', yn E. Wyn James (gol.), *Dechrau Canu: Rhai Emynau Mawr a'u Cefndir* (Pen-y-bont ar Ogwr: Gwasg Efengylaidd Cymru, 1987), t. 76.

26 D. Densil Morgan, 'Thomas Charles o'r Bala', yn D. Densil Morgan (gol.), *Thomas Charles o'r Bala* (Caerdydd: Gwasg Prifysgol Cymru, 2014), t. 203.

27 Dyf. o'r ddau lythyr yn D. Densil Morgan, *Lewis Edwards*, cyfres Dawn Dweud (Caerdydd: Gwasg Prifysgol Cymru, 2009), t. 132.

28 'Death was understood in a Christian context, meaning that death in childhood was seen as empowering and positive in ways that seem to alien to 21st-century sensibilities.' Kimberley Reynolds, *Children's Literature: A Very Short Introduction* (Oxford: Oxford University Press, 2011), t. 97.

29 Gillian Avery, 'Intimations of Mortality: the Puritan and Evangelical Message to Children', yn Gillian Avery a Kimberley Reynolds (goln), *Representations of Childhood Death* (Basingstoke: Macmillan, 2000), t. 96.

30 ?1715, 1750, 1757 a 1758. Mae cryn amwysedd ynghylch y dyddiad cyntaf gan ei fod yn rhagddyddio'r argraffiad cynharaf Saesneg sydd ar glawr, sef 1750. Cafwyd cyfieithiad arall o'r un testun gan John Vaughan, *Y Nefol gennad; neu Lwybur Hyffordd Plentyn i Fowyd Tragwyddol* (Y Mwythig: Stafford Prys, 1760) a (Trefriw, ?1775).

31 Am enghreifftiau, gw. Siwan M. Rosser, 'Thomas Jones a'i *Anrheg*

i Blentyn', Cylchgrawn Hanes Cymdeithas Hanes y Methodistiaid Calfinaidd, 32 (2008), 48.

32 Theophilus Evans, *Llwybr Hyffordd y Plentyn i Fywyd Tragwyddol, neu Gennadwri Nefol yn Dyfod a Newyddion Gogoneddus o Dangneddyf ac Amldra i Drigolion Brydain Fawr* (Y Mwythig: Thomas Durston, 1750). Dyf. o'r is-deitl: *Yn rhoddi siampl tra hynod am dduwiolder ac haelioni llangc jeuangc a elwid Benjamin yr hwn a fu farw Ddydd Sul y 14 o Fehefin diweddaf: y modd yr ymddangosodd i'w dad ac i offeiriad y plwyf mewn dull gogoneddus a'r ôl ei farwolaeth. Ei ymddiddanion hyfryd wrthynt. Yn dra chyfleus i'w ystyried gan bawb, yn bendifaddau dynion ieuaingc. Wedi ei gyfieuthu yn Gymraeg gan Theoph. Evans.*

33 Siwan M. Rosser, *Y Ferch ym Myd y Faled* (Caerdydd: Gwasg Prifysgol Cymru, 2006), tt. 111–13, 121–33.

34 Fel y nododd Kirsten Drotner: 'Accounts of pious or sinful children's deaths were a marked feature of the religious magazines.' *English Children and their Magazines, 1751–1945* (New Haven/London: Yale University Press, 1989), t. 53.

35 E.e. 'Cofiant Mrs Alice Hughes', 67 oed, o Fetws y Coed, *Y Drysorfa*, CV (Medi 1839), 277–9; Thomas Jones, *Cofiant neu Hanes Bywyd a Marwolaeth y Parch. Thomas Jones, Gweinidog yr Efengyl, yn ddiweddar o Dref Dinbych*, cwblhawyd gan John Humphreys a John Roberts (Dinbych: Thomas Gee, 1820), tt. 112–21 (ei hanes ar ei wely angau).

36 Yn 'The Bounded Text', yn Julia Kristeva, *Desire in Language: A Semiotic Approach to Literature and Art* (Oxford: Blackwell, 1980), t. 36, meddir: 'The text [...] is a permutation of texts, an intertextuality: in the space of a given text, several utterances, taken from other texts, intersect and neutralize one another.'

37 John Stephens, *Language and Ideology in Children's Fiction* (Harlow: Longman 1992), tt. 116, 84.

38 Reynolds a Yates, 'Too Soon: Representations of Childhood Death in Literature for Children', tt. 158, 160.

39 David Herman, 'Introduction', David Herman (gol.), yn *Cambridge Companion to Narrative* (Cambridge: Cambridge University Press, 2007), t. 3.

40 Neal R. Norrick, 'Conversational storytelling', yn David Herman (gol.), *Cambridge Companion to Narrative* (Cambridge: Cambridge University Press, 2007), t. 138.

41 John Stephens a Robyn McCallum, *Retelling Stories, Framing Cultures: Traditional Story and Metanarrative in Children's Literature* (New York/ London: Garland, 1998), t. 3.

42 Stephens a McCallum, *Retelling Stories, Framing Cultures*, t. 6.

43 Judith M. Gundry-Wolf, 'The Least and the Greatest: Children in the New Testament', yn Marcia J. Bunge (gol.), *The Child in Christian Thought* (Grand Rapids, Mich.: Eerdmans, 2001), t. 60.

44 Gw. Barbara Pitkin, '"The Heritage of the Lord": Children in the Theology of John Calvin', a Richard P. Heitzenrater, 'John Wesley and Children', yn

Marcia J. Bunge (gol.), *The Child in Christian Thought*, tt. 165–6, 295.

45 Jay, '"Ye careless, thoughtless, wordly parents tremble while you read this history!"', t. 112.

46 Matthew Grenby, 'Children's Literature: Birth, Infancy, Maturity', yn Janet Maybin a Nicola J. Weston (goln), *Children's Literature: Approaches and Territories* (Basingstoke: Palgrave Macmillan, 2009), t. 42.

47 Drotner, *English Children and their Magazines*, t. 56.

48 Gillian Avery, *Childhood's Pattern* (London: Hodder and Stoughton, 1975), t. 103.

49 Jones, 'Darganfod Plant Bach', t. 174.

50 Llion Pryderi Roberts, '"Mawrhau ei Swydd": Owen Thomas, Lerpwl (1812–91) a Chofiannau Pregethwyr y Bedwaredd Ganrif ar Bymtheg' (traethawd PhD heb ei gyhoeddi, Prifysgol Caerdydd, 2011), 23–4.

51 Jacqueline Labbe, 'Doctrine, Suffering and the Morality of Death in Didactic Children's Fiction', *British Journal for Eighteenth-century Studies*, 29 (2006), 446.

52 Stephens a McCallum, *Retelling Stories, Framing Cultures*, t. 27.

53 John Parry, *Rhodd Mam i'w Phentyn* [1811] (Llanrwst: John Jones, 1846), t. 8.

54 George Lewis, *Galwad ar Ieuengctyd i Gofio eu Creawdwr* (Caerlleon Chester: J. Hemingway, 1808), tt. 17–18.

55 Pierre Bourdieu, *Language and Symbolic Power*, gol. John B. Thompson, cyf. Gino Raymond a Matthew Adamson (Cambridge: Polity, 1991), t. 121. Mae Bourdieu yn dehongli 'rite of passage' fel 'rite of institution', *Language and Symbolic Power*, t. 117.

56 'Ymddiddanion rhwng Eliza a Jane, dwy o ysgolheigion bychain yn yr Ysgol Sabbothol', *Trysor i Blentyn* (Chwefror 1825), 23.

57 'Mangofion', *Addysgydd* (Tachwedd 1823), 130–1.

58 'Mangofion', 131.

59 'Barn Duw ar Halogwyr y Sabbath', *Athraw i Blentyn* (Ionawr 1827), 13. Mae straeon rhybuddiol o'r fath yn gyffredin yn y cylchgronau Saesneg hefyd: gw. Drotner, *English Children and their Magazines*, t. 53 (e.e. *The Child's Companion* (October 1830), tt. 309–10, adroddiad am fachgen 14 oed yn mynd i nofio ac yn cael ei arbed rhag boddi ddwywaith. Caiff ei wahardd gan ei fam rhag nofio eto ond 'he declared with an oath he would immediately go again; he did so, but he had not been in many minutes, when he sunk to rise no more'.)

60 Avery, *Childhood's Pattern*, t. 111.

61 Jones, *Cofiant neu Hanes Bywyd a Marwolaeth y Parch. Thomas Jones, Gweinidog yr Efengyl, yn ddiweddar o Dref Dinbych*, t. 8.

62 John Prichard, 'Atgofion Plentyndod', yn Owen Davies, *Cofiant y Parch. John Prichard, Llangollen: mewn cysylltiad a rhai agweddau o hanes Bedyddwyr Cymru yn gyffredinol a Bedyddwyr y gogledd yn neillduol* (Caernarfon: Swyddfa 'Y Genedl', 1880), t. 18.

63 Prichard, 'Atgofion Plentyndod', t. 19.

64 D.A.I., 'Y dull o ddysgu a hyfforddi plant a arferir gan Eglwys y Cymry yn *Liverpool'*, 274–5.

65 Linda A. Pollock, *Forgotten Children: Parent-Child Relations from 1500 to 1900* (Cambridge: Cambridge University Press, 1983), t. 199: 'The information provided by the sources reveals that parents, through the centuries studied [1500–1900], have tried to control, or at least regulate, their children's behaviour [...] Parents did wish, in theory, to have a great deal of authority over their children, but in practice they did not achieve that aim.'

66 Eiry Miles, 'Y Darlun o Blant yn Llenyddiaeth Gymraeg yr Oesoedd Canol' (traethawd MPhil heb ei gyhoeddi, Prifysgol Abertawe, 2002), [ar-lein], *http://cronfa.swan.ac.uk/Record/cronfa42250* (gwelwyd 14 Ionawr 2020), 76.

67 Miles, 'Y Darlun o Blant yn Llenyddiaeth Gymraeg yr Oesoedd Canol', 77.

68 Thomas Charles, *Geiriadur Ysgrythyrol* (7fed arg.; Wrexham: Hughes and Son, 1887), t. 733: 'Y mae Duw yn y pummed gorchymyn yn golygu yn neillduol ddyledswydd plant i'w rhïeni, sef eu hanrhydeddu; yr hyn nis dichon iddynt wneuthur heb ufuddhau i'w holl eirchion cyfreithlon, eu parchu yn eu holl ymddygiad tu ag atynt, ymgynghori â hwynt, eu mawrhau, a gofalu am danynt yn eu henaint, gweddïo drostynt, a'u cynghori yn serchogaidd ac yn dirion yn erbyn pob drwg.'

69 Benjamin G. Owens, WILLIAMS, JOHN ('Ioan ap Ioan'; 1800–1871), gweinidog gyda'r Bedyddwyr, ac awdur, *Y Bywgraffiadur Cymreig* (1953) [ar-lein], *https://bywgraffiadur.cymru/article/c-WILL-JOH-1800* (gwelwyd 23 Ionawr 2020). Gw. hefyd J. Davies, *Cofiant John Williams (I. Ab Ioan), Aberduar*, 1874).

70 I. ab Ioan, '"Y Plant Ufuddhewch i'ch Rhieni' Paul', *Athraw i Blentyn* (Chwefror 1827), 31.

71 ab Ioan, '"Y Plant Ufuddhewch i'ch Rhieni" Paul', 32.

72 Dyma bwnc cyflwyniad gan Lauren Child mewn digwyddiad a drefnwyd gan Llenyddiaeth Cymru yng Nghaerdydd (Ionawr 2018) [ar-lein], *https://www.llenyddiaethcymru.org/lw-news/creadigrwydd-ac-amser-freuddwydio-awdur-y-gyfres-boblogaidd-charlie-lola-yn-ymweld-chaerdydd/* (gwelwyd 14 Ionawr 2020).

73 Llywodraeth Cymru, *Fframwaith y Cyfnod Sylfaen (Diwygiedig 2015)*, t. 3 [ar-lein], *https://hwb.gov.wales/cwricwlwm-cymru-2008/cyfnod-sylfaen/fframwaith-y-cyfnod-sylfaen/* (gwelwyd 14 Ionawr 2020).

74 John B. Thompson, 'Editor's Introduction', yn Pierre Bourdieu, *Language and Symbolic Power*, gol. John B. Thompson, cyf. Gino Raymond a Matthew Adamson (Cambridge: Polity, 1991), t. 13.

75 Stephens a McCallum, *Retelling Stories, Framing Cultures*, t. 27.

76 E. P. Thompson, 'Time, Work-discipline and Industrial Capitalism', *Past and Present*, 38 (Rhagfyr 1967), 95. Meddai, t. 88: 'The very name of "the Methodists" emphasizes this husbandry of time' a chyfeiria at John Wesley a fyddai'n codi yn blygeiniol am bedwar tan yn 80 oed, gan fynnu bod bechgyn Ysgol Kingswood yn gwneud hynny hefyd.

77 Thompson, 'Time, Work-discipline and Industrial Capitalism', 84.

78 Andrew O'Malley, *The Making of the Modern Child: Children's Literature and Childhood in the Late Eighteenth Century* (London/New York: Routledge, 2003), t. 11.

79 O'Malley, *The Making of the Modern Child*, t. 101.

80 Anja Müller, *Framing Childhood in Eighteenth-Century English Periodicals and Prints, 1689–1789* (Farnham/Burlington, VT: Ashgate, 2009), t. 232.

81 Philippe Ariès, *Centuries of Childhood*, cyf. Robert Baldick o *L'Enfant et la Vie Familiale sous l'Ancien Régime* [1960] (1962; adarg. London: Pimlico, 1996), tt. 411–12.

82 Michel Foucault, *Discipline and Punish: the Birth of the Prison*, cyf. Alan Sheridan, *Surveiller et punir: Naissance de la prison* [1975] (London: Allen Lane, 1977).

83 Elizabeth Mason, 'Lloffion o faes bywyd John Mason, o Lyn Ceiriog, gan ei Fam', *Athraw i Blentyn* (Medi 1837), 97–103.

84 Mason, 'Lloffion o faes bywyd John Mason', 99.

85 'Hanesyn', *Athraw i Blentyn* (Tachwedd 1830), 131. Ceir yr un stori yn 'Mab y Ffermwr', *Y Seren Foreu neu gyfrwng gwybodaeth at wasanaeth plant ieuainc* (Medi 1846), 44–5, a 'Cerydd Amserol', *Y Cyfaill Eglwysig* (Mai 1863), 86–7. Sylwer mai cyfnodolyn yr Eglwys Sefydledig oedd *Y Cyfaill Eglwysig*, ond nid cylchgrawn plant yn benodol.

86 R. Jones, Geufron, 'Y Perygl o Ddychrynu Plant', *Athraw i Blentyn* (Rhagfyr 1844), 184–5.

87 'Robert, y Llychiwr Ceryg', *Trysorfa'r Plant* (1852), 6.

88 Samuel Davies, *Yr Hyfforddydd Teuluaidd; neu Gyfarwyddiadau i Rieni Lywodraethu eu Plant tra yn Ieuainc, a'u Hyfforddi ym Mhen y Ffordd* (Llanidloes, 1835), t. 4.

89 Davies, *Yr Hyfforddydd Teuluaidd*, t. 5.

90 Nid oes tystiolaeth i awduron y testunau plant na'r llawlyfrau i rieni goleddu cred John Locke y dylid rhoi'r gorau i'r wialen ac annog ymddygiad da a chywilyddio beiau er mwyn addysgu plant i adnabod a chywiro eu ffaeleddau eu hunain. Gw. O'Malley, *The Making of the Modern Child*, tt. 14–15.

91 Tudor Powell Jones, 'The Contribution of the Established Church to Welsh Education (1811–1846)', yn Jac L. Williams a Gwilym Rees Hughes (goln), *The History of Education in Wales* (Swansea: Christopher Davies, 1978), t. 115.

92 'Cofiant Samuel, mab John a Margaret Prichard, o Langollen', *Athraw i Blentyn* (Chwefror 1836), 15.

93 Basil Woodd, *Cyfaill i'r Ystafell Briodas: sef, traethawd ar natur a dyledswyddau Ystâd Brïodasol. I. fel personau neillduol, gwr a gwraig, II. fel rhieni a phenau teuluoedd*, cyf. Evan Lewis (Dinbych: Thomas Gee, 1820), t. 42.

94 Davies, *Yr Hyfforddydd Teuluaidd*, tt. 7, 8.

95 John Angell James, *Cydymaith y Rhieni neu gyfarwyddiadau at ddwyn plant i fynu*, cyf. J. Foulkes (Caerlleon: T. Thomas, 1849), t. 39.

96 James, *Cydymaith y Rhieni*, t. 44.

97 'Ceryddwch, ond mewn Addfwynder', *Y Winllan* (Mai 1854), 81.

98 Foucault, *Discipline and Punish*, t. 22.

99 Cyn hynny cafwyd baledi ar themâu tebyg, e.e. gan Elis y Cowper. Gw. ei faled am William Huws, Caernarfon a grogwyd yn 1789 am ddwyn: 'Y Fam na cheryddo ei mâb pan droseddo, / Ceiff gwilydd oddi-wrtho iw brifo'n i brô [...] Ceryddwch bob un fo'n calyn, / Dweud celwydd aflonydd di flâs, / Daw'n wenwyn iw wyneb afrwydeb di râs.' Ellis Roberts [Elis y Cowper], 'Rhybudd i bawb at osod eu plant ar ben i ffordd', *Balad yn Cynnwys Tair o Gerddi* [?1789], J. H. Davies (gol.), *Bibliography of Welsh Ballads Printed in the Eighteenth Century* (London: Honourable Society of Cymmrodorion, 1911), rhif 453 [ar-lein], *http://hdl. handle.net/10107/1071061* (gwelwyd 20 Ionawr 2020).

100 Pierre Bourdieu, *Outline of a Theory of Practice*, cyf. Richard Nice o *Esquisse d'une théorie de la pratique* [1972] (Cambridge: Cambridge University Press, 1977), t. 78.

101 Dyf. yn Bourdieu, *Outline of a Theory of Practice*, t. 79.

102 Bourdieu, *Language and Symbolic Power*, t. 164.

103 Thompson, 'Editor's Introduction', yn Bourdieu, *Language and Symbolic Power*, t. 23.

104 Avery a Reynolds, 'Introduction', t. 3: 'On her/his deathbed a child could achieve the stature of an adult, and parents could take comfort in the certain knowledge that their son(s) or daughter(s) were waiting to be reunited with them in heaven.'

105 Avery, *Childhood's Pattern*, t. 104.

106 Mae'n ddiddorol sylwi y gellid cymhwyso disgrifiad Nicholas Orme o William Tyndale a'i gyfoeswyr yn yr unfed ganrif ar bymtheg at feddwl Cymry'r bedwaredd ganrif ar bymtheg: 'He and his contemporaries regarded the relationship of parents to children as mirroring that of king to subject and God to humanity. The universe was framed on principles of rule and obedience. Children might deserve care, but they were bound to serve, to listen and to obey.' Nicholas Orme, *Medieval Children* (New Haven: Yale University Press, 2001), t. 83. Dyf. yn Miles, 'Y Darlun o Blant yn Llenyddiaeth Gymraeg yr Oesoedd Canol', 77–8.

107 R.F., 'Atebiad i Weddi', *Athraw i Blentyn* (Gorffennaf 1837), 80.

Pennod 4: Y Plentyn Darllengar

1 John R. W. Speller, *Bourdieu and Literature* (Cambridge: Open Book Publishers, 2011), t. 50.

2 Mae cyfalaf yn un o'r prif nodweddion sy'n dylanwadu ar feysydd cymdeithasol yn ôl syniadaeth Bourdieu. Gall llenyddiaeth ac awduron ennill cyfalaf symbolaidd dros amser wrth i bobl a sefydliadau annibynnol dadogi gwerth neilltuol ar eu gwaith. Mae'r cyfalaf hwnnw yn effeithio maes o law ar dueddiadau'r cenedlaethau nesaf a'r ffordd

y ffurfir eu syniadau ynghylch chwaeth a gwerth diwylliant. 'Symbolic capital: a recognised power ... [T]he weight of different agents depends on their symbolic capital, i.e. on the *recognition*, institutionalized or not, that they receive from a group.' Pierre Bourdieu, *Language and Symbolic Power*, gol. John B. Thompson, cyf. Gino Raymond a Matthew Adamson (Cambridge: Polity, 1991), t. 72.

3   G. J. Williams, 'Cyhoeddi Llyfrau Cymraeg yn y Bedwaredd Ganrif ar Bymtheg', *Cylchgrawn y Gymdeithas Lyfryddol Gymreig*, 9/4 (Ebrill 1965), 157.

4   R. Tudur Jones, 'Rhyddiaith Grefyddol y 19eg Ganrif', yn Geraint Bowen (gol.), *Y Traddodiad Rhyddiaith* (Llandysul: Gwasg Gomer, 1970), t. 329.

5   Jones, 'Rhyddiaith Grefyddol y 19eg Ganrif', t. 357.

6   Llion Pryderi Roberts, '"Mawrhau ei Swydd": Owen Thomas, Lerpwl (1812–91) a Chofiannau Pregethwyr y Bedwaredd Ganrif ar Bymtheg' (traethawd PhD heb ei gyhoeddi, Prifysgol Caerdydd, 2011), t. 3.

7   Ieuan Gwynedd, 'Addysg y Llywodraeth', *Y Traethodydd* (Gorffennaf 1849), 299.

8   Am ragor ar Hugh Hughes gw. Peter Lord, *Hugh Hughes Arlunydd Gwlad 1790–1863* (Llandysul: Gomer, 1995). Trafodir ei ymwneud â'r *Addysgydd* ar dd. 113–16.

9   'Ymddygiadau Anweddaidd mewn Addoldy', *Addysgydd* (Mawrth 1823), 25.

10   David Charles a Hugh Hughes, rhagymadrodd i gyfrol 1, *Addysgydd* (1823), 2.

11   'Yr Addysgydd, at y rhai a addysgir yn yr Ysgolion Sabbothol', *Addysgydd* (Tachwedd 1823), 126.

12   'Yr Addysgydd, at y rhai a addysgir yn yr Ysgolion Sabbothol', 127–8.

13   'Yr Addysgydd, at y rhai a addysgir yn yr Ysgolion Sabbothol', 128.

14   Er nad oes sicrwydd ai David Charles neu Hugh Hughes yw awdur eitemau unigol yr *Addysgydd* hawdd tybio mai Charles, y gweinidog a'r emynydd, a oedd yn bennaf gyfrifol am yr ysgrifau a'r farddoniaeth.

15   Gw. Derec Llwyd Morgan, 'Thomas Charles: "Tad i foneddigeiddrwydd y werin Gristnogol Gymraeg"', yn D. Densil Morgan (gol.), *Thomas Charles o'r Bala* (Caerdydd: Gwasg Prifysgol Cymru, 2014), tt. 217–18.

16   Huw John Hughes, *Coleg y Werin: Hanes Cynnar yr Ysgol Sul yng Nghymru (1780–1851)* (Bangor: Cyhoeddiadau'r Gair, 2013), t. 117.

17   R. Tudur Jones, 'Awr Anterth Efengyliaeth yng Nghymru', yn R. Tudur Jones, *Grym y Gair a Fflam y Ffydd: Ysgrifau ar Hanes Crefydd yng Nghymru*, gol. D. Densil Morgan (Bangor: Canolfan Uwch-Efrydiau Crefydd yng Nghymru, 1998), t. 293.

18   David Jones, 'Ystadegaeth Cyfundeb y Methodistiaid Calfinaidd 1814–1914', yn J. Gwynfor Jones a Marian Beech Hughes (goln), *Hanes Methodistiaeth Galfinaidd Cymru. Cyfrol 3, Y Twf a'r Cadarnhau (c.1814–1914)* (Caernarfon: Gwasg Pantycelyn, 2011), t. 501.

19   John Williams, *Cofiant y Parch. W. Williams, Llandilo-Fawr* (Llanelli: David Rees a David Williams, 1848), t. 6.

---

20 John Williams, *Cofiant a Phregethau y Parch. John Hughes, D.D., Caernarfon* (Liverpool: Isaac Foulkes, 1899), t. xiv.

21 Tybir y gallasai *Gweledigaethau'r Bardd Cwsg* fodloni chwaeth yr oes yn yr un ffordd, ond nid yw'r Bardd Cwsg yn arwyddnod mor gyffredin â *Thaith y Pererin* yn llenyddiaeth plant y bedwaredd ganrif ar bymtheg. E.e. ni chanfuwyd cyfeiriad at Ellis Wynne, Y Gweledigaethau na'r Bardd Cwsg wrth ddefnyddio cronfa ddata Cylchgronau Cymru i chwilota drwy gylchgrawn *Y Winllan*.

22 Gw. e.e. argraffiadau R. Hughes, Wrecsam (1850?, 1872), Peter Jackson yn Llundain (1855, 1876) a William Mackenzie yn Llundain (1869).

23 Dyf. yn D. Densil Morgan, *Lewis Edwards*, cyfres Dawn Dweud (Caerdydd: Gwasg Prifysgol Cymru, 2009), t. 6. Cyfeiria at: Thomas Charles, *Geiriadur Ysgrythyrol* (Bala, 1805); Thomas Jones, *Hanes Diwygwyr, Merthyron, a Chyffeswyr Eglwys Loegr* (Dinbych, 1813); John Bunyan, *Taith y Pererin* (arg. Cymraeg cyntaf 1699); John Bunyan, *Y Rhyfel Ysbrydol* (Caerfyrddin, 1812); cyfieithiad Thomas Jones, o waith William Gurnall, *Y Cristion mewn Cyflawn Arfogaeth* (cyhoeddwyd mewn rhannau rhwng 1796 ac 1819); William Huntington, *Yr Ysgerbwd Arminaidd; neu, yr Arminiad wedi ei agor a'i fanwl-chwilio* (Dolgellau, 1807); Eliseus Cole, *Traethawd Defnyddiol ar Ben-Arglwyddiaeth Duw* (1711).

24 Dyf. yn Morgan, *Lewis Edwards*, t. 230.

25 Roberts, '"Mawrhau ei Swydd": Owen Thomas, Lerpwl (1812–91)', 73–5.

26 Llion Pryderi Roberts, '"Y mae efe, wedi marw, yn llefaru eto": Mawl a Moes yng Nghofiannau'r Pregethwyr', *Y Traethodydd*, 161 (2006), 90.

27 Roberts, '"Mawrhau ei Swydd": Owen Thomas, Lerpwl (1812–91)', 245: pwysleisia Roberts i Owen Thomas y cofiannydd gryfhau'r portread o Henry Rees fel pregethwr drwy gyfeirio at ei awydd i ddarllen ac astudio. 'Er enghraifft, un o brif hanesion yr ail bennod yw ei ddyfalbarhad a'i ymdrech i berchnogi cyfrolau *Geiriadur Ysgrythyrol* Thomas Charles. Sonnir yn ogystal iddo ddarllen *Merthyrdraeth* Thomas Jones, Dinbych, a nodir mai un o brif fanteision mynd yn was i Thomas Jones yn 1816 oedd bod Henry Rees "yn nghanol digonedd o lyfrau", ac y câi wersi Saesneg gan ei feistr.'

28 Brynley F. Roberts, 'Llenyddiaeth a Chyhoeddi', yn J. Gwynfor Jones a Marian Beech Hughes (goln), *Hanes Methodistiaeth Galfinaidd Cymru. Cyfrol 3, Y Twf a'r Cadarnhau (c.1814–1914)* (Caernarfon: Gwasg Pantycelyn, 2011), t. 193.

29 Rhagymadrodd i gyfrol 30, *Yr Athraw* (1856), t. iii.

30 William St. Clair, *The Reading Nation in the Romantic Period* (Cambridge: Cambridge University Press, 2004), t. 1.

31 Margaret J. M. Ezell, 'John Locke's Images of Childhood: Early Eighteenth Century Response to *Some Thoughts Concerning Education*', *Eighteenth-Century Studies*, 17/2 (1983), 149.

32 Gellir olrhain y cysyniad yn athrawiaeth Aristotle, Descartes ac eraill, gw. Robert Duschinsky, 'Tabula Rasa and Human Nature', *Philosophy*,

87/4 (2012), 509–29.

33 John Locke, *Some Thoughts Concerning Education* (London, 1693), t. 33.
34 John Mills, *Hyfforddwr yr Efrydydd: neu Arweinydd i Hunan-welliant* (Llanidloes: Albion-Wasc, 1839).
35 John Williams, rhagymadrodd i gyfrol 3, *Trysor i Blentyn* (1827), 3.
36 John Thomas, *Y Winllan* (Rhagfyr 1848), d.t.
37 Michel de Certeau, *The Practice of Everyday Life*, cyf. Steven Rendall o *L'Invention du Quotidien: Arts de Faire* [1980] (Berkeley: University of California Press, 1984), t. xxi: 'the activity of reading has on the contrary all the characteristics of a silent production'.
38 de Certeau, *The Practice of Everyday Life*, t. 166.
39 de Certeau, *The Practice of Everyday Life*, t. 166.
40 de Certeau, *The Practice of Everyday Life*, t. 167.
41 de Certeau, *The Practice of Everyday Life*, t. 167.
42 Am astudiaeth achos sy'n cymhwyso syniadaeth de Certeau at yr oes ddigidol gw. Sander de Ridder, 'Are digital media institutions shaping youth's intimate stories? Strategies and tactics in the social networking site Netlog', *New Media and Research*, 17/3 (2013), 356–74.
43 Ieuan Gwynedd Jones, 'The Nineteenth Century', yn Philip Henry Jones ac Eiluned Rees (goln), *A Nation and its Books: a History of the Book in Wales* (Aberystwyth: Llyfrgell Genedlaethol Cymru, 1998), t. 164.
44 de Certeau, *The Practice of Everyday Life*, tt. 35–6.
45 de Certeau, *The Practice of Everyday Life*, t. 36.
46 de Certeau, *The Practice of Everyday Life*, t. 36.
47 R. Tudur Jones, 'Anghydffurfiaeth', yn Dyfnallt Morgan (gol.), *Gwŷr Llên y Bedwaredd Ganrif ar Bymtheg a'u Cefndir* (Llandybïe: Llyfrau'r Dryw, 1968), t. 125: 'Am hanner canrif buont yn agor ar gyfartaledd un capel bob wyth niwrnod. Yn 1801 yr oedd 34 o bob cant o addoldai Cymru'n gapeli Ymneilltuol; erbyn 1851, yr oedd 70 o bob cant ohonynt yn perthyn iddynt [...] Daeth y lleiafrif crefyddol yn fwyafrif.'
48 Dangosodd Eryn White i'r Beibl, llyfrau emynau a chyfrolau megis *Cannwyll y Cymry* gan y Ficer Prichard gael eu cyfri'n bethau 'digon gwerthfawr i haeddu sylw fel cymynrodd' yn ewyllysiau Methodistiaid y ddeunawfed ganrif. White, *'Praidd Bach y Bugail Mawr': Seiadau Methodistaidd De-Orllewin Cymru 1737–50* (Llandysul: Gwasg Gomer, 1995), t. 108.
49 de Certeau, *The Practice of Everyday Life*, t. 171.
50 Roedd *Anrheg i Blentyn*, Thomas Jones (Dinbych: T. Gee, 1816) yn 13cm o hyd yn unig ac roedd *Rhodd Mam*, John Parry (Llanrwst: John Jones, arg. newydd 1825) ac *Addysg i'r rhai bach, neu, Y catecism cyntaf*, Robert Everett (Caernarfon, 1825) ill dau yn 11cm. Maint bychan oedd i'r cylchgronau plant cyntaf hefyd. *Addysgydd* (y Methodistiaid Calfinaidd, 1823): 14cm; *Trysor i Blentyn* (y Methodistiaid Wesleaidd, 1825): 11cm; *Athraw i Blentyn* (y Bedyddwyr, 1827): dechreuodd yn 11cm cyn cynyddu i 13cm. Cymharer â maint y prif gyhoeddiadau i oedolion,

Trysorfa Ysbrydol (1799–1801): 22 cm; *Y Drysorfa* (1831): 22 cm.

51 John Williams, rhagymadrodd i gyfrol 2, *Trysor i Blentyn* (1826), 4.
52 Williams, rhagymadrodd i gyfrol 3, 3.
53 Williams, rhagymadrodd i gyfrol 3, 4.
54 de Certeau, *The Practice of Everyday Life*, t. xix: 'A strategy assumes a place that can be circumscribed as *proper* (*propre*) and thus serve as the basis for generating relations with an exterior distinct from it (competitors, adversaries, "clientèles," "targets" or "objects" of research).'
55 Charles a Hughes, rhagymadrodd i gyfrol 1, 2.
56 Martyn Lyons, 'New Readers in the Nineteenth Century: Women, Children, Workers', yn Guglielmo Cavallo a Roger Chartier (goln), *A History of Reading in the West: Studies in Print Culture and the History of the Book* (Cambridge: Polity, 1999), t. 326.
57 David Evans, *The Sunday Schools of Wales* (London [1883]), tt. 204–5. Atgynhyrchir yn R. M. Jones a Gwyn Davies (goln), *The Christian Heritage of Welsh Education* (Bridgend: Evangelical Press of Wales, 1986), tt. 96–9.
58 T. M. Bassett, *Bedyddwyr Cymru* (Abertawe: Tŷ Ilston, 1977), t. 170.
59 Bassett, *Bedyddwyr Cymru*, t. 171; gw. hefyd ei sylwadau yn 'The Sunday School', yn Jac L. Williams a Gwilym Rees Hughes (goln), *The History of Education in Wales* (Swansea: Christopher Davies, 1978), t. 74: 'the exact mathematical computation and recording of chapters and verses learnt suggests an over-devotion to memorising'.
60 R. Tudur Jones, *Yr Ysgol Sul: Coleg y Werin* (Caernarfon: Gwasanaeth Archifau Gwynedd, 1985), t. 11.
61 Gareth Elwyn Jones a Gordon Wynne Roderick, *A History of Education in Wales* (Cardiff: University of Wales Press, 2003), tt. 43–4: 'the combined effect of the circulating schools and the Sunday schools was to allow the majority of the people of Wales to read their own language and to attain, for members of their class, an unprecedented knowledge of theological issues and the ability to deal with them in an intense and mature manner, unlike anything achieved by their peers in England.' Eryn M. White, 'Addysg a'r Iaith Gymraeg', yn J. Gwynfor Jones a Marian Beech Hughes (goln), *Hanes Methodistiaeth Galfinaidd Cymru. Cyfrol 3, Y Twf a'r Cadarnhau (c.1814–1914)* (Caernarfon: Gwasg Pantycelyn, 2011), t. 228: 'rhaid cydnabod hefyd fod llawer o ddisgyblion wedi'u trwytho yn ieithwedd gyfoethog y Beibl drwy'r broses [holwyddori], gan roi min ar eu Cymraeg yn ogystal â'u gwybodaeth Ysgrythurol'.
62 Anne Boschetti, 'How Field Theory Can Contribute to Knowledge of World Literary Space', *Paragraph*, 35/1 (2012), 17.
63 Bourdieu, *Language and Symbolic Power*, t. 170.
64 William Roberts, *Cynlyfr, neu Gyfarwyddyd i'r Anllytherenog* (Llanrwst: John Jones, 1836), t. 4.
65 John Thomas, *Annerch i Ieuengctyd Cymru yn IV Rhan* (Gwrecsam: Anna Tye, ail arg., 1815), t. v.
66 Thomas, *Annerch i Ieuengctyd Cymru*, t. vii.

67 John Parry, *Grammadeg o'r Iaith Gymraeg: wedi ei drefnu yn fyr ac eglur, a'i gyfansoddi mewn iaith Rwydd. Er addysg i Bobl Ieuainc ac Ereill* (4ydd arg.; Caerlleon: M. Monk, 1843).

68 Daw'r cwpledi hyn o gywydd 'Annerch y Cymmrodorion', gw. A. Cynfael Lake (gol.), *Blodeugerdd Barddas o Ganu Caeth y Ddeunawfed Ganrif* (Cyhoeddiadau Barddas, 1993), t. 7.

69 Parry, *Grammadeg o'r Iaith Gymraeg*, t. iii.

70 Gw. *Geiriadur Prifysgol Cymru*, 'sathredig'.

71 'Pedagogue', *Ysgol i'w Dringo gan y Dosbeirth Darllenyddol Ieuengaf yn yr Ysgol Sabbothol, tuag at eu Dwyn i Ddysgu Darllen a Deall y Bibl* (Llanrwst: W. Jones, 1851), t. ii.

72 d.e., *Chwedlau Plant mewn Iaith Blentynaidd* (Llundain: Cymdeithas y Traethodau Crefyddol, 1845), t. 4.

73 Charles a Hughes, rhagymadrodd i gyfrol 1, 2.

74 Gwilym Hughes, 'Y Cylchgronau', yn Mairwen Jones a Gwynn Jones (goln), *Dewiniaid Difyr: Llenorion Plant Cymru hyd tua 1950* (Llandysul: Gwasg Gomer, 1983), t. 75.

75 'Annerchiad', *Addysgydd* (atchwanegiad 1823), 151.

76 Huw Walters, 'Y Gymraeg a'r Wasg Gylchgronol', yn Geraint H. Jenkins (gol.), *'Gwnewch Bopeth yn Gymraeg': yr Iaith Gymraeg a'i Pheuoedd 1801–1911* (Caerdydd: Gwasg Prifysgol Cymru, 1999), t. 330.

77 'Annerchiad', 153.

78 de Certeau, *The Practice of Everyday Life*, t. 169.

79 de Certeau, *The Practice of Everyday Life*, t. 169. Sylwer mai 'Walking in the City' yw teitl un o benodau *The Practice of Everyday Life*, tt. 91–110.

80 de Certeau, *The Practice of Everyday Life*, t. xxi.

81 Fel y dywed Rhiannon Marks, 'Roedd y Ffurfiolwyr, a'u disgynyddion y Beirniaid Newydd, yn enwog am anwybyddu popeth ar wahân i'r geiriau ar bapur. Ni fyddent yn talu sylw i bersonoliaeth yr awdur, nac yn olrhain tarddiad ei waith mewn ffynonellau posibl, na chwaith yn ystyried goblygiadau unrhyw ffactorau y tu hwnt i'r testun. Y testun ynddo'i hun oedd yn bwysig: llenyddiaeth er ei mwyn ei hun.' *'Pe Gallwn, Mi Luniwn Lythyr': Golwg ar Waith Menna Elfyn* (Caerdydd: Gwasg Prifysgol Cymru, 2013), t. 49.

82 Louise M. Rosenblatt, *Literature as Exploration* (1938; adarg. Modern Language Association, 2016), t. 24.

83 Wolfgang Iser, *The Act of Reading: A Theory of Aesthetic Response*, cyf. o *Der Akt des Lesens* [1976] (Baltimore: John Hopkins University Press, 1978), t. 37.

84 de Certeau, *The Practice of Everyday Life*, t. xii.

85 de Certeau, *The Practice of Everyday Life*, t. 174.

86 Roland Barthes, 'From Work to Text', cyf. Stephen Heath o 'De l'oeuvre au texte' [1971], yn Roland Barthes, *Image, Music, Text* (London: Fontana Press, 1977), t. 159.

87 Marks, *'Pe Gallwn, Mi Luniwn Lythyr'*, t. 59.

88 Samuel F. Pickering, *Moral Instruction and Fiction for Children, 1749–1820*

(Athens/London: University of Georgia Press, 1993), t. viii.

89 Jon P. Mitchell, 'A Fourth Critic of the Enlightenment: Michel de Certeau and the Ethnography of Subjectivity', *Social Anthropology*, 15 (2007), 89.

90 Conal McCarthy, 'Theorising Museum Practice Through Practice Theory', yn Pamela Burnard, Elizabeth Mackinlay a Kimberly Powell (goln), *The Routledge International Handbook of Intercultural Arts Research* (London: Routledge, 2016), t. 29.

91 *Addysgydd* (Ionawr 1823), 8. Ceir fersiwn ar yr un hanesyn ynghyd â darlun yn 'Myned a'r Gobenydd i'r Nefoedd', *Trysorfa y Plant* (Hydref 1865), 258.

92 'Y Bererines Fechan', cyf. J. J. R., *Athraw i Blentyn* (Mehefin–Awst, 1841).

93 Prichard, 'Addysg Bore Oes', yn Davies, *Cofiant y Parch. John Prichard, Llangollen*, t. 13.

94 Robert John Pryse, *Detholion o Hunangofiant Gweirydd ap Rhys*, gol. Enid Roberts (Llandysul: Gwasg Gomer, 1949), t. 77.

95 Pryse, *Detholion o Hunangofiant Gweirydd ap Rhys*, t. 78.

96 'Geiriau Diweddaf y Trysor', *Trysor i Blentyn* (Rhagfyr 1842), 283.

97 'Geiriau Diweddaf y Trysor', 283.

98 Dywed de Certeau, *The Practice of Everyday Life*, t. 37: 'a tactic is an art of the weak'.

99 Mae de Certeau yn ystyried crwydro, siarad, darllen, siopa ac ati yn weithgareddau 'that seem to correspond to the characteristics of tactical ruses and surprises: clever tricks of the "weak" within the order established by the "strong", an art of putting one over on the adversary on his own turf, hunter's tricks, maneuverable, polymorph mobilities, jubilant, poetic, and warlike discoveries.' *The Practice of Everyday Life*, t. 40.

100 Pryse, *Detholion o Hunangofiant Gweirydd ap Rhys*, t. 77.

Pennod 5: Darganfod y Plentyn?

1   Henry Parry, 'Yr Eneth Hoff', *Trysor i Blentyn* (Tachwedd 1842), 252–9.

2   Parry, 'Yr Eneth Hoff', 257.

3   Parry, 'Yr Eneth Hoff', 252.

4   Parry, 'Yr Eneth Hoff', 254.

5   Parry, 'Yr Eneth Hoff', 255.

6   Parry, 'Yr Eneth Hoff', 256.

7   Parry, 'Yr Eneth Hoff', 259.

8   Bu'r Parch. Edward Jones, prif oruchwyliwr y Llyfrfa o 1829 ymlaen, ac yna ei fab John Mendus Jones, ymhlith y cyhoeddwyr a fu'n gyfrifol am y *Trysor*. Gw. Huw Walters, 'Y Wasg Gyfnodol Gymraeg a'r Mudiad Dirwest, 1835–1850', *Cylchgrawn Llyfrgell Genedlaethol Cymru*, 28/2 (gaeaf 1993), 156.

9   Jacques Dubois, 'Pierre Bourdieu and Literature', *SubStance*, 29/3 (2000), 87.

10 Pierre Bourdieu, *The Rules of Art: Genesis and Structure of the Literary*

Field, cyf. Susan Emanuel o *Règles de l'art* [1992] (Cambridge: Polity, 1996), t. 232.

11 Bourdieu, *The Rules of Art*, t. 227. Hefyd, t. 333: 'the *foundation of belief* [mewn llenyddiaeth] [...] resides in the *illusio*, the adherence to the game as a game, the acceptance of the fundamental premise that the game, literary or scientific, is worth being played, being taken seriously'.

12 Philip Henry Jones, 'Argraffu a Chyhoeddi yn yr Iaith Gymraeg 1800–1914', yn Geraint H. Jenkins (gol.), *'Gwnewch Bopeth yn Gymraeg': yr Iaith Gymraeg a'i Pheuoedd 1801–1911* (Caerdydd: Gwasg Prifysgol Cymru, 1999), t. 298.

13 Aled G. Jones, *Press, Politics and Society: A History of Journalism in Wales* (Cardiff: University of Wales Press, 1993), t. 106.

14 Aled G. Jones, 'The Welsh Newspaper Press', yn Hywel Teifi Edwards (gol.), *A Guide to Welsh Literature c.1800–1900* (Cardiff: University of Wales Press, 2000), tt. 6–7.

15 Thomas Jones, 'Anerchiad', *Y Winllan* (Ionawr 1848), 1.

16 Jones, 'Anerchiad', 2.

17 Meddai Ieuan Gwynedd Jones am Gymru 1850–70, 'Wales [appeared] to be settling into its proud image of "gwlad y menyg gwynion", respectable, religious, petty bourgeois in style and aspiration.' Dyf. yn E. G. Millward, *Cenedl o Bobl Ddewrion: Agweddau ar Lenyddiaeth Oes Victoria* (Llandysul: Gwasg Gomer, 1991), t. 12.

18 Tudor Powell Jones, 'The Contribution of the Established Church to Welsh Education (1811–1846)', yn Jac L. Williams a Gwilym Rees Hughes (goln), *The History of Education in Wales* (Swansea: Christopher Davies, 1978), tt. 121–2.

19 Gareth Elwyn Jones a Gordon Wynne Roderick, *A History of Education in Wales* (Cardiff: University of Wales Press, 2003), t. 50.

20 Jones a Roderick, *A History of Education in Wales*, tt. 51–2.

21 Jones, 'The Contribution of the Established Church to Welsh Education', t. 118.

22 R. M. Jones, 'The Christian Heritage of Welsh Education', yn R. M. Jones a Gwyn Davies (goln), *The Christian Heritage of Welsh Education* (Bridgend: Evangelical Press of Wales, 1986), t. 22.

23 '[Roedd yr] holl rwydwaith o arholiadau ac esboniadau ar gyfer y maes llafur yn ennyn rhyw fath o ddiwylliant ynddo'i hun ac, yn bennaf oll efallai, yn creu cynulleidfa o ddarllenwyr a oedd yn ystyried dysg yn rhywbeth i ymgyrraedd ato.' Eryn M. White, 'Gyrfa Thomas Charles yn ei chyd-destun hanesyddol', yn D. Densil Morgan (gol.), *Thomas Charles o'r Bala* (Caerdydd: Gwasg Prifysgol Cymru, 2014), t. 10.

24 A. L. Trott, 'The British School Movement in Wales: 1806–1846', yn Jac L. Williams a Gwilym Rees Hughes (goln), *The History of Education in Wales* (Swansea: Christopher Davies, 1978), t. 84.

25 Gw. Clark Nardinelli, 'Child Labor and the Factory Acts', *Journal of Economic History*, 40/4 (Rhagfyr 1980), 739–55.

26 John Davies, *Hanes Cymru* (London: Penguin, arg. diw. 2007), t. 361.

27 Elizabeth Barrett Browning, 'A Cry for Children', yn Marjorie Stone a Beverly Taylor (goln), *Elizabeth Barrett Browning: Selected Poems* (Peterborough, Ont.: Broadview Press, 2009), tt. 148–56. Am Dickens, datgela ei lythyron personol '[that] he was "perfectly sricken down" by the Second Report of the Children's Employment Commission and vowed to strike "a Sledge hammer" blow "on behalf of the Poor Man's Child" (to Southwood Smith, 6 and 10 March 1843)': Paul Schlicke, 'A Christmas Carol', yn Paul Schlicke (gol.), *The Oxford Companion to Charles Dickens: Anniversary Edition* (Oxford: Oxford University Press, 2011), t. 102.

28 R. Tudur Jones, 'Darganfod Plant Bach: Sylwadau ar lenyddiaeth plant yn Oes Victoria', yn J. E. Caerwyn Williams (gol.), *Ysgrifau Beirniadol VIII* (Dinbych: Gwasg Gee, 1974), t. 161.

29 Trott, 'The British School Movement in Wales: 1806–1846', t. 100; Thomas I. Ellis, OWEN, Syr HUGH (1804–1881), cymwynaswr addysg Cymru, *Y Bywgraffiadur Cymreig* (1953) [ar-lein], *https://bywgraffiadur.cymru/article/c-OWEN-HUG-1804* (gwelwyd 23 Ionawr 2020).

30 Trott, 'The British School Movement in Wales: 1806–1846', t. 102.

31 Frank Price Jones, 'The Blue Books of 1847', yn Jac L. Williams a Gwilym Rees Hughes (goln), *The History of Education in Wales* (Swansea: Christopher Davies, 1978), tt. 127–8.

32 Am ymdriniaethau pellach gw. e.e. Jones, 'The Blue Books of 1847', tt. 127–44; Prys Morgan (gol.), *Brad y Llyfrau Gleision* (Llandysul: Gwasg Gomer, 1991); Gwyneth Tyson Roberts, *The Language of the Blue Books: the Perfect Instrument of Empire* (Cardiff: University of Wales, 1998).

33 Dyf. yn Jones a Roderick, *A History of Education in Wales*, t. 60.

34 'Yr Ysgol Sabbothol Wesleyaidd Saesonig yn Mhen-Pont-ar-Ogwy', *Y Winllan* (Ebrill 1851), 72–3.

35 Henry Parry, rhagymadrodd i gyfrol 15, *Y Winllan* (1862), tt. v, vi.

36 Huw Walters, 'Y Gymraeg a'r Wasg Gylchgronol', yn Geraint H. Jenkins (gol.), *'Gwnewch Bopeth yn Gymraeg': yr Iaith Gymraeg a'i Pheuoedd 1801–1911* (Caerdydd: Gwasg Prifysgol Cymru, 1999), t. 340.

37 Davies, *Hanes Cymru*, t. 356.

38 *Seren Gomer*, VII, 102 (1824), 83–4. Dyf. yn Walters, 'Y Gymraeg a'r Wasg Gylchgronol', t. 339.

39 Dan o Wynedd [Michael D. Jones], 'Dysgeidiaeth', *Y Dysgedydd* (Awst 1845), 237.

40 Dafydd Tudur, 'The Life, Work and Thought of Michael Daniel Jones (1822–1898)' (traethawd PhD heb ei gyhoeddi, Prifysgol Bangor, 2006), 112–44.

41 Gareth Elwyn Jones, 'Yr Iaith Gymraeg yn Llyfrau Gleision 1847', yn Geraint H. Jenkins (gol.), *'Gwnewch Bopeth yn Gymraeg': yr Iaith Gymraeg a'i Pheuoedd 1801–1911* (Caerdydd: Gwasg Prifysgol Cymru, 1999), tt. 404–5.

42 Jones, 'Yr Iaith Gymraeg yn Llyfrau Gleision 1847', t. 405.

43 T. M. Bassett, 'The Sunday School', yn Jac L. Williams a Gwilym Rees

Hughes (goln), *The History of Education in Wales* (Swansea: Christopher Davies, 1978), t. 79.

44 Davies, *Hanes Cymru*, tt. 386–90.

45 M. Wynn Thomas, '"Y Genedl Anghydffurfiol" a Llenyddiaeth Saesneg yn Nghymru ddiwedd y 19g', yn Gerwyn Wiliams (gol.), *Ysgrifau Beirniadol XXIX* (Bethesda: Gwasg Gee, 2009), t. 24. Atgynhyrchir fersiwn o'r ysgrif hon yn M. Wynn Thomas, *Cyfan-dir Cymru: Ysgrifau ar Gyfannu Dwy Lenyddiaeth Cymru* (Caerdydd: Gwasg Prifysgol Cymru, 2017), tt. 23–40.

46 Lewis Edwards, 'Addysgiad y Genedl', *Y Traethodydd* (Ebrill 1847), 235–48; (Gorffennaf 1847), 250–77, 262.

47 Edwards, 'Addysgiad y Genedl' (Gorffennaf 1847), 262–4.

48 Gw. e.e. F. M. L. Thompson, *The Rise of Respectable Society: A Social History of Victorian Britain, 1830–1900* (London: Fontana, 1988).

49 Paul O'Leary, 'Networking Respectability: Class, Gender and Ethnicity among the Irish in South Wales, 1845–1914', *Immigrants & Minorities*, 23/2–3 (2005), 255–75.

50 Walters, 'Y Gymraeg a'r Wasg Gylchgronol', t. 339. Mae'n dyfynnu o Thomas Stephens, 'Agwedd Bresennol Llëenyddiaeth yn Nghymru', *Y Wawr*, 2/13 (1851), 37.

51 Ellis Owen Ellis, *Ymosodiadau Beiddgar "Y Corff" ar Amddiffyfa Rhyddid y Wasg* (1858). Atgynhyrchir yn Peter Lord, *Words with Pictures: Welsh Images and Images of Wales in the Popular Press, 1640–1860* (Aberystwyth: Planet, 1995), t. 155.

52 Lord, *Words with Pictures*, t. 154.

53 John R. W. Speller, *Bourdieu and Literature* (Cambridge: Open Book Publishers, 2011), t. 48.

54 Philip Henry Jones, 'Two Welsh Publishers of the Golden Age: Gee a'i Fab and Hughes a'i Fab', yn Philip Henry Jones ac Eiluned Rees (goln), *A Nation and its Books: a History of the Book in Wales* (Aberystwyth: National Library of Wales, 1998), t. 178.

55 R.E., 'Cofnodau Cymdeithasfa Dolgellau', *Y Drysorfa*, XI (Rhagfyr 1841), 370.

56 Goronwy Prys Owen, 'Addoli a'r Bywyd Ysbrydol', yn J. Gwynfor Jones a Marian Beech Hughes (goln), *Hanes Methodistiaeth Galfinaidd Cymru. Cyfrol 3, Y Twf a'r Cadarnhau (c.1814–1914)* (Caernarfon: Gwasg Pantycelyn, 2011), t. 80.

57 Bassett, 'The Sunday School', t. 75.

58 Bassett, *Bedyddwyr Cymru*, t. 251.

59 Philip Henry Jones, '"Cario tân mewn papur": Cyhoeddi Pregethau Anghydffurfiol yn y Gymraeg yn y Bedwaredd Ganrif ar Bymtheg', *Llên Cymru*, 41 (2018), 43–4.

60 Bassett, *Bedyddwyr Cymru*, tt. 253–4.

61 Eryn M. White, 'Addysg a'r Iaith Gymraeg', yn J. Gwynfor Jones a Marian Beech Hughes (goln), *Hanes Methodistiaeth Galfinaidd Cymru. Cyfrol 3, Y Twf a'r Cadarnhau (c.1814–1914)* (Caernarfon: Gwasg Pantycelyn, 2011), t. 228.

62 Bassett, *Bedyddwyr Cymru*, t. 252. Disgrifia orymdaith plant ysgolion Sul Dowlais i gartref Charlotte Guest yn 1849 yn Bassett, 'The Sunday School', t. 76.

63 R. Tudur Jones, 'Awr Anterth Efengyliaeth yng Nghymru', yn R. Tudur Jones, *Grym y Gair a Fflam y Ffydd: Ysgrifau ar Hanes Crefydd yng Nghymru*, gol. D. Densil Morgan (Bangor: Canolfan Uwch-Efrydiau Crefydd yng Nghymru, 1998), t. 297.

64 Richard P. Heitzenrater, 'John Wesley and Children', yn Marcia J. Bunge (gol.), *The Child in Christian Thought* (Grand Rapids, Mich.: Eerdmans, 2001), tt. 295–6: 'Young people were often the core of local revivals, and Wesley occasionally noted that their transformed lives became models for the adults.'

65 Owen, 'Addoli a'r Bywyd Ysbrydol', t. 81.

66 M. Wynn Thomas, *In the Shadow of the Pulpit: Literature and Nonconformist Wales* (Cardiff: University of Wales Press, 2010), tt. 33–4.

67 Robert Pope, 'Methodistiaeth a Chymdeithas', yn J. Gwynfor Jones a Marian Beech Hughes (goln), *Hanes Methodistiaeth Galfinaidd Cymru. Cyfrol 3, Y Twf a'r Cadarnhau (c.1814–1914)* (Caernarfon: Gwasg Pantycelyn, 2011), t. 375. Gw. hefyd Walters, 'Y Wasg Gyfnodol Gymraeg a'r Mudiad Dirwest, 1835–1850', 153–95.

68 Davies, *Hanes Cymru*, t. 342. Gw. hefyd, Islwyn Jones, *'Gwell yw Dŵr i Gylla Dyn': Bras-olwg ar Hanes Dirwest yng Nghymru yn y Bedwaredd Ganrif ar Bymtheg* (Caerdydd: Amgueddfa Werin Cymru, 1986).

69 Gw. Jones, *'Gwell yw Dŵr i Gylla Dyn'*.

70 Rhisiart Owen William, *Egluryn Dirwestiaeth* (Carnarvon: James Rees, 1842), t. 23.

71 E., 'At yr Ieuanc', *Y Winllan* (Tachwedd 1848), 174–5.

72 Jones, 'Darganfod Plant Bach', t. 202.

73 [Hugh Jones], 'Anerchiad i Blant yr Ysgol Sul', *Trysorfa'r Plant*, 1 (d.d. [1852]), 1. Yn ddiddorol iawn, defnyddir yr un ddelwedd am gyhoeddiadau'r oes mewn cyfrol o farddoniaeth i blant yn 1855. Yn y gyfrol *Briwsion; neu ychydig o Ddarnau Barddonol a gyfansoddwyd er dwyn rhieni, yn enwedig mamau, i gymeryd pethau buddiol i ymddyddan am danynt yn eu teuluoedd* gan E. Griffiths [?Evan Griffiths 'Ieuan Ebblig'] (Abertawy: E. Griffiths, 1855), cyflwynir y cerddi megis briwsion i sirioli calon y plentyn a chryfhau ei gyfansoddiad 'fel delo'n gadarnach, / Nes gallo yn fuan gymeryd bwyd cryfach' [t. i].

74 John Evans, rhagymadrodd i gyfrol 30, *Y Winllan* (1877), t. iii.

75 Hysbyseb ar gyfer *Tywysydd y Plant* yng nghylchgrawn *Y Tywysydd a'r Gymraes* (Rhagfyr 1870), [238].

76 Bridget Fowler, *Pierre Bourdieu and Cultural Theory: Critical Investigations* (London: Sage, 1997), t. 13.

77 Speller, *Bourdieu and Literature*, t. 61.

78 Thomas Levi a David Phillips, rhagymadrodd i gyfrol 1, *Yr Oenig* (1854–5), tt. iii–iv.

79 Y Golygwyr, rhagymadrodd i gyfrol 27, *Athraw i Blentyn* (1853), t. iv. Er diddordeb, cyrhaeddodd cylchgrawn cyfatebol crefyddol Saesneg *The Children's Friend* gylchrediad o 50,000 y mis erbyn 1850, gw. Kirsten Drotner, *English Children and their Magazines, 1751–1945* (New Haven/ London: Yale University Press, 1989), t. 27.

80 Y Golygwyr, 'Yr Oenig a'i Chyfeillion', *Yr Oenig* (Rhagfyr 1856), 236.

81 Y Golygwyr, 'Yr Oenig a'i Chyfeillion', 236.

82 'Anerchiad (oddiwrth Gwyllt)', *Telyn y Plant* (Mai 1859), 5.

83 'Anerchiad (oddiwrth Gwyllt)', 2.

84 'Anerchiad (oddiwrth Gwyllt)', 5.

85 'Anerchiad (oddiwrth Gwyllt)', 6.

86 'Anerchiad (oddiwrth Gwyllt)', 6.

87 'Anerchiad (oddiwrth Gwyllt)', 7–8.

88 William Wordsworth, *Wordsworth's Poetry and Prose*, gol. Nicholas Halmi (New York/London: W. W. Norton, 2014), tt. 417–18.

> My heart leaps up when I behold
> A rainbow in the sky:
> So was it when my life began;
> So is it now I am a Man;
> So be it when I shall grow old,
> Or let me die!
> The Child is father of the Man:
> And I could wish my days to be
> Bound each to each by natural piety.

89 'Anerchiad (oddiwrth Gwyllt)', 8.

90 'Ein Gohebwyr a'n Darllenwyr', *Telyn y Plant* (Mai 1859), 16.

91 Rhidian Griffiths, 'Ieuan Gwyllt a Chanu'r Cymry', *Ceredigion: Cylchgrawn Cymdeithas Hynafiaethwyr Sir Aberteifi*, 11/3 (1991), 265–6. Am y *Llyfr Tonau*, meddai Gareth Williams: 'It sold 25,000 copies almost overnight, and established the *ysgol gân* (singing school) as the most popular and influential instructional institution in the social as well as musical and religious life of Wales.' Gareth Williams, *Valleys of Song: Music and Society in Wales 1840–1914* (Cardiff: University of Wales Press, 1998), t. 27.

92 'Ein Gohebwyr a'n Derbynwyr', *Telyn y Plant* (Mehefin 1859), 32.

93 'Y Delyn a'r Darllenwyr', *Telyn y Plant* (Mai 1860), 194.

94 *Telyn y Plant* (Medi 1860), 258, 267.

95 'Ein gohebwyr a'n Dosbarthwyr', *Telyn y Plant* (Tachwedd 1859), 112; 'Ein gohebwyr a'n Dosbarthwyr', *Telyn y Plant* (Mawrth 1860), 176.

96 Brynley F. Roberts, 'Llenyddiaeth a Chyhoeddi', yn J. Gwynfor Jones a Marian Beech Hughes (goln), *Hanes Methodistiaeth Galfinaidd Cymru. Cyfrol 3, Y Twf a'r Cadarnhau (c.1814–1914)* (Caernarfon: Gwasg Pantycelyn, 2011), t. 197.

97 Roberts, 'Llenyddiaeth a Chyhoeddi', t. 197.

98 Pwyllgor Llyfrau'r Cyfundeb yn Roberts, 'Llenyddiaeth a Chyhoeddi', t. 208.

99 Thomas Levi, rhagymadrodd i gyfrol 20 (1881), t. iii: 'Cododd ei chylchrediad o un fil ar ddeg y flwyddyn gyntaf i fwy na deng mil ar hugain erbyn y ddegfed flwydd; ac ymhen pum' mlwydd wed'yn yr oedd dros ddeugain mil; ac y mae wedi dal i fyny o'r deugain i'r pum' mil a deugain o hynny hyd yn awr.'

100 Levi, rhagymadrodd i gyfrol 20 (1881), t. iii.

101 d.e., 'Thomas Levi', *Y Cymro*, 28 Mehefin 1916, 5.

102 'At ohebwyr Llyfr y Plant', *Llyfr y Plant* (Ebrill 1862), 2.

103 Jones, 'Darganfod Plant Bach', t. 165; gw. hefyd tt. 200–1.

104 Dafydd Arthur Jones, 'Hen Swynwr y 'Sorfa Fach: Thomas Levi (1825–1916)', yn Geraint H. Jenkins (gol.), *Cof Cenedl XI* (Llandysul: Gwasg Gomer, 1996), t. 107.

105 J. E. Meredith, *Thomas Levi: Sefydlydd Trysorfa y Plant a'i Golygydd am Hanner Can Mlynedd* (Caernarfon: Llyfrfa'r Methodistiaid Calfinaidd, 1962), t. 35.

106 Am drafodaeth bellach, gw. Siwan M. Rosser, 'Thomas Levi a Dychymyg y Cymry', *Cylchgrawn Hanes Cymdeithas Hanes y Methodistiaid Calfinaidd*, 40 (2016), 87–102.

107 Dyf. yn Dafydd Arthur Jones, *Thomas Levi*, cyfres Llên y Llenor (Caernarfon: Gwasg Pantycelyn, 1996), t. 7.

108 Thomas Davies, 'Y Parch. Thomas Levi', *Y Goleuad*, 14 Gorffennaf 1916, 9.

109 'In [a writer's] choice of a genre, he will inscribe himself within a hierarchy, and in opting for one style as opposed to another, he will engage himself even more than he realizes in a literary group.' Dubois, 'Pierre Bourdieu and Literature', 99.

110 Jones, 'Darganfod Plant Bach', t. 201.

111 Dubois, 'Pierre Bourdieu and Literature', 89.

112 Speller, *Bourdieu and Literature*, t. 61.

Pennod 6: Delfrydau Newydd

1 'Diolch y plant am eu Trysorfa', *Trysorfa y Plant* (Chwefror 1863), 52.

2 I. G. Aled, 'Trysorfa'r Plant', *Trysorfa y Plant* (Mawrth 1863), 75.

3 'Llythyr Merch at ei Thad', *Trysorfa y Plant* (Tachwedd 1864), 304.

4 'Gwneuthuriad "Trysorfa y Plant"', *Trysorfa y Plant* (Rhagfyr 1862), 322.

5 'Gwneuthuriad "Trysorfa y Plant"', *Trysorfa y Plant* (Ionawr 1863), 16; (Chwefror 1863), 44.

6 'Gwneuthuriad "Trysorfa y Plant"', (Chwefror 1863), 44. Cofier y byddai'n bosibl na fyddai'r tudalennau wedi eu torri. Tasg gyntaf y darllenydd fyddai rhwygo ar hyd plygiadau allanol y dalennau i'w rhyddhau.

7 Roedd y ganran yn llai nag un y cant erbyn 1871 yn ôl Clark Nardinelli, 'Child Labor and the Factory Acts', *Journal of Economic History*, 40/4 (Rhagfyr 1980), 753–4. Ond rhaid ystyried y byddai nifer o blant o dan naw oed yn gweithio'n ddi-dâl o fewn cartrefi, ffermydd ac ati.

8 'Siampl o ddrwg effaith o anufudd-dod i rieni', *Trysor i Blentyn* (Chwefror 1842), 27–34.

9 'Siampl o ddrwg effaith o anufudd-dod i rieni', 31.

10 'Siampl o ddrwg effaith o anufudd-dod i rieni', 32.

11 R.E., 'Cofnodau Cymdeithasfa Dolgellau', *Y Drysorfa*, XI (Rhagfyr 1841), 371.

12 John Williams, *Cofiant y Parch. W. Williams, Llandilo-Fawr* (Llanelli: David Rees a David Williams, 1848), t. 6. Ni cheid darlun o'r Parch. John Jones, Talsarn yn chwarae'n blentyn, sylwer, a hynny o fwriad er mwyn dangos mor nodedig ac anghyffredin ydoedd o'i febyd, gw. Llion Pryderi Roberts, '"Mawrhau ei Swydd": Owen Thomas, Lerpwl (1812–91) a Chofiannau Pregethwyr y Bedwaredd Ganrif ar Bymtheg' (traethawd PhD heb ei gyhoeddi, Prifysgol Caerdydd, 2011), 164.

13 Yn wir, mae'n bosibl mai testun preifat oedd hwn yn wreiddiol. Ceir nodyn golygyddol gyda'r llythyr yn egluro y cyhoeddir ef gan 'hyderu na bydd yn un blinder i'w ysgrifenydd ei weled yn argraffedig'. 'Adgofion Mebyd', *Y Traethodydd* (Ionawr 1858), 85. Mae'r llythyr, o'i natur, yn gyfrwng i unigolyn sylwi ac athronyddu mewn modd gwahanol i destun cyhoeddus, er y byddai'r llythyrwr yn sylweddoli ei bod yn debygol y câi ei lythyr ei rannu'n eang o fewn cylch cydnabod neu hyd yn oed ei gyhoeddi. Cawn yn llythyrau enwog y brodyr Lewis, Richard a Wiliam Morris yn ystod y ddeunawfed ganrif, er enghraifft, gyffyrddiadau tyner wrth i'r tadau sylwi ar arferion a gemau plant er mai prin yw darluniau o'r fath o blant mewn testunau a fwriedid ar gyfer y wasg argraffu. Gw. e.e. sylwadau Wiliam yn *The Letters of Lewis, Richard, William and John Morris of Anglesey (Morrisiaid Môn) 1728–1765* (Aberystwyth, 1907–9), vol. I, t. 398: 'Dyma fy nau gyw i yn gwaeddi fal gryrod arnaf am gael fy nghwmni i chwareu un o'r ddeg ar hugain ar y cardiau am afalau'; vol. II, t. 161: hefyd, gwelodd ei nai yn 'chwarae cat a yn nofio llongau bach a hwyliau papur iddynt, yn y pwll cam gerllaw'r garreg velen'. Fe'm cyfeiriwyd at yr enghreifftiau hyn gan Dafydd Wyn Wiliam, *Cofiant Wiliam Morris (1705–63)* (Bodedern: Dafydd Wyn Wiliam, 1995), t. 92. Cyfeiria Goronwy Owen, er enghraifft, at ei hiraeth am ei fab 6 oed, Robin, a anfonwyd am gyfnod i Fôn yn 1755. 'Mi wylais lawer hidl ddeigryn hallt wrth feddwl am y Rhobin fychan sydd ym Môn.' Llythyr at Wiliam Morris, o Walton, 21 Ionawr 1755, *The Letters of Goronwy Owen (1723–1769)*, gol. J. H. Davies (Cardiff: William Lewis, 1924), t. 143.

14 Levi, 'Adgofion Mebyd', 88.

15 Levi, 'Adgofion Mebyd', 88.

16 Jean-Jacques Rousseau, *Ysgrifau ar Addysg: Emile, Jean-Jacques Rousseau – detholion*, cyf. R. M. Jones (Caerdydd: Gwasg Prifysgol Cymru, 1963), t. 3.

17 Am drafodaeth ar gasgliad Ceiriog gw. Meredydd Evans, 'Cefndir a Chynnwys "Hen Hwiangerddi" Ceiriog', *Canu Gwerin*, 4 (1981), 11–33. (Ailgyhoeddwyd yn Ann Ffrancon a Geraint H. Jenkins (goln), *Merêd* (Llandysul: Gwasg Gomer, 1994)), hefyd Bethan Angharad Huws,

'"Gwell Cymro, Cymro oddi cartref"? – cymhlethdodau meddwl a gwaith John Ceiriog Hughes' (traethawd PhD heb ei gyhoeddi, Prifysgol Caerdydd, 2015), 134–9.

18 John Williams, *Cofiant a Phregethau y Parch. John Hughes, D.D., Caernarfon* (Liverpool: Isaac Foulkes, 1899), t. xx.

19 Williams, *Cofiant a Phregethau y Parch. John Hughes*, t. xxii.

20 Meddai Gillian Avery am lên plant Saesneg y 1890au: 'Mischievous children without any responsibilities became so much the accepted pattern that even the Sunday School magazines took them up.' Avery, *Childhood's Pattern* (London: Hodder and Stoughton, 1975), t. 156.

21 Dim teitl, *Addysgydd* (Tachwedd 1823), 122. Am enghraifft o'r modd yr oedd y golygyddion yn defnyddio darluniau er budd didactig gw. 'Llabyddio'r Cynnuttwr', *Addysgydd* (Hydref 1823), 109–10, sy'n cynnwys darlun ac ysgrif: 'Yr anghyfarwydd a all weled, wrth edrych ar y dalun, beth yw ystyr y gair *llabyddio*' (109).

22 J. Edwards, R. Williams, J. Prichard ac Ellis Evans, rhagymadrodd i gyfrol 1, *Athraw i Blentyn* (1827), t. iv.

23 [Hugh Jones], 'Anerchiad i Blant yr Ysgol Sul', *Trysorfa'r Plant*, 1 (d.d. [1852]), 2–3.

24 Ivor Owen, 'Darluniau mewn Llyfrau Plant', yn Mairwen Jones a Gwynn Jones (goln), *Dewiniaid Difyr: Llenorion Plant Cymru hyd tua 1950* (Llandysul: Gwasg Gomer, 1983), t. 115.

25 *Athraw i Blentyn*, anifeiliaid: (Awst 1837), 85 a (Mawrth 1829), 35; dyfeisiadau: (Chwefror 1833), 13, (Mehefin 1833), 61 a (Rhagfyr 1833), 133; darluniau o'r Beibl: (Ebrill 1830), 36.

26 *Y Tywysydd a'r Gymraes* (Ionawr 1856), 1 a (Mai 1856), 83.

27 'Aneiteum', *Y Tywysydd a'r Gymraes* (Ionawr 1856), 3–8.

28 'Dynfwytad yn Neheubarth Affrica', *Y Tywysydd a'r Gymraes* (Gorffennaf 1856), 123–8.

29 'Indra, Brenin y Nefoedd', *Y Tywysydd a'r Gymraes* (Ebrill 1857), 63–4.

30 Gw. e.e. 'Y Merthyr Ieuangc', *Athraw i Blentyn* (Ionawr 1827), 2–4. Er i'r Meistr ei wawdio na all Iesu wneud dim i'w achub, ateb y bachgen, ac yntau bellach yn marw o'i anafiadau yw, '"Y mae'n rhoi grym i weddio drosoch chi *Massa!!!*"' Yn ystod Rhyfel Cartref America (1861–5), e.e. cyhoeddwyd 'Cwyn y Bachgen Du' gan Iolo Maldwyn yn *Trysorfa y Plant* (Medi 1863), 231–2:

> Pa bryd y llwyr ddattodir
> Y rhwymau tynion hyn,
> Ac y ca'r bachgen caeth a du
> Holl freintiau'r bachgen gwỳn?
> A bod heb iau caethiwed
> Ymhlith y dedwydd lu,
> Lle nad oes son am Fassa cas
> Yn curo 'Bachgen du!'

31 *Trysorfa y Plant* (Ionawr 1862), y Tabernacl yn yr Anialwch, 4; plant yn mesur taldra, 9; Tŵr Llundain, 13; plant yn cynnig cwpanaid o ddŵr, 20; dyn y lleuad, 25.

32 'Tyfu yn Ferch Fawr', *Trysorfa y Plant* (Ionawr 1862), 9.

33 'Siglo, Siglo', *Trysorfa y Plant* (Ionawr 1882), 15; gw. hefyd benillion gan 'Rhosynog' a darlun o blant ar siglen, 'Gadewch i'r plant gael chwareu', *Cydymaith y Plentyn* (Mehefin 1877), 92–3.

34 'Hester a Mary', *Trysorfa y Plant* (Ebrill 1882), 92.

35 David Jones, 'Ystadegaeth Cyfundeb y Methodistiaid Calfinaidd 1814–1914', yn J. Gwynfor Jones a Marian Beech Hughes (goln), *Hanes Methodistiaeth Galfinaidd Cymru. Cyfrol 3, Y Twf a'r Cadarnhau (c.1814–1914)* (Caernarfon: Gwasg Pantycelyn, 2011), t. 505.

36 Bridget Fowler, *Pierre Bourdieu and Cultural Theory: Critical Investigations* (London: Sage, 1997), t. 136.

37 Rhiannon Marks, 'Syrffio'r Drydedd Don? Heriau Cyfoes Astudiaethau Rhywedd', *Y Traethodydd*, 172/720 (2017), 52.

38 'Moethau y Te', *Trysorfa y Plant* (Mai 1862), 126.

39 W., 'Hanes Joseph Green, Rhan III', *Trysor i Blentyn* (Ebrill 1841), 83.

40 D.O., 'Y Nadolig', *Trysorfa y Plant* (Rhagfyr 1871), 312–13.

41 D.O., 'Y Nadolig', 313.

42 Edward Tegla Davies, EVANS, JOHN ('Eglwys Bach'; 1840–1897), gweinidog Wesleaidd, *Y Bywgraffiadur Cymreig* (1953) [ar-lein], https://bywgraffiadur.cymru/article/c-EVAN-JOH-1840 (gwelwyd 23 Ionawr 2020).

43 Eich Ewythr John, 'Pwdin Eirin Nadolig', *Y Winllan* (Rhagfyr 1877), 233.

44 Eich Ewythr John, 'Y Nadolig', *Y Winllan* (Rhagfyr 1879), 233–4.

45 'Can yr Hosanau, Cyn y Nadolig', *Y Frythones* (Rhagfyr 1889), 383.

46 Dim teitl, *Y Frythones* (Ionawr 1890), 29.

47 Y Parch. Joseph Roberts, Poultney, 'Duw yn Gwrando Gweddi Minnie Fach', *Blodau yr Oes* (Gorffennaf 1873), 193.

48 *Cydymaith y Plentyn* (Rhagfyr 1876), 177.

49 J. Glyn Davies, *Cerddi Huw Puw a Cherddi Ereill i Blant* (Caerdydd: The Educational Publishing Co., 1922).

50 'Plant yr Iseldiroedd', *Cymry'r Plant* (Mehefin 1909), 179.

51 Lisa Sheppard, *Y Gymru 'Ddu' a'r Ddalen 'Wen': Aralledd ac Amlddiwylliannedd mewn Ffuglen Gymreig er 1990* (Caerdydd: Gwasg Prifysgol Cymru, 2018), t. 12. Am drafodaeth ar wreiddiau a datblygiad y cysyniad gw. tt. 12–16.

52 Sheppard, *Y Gymru 'Ddu' a'r Ddalen 'Wen'*, t. 15.

53 Gillian Avery, 'The Puritans and Their Heirs', yn Gillian Avery a Julia Briggs (goln), *Children and Their Books: a Celebration of the Work of Iona and Peter Opie* (Oxford: Clarendon, 1989), t. 95.

54 Andrew O'Malley, *The Making of the Modern Child: Children's Literature and Childhood in the Late Eighteenth Century* (London/New York: Routledge, 2003), tt. 11, 12.

55 Robin Bernstein, *Racial Innocence: Performing American Childhood from*

Slavery to Civil Rights (New York: New York University Press, 2011), t. 4.

56 David Rudd, *Reading the Child in Children's Literature: a Heretical Approach* (Basingstoke: Palgrave Macmillan, 2013), t. 17.

57 I. G. Aled, 'Trysorfa'r Plant', *Trysorfa y Plant* (Mawrth 1863), 74.

58 R. Tudur Jones, 'Darganfod Plant Bach: Sylwadau ar lenyddiaeth plant yn Oes Victoria', yn J. E. Caerwyn Williams (gol.), *Ysgrifau Beirniadol VIII* (Dinbych: Gwasg Gee, 1974), t. 203; gw. hefyd James Kincaid, *Child-Loving: The Erotic Child and Victorian Sexuality* (New York/London: Routledge, 1992).

59 Cafwyd wyth ymgais i gyfieithu'r nofel i'r Gymraeg (yn llawn neu'n rhannol) rhwng 1852 ac 1854. Am restr gyflawn gw. David Willis, 'Cyfieithu Iaith y Caethweision yn *Uncle Tom's Cabin* a Darluniadau o Siaradwyr Ail Iaith mewn Llenyddiaeth Gymraeg', *Llên Cymru*, 39 (2016), 58–9.

60 Iorwerth Glan Aled [Edward Roberts], *Efa Bach* (Dinbych: Thomas Gee, 1853), t. iii.

61 Peter Coveney, *Poor Monkey: The Child in Literature* (London:, Rockliff, 1957). Dyf. yn Rudd, *Reading the Child*, t. 191. Gw. hefyd t. 209.

62 'More significanly, this sensitivity did not entail any attempt to take account of the child's perspective.' Rudd, *Reading the Child*, t. 191.

63 Rose, *The Case of Peter Pan*, tt. 3–4.

64 Rose, *The Case of Peter Pan*, t. 2.

65 Rose, *The Case of Peter Pan*, t. 26.

66 Rose, *The Case of Peter Pan*, t. 2. Bu Perry Nodelman yn arbennig o feirniadol yn 'The Case of Children's Fiction: or the Impossibility of Jacqueline Rose', *Children's Literature Association Quarterly*, 10/3 (1985), 98–100.

67 Perry Nodelman, 'The Other: Orientalism, Colonialism, and Children's Literature', *Children's Literature Association Quarterly*, 17/1 (1992), 29–35.

68 Roderick McGillis, *Voices of the Other: Children's Literature and the Postcolonial Context* (New York/London: Garland, 2000), t. xxviii.

69 Perry Nodelman, *The Hidden Adult: Defining Children's Literature* (Baltimore, MD: Johns Hopkins University Press, 2008), t. 163. Am ymateb pellach i Rose, gw. Rudd, *Reading the Child*, a rhifyn arbennig o *Children's Literature Association Quarterly*, 35/3 (2010).

70 Clare Bradford, *Unsettling Narratives: Postcolonial Readings of Children's Literature* (Waterloo, Ont.: Wilfrid Laurier University Press, 2007); Clare Bradford, 'The Case of Children's Literature: Colonial or Anti-colonial?', *Global Studies of Childhood*, 1/4 (2011), 271–9; Jackie E. Stallcup, 'Power, Fear, and Children's Picture Books', *Children's Literature*, 30 (2002), 125–58; Caroline Webb, '"I'll be judge, I'll be jury": "Tail"-Telling, Imperialism and the Other in Alice in Wonderland', *Papers: Explorations Into Children's Literature*, 20/2 (2010), 1–10.

71 Bradford, 'The Case of Children's Literature: Colonial or Anti-colonial?', 274.

72 Bradford, 'The Case of Children's Literature: Colonial or Anti-colonial?', 273.

73 Stallcup, 'Power, Fear, and Children's Picture Books', 128.
74 Stallcup, 'Power, Fear, and Children's Picture Books', 128, 142.
75 Anja Müller, *Framing Childhood in Eighteenth-Century English Periodicals and Prints, 1689–1789* (Farnham/Burlington, VT: Ashgate, 2009), t. 232.
76 'Yr Ysgol Ddyddiol', *Trysorfa y Plant* (Mehefin 1863), 154.
77 'Nodau Plant yn eu Perthynas a'r Capel', *Y Winllan* (Hydref 1886), 196–7.
78 T. M. Bassett, *Bedyddwyr Cymru* (Abertawe: Tŷ Ilston, 1977), t. 348.
79 Andy Croll a Martin Johnes, 'A heart of darkness? Leisure, respectability and the aesthetics of vice in Victorian Wales', yn Mike Huggins a J. A. Mangan (goln), *Disreputable Pleasures: Less Virtuous Victorians at Play* (London/New York: Frank Cass, 2004), tt. 153–71.
80 R. Tudur Jones, 'Awr Anterth Efengyliaeth yng Nghymru', yn R. Tudur Jones, *Grym y Gair a Fflam y Ffydd: Ysgrifau ar Hanes Crefydd yng Nghymru*, gol. D. Densil Morgan (Bangor: Canolfan Uwch-Efrydiau Crefydd yng Nghymru, 1998), t. 295.
81 T. M. Bassett, 'The Sunday School', yn Jac L. Williams a Gwilym Rees Hughes (goln), *The History of Education in Wales* (Swansea: Christopher Davies, 1978), t. 76.
82 E.e. fe'i ceir yn *Trysorfa y Plant* (Ebrill 1866), 108–9 a *Tywysydd y Plant* (Mehefin 1881), 169–70.
83 O. Ifor Jones, 'Y Wialen Fedw', *Trysorfa y Plant* (Mai 1887), 117. Sylwer i arolygwr ysgolion Sul yr Annibynwyr nodi bod 'gwestfa dê a bara brith' wedi ei gynnal ym Methesda, Rhoshirwaen 'er anrhegu y plant am eu diwydrwydd a'u sêl yn dyfod i'r ysgol ar bob tywydd'. Wedi'r gwledda bu'r côr plant yn canu, ac ymhlith y caneuon a berfformiwyd oedd 'Y Wialen Fedw' gan G. Williams: G. Davies, 'Cofnodion yr Ysgolion Sabbathol', *Yr Athraw* (Ebrill 1871), 124.
84 'Mab ei Fam-gu', *Trysorfa y Plant* (Hydref 1866), 259. Ceir darlun i gydfynd â'r ysgrif.
85 'Nain a'r plant', *Trysorfa y Plant* (Mawrth 1867), 71. Ceir darlun i gydfynd â'r ysgrif.
86 'Awgrym i Famau', *Trysorfa y Plant* (Hydref 1877), 256–7.
87 Ymddengys i'r defnydd a wneid o'r wialen leihau erbyn troad y ganrif, a mynnir mewn ysgrif yn *Cymru'r Plant* (Medi 1910), 252, na cheid hi o gwbl bellach. Ond fe barhaodd y wialen a ffurfiau eraill ar ddisgyblaeth gorfforol mewn ysgolion ymhell i'r ugeinfed ganrif, fodd bynnag, ac ni chafwyd deddfwriaeth yn ei erbyn tan 1986.
88 'Awgrym i Famau', 256.
89 Gw. e.e. R. Tudur Jones, *Coroni'r Fam Frenhines: Y Ferch a'r Fam yn Llenyddiaeth Oes Fictoria, 1835–60* (Llandysul: Gwasg Gomer, 1991).
90 'Galar Rhieni', *Y Winllan* (Rhagfyr 1861), 238–9.
91 Kimberley Reynolds, 'Fatal Fantasies: the Death of Children in Victorian and Edwardian Fantasy Writing', yn Gillian Avery a Kimberley Reynolds (goln), *Representations of Childhood Death* (Basingstoke: Macmillan, 2000), t. 171.

92 Bernstein, *Racial Innocence*, t. 23.

93 Bernstein, *Racial Innocence*, t. 24.

94 Henry Hughes, 'Byr Gofiant am Elizabeth Jones', *Y Winllan* (Chwefror 1873), 35. Canmolid Dora Williams o Dyddewi hefyd am ei llais canu gwefreiddiol yn yr ysgrif goffa iddi yn *Trysorfa y Plant* (Mai 1882), 120; gw. Siwan M. Rosser, 'Thomas Levi a Dychymyg y Cymry', *Cylchgrawn Hanes Cymdeithas Hanes y Methodistiaid Calfinaidd*, 40 (2016), 95–6.

95 Jones, 'Darganfod Plant Bach', t. 195.

96 Hughes, 'Byr Gofiant am Elizabeth Jones', 36. Gwelir yr un ddelweddaeth arddwriaethol yn y disgrifadau o fechgyn a phlant hŷn hefyd, e.e. y cofiant hwn i fachgen 14 oed: 'Byr-gofiant o Shem Lewis, Cefn Coed Cymer, Cylchdaith Merthyr', *Y Winllan* (Ionawr 1878), 9–10. 'Ond tra yr oedd yr ysgol a'r eglwys yn llawenhau felly, yn y drychfeddwl o'i fod yn llaw Duw i wneyd daioni yn y byd a'r eglwys, planai y darfodedigaeth ei saethau llechwraidd, gwenwynllyd, a marwol dan ei fron. Yn y man gwelem y lliw rhosynaidd yn cilio, y wyneb yn gwelwi, a'r corff yn llesgau, ac wedi ychydig wythnosau o gystudd bu farw yn ddedwydd iawn, Gorphenaf 15fed, 1877, yn bedair-ar-ddeg a saith mis oed' (10).

97 Hughes, 'Byr Gofiant am Elizabeth Jones', 37.

Pennod 7: Ymestyn y Dychymyg a'r Meddwl

1 Mary Jane Godwin, rhagair i'w chyfieithiad o *The Family Robinson Crusoe* gan Johann David Wyss (1814). Dyf. yn Ian Kinane, 'Introduction', yn Ian Kinane (gol.), *Didactics and the Modern Robinsonade* (Liverpool: Liverpool University Press, 2019), t. 8.

2 Thomas Rees, 'Welsh Literature', yn *Miscellaneous Papers on Subjects Relating to Wales* (London, 1867), t. 4; dyf. yn Huw Walters, 'Y Gymraeg a'r Wasg Gylchgronol', yn Geraint H. Jenkins (gol.), *'Gwnewch Bopeth yn Gymraeg': yr Iaith Gymraeg a'i Pheuoedd 1801–1911* (Caerdydd: Gwasg Prifysgol Cymru, 1999), t. 335.

3 David Rees, *Y Diwygiwr*, XXVI/315 (Rhagfyr 1861), 361, 360; trafodir sylwadau Rees yn Huw Walters, 'Y Gymraeg a'r Wasg Gylchgronol', t. 337. Am enghreifftiau eraill o grochlefain yn erbyn nofelau gan arweinwyr crefyddol y dydd, gan gynnwys John Jones Tal-y-sarn ac Islwyn, gw. E. G. Millward, *Cenedl o Bobl Ddewrion: Agweddau ar Lenyddiaeth Oes Victoria* (Llandysul: Gwasg Gomer, 1991), t. 127.

4 Kirsten Drotner, *English Children and their Magazines, 1751–1945* (New Haven/London: Yale University Press, 1989), t. 71.

5 Drotner, *English Children and their Magazines*, t. 72.

6 Leah Price, *How To Do Things with Books in Victorian Britain* (Princeton, New Jersey: Princeton University Press, 2013), t. 67.

7 William St Clair, *The Reading Nation in the Romantic Period* (Cambridge:

Cambridge University Press, 2004), t. 282.

8   Llion Pryderi Roberts, '"Mawrhau ei Swydd": Owen Thomas, Lerpwl (1812–91) a Chofiannau Pregethwyr y Bedwaredd Ganrif ar Bymtheg' (traethawd PhD heb ei gyhoeddi, Prifysgol Caerdydd, 2011), 312.

9   Belinda Jack, *The Woman Reader* (New Haven, Conn./London: Yale University Press, 2013), t. 6.

10 Owen Davies, *Cofiant y Parch. John Prichard, Llangollen: mewn cysylltiad a rhai agweddau o hanes Bedyddwyr Cymru yn gyffredinol a Bedyddwyr y gogledd yn neillduol* (Caernarfon: Swyddfa 'Y Genedl', 1880), t. 243.

11 J. Rees, 'Y Defnyddioldeb o Lyfrau Da', *Y Winllan* (Chwefror 1848), 17–18.

12 T. Griffith, 'Awgrymiadau mewn Perthynas i Ddarllen', *Y Winllan* (Hydref 1871), 183.

13 B. Williams, 'Addysg Tad: Darllen', *Tywysydd y Plant* (Gorffennaf, 1876), 170–1.

14 Michel de Certeau, *The Practice of Everyday Life*, cyf. Steven Rendall o *L'Invention du Quotidien: Arts de Faire* [1980] (Berkeley: University of California Press, 1984), t. xxii.

15 Bridget Fowler, *Pierre Bourdieu and Cultural Theory: Critical Investigations* (London: Sage, 1997), t. 2.

16 Jack, *The Woman Reader*, t. 7

17 'Buchedd-draeth, neu ychydig o hanes genedigaeth a bywyd Iago Trichrug, a ysgrifiwyd ganddo ei hun, yn y flwyddyn 1825, pan yn 45 oed', *Y Cylchgrawn* (1868), 230. Dyf. yn Robert Rhys, *James Hughes ('Iago Trichrug')*, cyfres Llên y Llenor (Caernarfon: Gwasg Pantycelyn, 2007), tt. 26–7.

18 Millward, *Cenedl o Bobl Ddewrion*. Yn arbennig y penodau '"Cenedl o Bobl Ddewrion": Y Rhamant Hanesyddol yn Oes Victoria', tt. 104–19, a 'Tylwyth Llenyddol Daniel Owen', tt. 120–36.

19 Gw. e.e. Hywel Teifi Edwards, 'Daniel Owen a'r Gwir', yn Hywel Teifi Edwards, *Codi'r Hen Wlad yn ei Hôl: 1850–1914* (Llandysul: Gwasg Gomer, 1989), tt. 59–82; Ioan Williams, 'Daniel Owen a'r Nofel', yn Ioan Williams, *Capel a Chomin: Astudiaeth o Ffugchwedlau Pedwar Llenor Fictoraidd* (Caerdydd: Gwasg Prifysgol Cymru, 1989), tt. 57–153; John Rowlands, 'Daniel Owen', yn John Rowlands, *Ysgrifau ar y Nofel* (Caerdydd: Gwasg Prifysgol Cymru, 1992), tt. 1–84.

20 Millward, *Cenedl o Bobl Ddewrion*, tt. 127–8.

21 M. Wynn Thomas, '"Y Genedl Anghydffurfiol" a Llenyddiaeth Saesneg yn Nghymru ddiwedd y 19g', yn Gerwyn Wiliams (gol.), *Ysgrifau Beirniadol XXIX* (Bethesda: Gwasg Gee, 2009), tt. 28–9.

22 Gw. Jackie L. Horne, *History and the Construction of the Child in Early British Children's Literature* (Abingdon: Ashgate, 2011), tt. 158, 162–4.

23 'Chwedl, Sylfaenedig ar Ffeithiau', *Athraw i Blentyn* (Ebrill 1849), 61.

24 Dyfynnir y ddau yn Millward, *Cenedl o Bobl Ddewrion*, tt. 124, 109.

25 Gw. Millward, *Cenedl o Bobl Ddewrion*, t. 91.

26 Williams, *Capel a Chomin*, t. 31.

27 *Y Traethodydd* (1853), 264; dyf. yn Williams, *Capel a Chomin*, t. 32.
28 'Cyfarchiad', *Y Nofelydd a Chydymaith y Teulu*, 1 (Ionawr 1861), 1; dyf. yn Huw Walters, *Llyfryddiaeth Cylchgronau Cymreig 1851–1900* (Aberystwyth: Llyfrgell Genedlaethol Cymru, 2003), t. xxxviii.
29 [Roger Edwards], 'Y Tri Brawd a'u Teuluoedd', *Y Drysorfa*, 21 (Ebrill 1867), 140; dyf. yn Walters, *Llyfryddiaeth Cylchgronau Cymreig 1851–1900*, tt. xxxiv, xxxvi.
30 *Trysorfa y Plant* (Ionawr 1862), 22–3.
31 'Mary Martin: Y Ferch Golledig', *Trysorfa y Plant* (Mawrth–Tachwedd 1862), 75–8, 99–103, 129–35, 155–9, 184–5, 211–13, 239–42, 269–72, 295–6.
32 'Mary Martin: Y Ferch Golledig' (Tachwedd 1862), 296. Ymhlith nofelau cyfres eraill *Trysorfa y Plant* mae 'Hanes Fy Hun' (1863), 'Rose a Blanche neu Gynllwynion y Jesuitiaid' (1865), 'Josi y Ffoadur' (1877), 'Albert Maywood' (1879), 'Sisidonia' (1881), 'Bessy Mason a'i Buddugoliaeth' (1882), 'Tom Arab Bach y Stryd' (1882), 'Robbie y Milwr Bach' (1891).
33 'Hanes Bywyd Uncle Tom', *Trysorfa y Plant* (Mai 1877), 132. Roedd Levi eisoes wedi cyfieithu nofel Beecher Stowe yn 1853 (Y Lefiad, *Crynodeb o Gaban 'Newyrth Tom; neu Fywyd Negroaidd yn America* (Abertawy: Joseph Rosser, 1853)), ac wedi cynnwys detholion o'r nofel yn *Trysorfa y Plant* 1864 ('Uncle Tom a St Clare', *Trysorfa y Plant* (Chwefror 1864), 42–4).
34 'Hanes Bywyd Uncle Tom', 133–4.
35 'The modern trend towards narrativizing fiction for young readers, which conceals its didactic intent, came about partly from the need to develop new literary forms of expression that would continue to engage with an expanding child readership.' Kinane, 'Introduction', t. 12.
36 Horne, *History and the Construction of the Child in Early British Children's Literature*, t. 24.
37 W. J. Gruffydd, *Hen Atgofion* (Aberystwyth: Gwasg Aberystwyth, 1936), t. 131.
38 Dafydd Arthur Jones, *Thomas Levi*, cyfres Llên y Llenor (Caernarfon: Gwasg Pantycelyn, 1996), t. 51.
39 Emerson Bennett, *The Forest Rose* [1850] (Lancaster, Ohio, 1995), t. 14.
40 'Albert Maywood', *Trysorfa y Plant* (Chwefror 1879), 45–6.
41 'Albert Maywood', *Trysorfa y Plant* (Tachwedd 1879), 295.
42 Am ymdriniaeth fanylach â'r testun, gw. Siwan M. Rosser, 'Albert Maywood: Brodorion America, Thomas Levi a Dechreuadau'r Stori Antur i Blant', *Y Traethodydd*, 164 (2009), 133–46.
43 'Albert Maywood', *Trysorfa y Plant* (Ionawr 1879), 15.
44 'Albert Maywood' (Ionawr 1879), 15.
45 Pierre Bourdieu, *The Rules of Art: Genesis and Structure of the Literary Field*, cyf. Susan Emanuel o *Règles de l'art* [1992] (Cambridge: Polity, 1996), t. 202.
46 William Davies, 'Anerchiad y Golygydd', *Y Winllan* (Ionawr 1858), 1.
47 E.J., Y Rhyl, 'Dedwyddwch', *Y Winllan* (Gorffennaf 1858), 121–5; Meirydd, 'Y Teulu Gartref', 131–3; H. Llechryd, 'Poen – cyfaddasiad o erthygl yn y

Quarterly Review, rhif 205', 133–6; 'Meddyleg: Adfeddyliad a'r Cof', 129–31.

48 Dyf. yn Walters, 'Y Gymraeg a'r Wasg Gylchgronol', t. 339.

49 Gw. A. L. Trott, 'The Society for the Diffusion of Useful Knowledge in Wales 1848–1851', *Cylchgrawn Llyfrgell Genedlaethol Cymru*, 11/1 (1959), 33–75.

50 Philip Henry Jones, 'Argraffu a Chyhoeddi yn yr Iaith Gymraeg 1800–1914', yn Geraint H. Jenkins (gol.), *'Gwnewch Bopeth yn Gymraeg': yr Iaith Gymraeg a'i Pheuoedd 1801–1911* (Caerdydd: Gwasg Prifysgol Cymru, 1999), t. 303.

51 Bwriadai y *Seren Foreu* dan olygyddiaeth John Jones (gweinidog gyda'r Annibynwyr, 1801–56) fod yn 'gyfrwng gwybodaeth at wasanaeth plant ieuainc' a chafwyd eitemau ar wneuthuriad siwgr, natur y croen ac iaith China ymhlith eraill yn y rhifyn cyntaf, Gorffennaf 1846. Cafwyd 12 rhifyn a daeth y cylchgrawn i ben ym Mehefin 1847.

52 Griffith T. Roberts, DAVIES, WILLIAM (1820–1875), gweinidog Wesleaidd, *Y Bywgraffiadur Cymreig* (1953) [ar-lein], https://bywgraffiadur. cymru/article/c-DAVI-WIL-1820 (gwelwyd 23 Ionawr 2020).

53 [David Rees], 'Adolygiad: *Y Beirniad*', *Y Diwygiwr*, XXVII/325 (1862), 352. Dyf. yn Walters, 'Y Gymraeg a'r Wasg Gylchgronol', t. 335.

54 'At ein Derbynwyr, Gohebwyr a Dosbarthwyr', *Tywysydd y Plant* (Rhagfyr 1873), 334. Noda Huw Walters yn *Llyfryddiaeth Cylchgronau Cymreig 1735–1850* (Aberystwyth: Llyfrgell Genedlaethol Cymru, 1993), t. 65, mai Thomas Johns oedd y golygydd rhwng 1871 ac 1914.

55 H. Llechryd, 'Gwersi y Bledren', *Y Winllan* (Gorffennaf 1877), 138–9.

56 Y Golygydd [John Hughes], rhagymadrodd i gyfrol 29, *Y Winllan* (1876), iii.

57 John Evans, rhagymadrodd i gyfrol 30, *Y Winllan* (1877), tt. iii–iv.

58 Evans, rhagymadrodd i gyfrol 30, t. iv.

59 'Calenig y Plant', *Trysorfa y Plant* (Ionawr 1863), 2.

60 'Calenig y Plant i Ddyoddefwyr Sir Lancaster', *Trysorfa y Plant* (Mai 1863), 136–7.

61 'Calenig y Plant i Ddyoddefwyr Sir Lancaster', 137.

62 Dafydd Arthur Jones, 'Hen Swynwr y 'Sorfa Fach: Thomas Levi (1825–1916)', yn Geraint H. Jenkins (gol.), *Cof Cenedl XI* (Llandysul: Gwasg Gomer, 1996), t. 97.

63 J.M., 'Colledig', *Y Winllan* (Mehefin 1872), 101–2.

64 'Jim Bach a'i Gap', *Cydymaith y Plentyn* (Gorffennaf 1879), 97–8.

65 Aled G. Jones, *Press, Politics and Society: A History of Journalism in Wales* (Cardiff: University of Wales Press, 1993), t. 119. Hefyd, Aled G. Jones, 'The Welsh Newspaper Press', yn Hywel Teifi Edwards (gol.), *A Guide to Welsh Literature c.1800–1900* (Cardiff: University of Wales Press, 2000), t. 2: 'The notion that the periodical press could be used to help sustain and develop communities of belief was adopted most readily not by post-Enlightenment political radicals but by the leaders and members of religious denominations, whose control of the press in Wales,

particularly of the Welsh-language press, was established early and remained powerful throughout the nineteenth century.'

66 Davies, 'Anerchiad y Golygydd', 2.
67 Llythyr Lewis Edwards at Richard Owen a atgynhyrchwyd yn *Hanes y Traethodydd* (Treffynnon, 1879), t. 5. Dyf. yn J. E. Caerwyn Williams, 'Hanes y Traethodydd', *Y Traethodydd*, CXXXVI:578–81 (1981), 40.
68 W.D., 'Ysgrifenu a Chyfansoddi', *Y Winllan* (Chwefror 1858), 21.
69 W.D., 'Ysgrifenu a Chyfansoddi', 24–5.
70 W.D., 'Ysgrifenu a Chyfansoddi', 25.
71 'Dalen y Beirdd Bach', *Trysorfa y Plant* (Mehefin 1862), 161.
72 'Gwersi i'r Llenor Ieuanc', *Trysorfa y Plant* (Ionawr 1863), 27–8. Testun y wers gyntaf yw 'Darllen yn Dda': 'Bydd gallu darllen yn dda yn fwy o elw ac o bleser i chwi na chan' punt y flwyddyn.' I feistroli'r grefft, rhaid bod yn 'berffaith adnabyddus o'r egwyddor' a darllen yn rheolaidd. Mae'r gwersi dilynol (Chwefror–Ebrill) yn trafod ffurfio llythrennau'n gywir, sillafu geiriau ac ysgrifennu llythyrau.
73 'Cyfarwyddiadau i'n Gohebwyr', *Trysorfa y Plant* (Ionawr 1866), 9.
74 J.M.V., 'Mwyaf Trwst y Llestri Gweigion', *Y Winllan* (Hydref 1877), 189.
75 John B. Thompson, 'Editor's Introduction', yn Pierre Bourdieu, *Language and Symbolic Power*, gol. John B. Thompson, cyf. Gino Raymond a Matthew Adamson (Cambridge: Polity, 1991), t. 24.
76 Thompson, 'Editor's Introduction', t. 23.
77 R. Tudur Jones, 'Darganfod Plant Bach: Sylwadau ar lenyddiaeth plant yn Oes Victoria', yn J. E. Caerwyn Williams (gol.), *Ysgrifau Beirniadol VIII* (Dinbych: Gwasg Gee, 1974), tt. 197, 198.
78 Dyf. o *Baner y Plant* (1891), enwad yr Annibynwyr, yn Jones, 'Darganfod Plant Bach', t. 199.
79 'Cymru, Lloegr a Llanrwst', *Trysorfa y Plant* (Ebrill 1874), 112. Dyf. hefyd yn Jones, 'Darganfod Plant Bach', t. 199.
80 'Gwneyd Darluniau', *Trysorfa y Plant* (Mawrth 1864), 69–71.
81 'Gwledd Brechdan Driagl', *Trysorfa y Plant* (Awst 1866), 223.
82 'Gwneyd Darluniau', 71.
83 Gw. *Trysorfa y Plant*: colofn 'Ein Harlunwyr Ieuainc' (Ebrill 1864), 106–8; (Mai 1864), 135; (Hydref 1864), 278–9; (Gorffennaf 1866), 194–5; 'Y ci' (Mehefin 1864), 162; 'Rab a'i Gyfeillion' [darlun o gi] (Gorffennaf 1864), 174; 'Aderyn y To' (Gorffennaf 1864), 190; 'Y Wenynen' (Awst 1864), 206; 'Hen Fibl Mawr fy Mam' (Awst 1864), 218; 'Colomen' (Awst 1864), 222; 'O Poli, Poli!' (Medi 1864), 247; 'Pob Tipyn yn Help' [darlun o wneuthurwr basgedi] (Hydref 1864), 278; 'Bachgen Caredig' (Tachwedd 1864), 291; 'Pinch o Snuff' (Rhagfyr 1864), 326; 'Jenny Jones' (Chwefror 1865), 50; 'Y Bugail Da' (Ebrill 1865), 106; 'Y Plant a'r Hen' (Mai 1865), 133; 'Nerth Caredigrwydd' (Gorffennaf 1865), 179; 'Bwytawr Morgrug' (Awst 1865), 223; 'Effaith Maddeuant' (Hydref 1865), 274; 'Dici Drachwant' (Mai 1866), 138; 'Y Gog' (Mai 1866), 122. Argraffwyd darluniau gan gerflunwyr amatur eraill o bryd i'w gilydd hefyd, e.e. John Davies

'Gweddi yr Amddifad' [penillion a darlun o blentyn yn gweddïo] (Gorffennaf 1869), 194.

84 'Cystadleuaeth y Cerflunwyr', *Trysorfa y Plant* (Ionawr 1865), 13–15; 'Ein Cerflunwyr Ieuainc' (Chwefror 1865), 42–3.

85 'Cystadleuaeth y Cerfluniau', *Trysorfa y Plant* (Mai 1866), 125. Gw. hefyd waith rhagor o gystadleuwyr, 'Y Darluniau Cystadleuol', *Trysorfa y Plant* (Mehefin 1866), 154–5.

86 Peter Lord, 'Mr Richard's Pictures: Published for the Encouragement of Native Talent', *Planet*, 126 (1997/8), 71.

87 'Byron', *Trysorfa y Plant* (Ebrill 1869), 99; dim teitl, *Trysorfa y Plant* (Medi 1869), 247–8.

88 'Gwobr o Gini a Hanner', *Trysorfa y Plant* (Hydref 1876), 280.

89 'Beirniadaeth y Cerfluniau', *Trysorfa y Plant* (Chwefror 1877), 54.

90 Lord, 'Mr Richard's Pictures', 73.

91 'Lluniau i'r Plant i'w Gwneyd', *Trysorfa y Plant* (Awst 1888), 222.

92 Dywed Peter Lord am William Davies, a enillodd wobr y 'Drysorfa Fach' yn 1869 iddo fynd i Lundain i hyfforddi, 'moulding him into a competent but unadventurous technician'. Lord, 'Mr Richard's Pictures', 72.

Pennod 8: Casgliadau

1 Gol. [Cranogwen], 'At Ein Darllenwyr' [rhagymadrodd i gyfrol 1], *Y Frythones* (1879), t. iii.

2 W. Gareth Evans, 'Un o Ferched Britannia: Gyrfa yr Addysgwraig Elizabeth P. Hughes', yn Geraint H. Jenkins (gol.), *Cof Cenedl XVI* (Llandysul: Gwasg Gomer, 2001), tt. 95–122.

3 Evans, 'Un o Ferched Britannia', tt. 105–6.

4 Fel y dywed W. Gareth Evans, 'Wrth synio am ddwyieithrwydd, rhoddent y flaenoriaeth i'r Saesneg. Dichon mai strategaeth fwriadol oedd hyn er mwyn sicrhau goddefiad er budd y Gymraeg.' Evans, 'Y Wladwriaeth Brydeinig ac Addysg Gymraeg 1850–1914', yn Geraint H. Jenkins (gol.), *'Gwnewch Bopeth yn Gymraeg': yr Iaith Gymraeg a'i Pheuoedd 1801–1911* (Caerdydd: Gwasg Prifysgol Cymru, 1999), t. 441.

5 Eryn M. White, '"Myrdd o Wragedd": Merched a'r Diwygiad Methodistaidd', *Llên Cymru*, 20 (1997), 68: 'Awgrymodd yr hanesydd E. P. Thompson fod Methodistiaeth, yn hollol anfwriadol, wedi hybu twf mudiadau'r dosbarth gweithiol trwy roi hunanhyder i bobl a'u hyfforddi i fynegi eu teimladau. Rhoddid yr un hyfforddiant i ferched a disgwylid iddynt hwythau hefyd drafod eu profiadau yn gwbl rydd ac agored yng nghymdeithas glòs y seiat.'

6 Dan Isaac Davies, tystiolaeth i'r Comisiwn Brenhinol ar Addysg Gynradd 1888, yn J. Elwyn Hughes, *Arloeswr Dwyieithedd: Dan Isaac Davies 1839–1887* (Caerdydd: Gwasg Prifysgol Cymru, 1984), t. 204.

7 Thomas Charles, 'Excerpts' o brospectws y 'Society for Utilizing the

Welsh Language' (1885), yn Hughes, *Arloeswr Dwyieithedd: Dan Isaac Davies*, t. 182. Gw. hefyd R. Tudur Jones, 'Yr Eglwysi a'r Iaith yn Oes Victoria', *Llên Cymru*, 19 (1996), 147.

8   Jones, 'Yr Eglwysi a'r Iaith yn Oes Victoria', 156.

9   Jones, 'Yr Eglwysi a'r Iaith yn Oes Victoria', 147. Hefyd, 148: 'Arwyddocâd hyn i gyd yw fod yr ysgol Sul yn sefydliad mawr iawn. Mewn gwirionedd, dyma'r peth agosaf a gawsom erioed at gyfundrefn addysg genedlaethol Cymraeg.'

10 R. Tudur Jones, 'Ymneilltuaeth a'r Iaith Gymraeg yn y Bedwaredd Ganrif ar Bymtheg', yn Geraint H. Jenkins (gol.), *'Gwnewch Bopeth yn Gymraeg': yr Iaith Gymraeg a'i Pheuoedd 1801–1911* (Caerdydd: Gwasg Prifysgol Cymru, 1999), t. 249.

11 R. J. W. Evans, 'Nonconformity and Nation: The Welsh Case', *Cylchgrawn Hanes Cymru*, 25/2 (2010), 234–5.

12 Evans, 'Nonconformity and Nation', 234, 238.

13 Simon Brooks, *Pam na fu Cymru? Methiant Cenedlaetholdeb Cymraeg* (Caerdydd: Gwasg Prifysgol Cymru, 2015), t. 20; hefyd t. 39: '[nid] oedd gwarchod y Cymry fel cenedl iaith yn flaenoriaeth. Ym marn y rhyddfrydwyr Cymreig, cenedl a ddiffinnid gan ei Hanghydffurfiaeth oedd y Cymry.'

14 Gelid ystyried llyfrau O. M. Edwards, e.e. *Holi ac Ateb ar Hanes Cymru* yng Nghyfres y Llyfrau Bach (Llanuwchllyn: Ab Owen, 1892) ymhlith y deunyddiau cyntaf a gyhoeddid i gyd-fynd ag addysg ddyddiol, yn hytrach nag addysg yr ysgol Sul.

15 Jones, 'Yr Eglwysi a'r Iaith yn Oes Victoria', 164.

16 Daniel Rowlands, 'Deddf Newydd Addysg, a pha beth a ddylai y Cymry wneyd yn ei hwyneb?', *Y Goleuad* (3 Medi 1870), 4–5; C., 'Cymraeg a Saesneg', *Y Goleuad* (25 Chwefror 1871), 2.

17 Jones, 'Yr Eglwysi a'r Iaith yn Oes Victoria', 164. Am drafodaeth bellach ynghylch y tyndra a achosodd Deddf 1870 i'r gymuned Anghydffurfiol a'r anallu i sicrhau lle i'r Gymraeg ar y pryd, gw. Robin Oakey, 'Education and Nationhood in Wales 1850–1940', yn J. J. Tomiak (gol.), *Schooling and Educational Policy and Ethnic Identity* (Aldershot: Dartmouth, 1991), tt. 41–5.

18 T. M. Bassett, *Bedyddwyr Cymru* (Abertawe: Tŷ Ilston, 1977), t. 306.

19 Dyf. yn Dafydd Andrew Jones, '"O Dywyllwch i Oleuni": y Genhadaeth Gartref a Thramor', yn J. Gwynfor Jones a Marian Beech Hughes (goln), *Hanes Methodistiaeth Galfinaidd Cymru. Cyfrol 3, Y Twf a'r Cadarnhau (c.1814–1914)* (Caernarfon: Gwasg Pantycelyn, 2011), tt. 448–9. Bu cryn helynt rhwng Emrys ap Iwan a Lewis Edwards yn 1880 ynghylch y mater hwn. Cofier am y dyfyniad enwog gan Lewis Edwards a ddefnyddir i grynhoi ei gefnogaeth i sefydlu achosion Saesneg, 'Gan fod y deyrnas yn myned yn Saeson, y mae yn rhaid i ninnau fyned ar ei hôl.' Gw. Jones, 'Ymneilltuaeth a'r Iaith Gymraeg yn y Bedwaredd Ganrif ar Bymtheg', t. 248. Am drafodaeth bellach ar agweddau at y

Gymraeg yn ail hanner y bedwaredd ganrif ar bymtheg a'u cysylltiad ag athroniaeth ac economi'r oes, gw. Jones, 'Yr Eglwysi a'r Iaith yn Oes Victoria', 158–67.

20 Fel y dywed Dafydd Arthur Jones, 'Ni rannai Levi yr un delfrydau ag O. M. Edwards ac nid oedd yn fwriad ganddo i ddeffro cenedl a fu gyhyd o dan sawdl.' Jones, 'Hen Swynwr y 'Sorfa Fach: Thomas Levi (1825–1916)', yn Geraint H. Jenkins (gol.), *Cof Cenedl XI* (Llandysul: Gwasg Gomer, 1996), t. 110.

21 Philip Henry Jones, '"Cario tân mewn papur": Cyhoeddi Pregethau Anghydffurfiol yn y Gymraeg yn y Bedwaredd Ganrif ar Bymtheg', *Llên Cymru*, 41 (2018), 37.

22 Jones, 'Yr Eglwysi a'r Iaith yn Oes Victoria', 163. Gw. hefyd ei ysgrifau 'Yr Eglwysi a'r Iaith Gymraeg yn y Bedwaredd Ganrif ar Bymtheg' ac 'Ymneilltuaeth a'r Iaith Gymraeg yn y Bedwaredd Ganrif ar Bymtheg', yn Geraint H. Jenkins (gol.), *'Gwnewch Bopeth yn Gymraeg': yr Iaith Gymraeg a'i Pheuoedd 1801–1911* (Caerdydd: Gwasg Prifysgol Cymru, 1999), tt. 207–28, 229–50.

23 Sylwer mai'r cyfeiriad cynharaf a ganfu E. G. Millward at yr arfer oedd tystiolaeth gan fachgen ysgol o sir y Fflint yn 1799 a adroddodd wrth y Parch. Richard Warner (awdur dau lyfr taith am Gymru) y rhoddid *'the Welsh lump*, a large piece of lead fastened to a string' am wddw disgybl a glywid yn siarad Cymraeg. Millward, 'Yr Hen Gyfundrefn Felltigedig', yn E. G. Millward, *Cenedl o Bobl Ddewrion: Agweddau ar Lenyddiaeth Oes Victoria* (Llandysul: Gwasg Gomer, 1991), t. 183.

24 Gw. e.e. H. G. Williams, 'National State versus National Identity: State and Inspectorate in Mid-Victorian Wales', *History of Education Quarterly*, 40/2 (2000), 145–68. Disgrifir y modd y ceisiodd yr arolygiaeth ysgolion, o dan ddylanwad Ralph Lingen, amodi sylwadau Harry Longueville Jones, arolygwr ysgolion a ddysgodd y Gymraeg ac a oedd yn gefnogol i ddefnydd helaethach o'r iaith yn ysgolion yr Eglwys yn ystod y 1850au a'r 1860au (165–7).

25 Mae tystiolaeth Dan Isaac Davies yn 1888 hefyd yn cyfeirio at y 'Welsh Note' fel arfer a geid yn y 1840au. Yn dilyn ei ddisgrifiad byr o'r arfer, meddai, 'I do not mean to say that this exists extensively now, but the spirit which resulted in that arrangement 50 years ago still remains, and marks the system.' Tystiolaeth i'r Comisiwn Brenhinol ar Addysg Gynradd 1888, yn Hughes, *Arloeswr Dwyieithedd: Dan Isaac Davies*, t. 202.

26 'Y Welsh Note', *Trysorfa y Plant* (Hydref 1879), 271.

27 'Y Welsh Note', 272.

28 *Reports of the Commissioners of Inquiry into the State of Education in Wales [...] Part III. North Wales* (London: William Clowes and Sons, 1847), t. 60 [ar-lein]: *http://hdl.handle.net/10107/4754027* (gwelwyd 23 Ionawr 2020).

29 Mary and Richard Davies, *Welsh Victorian Ancestors* [ar-lein], *http://www.u3a-llandrindod.org.uk/uploads/Victorian%20Ancestors/Mary%20DaviesF.pdf* (gwelwyd 20 Ionawr 2020).

30 Llyfr Log Ysgol Brydeinig Towyn, Sir Feirionnydd, 1863–76 [t. 7, delwedd 1] [ar-lein], *https://www.casgliadywerin.cymru/items/8123* (gwelwyd 20 Ionawr 2020). Cofier, wrth gwrs, am brofiad O. M. Edwards o'r 'Welsh Not' yn Ysgol y Llan, gw. Millward, 'Yr Hen Gyfrundrefn Felltigedig', tt. 187–9.

31 Jac L. Williams, 'Addysg', yn Dyfnallt Morgan (gol.), *Gwŷr Llên y Bedwaredd Ganrif ar Bymtheg a'u Cefndir* (Llandybïe: Llyfrau'r Dryw, 1968), t. 110.

32 Eben Fardd, 'Anerch at Ieuengtyd Cymru', argraffwyd yn *Y Geninen* (1900), 262–4.

33 E. G. Millward, 'Cymhellion Cyhoeddwyr yn y XIX Ganrif', yn Thomas Jones (gol.), *Astudiaethau Amrywiol a gyflwynir i Syr Thomas Parry-Williams* (Caerdydd: Gwasg Prifysgol Cymru, 1968), t. 77.

34 Kimberley Reynolds, *Radical Children's Literature: Future Visions and Aesthetic Transformations* (Basingstoke/New York: Palgrave Macmillan, 2007), t. 1.

35 Reynolds, *Radical Children's Literature*, t. 2.

36 Philip Henry Jones, 'Argraffu a Chyhoeddi yn yr Iaith Gymraeg 1800–1914', yn Geraint H. Jenkins (gol.), *'Gwnewch Bopeth yn Gymraeg': yr Iaith Gymraeg a'i Pheuoedd 1801–1911* (Caerdydd: Gwasg Prifysgol Cymru, 1999), t. 305.

37 Ceiriog, 'Anthem Genedlaethol Gymreig', *Trysorfa y Plant* (Ionawr 1862), 27–8, sy'n cynnwys cyfieithiad mydryddol gan Ceiriog.

38 R. Tudur Jones, 'Darganfod Plant Bach: Sylwadau ar lenyddiaeth plant yn Oes Victoria', yn J. E. Caerwyn Williams (gol.), *Ysgrifau Beirniadol VIII* (Dinbych: Gwasg Gee, 1974), t. 187.

39 Jones, 'Darganfod plant bach', t. 188.

40 John Jones, 'Byr hanes y Cymry, Y Derwyddon, a'r Grefydd Grist'nogol', *Y Wawr-ddydd* (Mai 1830), 54–6; (Mehefin 1830), 66–8; 'Y Ganrif Gyntaf o Gristnogaeth', *Y Wawr-ddydd* (Gorffennaf 1830), 81–3.

41 Am drafodaeth ar gwynion O. M. Edwards ac eraill ynghylch diffyg gwybodaeth a dealltwriaeth gyffredinol ynghylch llenyddiaeth y Gymraeg yn y 1880au a'r 1890au, gw. Hywel Teifi Edwards, 'Victorian Stocktaking', yn Hywel Teifi Edwards (gol.), *A Guide to Welsh Literature c.1800–1900* (Cardiff: University of Wales Press, 2000), tt. 221–4.

42 Jones, 'Darganfod plant bach', tt. 188–9.

43 Robert Isaac Jones, 'Anerchiad', *Baner y Groes* (Ionawr 1870), 28.

44 'Puzzle. Robinson Crusoe, a'i Was Gwener', *Athrofa y Plant* (Ebrill 1881), 14.

45 Arthur Jones, 'Gair at Ddarllenwyr Ieuanc yr Athrofa', *Athrofa y Plant* (Mai 1883), 243, 244. Daeth y cylchgrawn i ben ym Mai 1883 wedi dwy flynedd.

46 Michel de Certeau, *The Practice of Everyday Life*, cyf. Steven Rendall o *L'Invention du Quotidien: Arts de Faire* [1980] (Berkeley: University of California Press, 1984), t. 144.

47 de Certeau, *The Practice of Everyday Life*, t. 144.

48 'Y fam yn cael ei cheryddu gan ei phlentyn', *Trysor i Blentyn* (Ionawr 1842), 11–14.

49   John Marsden, 'Yr Wyf mor Ddedwydd', *Y Winllan* (Ebrill 1873), 73.

50   Marsden, 'Yr Wyf mor Ddedwydd', 74.

51   Marsden, 'Yr Wyf mor Ddedwydd', 75.

52   'Solitude', yn Lewis Carroll, *The Collected Verse of Lewis Carroll* (London: Macmillan and Co., 1932), t. 418.

53   Claudia Nelson, 'Growing Up: Childhood', yn Herbert F. Tucker (gol.), *A Companion to Victorian Literature and Culture* (Oxford: Blackwell, 1999), t. 80.

54   'Ai Bachgen Dyeithr yw?', *Trysorfa y Plant* (Mehefin 1867), 150–1. Am drafodaeth ar y tyndra rhwng Rhamantiaeth ac efengyliaeth yng nghyd-destun llenyddiaeth troad yr ugeinfed ganrif, gw. Siwan M. Rosser, 'Language, Culture and Identity in Welsh Children's Literature: O. M. Edwards and Cymru'r Plant 1892–1920', yn Ríona Nic Congáil (gol.), *Codladh Céad Bliain: Cnuasach Aistí ar Litríocht na nÓg* (Baile Átha Cliath: LeabhairCOMHAR, 2012), tt. 241–4.

55   G. J. Williams, 'Cyhoeddi Llyfrau Cymraeg yn y Bedwaredd Ganrif ar Bymtheg', *Cylchgrawn y Gymdeithas Lyfryddol Gymreig*, 9/4 (Ebrill 1965), 161.

56   Steven Fischer, *A History of Reading* (London: Reaktion Books, 2004), t. 28.

57   Edwards, 'Victorian Stocktaking', t. 221.

58   Edwards, 'Victorian Stocktaking', t. 222.

59   Cyhoeddwyd rhai penodau o *Sioned* yn *Cymru* (1900) ac yna'n gyfrol yn 1906 (Caernarfon: Cwmni y Cyhoeddwyr Cymreig, 1906).

60   E. Morgan Humphreys, 'Rhagymadrodd', *Dirgelwch yr Anialwch ac Ystraeon Ereill* (Caernarfon: Cwmni y Cyhoeddwyr Cymreig, 1911), t. 5.

61   L. M. Owen (Moelona), *Teulu Bach Nantoer: Ffug-Chwedl i Blant* (Gwrecsam: Hughes a'i Fab, 1913). I nodi canmlwyddiant y nofel yn 2013 cyhoeddwyd golygiad newydd ar ffurf e-lyfr gan gwmni Cromen.

62   Gw. Rosser, 'Language, Culture and Identity in Welsh Children's Literature: O. M. Edwards and Cymru'r Plant 1892–1920', tt. 223–51.

63   Roedd agwedd Edward Anwyl (1866–1914), athro'r Gymraeg yng Ngholeg Prifysgol Cymru, Aberystwyth, yn nodweddiadol o drwch y boblogaeth erbyn dechrau'r ganrif. '[E]ach language has its own domain', meddai. Ym mywyd y cartref, y galon a barddoniaeth roedd lle anrhydeddus i'r Gymraeg, eithr 'in dealing with modern ideas, modern science, modern scholarship, and everything else which concerns the intellectual life of the present age, the Welshman's language must be English'. Anwyl, 'The national awakening in Wales in its relation to Wesh literature', *Welsh Review*, 1 (1906), dyf. yn Edwards, 'Victorian Stocktaking', t. 221.

64   Cyfeiria J. Elwyn Hughes at yr 'elfen fewnol [a filwriai] yn erbyn gwyddona yn Gymraeg, sef natur feiblgreiddiol (feiblganolog) y gymdeithas Gymraeg' yn y bedwaredd ganrif ar bymtheg. Hughes, 'Yr Iaith Gymraeg ym Myd Technoleg a Gwyddoniaeth', yn Geraint H.

Jenkins (gol.), *'Gwnewch Bopeth yn Gymraeg': yr Iaith Gymraeg a'i Pheuoedd 1801–1911* (Caerdydd: Gwasg Prifysgol Cymru, 1999), t. 391.

65 Hazel Walford Davies, *O. M. Edwards*, cyfres Writers of Wales (Cardiff: University of Wales Press, 1988), t. 56: 'He proved its flexibility and its suitability as the language of science, business and commerce [...] In *Cymru'r Plant* O. M. Edwards prepared his readers for life in the twentieth century.' Gw. hefyd Lowri Angharad Hughes, '"Y Teimlad Cenedlaethol': *Cymru* a'i Gyfoeswyr', *Y Traethodydd*, CLXV/695 (2010), 245–6.

Llyfryddiaeth

Testunau cynradd

Anhysbys, *Anrheg i'r Cymro. Yn cynnwys I. Egwyddor Gymraeg &c. II. Ffigurau Rhifyddiaeth. III. Cathechism yr Eglwys [...]* (Dulyn: A. Reilly, 1749).

Bennett, Emerson, *The Forest Rose* [1850] (Lancaster, Ohio, 1995).

Burder, George, *Pregeth i Blant* (Caerfyrddin: J. Evans, 1807).

Charles, Thomas, *Crynodeb o Egwyddorion Crefydd neu Gatecism Byrr i Blant ac Eraill i'w Ddysgu* (Trefecca, 1789).

Charles, Thomas, *Geiriadur Ysgrythyrol* (7fed arg.; Wrexham: Hughes and Son, 1887).

Carroll, Lewis, *The Collected Verse of Lewis Carroll* (London: Macmillan and Co., 1932).

D.A.I., 'Y dull o ddysgu a hyfforddi plant a arferir gan Eglwys y Cymry yn *Liverpool*', *Trysorfa Ysprydol*, V (1800), 274–6.

d.e., *Chwedlau Plant mewn Iaith Blentynaidd* (Llundain: Cymdeithas y Traethodau Crefyddol, 1845).

d.e., 'Thomas Levi', *Y Cymro*, 28 Mehefin 1916, 5.

Dan o Wynedd [Michael D. Jones], 'Dysgeidiaeth', *Y Dysgedydd* (Awst 1845), 237–8.

Davies, Owen, *Cofiant y Parch. John Prichard, Llangollen: mewn cysylltiad a rhai agweddau o hanes Bedyddwyr Cymru yn gyffredinol a Bedyddwyr y gogledd yn neillduol* (Caernarfon: Swyddfa 'Y Genedl', 1880).

Davies, Samuel, *Yr Hyfforddydd Teuluaidd; neu Gyfarwyddiadau i Rieni Lywodraethu eu Plant tra yn Ieuainc, a'u Hyfforddi ym Mhen y Ffordd* (Llanidloes, 1835).

Davies, Thomas, 'Y Parch. Thomas Levi', *Y Goleuad*, 14 Gorffennaf 1916, 9.

Eben Fardd [Ebenezer Thomas], 'Anerch at Ieuengtyd Cymru', *Y Geninen* (Hydref 1900), 262–4.

Edwards, Lewis, 'Addysgiad y Genedl', *Y Traethodydd* (Ebrill 1847), 235–48; (Gorffennaf 1847), 250–77.

Evans, Theophilus, *Llwybr Hyffordd y Plentyn i Fywyd Tragwyddol, neu Gennadwri Nefol yn Dyfod a Newyddion Gogoneddus o Dangneddyf ac Amldra i Drigolion Brydain Fawr* (Y Mwythig: Thomas Durston, 1750).

Griffiths, E., *Briwsion; neu ychydig o Ddarnau Barddonol a gyfansoddwyd er dwyn rhieni, yn enwedig mamau, i gymeryd pethau buddiol i ymddyddan am danynt yn eu teuluoedd* (Abertawy: E. Griffiths, 1855).

Gruffydd, W. J., *Hen Atgofion* (Aberystwyth: Gwasg Aberystwyth, 1936).

Gwynedd, Ieuan, 'Addysg y Llywodraeth', *Y Traethodydd* (Gorffennaf 1849), 295–309.

Edwards, Thomas, *Hunangofiant a Llythyrau Twm o'r Nant*, gol. G. M. Ashton (Caerdydd: Gwasg Prifysgol Cymru, 1962).

Ifans, Dafydd (gol.), *Annwyl Kate, Annwyl Saunders: Gohebiaeth 1923–1983* (Aberystwyth: Llyfrgell Genedlaethol Cymru, 1992).

Iorwerth Glan Aled [Edward Roberts], *Efa Bach* (Dinbych: Thomas Gee, 1853).

James, E. Wyn (gol.), *Dechrau Canu: Rhai Emynau Mawr a'u Cefndir* (Pen-y-bont ar Ogwr: Gwasg Efengylaidd Cymru, 1987).

James, John Angell, *Cydymaith y Rhieni neu gyfarwyddiadau at ddwyn plant i fynu*, cyf. J. Foulkes (Caerlleon: T. Thomas, 1849).

Janeway, James, *A Token for Children, Being an exact account of the conversion, holy and exemplary lives, and joyful deaths of several young children* (London, 1671–2).

Johnston, Dafydd (gol.), *Gwaith Lewys Glyn Cothi* (Caerdydd: Gwasg Prifysgol Cymru, 1995).

Jones, Griffith, *Rheolau yr Ysgolion Cymraeg. A llythyr at bawb y fo yn trigo'n agos iddunt* (London, 1745).

Jones, Griffith, *Hyfforddiad gynnwys i wybodaeth jachusol o egwyddorjon a dyledswyddau crefydd: sef, Holiadau ac attebion ysgrythurol ynghylch yr athrawjaeth a gynhwysir yng nghatecism yr Eglwys Angenrheidjol i'w dysgu gan Hen a Jeuaingc* (Llundain: John Oliver, 1749).

Jones, R. M. (gol.), *Blodeugerdd Barddas o'r Bedwaredd Ganrif ar Bymtheg* (Aberystwyth: Cyhoeddiadau Barddas, 1988).

Jones, Robert, *Drych i'r Anllythyrennog, neu Hylwybr Amlwg ac Esmwyth i fod yn Gyfarwydd yn y Fryttaniaeth* (Trefecca: tros yr awdwr, 1788).

Jones, Thomas, *Anrheg i Blentyn: Hanes Cywir am Ddychweliad Grasol, Bucheddau Duwiol, a Marwolaethau Dedwyddol, Amryw Blant Ieuaingc* (Dinbych: T. Gee, 1816).

Jones, Thomas, *Cofiant neu Hanes Bywyd a Marwolaeth y Parch. Thomas*

Jones, *Gweinidog yr Efengyl, yn ddiweddar o Dref Dinbych*, cwblhawyd gan John Humphreys a John Roberts (Dinbych: Thomas Gee, 1820).

Levi, Thomas, 'Adgofion Mebyd', *Y Traethodydd* (Ionawr 1858), 85–90.

Lewis, George, *Galwad ar Ieuengctyd i Gofio eu Creawdwr* (Caerlleon Chester: J. Hemingway, 1808).

Locke, John, *Some Thoughts Concerning Education* (London, 1693).

Mills, John, *Hyfforddwr yr Efrydydd: neu Arweinydd i Hunan-welliant* (Llanidloes: Albion-Wasc, 1839).

Owen, L. M. (Moelona), *Teulu Bach Nantoer: Ffug-Chwedl i Blant* (Gwrecsam: Hughes a'i Fab, 1913).

Owen, Robert, *Canau Duwiol mewn iaith rwydd i blant* (Llundain: J. Jones West Smithfield, 1826).

Parry, John, *Grammadeg o'r Iaith Gymraeg: wedi ei drefnu yn fyr ac eglur, a'i gyfansoddi mewn iaith Rwydd. Er addysg i Bobl Ieuainc ac Ereill* (4ydd arg.; Caerlleon: M. Monk, 1843).

Parry, John, *Rhodd Mam i'w Phentyn* [1811] (Llanrwst: John Jones, 1846).

Parry, Winnie, *Sioned* [1906] (arg. newydd; Dinas Powys: Gwasg Honno, 1998).

'Pedagogue', *Ysgol i'w Dringo gan y Dosbeirth Darllenyddol Ieuengaf yn yr Ysgol Sabbothol, tuag at eu Dwyn i Ddysgu Darllen a Deall y Bibl* (Llanrwst: W. Jones, 1851).

Pryse, Robert John, *Detholion o Hunangofiant Gweirydd ap Rhys*, gol. Enid Roberts (Llandysul: Gwasg Gomer, 1949).

R.E., 'Cofnodau Cymdeithasfa Dolgellau', *Y Drysorfa*, XI (Rhagfyr 1841), 369–71.

Reports of the Commissioners of Inquiry into the State of Education in Wales [...] Part III North Wales (London: William Clowes and Sons, 1847) [arlein]: *http://hdl.handle.net/10107/4754027* (gwelwyd 23 Ionawr 2020).

Richmond, Legh, *Crefydd Mewn Bwthyn, neu Hanes Jane Bach, yn dangos y buddioldeb o egwyddori plant*, cyf. Richard Richards o *Jane the Young Cottager* (Bala: R. Saunderson, 1819).

Richmond, Legh, *Hanes Merch y Llaethwr*, cyf. Richard Richards o *The Dairyman's Daughter* (Bala: R. Saunderson, 1821).

Roberts, Kate, *Y Lôn Wen* (Dinbych: Gwasg Gee, 1960).

Roberts, William, *Cynlyfr, neu Gyfarwyddyd i'r Anllytherenog* (Llanrwst: John Jones, 1836).

Stowe, Harriet Beecher, *Caban F'Ewyrth Twm*, cyf. Hugh Williams (Llundain: John Casell, Ludgate Hill, 1853).

Thomas, John, *Annerch i Ieuengctyd Cymru yn IV Rhan* (Gwrecsam: Anna Tye, ail arg., 1815).

Wiliam, Dafydd Wyn (gol.), *Llythyrau Goronwy Owen* (Bangor: Dalen Newydd, 2014).

William, Rhisiart Owen, *Egluryn Dirwestiaeth* (Carnarvon: James Rees, 1842).

Williams, Daniel, *Gwagedd Mebyd a Jeungtid, yn yr hwn y dangosir natur lygredig pobl ieuaingc, ac y cynhygir moddion er eu diwygiad: sef rhai pregethau a bregethwyd yn Hand-Alley, yn Llundain ar ddymuniad amryw o rai jeuaingc: at yr hyn y chwanegir, catechism i rai jeuaingc*, cyf. Thomas Baddy o *The Vanity of Childhood and Youth* [1691] (Caerleon: William Cooke, ?1727).

Williams, Hugh, *Robinson Crusoe Cymreig: sef hanes mordaith i Australia, preswyliad yn y coedwigoedd, anturiaethau yn y cloddfeydd aur, ynghyda dychweliad crefyddol yr awdwr* (Caernarfon: John Williams, 1857).

Williams, John, *Cofiant y Parch. W. Williams, Llandilo-Fawr* (Llanelli: David Rees a David Williams, 1848).

Williams, John, *Cofiant a Phregethau y Parch. John Hughes, D.D., Caernarfon* (Liverpool: Isaac Foulkes, 1899).

Woodd, Basil, *Cyfaill i'r Ystafell Briodas: sef, traethawd ar natur a dyledswyddau Ystâd Brïodasol. I. fel personau neillduol, gwr a gwraig, II. fel rhieni a phenau teuluoedd*, cyf. Evan Lewis (Dinbych: Thomas Gee, 1820).

Wordsworth, William, *Wordsworth's Poetry and Prose*, gol. Nicholas Halmi (New York/London: W. W. Norton, 2014).

Y Lefiad [Thomas Levi], *Crynodeb o Gaban 'Newyrth Tom; neu Fywyd Negroaidd yn America* (Abertawy: Joseph Rosser, 1853).

Cylchgronau plant (rhestr o'r rhai y dyfynnir ohonynt yn unig)

Addysgydd (1823): cylchgrawn y Methodistaid Calfinaidd

Athraw i Blentyn (1827–52): cylchgrawn y Bedyddwyr

Athrofa y Plant (1881–3): cylchgrawn anenwadol

Baner y Plant (1889–91): cylchgrawn yr Annibynwyr

Blodau yr Oes (1872–75): cylchgrawn crefyddol anenwadol (yn gwasanaethu ysgolion Sul America)

Cydymaith y Plentyn (1876–80): cylchgrawn y Bedyddwyr

Cymry'r Plant (1892–1987): cylchgrawn anenwadol

Llyfr y Plant (1862–64): cylchgrawn y Bedyddwyr

Yr Oenig (1854–6): cylchgrawn y Methodistiaid Calfinaidd

Y Seren Foreu neu gyfrwng gwybodaeth at wasanaeth plant ieuainc (1846–7): er na nodir cysylltiad ag enwad, roedd y cylchgrawn dan olygyddiaeth John Jones, gweinidog â'r Annibynwyr

Telyn y Plant (1859–61): cylchgrawn dirwestol i wasanaethu plant y Gobeithlu

Trysor i Blentyn (1825–42): cylchgrawn y Methodistiaid Wesleaidd

Trysorfa'r Plant (1852): cylchgrawn y Methodistiaid Calfinaidd

Trysorfa y Plant (1862–1966): cylchgrawn y Methodistiaid Calfinaidd

Y Tywysydd a'r Gymraes (1852–70): cylchgrawn yr Annibynwyr

Tywysydd y Plant (1871–1966): cylchgrawn yr Annibynwyr

Tywysydd yr Ieuainc (1837–51): cylchgrawn yr Annibynwyr

Y Wawr-ddydd (1830): er na nodir cysylltiad ag enwad, roedd y cylchgrawn dan olygyddiaeth Josiah Thomas Jones, gweinidog â'r Annibynwyr

Y Winllan (1848–1966): cylchgrawn y Methodistiaid Wesleaidd

Testunau eilaidd

Ariès, Philippe, *Centuries of Childhood*, cyf. Robert Baldick o *L'Enfant et la Vie Familiale sous l'Ancien Régime* [1960] (1962; adarg. London: Pimlico, 1996).

Avery, Gillian, *Childhood's Pattern* (London: Hodder and Stoughton, 1975).

Avery, Gillian, 'The Puritans and their Heirs', yn Gillian Avery a Julia Briggs (goln), *Children and Their Books: a Celebration of the Work of Iona and Peter Opie* (Oxford: Clarendon, 1989), tt. 95–118.

Avery, Gillian a Reynolds, Kimberley (goln), *Representations of Childhood Death* (Basingstoke: Macmillan, 2000).

Avery, Gillian, 'Intimations of Mortality: the Puritan and Evangelical Message to Children', yn Gillian Avery a Kimberley Reynolds (goln), *Representations of Childhood Death* (Basingstoke: Macmillan, 2000), tt. 87–110.

Awbery, Gwenllian, 'Mynwenta', *Llafar Gwlad*, 143 (Chwefror 2019), 6–7.

Barthes, Roland, *Image, Music, Text*, cyf. Stephen Heath (London: Fontana Press, 1977).

Bassett, T. M., *Bedyddwyr Cymru* (Abertawe: Tŷ Ilston, 1977).

Bassett, T. M., 'The Sunday School', yn Jac L. Williams a Gwilym Rees Hughes (goln), *The History of Education in Wales* (Swansea: Christopher Davies, 1978), tt. 70–82.

Bernstein, Robin, *Racial Innocence: Performing American Childhood from Slavery to Civil Rights* (New York: New York University Press, 2011).

Boschetti, Anne, 'How Field Theory Can Contribute to Knowledge of World Literary Space', *Paragraph*, 35/1 (2012), 10–29.

Bourdieu, Pierre, *Outline of a Theory of Practice*, cyf. Richard Nice o *Esquisse d'une théorie de la pratique* [1972] (Cambridge: Cambridge University Press, 1977).

Bourdieu, Pierre, *Algeria 1960: Essays*, cyf. Richard Nice (Cambridge: Cambridge University Press, 1979).

Bourdieu, Pierre, *Language and Symbolic Power*, gol. John B. Thompson, cyf. Gino Raymond a Matthew Adamson (Cambridge: Polity, 1991).

Bourdieu, Pierre, *In Other Words: Essays Towards a Reflexive Sociology*, cyf. Matthew Adamson (Cambridge: Polity, 1990).

Bourdieu, Pierre, *The Rules of Art: Genesis and Structure of the Literary Field*, cyf. Susan Emanuel o *Règles de l'art* [1992] (Cambridge: Polity, 1996).

Bradford, Clare, *Unsettling Narratives: Postcolonial Readings of Children's Literature* (Waterloo, Ont.: Wilfrid Laurier University Press, 2007).

Bradford, Clare, 'The Case of Children's Literature: Colonial or Anti-colonial?', *Global Studies of Childhood*, 1/4 (2011), 271–9.

Brooks, Simon, *O Dan Lygaid y Gestapo: Yr Oleuedigaeth Gymraeg a Theori Lenyddol* (Caerdydd: Gwasg Prifysgol Cymru, 2004).

Brooks, Simon, *Pam na fu Cymru? Methiant Cenedlaetholdeb Cymraeg* (Caerdydd: Gwasg Prifysgol Cymru, 2015).

Calvert, Karin, 'Children in the House', yn Henry Jenkins (gol.), *The Children's Culture Reader* (New York: New York University Press, 1998), tt. 67–80.

Charles-Edwards, Thomas, *Wales and the Britons 350–1064* (Oxford: Oxford University Press, 2013).

Charnell-White, Cathryn, '"Megis archoll yw 'ngholled": Marwnadau Mamau i'w Plant', yn Gerwyn Wiliams (gol.) *Ysgrifau Beirniadol XXVIII* (Bethesda: Gwasg Gee, 2009), tt. 21–46.

Child, Lauren, *Creadigrwydd ac Amser i Freuddwydio* (Llenyddiaeth Cymru, Ionawr 2018) [ar-lein], *https://www.llenyddiaethcymru.org/lw-news/creadigrwydd-ac-amser-freuddwydio-awdur-y-gyfres-boblogaidd-charlie-lola-yn-ymweld-chaerdydd/* (gwelwyd 14 Ionawr 2020).

Clement, Mary, 'Eighteenth Century Charity Schools', yn Jac L. Williams a Gwilym Rees Hughes (goln), *The History of Education in Wales* (Swansea: Christopher Davies, 1978), tt. 45–57.

Corsaro, William A., *The Sociology of Childhood* (Thousand Oaks, Calif.: Pine Forge Press, 1997).

Croll, Andy a Johnes, Martin, 'A heart of darkness? Leisure, respectability and the aesthetics of vice in Victorian Wales', yn Mike Huggins a J. A. Mangan (goln), *Disreputable Pleasures: Less Virtuous Victorians at Play* (London/New York: Frank Cass, 2004), tt. 153–71.

Davies, D. Eryl, *Christian Schools: Christianity and Education in Mid-nineteenth-century Wales and its Relevance for Today* (Bridgend: Evangelical Library of Wales, 1978).

Davies, Edward Tegla, EVANS, JOHN ('Eglwys Bach'; 1840–1897), gweinidog Wesleaidd, *Y Bywgraffiadur Cymreig* (1953) [ar-lein], *https://bywgraffiadur.cymru/article/c-EVAN-JOH-1840* (gwelwyd 23 Ionawr 2020).

Davies, Hazel Walford, *O. M. Edwards*, cyfres Writers of Wales (Cardiff: University of Wales Press, 1988).

Davies, John, *Hanes Cymru* (London: Penguin, arg. diw. 2007).

Davies, Russell, *Hope and Heartbreak: a Social History of Wales and the Welsh, 1776–1871* (Cardiff: University of Wales Press, 2005).

de Certeau, Michel, *The Practice of Everyday Life*, cyf. Steven Rendall o *L'Invention du Quotidien: Arts de Faire* [1980] (Berkeley: University of California Press, 1984).

Drotner, Kirsten, *English Children and their Magazines, 1751–1945* (New Haven/London: Yale University Press, 1989).

Dubois, Jacques, 'Pierre Bourdieu and Literature', *SubStance*, 29/3 (2000), 84–102.

Duschinsky, Robert, '*Tabula Rasa* and Human Nature', *Philosophy*, 87/4 (2012), 509–29.

Edwards, Hywel Teifi, 'Victorian Stocktaking', yn Hywel Teifi Edwards (gol.), *A Guide to Welsh Literature c.1800–1900* (Cardiff: University of Wales Press, 2000), tt. 210–31.

Edwards, Hywel Teifi, *Codi'r Hen Wlad yn ei Hôl: 1850–1914* (Llandysul: Gwasg Gomer, 1989).

Ellis, Thomas I., OWEN, Syr HUGH (1804–1881), cymwynaswr addysg Cymru, *Y Bywgraffiadur Cymreig* (1953) [ar-lein], *https://bywgraffiadur. cymru/article/c-OWEN-HUG-1804* (gwelwyd 23 Ionawr 2020).

Erle, Xabier Etxaniz, 'Basque Children's and Juvenile Literature', yn Marie Jose Olaziregi (gol.), *Basque Literary History*, cyf. Amaia Gabantxo (Reno, Nevada: Centre for Basque Studies, University of Nevada, 2012), tt. 291–310.

Evans, E. D., 'Methodist Persecution in Merioneth in the Late Eighteenth Century', *Cylchgrawn Hanes Cymdeithas Hanes y Methodistiaid Calfinaidd*, 28 (2004), 23–37.

Evans, E. D., 'The Road to 1811', *Cylchgrawn Hanes Cymdeithas Hanes y Methodistiaid Calfinaidd*, 35 (2011), 45–57.

Evans, R. J. W., 'Nonconformity and Nation: The Welsh Case', *Cylchgrawn Hanes Cymru*, 25/2 (2010), 231–8.

Evans, W. Gareth, 'Y Wladwriaeth Brydeinig ac Addysg Gymraeg 1850–1914', yn Geraint H. Jenkins (gol.), *'Gwnewch Bopeth yn Gymraeg': yr Iaith Gymraeg a'i Pheuoedd 1801–1911* (Caerdydd: Gwasg Prifysgol Cymru, 1999), tt. 427–49.

Evans, W. Gareth, 'Un o Ferched Britannia: Gyrfa yr Addysgwraig Elizabeth P. Hughes', yn Geraint H. Jenkins (gol.), *Cof Cenedl XVI* (Llandysul: Gwasg Gomer, 2001), tt. 95–122.

Ezell, Margaret J. M., 'John Locke's Images of Childhood: Early Eighteenth Century Response to *Some Thoughts Concerning Education*', *Eighteenth-Century Studies*, 17/2 (1983), 139–55.

Fischer, Steven, *A History of Reading* (London: Reaktion Books, 2004).

Foucault, Michel, *Discipline and Punish: the Birth of the Prison*, cyf. Alan Sheridan, *Surveiller et punir: Naissance de la prison* [1975] (London: Allen Lane, 1977).

Fowler, Bridget, *Pierre Bourdieu and Cultural Theory: Critical Investigations* (London: Sage, 1997).

Ghesquiere, Rita, 'Why Does Children's Literature Need Translations?', yn Jan van Coillie and Walter P. Verscheuren (goln), *Children's Literature in Translation: Challenges and Strategies* (Manchester: St. Jerome, 2006), tt. 19–33.

Gibson, Lois R. a Zaidman, Laura M., 'Death in Children's Literature: Taboo or Not Taboo?', *Children's Literature Association Quarterly*, 16/4 (1991), 232–4.

Grenby, Matthew, 'Children's Literature: Birth, Infancy, Maturity', yn Janet Maybin a Nicola J. Weston (goln), *Children's Literature: Approaches and Territories* (Basingstoke: Palgrave Macmillan, 2009), tt. 39–56.

Grenby, Matthew O., *The Child Reader, 1700–1840* (Cambridge: Cambridge University Press, 2011).

Griffiths, Rhidian, 'Ieuan Gwyllt a Chanu'r Cymry', *Ceredigion: Cylchgrawn Cymdeithas Hynafiaethwyr Sir Aberteifi*, 11/3 (1991), 260–70.

Gundry-Wolf, Judith M., 'The Least and the Greatest: Children in the New Testament', yn Marcia J. Bunge (gol.), *The Child in Christian Thought* (Grand Rapids, Mich.: Eerdmans, 2001), tt. 29–60.

Hallam, Tudur, *Canon ein Llên* (Caerdydd: Gwasg Prifysgol Cymru, 2007).

Heitzenrater, Richard P., 'John Wesley and Children', yn Marcia J. Bunge (gol.), *The Child in Christian Thought* (Grand Rapids, Mich.: Eerdmans, 2001), tt. 279–99.

Herman, David (gol.), *Cambridge Companion to Narrative* (Cambridge: Cambridge University Press, 2007).

Heywood, Colin, *A History of Childhood: Children and Childhood from Medieval to Modern Times* (Cambridge: Polity Press, 2001).

Horne, Jackie L., *History and the Construction of the Child in Early British Children's Literature* (Abingdon: Ashgate, 2011).

Hughes, Gwilym, 'Y Cylchgronau', yn Mairwen Jones a Gwynn Jones (goln), *Dewiniaid Difyr: Llenorion Plant Cymru hyd tua 1950* (Llandysul: Gwasg Gomer, 1983), tt. 74–87.

Hughes, Huw John, *Coleg y Werin: Hanes Cynnar yr Ysgol Sul yng Nghymru (1780–1851)* (Bangor: Cyhoeddiadau'r Gair, 2013).

Hughes, J. Elwyn, *Arloeswr Dwyieithedd: Dan Isaac Davies 1839–1887* (Caerdydd: Gwasg Prifysgol Cymru, 1984).

Hughes, J. Elwyn, 'Yr Iaith Gymraeg ym Myd Technoleg a Gwyddoniaeth', yn Geraint H. Jenkins (gol.), *'Gwnewch Bopeth yn Gymraeg': yr Iaith Gymraeg a'i Pheuoedd 1801–1911* (Caerdydd: Gwasg Prifysgol Cymru, 1999), tt. 375–98.

Humphreys, E. Morgan, *Dirgelwch yr Anialwch ac Ystraeon Ereill* (Caernarfon: Cwmni y Cyhoeddwyr Cymreig, 1911).

Isaac, Norah, 'Y Cychwyn', yn Mairwen Jones a Gwynn Jones (goln), *Dewiniaid Difyr: Llenorion Plant Cymru hyd tua 1950* (Llandysul: Gwasg Gomer, 1983), tt. 1–14.

Iser, Wolfgang, *The Act of Reading: A Theory of Aesthetic Response*, cyf. o *Der Akt des Lesens* [1976] (Baltimore: John Hopkins University Press, 1978).

Jack, Belinda, *The Woman Reader* (New Haven, Conn./London: Yale University Press, 2013).

James, Allison, Jenks, Chris a Prout, Alan, *Theorizing Childhood* (Cambridge: Polity, 1998).

James, Kathryn, *Death, Gender and Sexuality in Contemporary Adolescent Literature* (New York and London: Routledge, 2009).

Jay, Elizabeth, '"Ye careless, thoughtless, wordly parents, tremble while you read this history!" The Use and Abuse of the Dying Child in the Evangelical Tradition', yn Gillian Avery a Kimberley Reynolds (goln), *Representations of Childhood Death* (Basingstoke: Macmillan, 2000), tt. 111–32.

Jenkins, Geraint H., *Literature, Religion and Society in Wales, 1660–1730* (Cardiff: University of Wales Press, 1978).

Jenkins, Geraint H., *Cadw Tŷ mewn Cwmwl Tystion* (Llandysul: Gwasg Gomer, 1990).

Jenkins, Henry (gol.), *The Children's Culture Reader* (New York: New York University Press, 1998).

Jenkins, Philip, *A History of Modern Wales 1536–1990* (London/New York: Longman, 1992).

Johnston, Dafydd, *Galar y Beirdd: Marwnadau Plant* (Caerdydd: Tafol, 1993).

Johnston, Dafydd, *Llên yr Uchelwyr: Hanes Beirniadol Llenyddiaeth Gymraeg 1300–1525* (Caerdydd: Gwasg Prifysgol Cymru, 2005).

Jones, Aled G., *Press, Politics and Society: A History of Journalism in Wales* (Cardiff: University of Wales Press, 1993).

Jones, Aled G., 'The Welsh Newspaper Press', yn Hywel Teifi Edwards (gol.), *A Guide to Welsh Literature c.1800–1900* (Cardiff: University of Wales Press, 2000), tt. 1–23.

Jones, Dafydd Andrew, '"O Dywyllwch i Oleuni": y Genhadaeth Gartref a Thramor', yn J. Gwynfor Jones a Marian Beech Hughes (goln), *Hanes Methodistiaeth Galfinaidd Cymru. Cyfrol 3, Y Twf a'r Cadarnhau (c.1814–1914)* (Caernarfon: Gwasg Pantycelyn, 2011), tt. 422–93.

Jones, Dafydd Arthur, 'Hen Swynwr y 'Sorfa Fach: Thomas Levi (1825–1916)', yn Geraint H. Jenkins (gol.), *Cof Cenedl XI* (Llandysul: Gwasg Gomer, 1996), tt. 89–116.

Jones, Dafydd Arthur, *Thomas Levi*, cyfres Llên y Llenor (Caernarfon: Gwasg Pantycelyn, 1996).

Jones, David, 'Ystadegaeth Cyfundeb y Methodistiaid Calfinaidd 1814–1914', yn J. Gwynfor Jones a Marian Beech Hughes (goln), *Hanes Methodistiaeth Galfinaidd Cymru. Cyfrol 3, Y Twf a'r Cadarnhau (c.1814–1914)* (Caernarfon: Gwasg Pantycelyn, 2011), tt. 494–633.

Jones, Frank Price, 'The Blue Books of 1847', yn Jac L. Williams a Gwilym Rees Hughes (goln), *The History of Education in Wales* (Swansea: Christopher Davies, 1978), tt. 127–44.

Jones, G. Penrhyn, 'Cholera in Wales', *Cylchgrawn Llyfrgell Genedlaethol Cymru*, 10/3 (1958), 281–300.

Jones, Gareth Elwyn, 'Yr Iaith Gymraeg yn Llyfrau Gleision 1847', yn Geraint H. Jenkins (gol.), *'Gwnewch Bopeth yn Gymraeg': yr Iaith Gymraeg a'i Pheuoedd 1801–1911* (Caerdydd: Gwasg Prifysgol Cymru, 1999), tt. 399–426.

Jones, Gareth Elwyn a Roderick, Gordon Wynne, *A History of Education in Wales* (Cardiff: University of Wales Press, 2003).

Jones, Ieuan Gwynedd, 'The Nineteenth Century', yn Philip Henry Jones ac Eiluned Rees (goln), *A Nation and its Books: a History of the Book in Wales* (Aberystwyth: Llyfrgell Genedlaethol Cymru, 1998), tt. 157–72.

Jones, Islwyn, *'Gwell yw Dŵr i Gylla Dyn': Bras-olwg ar Hanes Dirwest yng Nghymru yn y Bedwaredd Ganrif ar Bymtheg* (Caerdydd: Amgueddfa Werin Cymru, 1986).

Jones, J. Gwynfor a Hughes, Marian Beech (goln), *Hanes Methodistiaeth Galfinaidd Cymru. Cyfrol 3, Y Twf a'r Cadarnhau (c.1814–1914)* (Caernarfon: Gwasg Pantycelyn, 2011).

Jones, Mariwen a Jones, Gwynn (goln), *Dewiniaid Difyr: Llenorion Plant Cymru hyd tua 1950* (Llandysul: Gwasg Gomer, 1983).

Jones, Philip Henry a Rees, Eiluned, *A Nation and its Books: a History of the Book in Wales* (Aberystwyth: National Library of Wales, 1998).

Jones, Philip Henry, 'Two Welsh Publishers of the Golden Age: Gee a'i Fab and Hughes a'i Fab', yn Philip Henry Jones ac Eiluned Rees (goln), *A Nation and its Books: a History of the Book in Wales* (Aberystwyth: National Library of Wales, 1998), tt. 173–88.

Jones, Philip Henry, 'Argraffu a Chyhoeddi yn yr Iaith Gymraeg 1800–1914', yn Geraint H. Jenkins (gol.), *'Gwnewch Bopeth yn Gymraeg': yr Iaith Gymraeg a'i Pheuoedd 1801–1911* (Caerdydd: Gwasg Prifysgol Cymru, 1999), tt. 297–325.

Jones, Philip Henry, '"Cario tân mewn papur": Cyhoeddi Pregethau Anghydffurfiol yn y Gymraeg yn y Bedwaredd Ganrif ar Bymtheg', *Llên Cymru*, 41 (2018), 23–52.

Jones, R. M., 'The Christian Heritage of Welsh Education', yn R. M. Jones a Gwyn Davies (goln), *The Christian Heritage of Welsh Education* (Bridgend: Evangelical Press of Wales, 1986), tt. 1–26.

Jones, R. Tudur, 'Anghydffurfiaeth', yn Dyfnallt Morgan (gol.), *Gwŷr Llên y Bedwaredd Ganrif ar Bymtheg a'u Cefndir* (Llandybïe: Llyfrau'r Dryw, 1968), tt. 119–28.

Jones, R. Tudur, 'Rhyddiaith Grefyddol y 19eg Ganrif', yn Geraint Bowen (gol.), *Y Traddodiad Rhyddiaith* (Llandysul: Gwasg Gomer, 1970), tt. 318–53.

Jones, R. Tudur, 'Darganfod Plant Bach: Sylwadau ar lenyddiaeth plant yn Oes Victoria', yn J. E. Caerwyn Williams (gol.), *Ysgrifau Beirniadol VIII* (Dinbych: Gwasg Gee, 1974), tt. 160–204.

Jones, R. Tudur, *Yr Ysgol Sul: Coleg y Werin* (Caernarfon: Gwasanaeth Archifau Gwynedd, 1985).

Jones, R. Tudur, *Duw a Diwylliant: Y Ddadl Fawr 1800–1830* (Caerdydd: Amgueddfa Werin Cymru, 1986).

Jones, R. Tudur, *Coroni'r Fam Frenhines: Y Ferch a'r Fam yn Llenyddiaeth Oes Fictoria, 1835–60* (Llandysul: Gwasg Gomer, 1991).

Jones, R. Tudur, 'Yr Eglwysi a'r Iaith yn Oes Victoria', *Llên Cymru*, 19 (1996), 146–67.

Jones, R. Tudur, 'Awr Anterth Efengyliaeth yng Nghymru', yn R. Tudur Jones, *Grym y Gair a Fflam y Ffydd: Ysgrifau ar Hanes Crefydd yng Nghymru*, gol. D. Densil Morgan (Bangor: Canolfan Uwch-Efrydiau Crefydd yng Nghymru, 1998), tt. 285–308.

Jones, R. Tudur, 'Y Genedl Galfinaidd a'i Llên: Rhyddiaith Grefyddol y Bedwaredd Ganrif ar Bymtheg', yn R. Tudur Jones *Grym y Gair a Fflam y Ffydd: Ysgrifau ar Hanes Crefydd yng Nghymru*, gol. D. Densil Morgan (Bangor: Canolfan Uwch-Efrydiau Crefydd yng Nghymru, 1998), tt. 255–84.

Jones, R. Tudur, 'Yr Eglwysi a'r Iaith Gymraeg yn y Bedwaredd Ganrif ar Bymtheg', yn Geraint H. Jenkins (gol.), *'Gwnewch Bopeth yn Gymraeg': yr Iaith Gymraeg a'i Pheuoedd 1801–1911* (Caerdydd: Gwasg Prifysgol Cymru, 1999), tt. 207–28.

Jones, R. Tudur, 'Ymneilltuaeth a'r Iaith Gymraeg yn y Bedwaredd Ganrif ar Bymtheg', yn Geraint H. Jenkins (gol.), *'Gwnewch Bopeth yn Gymraeg': yr Iaith Gymraeg a'i Pheuoedd 1801–1911* (Caerdydd: Gwasg Prifysgol Cymru, 1999), tt. 229–50.

Jones, Tudor Powell, 'The Contribution of the Established Church to Welsh Education (1811–1846)', yn Jac L. Williams a Gwilym Rees Hughes (goln), *The History of Education in Wales* (Swansea: Christopher Davies, 1978), tt. 105–26.

Kinane, Ian (gol.), *Didactics and the Modern Robinsonade* (Liverpool: Liverpool University Press, 2019).

Labbe, Jacqueline, 'Doctrine, Suffering and the Morality of Death in Didactic Children's Fiction', *British Journal for Eighteenth-century Studies*, 29 (2006), 445–59.

Lesnik-Oberstein, Karín, 'Essentials: What is Children's Literature? What is Childhood?', yn Peter Hunt (gol.), *Understanding Children's Literature: Key Essays from the International Companion Encyclopedia of Children's Literature* (London/New York: Routledge, 1999), tt. 15–29.

Löffler, Marion, *Political Pamphlets and Sermons form Wales, 1790–1806* (Cardiff: University of Wales Press, 2014).

Löffler, Marion, 'Dathlu Trichanmlwyddiant pregeth a bregethwyd yng

Nghapel Ty-Ely yn Holbourn 1716', yn Angharad Price (gol.), *Ysgrifau Beirniadol XXXIV* (Dinbych: Gwasg Gee, 2016), tt. 113–34.

Lord, Peter, *Hugh Hughes Arlunydd Gwlad 1790–1863* (Llandysul: Gomer, 1995).

Lord, Peter, *Words with Pictures: Welsh Images and Images of Wales in the Popular Press, 1640–1860* (Aberystwyth: Planet, 1995).

Lord, Peter, 'Mr Richard's Pictures: Published for the Encouragement of Native Talent', *Planet*, 126 (1997/8), 66–74.

Lyons, Martyn, 'New Readers in the Nineteenth Century: Women, Children, Workers', yn Guglielmo Cavallo a Roger Chartier (goln), *A History of Reading in the West: Studies in Print Culture and the History of the Book* (Cambridge: Polity, 1999), tt. 313–44.

Llywodraeth Cymru, *Fframwaith y Cyfnod Sylfaen (Diwygiedig 2015)* [arlein], *https://hwb.gov.wales/cwricwlwm-cymru-2008/cyfnod-sylfaen/ fframwaith-y-cyfnod-sylfaen/*.

McCallum, Robyn a Stephens, John, 'Ideology and Children's Books', yn Shelby Wolf, Karen Cotes, Patricia Enciso a Christine Jenkins (goln), *Handbook of Research on Children's and Young Adult Literature* (New York: Routledge, 2011), tt. 359–71.

McCarthy, Conal, 'Theorising Museum Practice through Practice Theory', yn Pamela Burnard, Elizabeth Mackinlay a Kimberly Powell (goln), *The Routledge International Handbook of Intercultural Arts Research* (London: Routledge, 2016), tt. 24–34.

McGillis, Roderick, *Voices of the Other: Children's Literature and the Postcolonial Context* (New York/London: Garland, 2000).

Marks, Rhiannon, *'Pe Gallwn, Mi Luniwn Lythyr': Golwg ar Waith Menna Elfyn* (Caerdydd: Gwasg Prifysgol Cymru, 2013).

Marks, Rhiannon, 'Syrffio'r Drydedd Don? Heriau Cyfoes Astudiaethau Rhywedd', *Y Traethodydd*, 172 (2017), 47–62.

Mathias, Manon, 'Y Llythyr a'r Llyfr: Gohebiaeth George Sand a Gustave Flaubert, Kate Roberts a Saunders Lewis', yn Tudur Hallam ac Angharad Price (goln), *Ysgrifau Beirniadol XXXI* (Dinbych: Gwasg Gee, 2012), tt. 11–32.

Maybin, Janet a Weston, Nicola J. (goln), *Children's Literature: Approaches and Territories* (Basingstoke: Palgrave Macmillan, 2009).

Meredith, J. E., *Thomas Levi: Sefydlydd Trysorfa y Plant a'i Golygydd am Hanner Can Mlynedd* (Caernarfon: Llyfrfa'r Methodistiaid Calfinaidd, 1962).

Miles, Eiry, 'Y Darlun o Blant yn Llenyddiaeth Gymraeg yr Oesoedd Canol' (traethawd MPhil heb ei gyhoeddi, Prifysgol Abertawe, 2002) [ar-lein], *http://cronfa.swan.ac.uk/Record/cronfa42250* (gwelwyd 14 Ionawr 2020).

Miles, Eiry, 'Y Darlun o Blant yn y Canu Mawl', yn Bleddyn Owen Huws ac A. Cynfael Lake (goln), *Genres y Cywydd* (Talybont: Cyhoeddwyd gan y golygyddion gyda chefnogaeth y Coleg Cymraeg Cenedlaethol, 2016), tt. 143–61.

Millward, E. G., 'Cymhellion Cyhoeddwyr yn y XIX Ganrif', yn Thomas Jones (gol.), *Astudiaethau Amrywiol a gyflwynir i Syr Thomas Parry-Williams* (Caerdydd: Gwasg Prifysgol Cymru, 1968), tt. 67–83.

Millward, E. G., *Cenedl o Bobl Ddewrion: Agweddau ar Lenyddiaeth Oes Victoria* (Llandysul: Gwasg Gomer, 1991).

Millward, Robert a Bell, Frances, 'Infant Mortality in Victorian Britain: the Mother as Medium', *Economic History Review*, 54/4 (2001), 699–733.

Mitchell, Jon P., 'A Fourth Critic of the Enlightenment: Michel de Certeau and the Ethnography of Subjectivity', *Social Anthropology*, 15 (2007), 89–106.

Moore, Timothy E. a Mae, Reet, 'Who Dies and Who Cries: Death and Bereavement in Children's Literature', *Journal of Communication*, 37/4 (1987), 52–64.

Morgan, D. Densil, *Lewis Edwards*, cyfres Dawn Dweud (Caerdydd: Gwasg Prifysgol Cymru, 2009).

Morgan, D. Densil (gol.), *Thomas Charles o'r Bala* (Caerdydd: Gwasg Prifysgol Cymru, 2014).

Morgan, D. Densil, 'Thomas Charles o'r Bala', yn D. Densil Morgan (gol.), *Thomas Charles o'r Bala* (Caerdydd: Gwasg Prifysgol Cymru, 2014), tt. 193–208.

Morgan, Derec Llwyd, 'Thomas Charles: "Tad i foneddigeiddrwydd y werin Gristnogol Gymraeg"', yn D. Densil Morgan (gol.), *Thomas Charles o'r Bala* (Caerdydd: Gwasg Prifysgol Cymru, 2014), tt. 209–20.

Morgan, Prys (gol.), *Brad y Llyfrau Gleision* (Llandysul: Gwasg Gomer, 1991).

Müller, Anja, *Framing Childhood in Eighteenth-century English Periodicals and Prints, 1689–1789* (Farnham/Burlington, VT: Ashgate, 2009).

Myers, Mitzi, 'Wise Child, Wise Peasant, Wise Guy: Geoffrey Summerfield's Case Against the Eighteenth Century', *Children's Literature Association Quarterly*, 12/2 (1987), 107–10.

Nardinelli, Clark, 'Child Labor and the Factory Acts', *Journal of Economic History*, 40/4 (Rhagfyr 1980), 739–55.

Nelson, Claudia, 'Growing Up: Childhood', yn Herbert F. Tucker (gol.),

A Companion to Victorian Literature and Culture (Oxford: Blackwell, 1999), tt. 69–81.

Nodelman, Perry, 'The Case of Children's Fiction: or the Impossibility of Jacqueline Rose', *Children's Literature Association Quarterly*, 10/3 (1985), 98–100.

Nodelman, Perry, 'The Other: Orientalism, Colonialism, and Children's Literature', *Children's Literature Association Quarterly*, 17/1 (1992), 29–35.

Nodelman, Perry a Reimer, Mavis, *The Pleasures of Children's Literature* (3ydd arg., Boston: Allyn and Bacon, 2003).

Nodelman, Perry, *The Hidden Adult: Defining Children's Literature* (Baltimore, MD: Johns Hopkins University Press, 2008).

Norrick, Neal R., 'Conversational storytelling', yn David Herman (gol.), *Cambridge Companion to Narrative* (Cambridge: Cambridge University Press, 2007), tt. 127–41.

O'Leary, Paul, 'Networking Respectability: Class, Gender and Ethnicity among the Irish in South Wales, 1845–1914', *Immigrants & Minorities*, 23/2–3 (2005), 255–75.

O'Malley, Andrew, *The Making of the Modern Child: Children's Literature and Childhood in the Late Eighteenth Century* (London/New York: Routledge, 2003).

O'Sullivan, Emer, *Comparative Children's Literature*, cyf. Anthea Bell (London/New York: Routledge, 2005).

Oakey, Robin, 'Education and Nationhood in Wales 1850–1940', yn J. J. Tomiak (gol.), *Schooling and Educational Policy and Ethnic Identity* (Aldershot: Dartmouth, 1991), tt. 35–61.

Owen, Ann Parry, 'Marwnad', WICI (2016) [ar-lein], *https://wici.porth.ac.uk/index.php/Marwnad* (gwelwyd 14 Ionawr 2020).

Owen, D. Huw, 'Diwylliant Gweledol', yn J. Gwynfor Jones a Marian Beech Hughes (goln), *Hanes Methodistiaeth Galfinaidd Cymru. Cyfrol 3, Y Twf a'r Cadarnhau (c.1814–1914)* (Caernarfon: Gwasg Pantycelyn, 2011), tt. 305–50.

Owen, Goronwy Prys, 'Addoli a'r Bywyd Ysbrydol', yn J. Gwynfor Jones a Marian Beech Hughes (goln), *Hanes Methodistiaeth Galfinaidd Cymru. Cyfrol 3, Y Twf a'r Cadarnhau (c.1814–1914)* (Caernarfon: Gwasg Pantycelyn, 2011), tt. 42–111.

Owen, Ivor, 'Darluniau mewn Llyfrau Plant', yn Mairwen Jones a Gwynn Jones (goln), *Dewiniaid Difyr: Llenorion Plant Cymru hyd tua 1950* (Llandysul: Gwasg Gomer, 1983), tt. 114–25.

Owens, Benjamin G., WILLIAMS, JOHN ('Ioan ap Ioan'; 1800–1871), gweinidog gyda'r Bedyddwyr, ac awdur, *Y Bywgraffiadur Cymreig*

(1953) [ar-lein], *https://bywgraffiadur.cymru/article/c-WILL-JOH-1800* (gwelwyd 23 Ionawr 2020).

Phillips, Menna, 'Children's Literature in Welsh to 1950', yn Philip Henry Jones ac Eiluned Rees (goln), *A Nation and its Books: a History of the Book in Wales* (Aberystwyth: Llyfrgell Genedlaethol Cymru, 1998), tt. 379–86.

Pickering, Samuel F., *Moral Instruction and Fiction for Children, 1749–1820* (Athens/London: University of Georgia Press, 1993).

Pitkin, Barbara, '"The Heritage of the Lord": Children in the Theology of John Calvin', yn Marcia J. Bunge (gol.), *The Child in Christian Thought* (Grand Rapids, Mich.: Eerdmans, 2001), tt. 160–93.

Pollock, Linda A., *Forgotten Children: Parent-Child Relations from 1500 to 1900* (Cambridge: Cambridge University Press, 1983).

Pope, Robert, 'Methodistiaeth a Chymdeithas', yn J. Gwynfor Jones a Marian Beech Hughes (goln), *Hanes Methodistiaeth Galfinaidd Cymru. Cyfrol 3, Y Twf a'r Cadarnhau (c.1814–1914)* (Caernarfon: Gwasg Pantycelyn, 2011), tt. 351–421.

Price, Leah, *How To Do Things with Books in Victorian Britain* (Princeton, New Jersey: Princeton University Press, 2013).

Reeves, Rosanne, *Dwy Gymraes, Dwy Gymru: Hanes Bywyd a Gwaith Gwyneth Vaughan a Sara Maria Saunders* (Caerdydd: Gwasg Prifysgol Cymru, 2014).

Reynolds, Kimberley a Yates, Paula, 'Too Soon: Representations of Childhood Death in Literature for Children', yn Karín Lesnik-Oberstein (gol.), *Children in Culture* (London: Palgrave Macmillan, 1998), tt. 151–77.

Reynolds, Kimberley, 'Fatal Fantasies: the Death of Children in Victorian and Edwardian Fantasy Writing', yn Gillian Avery a Kimberley Reynolds (goln), *Representations of Childhood Death* (Basingstoke: Macmillan, 2000), tt. 169–88.

Reynolds, Kimberley, *Radical Children's Literature: Future Visions and Aesthetic Transformations* (Basingstoke/New York: Palgrave Macmillan, 2007).

Reynolds, Kimberley, *Children's Literature: A Very Short Introduction* (Oxford: Oxford University Press, 2011).

Roberts, Brynley F., 'Llenyddiaeth a Chyhoeddi', yn J. Gwynfor Jones a Marian Beech Hughes (goln), *Hanes Methodistiaeth Galfinaidd Cymru. Cyfrol 3, Y Twf a'r Cadarnhau (c.1814–1914)* (Caernarfon: Gwasg Pantycelyn, 2011), tt. 187–224.

Roberts, Griffith T., DAVIES, WILLIAM (1820–1875), gweinidog

Wesleaidd, *Y Bywgraffiadur Cymreig* (1953) [ar-lein], *https://bywgraffiadur.cymru/article/c-DAVI-WIL-1820* (gwelwyd 23 Ionawr 2020).

Roberts, Gwyneth Tyson, *The Language of the Blue Books: the Perfect Instrument of Empire* (Cardiff: University of Wales, 1998).

Roberts, Kate, 'Y Nofel Gymraeg', *Y Llenor* (gaeaf 1928), 211–16.

Roberts, Llion Pryderi, '"Y mae efe, wedi marw, yn llefaru eto": Mawl a Moes yng Nghofiannau'r Pregethwyr', *Y Traethodydd*, 161 (2006), 78–97.

Roberts, Llion Pryderi, '"Mawrhau ei Swydd": Owen Thomas, Lerpwl (1812–91) a Chofiannau Pregethwyr y Bedwaredd Ganrif ar Bymtheg' (traethawd PhD heb ei gyhoeddi, Prifysgol Caerdydd, 2011).

Rose, Jacqueline, *The Case of Peter Pan or The Impossibility of Children's Fiction* (London/Basingstoke: Macmillan, 1984).

Rosenblatt, Lousie M., *Literature as Exploration* (1938; adarg. Modern Language Association, 2016).

Rosser, Siwan M., *Y Ferch ym Myd y Faled* (Caerdydd: Gwasg Prifysgol Cymru, 2006).

Rosser, Siwan M., 'Thomas Jones a'i *Anrheg i Blentyn*', *Cylchgrawn Hanes Cymdeithas Hanes y Methodistiaid Calfinaidd*, 32 (2008), 44–73.

Rosser, Siwan M., 'Albert Maywood: Brodorion America, Thomas Levi a Dechreuadau'r Stori Antur i Blant', *Y Traethodydd*, 164 (2009), 133–46.

Rosser, Siwan M., 'Language, Culture and Identity in Welsh Children's Literature: O. M. Edwards and *Cymru'r Plant* 1892–1920', yn Ríona Nic Congáil (gol.), *Codladh Céad Bliain: Cnuasach Aistí ar Litríocht na nÓg* (Baile Átha Cliath: LeabhairCOMHAR, 2012), tt. 223–51.

Rosser, Siwan M., 'Thomas Levi a Dychymyg y Cymry', *Cylchgrawn Hanes Cymdeithas Hanes y Methodistiaid Calfinaidd*, 40 (2016), 87–102.

Rousseau, Jean-Jacques, *Ysgrifau ar Addysg: Emile, Jean-Jacques Rousseau – detholion*, cyf. R. M. Jones (Caerdydd: Gwasg Prifysgol Cymru, 1963).

Rowlands, John, *Ysgrifau ar y Nofel* (Caerdydd: Gwasg Prifysgol Cymru, 1992).

Rudd, David (gol.), *The Routledge Companion to Children's Literature* (London/New York: Routledge, 2010).

Rudd, David, 'The Development of Children's Literature', yn David Rudd (gol.), *The Routledge Companion to Children's Literature* (London/New York: Routledge, 2010), tt. 3–13.

Rudd, David, *Reading the Child in Children's Literature: a Heretical Approach* (Basingstoke: Palgrave Macmillan, 2013).

Rhys, Robert, *James Hughes ('Iago Trichrug')*, cyfres Llên y Llenor (Caernarfon: Gwasg Pantycelyn, 2007).

St Clair, William, *The Reading Nation in the Romantic Period* (Cambridge: Cambridge University Press, 2004).

Schlicke, Paul, 'A Christmas Carol', yn Paul Schlicke (gol.), *The Oxford Companion to Charles Dickens: Anniversary Edition* (Oxford: Oxford University Press, 2011), tt. 102–3.

Sheppard, Lisa, *Y Gymru 'Ddu' a'r Ddalen 'Wen': Aralledd ac Amlddiwylliannedd mewn Ffuglen Gymreig er 1990* (Caerdydd: Gwasg Prifysgol Cymru, 2018).

Speller, John R. W., *Bourdieu and Literature* (Cambridge: Open Book Publishers, 2011).

Stallcup, Jackie E., 'Power, Fear, and Children's Picture Books', *Children's Literature*, 30 (2002), 125–58.

Stephens, John, *Language and Ideology in Children's Fiction* (Harlow: Longman, 1992).

Stephens, John a McCallum, Robyn, *Retelling Stories, Framing Cultures: Traditional Story and Metanarrative in Children's Literature* (New York/ London: Garland, 1998).

Stone, Marjorie a Taylor, Beverly (goln), *Elizabeth Barrett Browning: Selected Poems* (Peterborough, Ont.: Broadview Press, 2009).

Summerfield, Geoffrey, *Fantasy and Reason: Children's Literature in the Eighteenth Century* (London: Methuen, 1984).

Thacker, Deborah C. a Webb, Jean, *Introducing Children's Literature: From Romanticism to Postmodernism* (London: Routledge, 2002).

Thomas, M. Wynn, '"Y Genedl Anghydffurfiol" a Llenyddiaeth Saesneg yn Nghymru ddiwedd y 19g', yn Gerwyn Wiliams (gol.), *Ysgrifau Beirniadol XXIX* (Bethesda: Gwasg Gee, 2009), tt. 24–50. Atgynhyrchir fersiwn o'r ysgrif hon yn M. Wynn Thomas, *Cyfandir Cymru: Ysgrifau ar Gyfannu Dwy Lenyddiaeth Cymru* (Caerdydd: Gwasg Prifysgol Cymru, 2017), tt. 23–40.

Thomas, M. Wynn, *In the Shadow of the Pulpit: Literature and Nonconformist Wales* (Cardiff: University of Wales Press, 2010).

Thompson, E. P., 'Time, Work-discipline and Industrial Capitalism', *Past and Present*, 38 (Rhagfyr 1967), 56–97.

Thompson, John B., 'Editor's Introduction', yn Pierre Bourdieu, *Language and Symbolic Power*, gol. John B. Thompson, cyf. Gino Raymond a Matthew Adamson (Cambridge: Polity, 1991), tt. 1–31.

Trott, A. L., 'The Society for the Diffusion of Useful Knowledge in Wales 1848–1851', *Cylchgrawn Llyfrgell Genedlaethol Cymru*, 11/1 (1959), 33–75.

Trott, A. L., 'The British School Movement in Wales: 1806–1846', yn Jac L.

Williams a Gwilym Rees Hughes (goln), *The History of Education in Wales* (Swansea: Christopher Davies, 1978), tt. 83–104.

Tudur, Dafydd, 'The Life, Work and Thought of Michael Daniel Jones (1822–1898)' (traethawd PhD heb ei gyhoeddi, Prifysgol Bangor, 2006).

Walters, Huw, *Llyfryddiaeth Cylchgronau Cymreig 1735–1850* (Aberystwyth: Llyfrgell Genedlaethol Cymru, 1993).

Walters, Huw, 'Y Wasg Gyfnodol Gymraeg a'r Mudiad Dirwest, 1835–1850', *Cylchgrawn Llyfrgell Genedlaethol Cymru*, 28/2 (gaeaf 1993), 153–95.

Walters, Huw, 'Y Gymraeg a'r Wasg Gylchgronol', yn Geraint H. Jenkins (gol.), *'Gwnewch Bopeth yn Gymraeg': yr Iaith Gymraeg a'i Pheuoedd 1801–1911* (Caerdydd: Gwasg Prifysgol Cymru, 1999), tt. 327–52.

Walters, Huw, *Llyfryddiaeth Cylchgronau Cymreig 1851–1900* (Aberystwyth: Llyfrgell Genedlaethol Cymru, 2003).

Webb, Caroline, '"I'll be judge, I'll be jury": "Tail"-Telling, Imperialism and the Other in Alice in Wonderland', *Papers: Explorations Into Children's Literature*, 20/2 (2010), 1–10.

White, Eryn M., *'Praidd Bach y Bugail Mawr': Seiadau Methodistaidd De-orllewin Cymru 1737–50* (Llandysul: Gwasg Gomer, 1995).

White, Eryn M., 'Addysg Boblogaidd a'r Iaith Gymraeg 1650–1800', yn Geraint H. Jenkins (gol.), *Y Gymraeg yn ei Disgleirdeb: yr Iaith Gymraeg cyn y Chwyldro Diwydiannol* (Caerdydd: Gwasg Prifysgol Cymru, 1997), tt. 315–38.

White, Eryn M., '"Myrdd o Wragedd": Merched a'r Diwygiad Methodistaidd', *Llên Cymru*, 20 (1997), 62–74.

White, Eryn M., 'Addysg a'r Iaith Gymraeg', yn J. Gwynfor Jones a Marian Beech Hughes (goln), *Hanes Methodistiaeth Galfinaidd Cymru. Cyfrol 3, Y Twf a'r Cadarnhau (c.1814–1914)* (Caernarfon: Gwasg Pantycelyn, 2011), tt. 225–70.

White, Eryn M., 'Gyrfa Thomas Charles yn ei Chyd-Destun Hanesyddol', yn D. Densil Morgan (gol.), *Thomas Charles o'r Bala* (Caerdydd: Gwasg Prifysgol Cymru, 2014), tt. 1–20.

Williams, G. J., 'Cyhoeddi Llyfrau Cymraeg yn y Bedwaredd Ganrif ar Bymtheg', *Cylchgrawn y Gymdeithas Lyfryddol Gymreig*, 9/4 (Ebrill 1965), 152–61.

Williams, Gareth, *Valleys of Song: Music and Society in Wales 1840–1914* (Cardiff: University of Wales Press, 1998).

Williams, H. G., 'National State versus National Identity: State and

Inspectorate in Mid-Victorian Wales', *History of Education Quarterly*, 40/2 (2000), 145–68.

Williams, Ioan, *Capel a Chomin: Astudiaeth o Ffugchwedlau Pedwar Llenor Fictoraidd* (Caerdydd: Gwasg Prifysgol Cymru, 1989).

Williams, J. E. Caerwyn, 'Hanes y Traethodydd', *Y Traethodydd*, CXXXVI/578–81 (1981), 34–49.

Williams, Jac L., 'Addysg', yn Dyfnallt Morgan (gol.), *Gwŷr Llên y Bedwaredd Ganrif ar Bymtheg a'u Cefndir* (Llandybïe: Llyfrau'r Dryw, 1968), tt. 107–18.

Williams, Raymond, *Culture and Society, 1780–1950* (New York: Columbia University Press, 1983).

Willis, David, 'Cyfieithu Iaith y Caethweision yn Uncle Tom's Cabin a Darluniadau o Siaradwyr Ail Iaith mewn Llenyddiaeth Gymraeg', *Llên Cymru*, 39 (2016), 56–72.

Mynegai

9, 10, 12, 13, 15, 17, 19, 21, 23,
26, 30, 32, 33, 35, 36, 41, 48, 49,
74, 76, 80, 83, 91, 92, 93, 99, 101,
102, 112, 114–15, 116, 124, 134,
146, 147, 151, 164, 182, 190, 206,
207, 208–14, 215, 219, 221, 222,
223–4
Cymru (Owen Jones) 29
Cymru Coch, Y 30
Cymru Fydd 205
Cymru'r Plant 30, 161, 223
*Cynlyfr, neu Gyfarwyddyd i'r
Anlletherenog* (William
Roberts) 90

chwaraeon 169
*Chwedlau Plant mewn Iaith
Blentynaidd* 92

'Dalen y Beirdd Bach' 198
Daniel, Elizabeth 193
'Darganfod Plant Bach' (R. Tudur
Jones) 21
Darton, F. J. Harvey 25
Davies, Dan Isaac 206, 207, 210, 211
Davies, J. Glyn 161
Davies, John 120
Davies, John Pryce 80
Davies, Samuel 66, 67
Davies, Edward Tegla 24
Davies, Thomas 136
Davies, William, golygydd *Y
Winllan* 189, 190, 196–8
Davis, William 202
Deddf Addysg (1870) 190, 208, 209,
210
Deddf Addysg Ganolradd (1889) 206
Deddf Gwrw (1830) 119
Defoe, Daniel 30, 35
deMause, Lloyd 6
Derfel, R. J. 111–12
Descartes, René 27
Dewiniaid Difyr (Mairwen a
Gwynn Jones) 19, 93

Dickens, Charles 110, 176
*Didactics and the Modern
Robinsonade* (gol. Kinane) 26
didactigiaeth grefyddol 24, 25,
217–18, 221
Dinbych 108, 115
Dirgelwch yr Anialwch (E. Morgan
Humpheys) 223
dirwestiaeth 119, 120, 122, 126, 127,
158, 215
disgyblaeth 56, 61, 62–71, 73–4
*Divine Songs: Attempted in Easy
Language for the Use of Children*
(Watts) 35
diwydiannu 45, 63, 121, 122, 156,
205
diwygiad (1859) 119
Diwygiad Protestannaidd, y 7
diwygiad Ysbyty Ifan (1851) 119
diwygio cymdeithasol 61, 119, 121
Diwygiwr, Y 176
Doyle, Malachy 17
Drotner, Kirsten 52, 69, 176
Durkheim, Émile 68
Dusinberre, Juliet 31
Drych i'r Anllythyrennog (Robert
Jones) 9
Drych y Prif Oesoedd (Theophilus
Evans) 48
Drysorfa, Y 76, 123, 132, 140, 181, 183
Dysgedydd Crefyddol, Y 76

Eben Fardd (Ebenezer Thomas) 47,
212–13
Edwards, Hywel Teifi 222
Edwards, Jane a Lewis, Sarah
Maria a Margaret Jane 47
Edwards, Lewis, prifathro Coleg y
Bala 80, 112, 116, 147, 182, 196
Edwards, O. M. 23, 24, 204, 223, 224
Edwards, Roger 181, 183
efengyliaeth 2, 9–10, 12, 32, 33, 35,
36, 49, 52, 55, 60, 62, 70–1, 73,
81, 114, 119, 120, 127, 135, 139,

Literature' (Perry Nodelman) 166

Thomas, Eleazer 222

Thomas, John, awdur *Annerch i Ieuengctyd* 90, 91

Thomas, John, golygydd *Y Winllan* 82

Thomas, M. Wynn 115–16, 119, 181

Thomas, Owen 47

Thompson, E. P. 61

Thompson, John B. 60, 69, 199

Timotheus 77

Tir y Dyneddon (Tegla Davies) 24

Token for Children, A . . . (Janeway) 33, 34, 35, 49, 52

Tom Thumb's Pretty Song Book (Mary Cooper) 9

Traethodydd, Y 47, 116, 132, 140, 144–5, 187, 196

Train, The 219

Trefaldwyn (y sir) 122

trefedigaethu 166, 167, 168

Treforys 129, 136, 201

Treffynnon 57, 132, 141, 218 gwasg 200–2

treth stamp (y) 108

Tri Brawd a'u Teuluoedd, Y (Roger Edwards) 183

Trioedd, y 147

Trysor i Blentyn 20, 36, 42, 43, 55, 75, 82, 86, 87, 100, 105, 106, 108, 143, 147, 157, 218

Trysorfa y Plant (*Y Drysorfa Fach*) 21, 29, 30, 123–4, 129–34, 135, 136, 139–140, 141, 147, 153–4, 157, 158, 163, 170, 171, 183, 185, 187, 190, 191, 193, 198, 200–5, 210, 211, 214, 221

Trysorfa'r Plant 1, 65, 122–3

Tudur, Dafydd 114

Twm o'r Nant (Thomas Edwards) 9

Twm Tai'n Rhos 9

twymyn goch (y) 172, 174

'Tyfu yn Ferch Fawr' 153

Tywysydd a'r Gymraes, Y 106, 133, 134, 150, 151

Tywysydd y Plant 106, 123, 133, 153, 155, 157, 178–9, 190–1, 204

Tywysydd yr Ieuainc 106, 107

ufudd-dod 54, 57-61, 65, 67, 68, 79, 116, 133, 143, 168, 217

Uncle Tom's Cabin (Stowe) 30, 164–5, 182

Unol Daleithiau America 33, 113, 152, 159, 185, 187, 188, 193, 216, 255

Victoria, y frenhines 214

Walters, Huw 113, 116

Watts, Isaac 35, 89

Wawr, Y 116

Wawr-ddydd, Y 36, 214–15

'Welsh Not' 211–12

Welsh Trust, y 7

Wesley, John 32, 52

White, Eryn 118

Whitefield, George 183

'Wialen Fedw, Y' (O. Ifor Jones) 169–71

Wide, Wide, World, The (Elizabeth Wetherell) 30

Wiliam, Siôn 101

William, Rhisiart Owen 120

Williams, B. 178–9

Williams, Daniel 26, 54–5

Williams, Gareth F. 17

Williams, Hugh 20

Williams, Hugh (Cadfan) 164

Williams, Ioan 182

Williams, J. R. 30

Williams, Jane (Ysgafell) 112

Williams, John 146

Williams, John, golygydd *Trysor i Blentyn* 42–3, 82, 87

Williams, John (Ioan ap Ioan) 58

Williams, Lewis 88

Williams, M. A., Aberteifi 193